新编21世纪新闻传播学系列教材

• 传播学系列 •

公共关系学

第二版

Introduction to Public Relations

胡百精 著

中国人民大学出版社
· 北京 ·

作者简介

胡百精　博士，中国人民大学新闻学院执行院长，教授，博士生导师。主要研究方向为传播学、公共传播，近年重点关注领域为公共传播与社会认同、新媒体与危机传播等。主要著作有《说服与认同》、《公共关系学》、《危机传播管理》（第三版）、《中国公共关系史》（中英文版）等，主编“中国危机管理研究年度系列报告”，主译《舆论的结晶》《宣传》《取悦公众》《每一分钟诞生一个顾客》。

内容简介

本书分三篇十二章，上篇五章全面梳理中外公共关系理论的思想遗产，中篇四章尝试构建公共关系的新范式——对话范式，下篇三章讨论公关领域的部分重要理论和实践专题。

有别于其他同类著作的营销视角，本书从传播、修辞、观念的角度进入书写，由历史的梳理进入理论的建构。

与第一版相比，第二版做了大幅度的修订。章目的改变包括：第一版“导论”经重写后调整为第一章，呈现中外古今的公关发展史纲；原九、十两章合并，重点探讨议题管理、意见领袖和人际网络三个专题；原第十二章改写、拓展为三节：公关效果批判、公关道德批判和公关哲学批判。原二至八章内容也做了较大调整，更忠实地转述公共关系领域的经典研究成果，将公关理论建设和实践发展还原至社会史、社会思想史情境，在整体社会生态中重新审视公关的理论之树和实践成果。

总　　序

中国人民大学出版社策划出版的“新编21世纪新闻传播学系列教材”，是一套在新闻传播学领域内，皋牢百代，卢牟六合，贯穴古今，笼罩中外，密切联系新闻传播工作的实际，广泛吸收新闻传播学的最新研究成果，高挹遐揽，取精用宏，供新世纪的高等院校新闻传播院系教学使用的系列教材。

20世纪初以来的100年，是世界新闻传播事业飞速发展的100年。这100年来，随着科学技术的不断发展，继报纸、期刊、通讯社之后，广播、电视、网络和多种新媒体相继问世，新闻传播的媒介日趋多元化，新闻传播的手段日趋现代化，“地球村”变得越来越小，新闻传播事业对世界政治、经济和文化的影响则变得越来越大。

这100年，也是中国新闻事业飞速发展的100年。其中最近的30年，即中国改革开放以来的30年，发展得尤为迅猛。

进入新世纪以后，中国新闻事业发展的势头更为迅猛。报纸、期刊、通讯社、广播电台、电视台的数量在宏观调控下，虽无大变化，但软硬件的实力都有了很大的提高。据2011年12月出版的《中国新闻年鉴》的最新统计数字，2010年全国共出版报纸1939种，平均期印数2.14亿份。共出版期刊9884种，平均期印数1.63亿份。全国共有广播电台227座，电视台247家，广播电视台2130家，教育电视台44家。广播综合人口覆盖率为96.78%，电视综合人口覆盖率为97.62%。

另外2012年1月中国互联网络信息中心（CNNIC）发布的《第29次中国互联网络发展状况统计报告》显示，截至2011年12月底，中国网民规模已达到5.13亿，互联网普及率达到38.3%。其中，手机用户数量为3.56亿，博客和个人空间用户数量为3.19亿，微博用户数量为2.5亿，社交网站用户数量为2.44亿，网络视频用户数量为3.25亿。中国居民中具备上网条件和技能的人已经基本转化为网民，大专及以上学历人群中互联网使用率已达96.1%。中国网站总数为230万个，网页数量为866亿个。

这样大的发展规模，这样快的发展速度，在世界和中国新闻事业史上都是空前的。回顾既往，盱衡未来，新闻传播事业在21世纪还将会保持旺盛的发展势头。新闻传播，作为上层建筑中意识形态的一个重要组成部分，在全面准确地宣传党的基本理论、基本路线和基本方针以及各项决策，反映人民群众的伟大业绩和精神风貌，以及推动改革开放和社会主义现代化建设等方面，必将继续发挥重要的作用。

与新闻传播事业的发展相配合，这100年来，为中国的新闻战线培养和输送人才的中国新闻教育，也有了相应的发展。中国的新闻教育起始于20世纪初，迄今有近百年的历史。新中国成立前的30年，虽然先后在个别院校中设立了新闻系或新闻专科，但规模都不大，设备也不够完善，在校学生人数，最多的时候不超过400人，30年间累计培养出来的毕业生还不到3000人。新中国成立后，为了给新中国的新闻事业培养人才，新闻教育有了新的发展，但到20世纪60年代中期为止，全国的新闻教育机构也还只有14家。当时全国只有343家报社、78座广播电台和13家电视台，革命老区来的新闻工作骨干正当盛年，足以支撑大局，新闻系和新闻专业的学生统招统分，基本上能够满足中央和省市以上新闻单位梯队建设方面的需要。"文化大革命"爆发后，新闻事业进入低谷，新闻人才的培养也被迫中辍。拨乱反正之后，新闻事业有了飞速的发展，但新闻工作的人才却出现了断层，明显供不应求，因而极大地推动了新闻教育的发展。中国的新闻教育得以重振旗鼓并得到空前迅猛的发展，主要是改革开放以来的这30多年的事情。30多年来，中国新闻教育和中国新闻事业同步发展。截至2011年，全国设有新闻传播学类院、系、专业的高校已由改革开放之初的两三所增加到800所以上，各种类型和层次的专业教学点已不下1000个。新闻专业的教学已从单一的大学本科教育，发展到博士生、硕士生、本科生、大专生、成人教育、函授教育等多层次的格局，不少院系还设置了新闻传播学方向的博士后流动站。改革开放之初，全国在校新闻系科学生总共只有500来人，现在仅在校本科生就有16万人左右，硕士和博士研究生3万人左右，办学层次、办学规模、办学水平都有了很大的提高。进入新世纪以后，随着新闻传播事业的加速发展和新闻战线人才需求的不断增加，中国的新闻教育还将会有更大幅度的发展。

一般说来，新闻教育质量的高低，起决定作用的主要是两个因素：一个是师资，一个是教材。两者之间，教材的作用更大。这是因为，师资的多少和良窳，往往受办学主客观条件的限制，而教材一旦完成，就可以直接嘉惠于学子，风行四海，无远弗届。进一步说，一部好的教材，不仅可以满足教学的需要，培养出一大批人才，而且还可以同时拥有一定的学术含量，推动新闻传播学研究的发展。1919年出版的徐宝璜的《新闻学》，1927年出版的戈公振的《中国报学史》，就是这方面的很好的例子。这两本书都是作者在高等学校从事新闻学理论和新闻史教学时作为教材编写出来的，出版之后，立即引起世人的关注和推崇，一再重版，历久不衰，至今仍然是公认的新闻学理论和新闻史方面的传世之作和经典之作。正因为这样，新闻教育的前辈们，历来十分重视教材的建设。新中国成立初期的十来年，坊间出版的新闻学方面的书籍，绝大部分都是教材。改革开放以后，新闻传播学研究空前繁荣，新闻学方面的书籍大量问世，但教材仍然在其中占了很大的比重。这些教材，覆盖了新闻传播学的方方面面，经过出版家和众多作者们的长期努力，门类和品种基本配套齐全，曾经为同时期的新闻教学做出过重要的贡献。但是，随着时间的推移和新闻工作实际的飞速发展，这些教材的体例日显陈旧，观点和内容也亟待调整和更新。一些属于学科前沿和科技含量较高的新开课程的教材尚付阙如，使现有的教材出现了不少缺口。在新世纪已经到来之际，集聚力量，重新编写出一套体系完整，门类齐全，能够为新世纪的新闻教育和新闻人才培养服务的新闻传播学的系列教材，已经成为人们的共识和新闻业界与新闻教育界的迫切需求。

呈现在读者面前的，就是应这样的需求产生的一套系列教材，它将涵盖新闻学、传播学两个二级学科的方方面面内容，满足新闻、广播、电视、广告、媒体经济、新媒体等多个专业的教学需要。负责这些教材编写工作的，是中国人民大学、复旦大学、北京大学、清华大学、中国传媒大学、中国青年政治学院等多所著名院校长期从事新闻传播学方面教学与研究工作的专家学者，其中有相当大的一部分编写者都是相关学科的国家级的学术带头人，堪称一时之选。收入本系列的教材中，既有国家级重点教材，也有部级重点教材，其他的也都是经过严格筛选的精品，所以，本套系列教材的质量是有保证的，其权威性也将会得到社会的认同。

21世纪是一个高度信息化的时代，是信息经济和知识经济占主导地位的时代。信息经济和知识经济有两大支柱，一是以高科技为代表的传播技术产业，二是从事新闻和信息产品生产的媒体产业。新闻传播学作为将这两大领域有机联结的桥梁，在今后的国家建设和社会发展中必将发挥越来越重要的作用。中国人民大学出版社经过精心策划，隆重推出这套系列教材，是具有高度的前瞻性和战略眼光的。在这里，我谨代表编委会和全体作者向中国人民大学出版社表示由衷的感谢。

这套系列教材开始策划于20世纪的最后一年，21世纪初起陆续问世，迄今已编写出版了50余种。在体例和内容的创新和开拓等方面，远远超过同时期出版的同类教材。其中的有些教材，还根据整个新闻传播理论与实践的发展和新闻传播学教学与研究的发展，陆续作了必要的补充和修订，重新出版，实现了内容的与时俱进。

这批教材的问世，将会为新闻传播事业和新闻教育事业的发展和繁荣、为新世纪新闻传播人才的培养做出它应有的贡献。这是出版者和全体作者共同的一点希望。是为序。

方汉奇

2012年3月

于中国人民大学宜园

第二版序言

《公共关系学》第二版拖稿四年，惭愧至极——实在辜负人大出版社翟江虹老师的善意和耐心，又有三分庆幸。一分庆幸毕竟完成了，书写到最后一页，大抵如酒喝掉最后一碗，一场仪式圆满了；一分庆幸尚未老眼昏花，抬头仍见春光正好，下一场锣鼓还在候着；一分庆幸虽拖稿四年，却也因此把眼睛睁大了一些，起心动笔也更稳重一些，觉知了一些视域剩余，填补了一些只有风没有光的罅隙。

第一版《公共关系学》动笔时，我刚好三十岁。这个年纪的漏洞几乎都投射到了书中。譬如爱逞口舌之利，第一版序言明确宣称要"为公关正名"，全书三四十万字处处是"对手"缺席的辩论；又如自以为是，自觉发现了真相乃至真理，至少真相的琉璃碎片和真理的金刚颗粒装了一大袋，言之凿凿，堂而皇之，不留余地；再如偏爱形式之美，比喻、排比和绵细的引用支撑了论述，也架空了它，还为自己辩护说"思想的盛宴当离不开文字的银器"。

第二版的写作简直就是一段焦虑的重返青春之旅，往回走堵上一些漏洞，再转身向前腾挪两步。人生十年，不过是一场校对脚本的语言和记忆游戏。

现将这本书的"校对"成果报告如下：

全书规划为三篇十二章。前五章为上篇，全面清理公共关系的思想遗产；六至九章为中篇，尝试构建公共关系的新范式——对话范式；十至十二章为下篇，讨论公关领域的部分重要理论和实践专题。

章目的改变包括：第一版"导论"经重写后调整为第一章，呈现中外古今的公关发展史纲；原九、十两章合并，重点探讨议题管理、意见领袖和人际网络三个专题；原第十二章改写、拓展为三节：公关效果批判、公关道德批判和公关哲学批判。

原二至八章内容也做了较大调整，主要解决了三个问题：更忠实地转述公共关系领域的经典研究成果；节制自己的"妄议"；把公关理论建设和实践发展还原至社会史、社会思想史情境，在整体社会生态中重新审视公关的理论之树和实践成果。

全书文字逐句改过，揪出或掩埋了一些藏在细节中的文字陷阱和“魔鬼”。表达调性也因此有所调整：我所讨论的公共关系，由如我所愿转向如其所是；“辩论”散场了，只剩下讲故事的人。当然，所见之“是”，所述之“事”，仍有顽固的偏见。

这篇序言的每一段，我都边写边发给学生审议。他们说，青春不好吗？我说，好是好，未免风烈。

我会当面感谢所有成就这本书的人。我要向所有第一版的读者说对不起。

胡百精

2017年3月30日午后初稿于人大明德楼

2017年7月定稿

第一版序言

这本书前后写了近五年。如今样貌，远非昔日动笔之时所能想象。

2003年，我随一批学界前辈赴武当山，讨论编撰公共关系系列教材事宜。前辈之间多为老友，于我则是陌生的。也正因如此，我有机会成为在场的恭敬的倾听者和观察者。我发现，会上会下最热烈的议题并非教材编撰，而是"当以怎样的雄心为公关正名"。

为公关正名，或者说循证、构建这一学科自足自立的话语体系，是自20世纪80年代现代公关理论引渡本土之后，学界于90年代最整齐的一次转向。及至新世纪开元，这种转向竟成为学界的集体焦虑。公关得以产生、存续、繁荣的"元理由"是什么？是否存在本体论、认识论和方法论整合一体的公关学科专属范式？在理论与实践的"天然鸿沟"之上，如何架设彼此通达的桥梁？更重要的是，除学理逻辑"暧昧不清"外，公关实践的道德义理也久遭诟病。

武当会议之后，多位前辈陆续退休，一批中青年学者接手先行者的财富，连同他们的焦虑。我亦忝列其中。

学海无涯，世事沧桑。当年为公关正名之炽烈冲动，于五年教学、科研实践中却转化为一种淡淡的念想：写一部只关心一个问题的著作——公关为何而生？换言之，我试图把学术的眼光从怎样应对公关学科门庭之外的纷扰，转向重建厅堂之内的庄重。

最终的结果是，本书30余万言，倘若裁枝剪蔓，便只余一句：公关为对话而生。为证明对话既为公关之"体"，也为公关之"用"，我采取了三种叙述和论证：

一是公关思想史中对话主题的开掘。本书导论和前四章仔细打理了中外公关理论触及的主要思想遗产，特别是对言说与主体、话语与权力、共识与契约的关系等领域的核心思想资源进行了梳理与转化。本书所呈现的公关思想史轨迹，从古希腊、先秦延展至当下全球化时代，于连续或断裂、清晰或斑驳中向"对话主义"靠拢。其间，美国于20世纪初因市场、战争和大选的需要，创造了一种担负社会对话使命的"居间协商事业"，即现代公共关系。

二是公关学术范式中对话范式的构建。本书将20世纪以来的公关理论归结为宣传（第一次世界大战背景）、说服（第二次世界大战背景）和双向开放、双向均衡（冷战背景）三大传统范式，介绍了这些范式的观念、原则和路径。从宣传、说服而至系统开放和双向均衡，是一个对话观念日渐伸张、对话范式逐步崛起的学术进路。在此基础上，本书第五、六、七、八章全面阐发了公关对话范式。

对话范式筑基于三组"二分法"：传统公关理论和传播理论中的"要素-过程"二分法，即着眼主体、客体、内容、手段等沟通要素及其互动过程的系统论框架；契约论框架下的"沟通-利益”二分法，即在“沟通以达成共识、缔结契约”的传统公关观念中，恢复利益变量的决定性地位；“事实-价值”二分法，即导入近现代哲学中有关事实世界与价值世界的解释框架，以彰显对话范式的核心主张：于事实层面促进利益互惠，于价值层面实现意义分享。

三是公关对话范式的适用、检验与批判。本书第九、十、十一章通过论述公关理论中的三个重要专题——议题管理、意见领袖、危机管理，对公关对话范式的基本假设、核心主张和实践路径进行了检验。第十二章则系统介绍了公关长久以来所遭遇的学理批判和道德批判，对话范式回击了部分批判，同时也接纳了部分批判。真正有价值的学术话语，当是它的建设者和批判者共同构筑的。

我深知这本书和我本人的局限。除浅见、偏见之外，本书明显存在如下值得争论、深究的问题：

一是在导入权力、利益因素的情况下，理性对话如何成为可能？当重振启蒙理性、再造公共领域等“药方”受到越来越多质疑的时候，当社会对话问题从根本上被认定为一个与民主政治、市场经济和公民社会彼此纠缠的问题的时候，利益互惠和意义分享是否会重蹈语言的乌托邦？一个行业、一个学科是否还需要乌托邦？利益与意义如何各得其所？

二是对话范式植基于前述三组二分法，而二分法思想本身却经常被宣告为“崩溃”，那么对话范式何以自立？譬如，怎样消解事实与价值的悖论？二分法是否意味着强势一方对弱势一方的征服，而最终导致“一元论”？具体到对话范式，当事实维度之利益追求压倒价值维度之意义协商，对话信念是否就此颠覆？实际上，这是从苏格拉底、柏拉图，到休谟、康德，一直到哈贝马斯、普特南从未得到圆满解决的“大问题”。

三是本书的行文方式和表达风格问题。本书在体例上采用了教材通行的章节结构，而在语言风格和论述方式上则更接近于个性化的学术专著。在拙著《危机传播管理》《中国危机管理报告 2005》《中国危机管理报告 2006》《中国危机管理报告 2007》出版后，我多次遭遇“风格之争”：笔势奔放恣意，是否会伤及学术理性？我屡教不改，特别是在重现思想史之黄金时代时，更加坚定地认为思想的盛宴当离不开文字的银器。

我要感谢中国人民大学新闻学院的多位师长：赵启正教授启示我关心公共关系、社会对话问题中的“大图景”和“大气象”；高钢教授持续督促、鼓励我“写一部对得起自己的著作”；郭庆光教授导引我进入传播学的宽广天地；涂光晋教授则是我以公关学术为业的直接领路人。

我要感谢国际关系学院副院长郭惠民教授、北京大学新闻传播学院副院长程曼丽教授、中国传媒大学广告学院齐晓华教授、美国中康涅狄格州立大学传播系居延安教授、美国马里兰州立大学传播学院多泽尔教授，他们多年以来或在本书写作中给了我莫大鼓励。

我还要特别感谢一届又一届的学生。这本书的每一个段落，都是你们与我在课堂上共同完成的。

谢谢持续给我力量的人，我一定很努力，不舍不弃。

胡百精

2008 年 3 月

目　录

上　篇

中 篇

下　篇

上篇

上篇理论地图

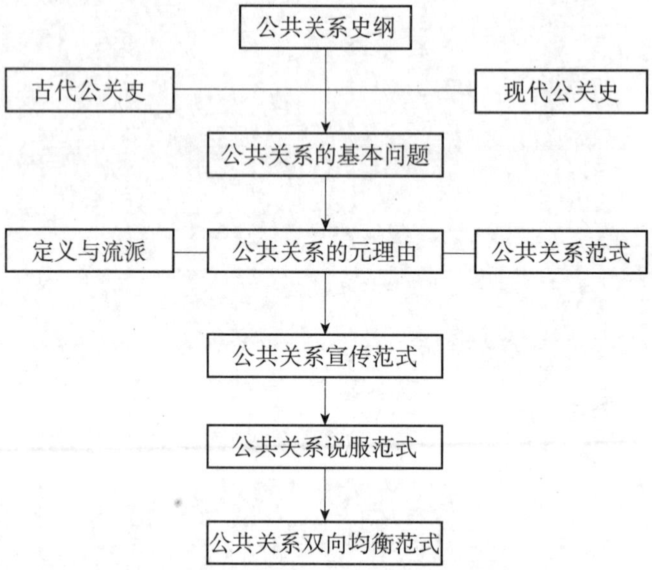
公共关系史纲
古代公关史
现代公关史
公共关系的基本问题
定义与流派
公共关系的元理由
公共关系范式
公共关系宣传范式
公共关系说服范式
公共关系双向均衡范式

第一章
公共关系史纲

德国哲学家本雅明（Walter Benjamin）将历史的叙述方法区分为两种：历史真实性叙述和建构主义叙述。[①] 第一种方法认为，历史是既定的、客观的，是由连续因果关系形成的时间链条，存在于均质的既往时空之中，等待人们的召唤和再现；第二种方法认为，历史并非一以贯之的连续体，而是充满碎片和裂缝——不妨说是“蛀洞”，史家总是以当世的原则建构历史的真实和义理。美国历史学者 H. 怀特（Hayden White）也持类似的观点，他承认历史叙述是从经验所认定的事实或事件出发的，但事实或事件又不过是某种想象性建构或预设结构的素材，“再现为一种讲故事的工具或者它的偶然例证”[②]。也就是说，史实与想象性建构共同成就了历史，它们使历史呈现为自洽的故事或看起来完整的图画。

对公共关系史的研究和叙述，同样是召唤与想象、再现与建构并行的过程。在史实一端，我们要花力气清理公共关系的发展源流，哪怕是历史之河留下的最为斑驳、含混的印迹；就“想象”而论，我们则要拼接、连缀公关现象、公关行业、公关理论的生长脉络，发现规律、建构逻辑。这双重的努力，说到底就是要为今日的公关实践发展和理论建设提供历史合法性。

历史地看，公共关系的合法性至少应包括三个方面的内容：在效用上，公关是否切实有用？在价值上，公关是否维护乃至增益了特定时代和社群的德性、审美和信仰？在手段和程式上，公关是否合理利用而非滥用了那些指向沟通、公共、关系的战略和方法？本章的任务是勾勒公共关系史纲，初步提出公关的合法性问题，而对这一问题的解释和解决则是全书的主线所在。

第一节　公共关系前史

公共关系史与人类传播史大抵是同步铺展的。传播，或者说沟通、交流，乃是人类最基本的观念、意志、技能和在世状态。个体唯有在与他者的沟通中才能成就自我，氏族、部落、社群、民族和国家则倚重传播维系共同体生活。若无传播，个体和共同体的进步是不可想象的；

① Walter Benjamin. The storyteller// Hannah Arendt. Illuminations：essays and reflections. New York，1968.

② 怀特．形式的内容：叙事话语与历史再现．董立河，译．北京：文津出版社，2005：39.

而传播也是麻烦的制造者，交流的困境始终是人类最大的困境之一，政治、经济和文化诸领域以及个体的生活世界皆充斥着交流的无奈。正是因为传播的重要性和两面性，人们对传播方式的改善、传播过程的驾驭和传播效果的控制，以及在此基础上的观念创新和理论总结，从来不曾轻视和懈怠。对传播方式、过程和效果进行干预与管理，并有意识地展开传播观念训练和理论建构，恰是公共关系的基本内容。

这在人类文明的童年期，譬如西方的古希腊时代、中国的春秋战国时代皆有鲜明的例证。

一、西方古代公共关系

当代的很多学科往历史深处走，都会遭遇亚里士多德（前 384—前 322）。他对哲学、伦理学、政治学、经济学、社会学、修辞学甚至物理学、生物学都做出了肇基立业的贡献。这位活跃在 2300 多年前的古希腊先哲开创了修辞学研究典范，他的《修辞学》一书堪称说服和公共关系领域的第一本理论著作。

亚里士多德

在古希腊，修辞——说服他者的能力和艺术被认为是一项基本的公民素养。亚里士多德是这种观念的代表者之一，他认为修辞有利于维护正义和真理并压制其反面，有利于教化普通民众，亦有利于民众的自我辩护和防卫。古希腊人追求体魄与灵魂同样强健，一个人在身体上不能保护自己是不光彩的，而不能通过有效的言说和修辞为自己辩护也是不光彩的。在亚里士多德看来，“较之使用身体，人更经常地使用言辞”，因而修辞更加关乎人之安身立命。①

亚里士多德提出“修辞术是说服的艺术”，亦即“在每一事例上发现可行的说服方式的能力”②。那么，修辞何以说服他者？他认为良好的修辞存在三个要素或曰三种论证、证明方式：品格、情感和逻辑。在如是三要素中，品格指向了说服者的素质——明智、德性和善意，情感对应说服对象的心理——包括各种感情、意志和修养，逻辑则与说服内容相关联——事实之所以如是。

这三个要素至今仍是解释和解决说服、公共关系领域大多数现象、问题的重要依凭。今日公关的病症，大多可在这三个面向找到根源：缺少品格上的信誉资本，情感空洞或滥用，逻辑缺失或混乱，譬如为明显的荒谬添加逻辑。

在亚里士多德之前，古希腊较正式的修辞实践和研究已然普遍而繁盛。以雅典为例，当时的立法、审判、征战和交易皆由辩论而达成决策，修辞因之成为公民必备的素养。据考证，雅典公民大会少则两三千人参与，多则可达六千人，每年召集 40 场以上，更有大约 200 次公民庭审。③ 为了在政事、诉讼中说明真相、交换意见、争取认同，修辞、说服乃是关键因素。除

① 苗力田．亚里士多德全集：第九卷．北京：中国人民大学出版社，1994：337.

② 苗力田．亚里士多德全集：第九卷．北京：中国人民大学出版社，1994：338.

③ Mogens Herman Hansen. The Athenian democracy in the age of demosthenes：structure，principles，and ideology. Trans. J. A. Crook. USA：B. Blackwell，1991.

了城邦公共事务，雅典广场上的智者们——譬如苏格拉底和他的对手——围绕神谕和爱欲、真理和真相、政治和道德等问题进行了西方文明童年期巅峰式的辩论。柏拉图说："雅典人所议之主题含有政治睿智……会倾听每一个人的见解，因为他们认为所有人都应拥有这一美德；否则，便不会有城邦。"① 在此背景下，一些人专门投身修辞研究，修辞学校在诸城邦广泛兴办。亚里士多德便是修辞学校教师出身。

总体而观，古希腊是一个重视修辞、说服和公共表达的时代，人们相信良好的修辞对于发现真相和真理、完善个体和共同体至关重要。值得强调的是，古希腊人认为谁也不堪垄断真理，真理唯存乎意见交换之中。如是观念奠定了后世西方公共关系理论的哲学和伦理学基础：在诸如真相和真理等问题上，说服是比压服更具实用性和伦理性的选择。

历史的车轮随后转入了古罗马时代。这个时代在统治思想上创造了一个说法：vox populi，vox Dei——人民的声音就是上帝的声音。马基雅维里在《演讲集》中写道："把人民的声音比作上帝的声音是不无理由的"，他提出统治者对人民必须"抚爱或者消灭"②。从根本上消灭人民是不可能的，"抚爱"和控制便成为必须。传播既是表达"抚爱"的手段，也是施加控制、建立秩序的工具。

公元前 59 年，古罗马统帅恺撒创办了据称世界上第一份报纸(Acta Diurna)。这份报纸采用当时的大众化语言——拉丁语，全力讴歌恺撒的不朽功业。每逢战事，恺撒都遍发传单，以期动员舆论、赢得认同。他甚至还推出了一部记述自己战事功勋的《高卢战记》，有西方公关学者奉此书为"第一流的公共关系著作"。除了报纸、传单和著述，现代公共关系之父伯内斯（Edward L. Berneys，1891—1995）追溯说，在恺撒前后的时代，剧院、神庙、雕塑、绘画、仪式也都是"统治者希望与公众建立良好关系的尝试"③。

恺撒

古罗马覆灭后是漫长的中世纪。说服性传播成为封建秩序的重要生产者和维护者，服务于政治教化、宗教宣传、道统与等级秩序的维护，以及商业拓展和战争动员。同时，各个社群——譬如贵族阶层在其日常生活中也普遍而自觉地利用传播、舆论的力量形塑认同、协调关系、维护利益、捍卫价值。"近似公共关系的社会行为和思想不仅在当时人们的政治生活和经济生活中得到相当程度的发展，而且在人们的日常交往中也得到较为集中的体现。"④ 由于对传播权力和资源的垄断，以下三种力量主导了中世纪的公关实践：

> 一是皇权和贵族。他们一手持"剑"，一手提"笔"，前者守护统治根基，后者则着力于教化、认同和合法性等"软秩序"。在根基稳固的前提下，他们愿意以说服而非压服的方式协调社会关系，谋求统治者内部不同利益集团之间、统治集团与民众之间的利益互惠

---

① 柏拉图．普罗泰哥拉篇（322E-323A）//芬利．希腊的遗产．张强，等译．上海：上海人民出版社，2004：23.

② 马基雅维利．君主论·李维史论．潘汉典，薛军，译．长春：吉林出版集团有限责任公司，2011：103.

③ Edward Bernays. Crystallizing public opinion. New York：Boni and Liveright，1961：xi－xii.

④ 熊源伟．公共关系学．合肥：安徽人民出版社，2003：30.

和价值认同。他们发现了说服、诱导、造势和宣传的好处，因而自觉地利用“笔”、言说和传播的力量。正如我们在文物和文献中所见，中世纪的统治者们把石头、木板、铜板、羊皮、莎草和浆纸都武装起来，使之成为传布法典、政令和教义，推行道德和意识形态教化，歌功颂德，发表檄文的媒介。一些人成为职业的社会活动家、政治幕僚和舆论领袖，他们的“说”与“不说”直接影响了历史的展开方式和叙述框架。

二是宗教和僧侣。神权是中世纪历史舞台上的另一个导演。与君权相比，神权更在意争取人心，因而说服性传播乃是教会和僧侣工作的主要内容和基本方式。17 世纪，罗马教皇格里高利（Gregory）十五世在教会中设立了一个“传信部”来促进信仰传播。彼时，教会宣传的主旨在于劝导人们信奉天主、皈依本教。今天，罗马教皇和其他宗教派别仍延续中世纪的做法，维持一定数量的人员专司与公众沟通之职，即信仰宣传委员会（Sacra Congregatio de Propaganda Fide）。“事实上，梵蒂冈的官方首席发言人本身就一直拥有大主教的头衔。”①

三是工商业者。中世纪的经济关系相对简单，说服性传播、公共关系的价值在于促进买家与卖家相遇、交易并保持信任。在利益的驱动下，工商业者自然使用了当时一切可及的符号、文本和策略。招牌、口碑、折扣、名人效应等所谓现代营销传播方式在历史上早已排演多年。

普罗大众的公关意识和行为，更多地体现在人际交往、日常生活和集体行动领域。每个人都试图赢得来自他人和社群的理解、尊重、同情和支持，总是为承认而斗争，总是寻求一个安定、从容、和谐的生存环境。此中，说服、公关乃是个体的基本生存策略。就群体而论，普通人尤其底层大众的自我组织和共同行动离不开公关的动员和协调，这在中世纪的宗族活动、底层抗争和农民起义中可以找到大量的例证。

在中世纪后期的文艺复兴和启蒙运动中，人的理性和主体性逐渐获得承认。西方文明随后开启了现代性转型和现代化进程，这一进程的主题是，把人从神权和君权中解放出来，免于饥饿，免于恐惧，追求自由、平等和进步。此间，舆论——公众意见的集合越来越受到重视。及至 18、19 世纪，舆论或曰民意已然成为革命、战争和维护政权合法性的基础了。新生的美国更是提出了政府以民意为基的观念，宣传的时代到来了，现代公关先声已现。

二、中国古代公共关系

中国古代虽未出现与亚里士多德的《修辞学》相类的专著，但有关修辞、言说、沟通的论述，在《尚书》《论语》《诗经》《易经》《孟子》《荀子》《左传》和《战国策》等著作中却处处可见。这些先秦典籍确立了修辞在邦国治理和社会交往中的地位、价值和原则，提供了丰富、精细的言说策略和修辞方式。

《尚书》是中国现存最早的一部典籍，全书有 60 余处论及“言”和“辞”。譬如，“嘉言罔攸伏，野无遗贤，万邦咸宁”。“嘉言”即良善有德之言，倘若嘉言无遮，贤人得任，万邦即可

① 西泰尔．公共关系实务．梁晈洁，等译．北京：机械工业出版社，2004：21.

安宁而治。此中，嘉言被视为达及清明政治的前提和路径。

到了孔子（前551—前479）那里，修辞、言说的重要性被直率地表述为“一言可以兴邦，亦可丧邦”（《论语·子路》）。《诗经》也唱诵道，“辞之辑矣，民之洽矣。辞之怿矣，民之莫矣”（《诗经·大雅·板》）。孔颖达将之注疏为：“王者若出教令，其辞气之和顺矣，则下民之心相与合聚矣。其辞气之悦美矣，则下民之心皆得安定矣。”① 可见在先秦观念中，言辞和顺、悦美乃是重要的安民之道。

最能体现先秦修辞原则的说法是“修辞立其诚”（《周易·乾·文言》）。子曰：“君子进德修业，忠信，所以进德也。修辞立其诚，所以居业也。”②《文言》中的修辞不单是辞令之意，而是包含整个文教、文辞在内，孔子认为所有这些皆应以道德修炼为根本。③ 在这一点上，孔子与亚里士多德的修辞思想是相通的，后者也认为诚信、信誉是修辞和说服的必要条件。当然，亚氏并不认同将诚信视为修辞的唯一要素或全部问题。在他看来，修辞是说服者面向倾听者所采取的品格、情感和逻辑三位一体的证明过程。这大抵相当于中国文化语境下的“修辞立其诚”加上“晓之以理”“动之以情”。

孔子

中国最早有典可查、可信且典型的公关案例，当属《尚书》记述的盘庚迁都。为了躲避洪灾和平息权力斗争，商王盘庚决意将都城从奄（今河南商丘）迁至殷（今河南安阳），一些贵族“动以浮言”，煽动百姓拒迁。盘庚并未专权决断、粗暴对待“群臣”和“万民”，而是软言劝慰，精诚动人，最终得以成行。明代大学士吕坤评价说，盘庚成功迁都乃因为他意识到了“众怒难犯，专欲难成”，“虽以至公无私之心，行正大光明之事，亦须调剂人情，发明事理，俾大家信从；然后动有成，事可久”④。

有周以后，周天子建立了专司沟通之职的行人制度，设“大行人，中大夫，三人；小行人，下大夫，四人”。“大行人掌大宾之礼，及大客之仪，以亲诸侯”，“小行人掌邦国宾客之礼籍，以待四方之使者”⑤。除大、小行人外，周朝还设有司仪、行夫、环人、象胥、掌客、掌讶、掌交、掌察、掌货贿等邦交、礼仪职官。就大、小行人的执事内容——沟通诸侯、宣告政事、操持仪式、礼待宾客看，他们简直就是最早的国家、政府公共关系人员。

及至春秋时代，天下失序，百家争鸣，士大夫阶层中涌现了一批职业的“公关客”，即春秋行人。行人奔走天下，雄辩滔滔，以立言而成就功德。《左传》记述了鲁国大夫、行人叔孙豹与晋国范宣子的一段对话，从中大抵可以看出春秋行人的职志。这段对话发生在鲁襄公二十四年，叔孙豹出使晋国，范宣子前来迎接并向他讨教何为“不朽”：高官厚禄、世代罔替堪称不朽吗？

---

① 西泰尔．公共关系实务．梁皎洁，等译．北京：机械工业出版社，2004：21.

② 十三经注疏．北京：北京大学出版社，1999：15-16.

③ 周振甫．中国修辞学史．北京：商务印书馆，2004：25.

④ 吕坤．呻吟语·应物//商务印书馆四库全书工作委员会．文津阁四库全书·子部·儒家类：第239册．北京：商务印书馆，2005.

⑤ 孙冶让．周礼正义：卷七十一．北京：中华书局，1987：2945-3008.

叔孙豹回答说："此之谓世禄，非不朽也"，"太上有立德，其次有立功，其次有立言，虽久不废，此之谓三不朽"（《左传・襄公二十四年》）。此后两千多年间，叔孙豹提出的"三不朽"——立德、立功、立言，一直是中国士大夫或曰知识分子阶层于人生价值和在世意义上的导引与参照。即使在今日，立德、立功、立言亦堪为公关界的宣言，或公关从业者的行动纲领。

在随后的战国时代，图强争霸的君王自然是主角，而围绕在他们身边的策士亦非配角，甚至成为一些重大历史事件的导演。这些策士"日夜扼腕瞠目切齿"，腾说以取富贵，"一怒而诸侯惧，安居而天下熄"（孟子・滕文公下）。在强烈的功名刺激和邦兴国亡的幻灭感之下，策士们言则恢奇雄浑，行则虎虎生气，改变了自己，也创造了历史。此中最负盛名者，当属合纵之苏秦和连横之张仪，二人游说诸侯，致位富贵，天下争慕效之。公孙衍、苏砺、苏代、周最、楼缓等人相随而来，纷纭遍于天下，务以辩才相高。《资治通鉴》评价策士说，"其才足以顿纲振纪，其明足以烛微虑远，其强足以结仁固义，大则利天下，小则利一国"①。

另外值得一提的是，在修辞、说服方法上，春秋行人和战国策士几乎使用了后世常见的所有辞格，诸如辟喻、类比、比较、夸张、引用、双关、借代，等等。在说服策略选择上，策士们采纳了诸如神启叙事（天命、天意和其他神秘主义解释）、召唤集体记忆、制造事件、恐惧诉求、情感诉求、正反两面诉求、第三方诉求、道德审判、转移视线、咒骂、粉饰、从众、分化、归谬、证言等当时所有可能的计谋和手段。

自秦统一天下后，中国进入漫长的封建专制的循环。与天下定于一尊的权力秩序大抵相应，传播格局亦呈大一统之势。先秦百家争鸣、纵横诸侯、游说天下的公关活动几无存在的合法空间。统治集团的传、播、扬、流、布、宣、通、递、诏、敕、呈、奏、表、议、谏、书、檄等传播行为，主要服务于帝祚永延和自上而下的规训、教化。

至于诸葛亮"七擒孟获"、唐太宗"以人为镜"、康熙公祭抗清名将史可法等为后世津津乐道的"公关案例"，以及更多服之以德、动之以情、晓之以理的说服故事，不过是相对开明、慈悲、温和的政治权谋和管理艺术罢了。"昭君出塞""郑和下西洋"等政治公关个案更是当局权力意志的直接体现了。当然，公关有时也被用来反抗某种权力秩序，譬如汉代党锢之争（士大夫对传统士族门阀的挑战）、宋代太学生运动（太学生对卖国集团的抗争）和明代东林党运动（知识分子对阉党和其他政治势力的讨伐）。林语堂将这三次抗争视为中国历史上的"三大舆论运动"②，可惜它们都谈不上成功，纵然大获全胜，结局仍可想见——在封建秩序内部寻求改善。

在封建社会晚期，中国未能出现完全意义上的西方式的文艺复兴，晚清掀起的启蒙浪潮很快让步于救亡、图存和革命的洪流。正如近现代史所展示的那样，中国的现代性转型和现代化建设一路艰难曲折。而现代公共关系的产生和发展，理应齐备若干现代性和现代化的条件，譬如民主政治的进步，商品经济的发展，公民权利的崛起，传播事业的繁盛等，对中国而言，这些历史条件的出现和汇聚已是20世纪末的事情了。

---

① 司马光．资治通鉴：卷二．胡三省，音注．北京：中华书局，1956：78.

② Lin Yutang. A history of the press and public opinion in China. San Francisco：Greedwood Press，1968：60.

第二节　现代公共关系的诞生

"现代公共关系起源于美国，这已被国内外公共关系界的同仁所公认。"①如是"公认"当有所限定：作为一种专门的管理手段和传播行为、一种相对独立的学科和理论体系、一种新兴的职业和现代产业，公关最早在美国诞生并获得了较大发展。传统公关与现代公关必有相通之处，譬如皆以传播管理、关系协调、形塑认同为职志，而上述限定则使传统与现代得以划界，后者在系统化、学科化和职业化诸领域超越了前者。

现代公关的崛起与美国三位先行者的贡献密不可分，他们开启了各自的"公关时代"，最终宣告了现代公关的诞生。第一位公关之父是巴纳姆（P. T. Barnum，1810—1891），后来者称他所代表的现代公关萌芽期为"公众该死的时代"；第二位公关之父是艾维·李（Ivy L. Lee，1877—1934），他引领了"公众理应知晓的时代"；第三位公关之父是伯内斯，他主导了"公关的双行道模式"，亦即"组织和公众相互适应、彼此调整的时代"。

这三位先驱在现代公关史上相继扮演了如下角色：巴纳姆最早系统地使用了现代公关手段；艾维·李创建了最早的专业公关公司，并设定了现代公关的基本原则；伯内斯为现代公关理论和教育、公关职业和产业的形成与发展做出了奠基性、引领性贡献。

一、公众该死

公关学者卡特里普（S. M. Cutlip，1915—2000）在《公共关系史：17—20世纪》一书中提出，美国乃是一个建基于宣传的国家，宣传造就了美国（propaganda gives birth to a new nation）。②从美国独立战争、立宪、修宪的历史进程看，卡特里普的论断并不夸张。起初，美国独立"并非一场受人欢迎的革命"，殖民地民众并不认为自己是受压迫者，有人强烈反对独立，大多数人则是冷漠的。在社会上层，不同利益集团亦存在分化和冲突。而独立战争之所以发生，宣传功不可没。借由宣传，独立派的政治家、革命家们使13个殖民地获得了"共同的仇恨"和"共同的事业"。独立派的领袖们提出，"没有选举权的纳税就是苛政"。这个口号和精心谋划的各种宣传运动团结了殖民地的精英与大众。人们相信，争取独立不是少数人的伟业，而是每个人获得民主权利的必然选择。

亚当斯（Samuel Adams）是把独立从少数人的理想变成普罗大众共同使命的宣传家之一。他在1772年组建了通信委员会，向殖民地民众宣传反英信息。莱克星顿的民兵就是在得到通信委员会的报告后，打响了独立战争的第一枪。亚当斯还策划了一系列有影响的政治事件激发

---

① 周安华，苗晋平．公共关系——理论、实务与技巧．北京：中国人民大学出版社，2004：28.

② Scott M. Cutlip. Public relations history：from the 17th to the 20th century. The Antecedents. Hillsdale，New Jersey：Lawrence Erlbaum Associates，1995：17.

人们的革命情绪，譬如著名的“波士顿倾茶事件”。他在总结革命宣传、动员的经验时说，“要把敌人逼到错误之中去，并且一直让他们处于这种状态”①。

另一位杰出的宣传家是潘恩（Thomas Paine）。1776 年，记者出身的潘恩针对一些人效忠英王的论调发表了小册子《常识》，呼吁民众为自由而战。《常识》在三个月内印行了 12 万册，据称几乎所有识字者都接触了它的内容。作为“顶尖的煽动家和宣传家”，潘恩“掌控了大众的思想”②。他点燃了人们对殖民者的怒火，也唤起了人们对殖民地未来的希望。他的表达、宣传风格在另一本小册子《危机》中有更为鲜明的体现：“在这样一个危机时刻，夏天里的战士和阳光下的爱国者，在为国效忠的伟业中逝去了。”③ 华盛顿感受到了潘恩笔下的巨大威力，由于缺乏纸张，他下令征收破旧军毯造纸，以供潘恩写作。

美国宪法的诞生和完善亦有宣传、公关之功。1787—1788 年，代表工商界、金融界利益的北部联邦和代表种植园、农业利益的南方各州围绕宪法问题展开了激烈斗争。这场斗争是以公开辩论、争取民意的方式进行的，因而堪称一次“为宪法而战的公关运动”。北方最终胜出，宪法获得通过，“那些联邦党人的写手们实施了堪称史上最出色的公关活动”④。

汉密尔顿（Alexander Hamilton）、麦迪逊（James Madison）和杰伊（John Jay）等人是联邦党人“写手”的代表，他们撰写了大量有关宪法的文稿，有些直接投书报刊，以发起公共讨论、影响民意。这些文稿后来汇编成著名的《联邦党人文集》，至今仍是解释美国宪法的经典。由于这部文集捍卫了宪法，而它本身又是舆论运动的产物，因而公关学界视之为“迄今为止美国公共关系领域取得的最大成果”。

美国《宪法》第一修正案规定：法律不应该削弱言论和新闻自由、和平集会的自由以及为了获得对不幸遭遇的补偿而向政府请愿的权利。公关学者西泰尔对此的解读是，“法律应该授予人们说出他们信仰的权力、试图影响他人意见的自由。因此，公关实务活动是受到《宪法》认可的”⑤。这正是美国公关业合法性的一个重要来源：宪法保障包括政府、企业、社会组织、个体在内的每一主体享有表达意见、影响他者的权利。

美国建国后，利用宣传来筹措资金、为选举或公共政策造势、为立法证言、促进商业发展的做法蔚然成风。及至 19 世纪，宣传已然在美国政治、经济和社会生活中大行其道。1829 年，杰克逊（Andrew Jackson）总统委任编辑出身的肯德尔（Amos Kendall）为白宫幕僚。没多久，肯德尔就成为杰克逊“厨房内阁”的一员——对总统最有影响力的人之一。肯德尔主要负责白宫的宣传活动，他撰写演讲稿、国情咨文和各类政府信息，并将它们以新闻稿的形式发送给媒体。他还创办了一份颇受欢迎的《环球报》，以推销白宫和杰克逊总统的政策。寒门出身的杰克逊赢得了民众对英雄般的拥戴，宣传顾问肯德尔功不可没。

最早系统、专业地利用宣传、公关手段盈利的人是巴纳姆。巴纳姆并不知道自己后来被一

① 西泰尔．公共关系实务．梁皎洁，等译．北京：机械工业出版社，2004：21.

② Scott M. Cutlip. Public relations history：from the 17th to the 20th century. The Antecedents. Hillsdale，New Jersey：Lawrence Erlbaum Associates，1995：27.

③ 西泰尔．公共关系实务．梁皎洁，等译．北京：机械工业出版社，2004：21.

④ Scott M. Cutlip. Public relations history：from the 17th to the 20th century. The Antecedents. Hillsdale，New Jersey：Lawrence Erlbaum Associates，1995：24.

⑤ 西泰尔．公共关系实务．梁皎洁，等译．北京：机械工业出版社，2004：22.

些人尊奉为“公关之父”，他其实就是一个擅用宣传的梦想家。在19世纪中后期，美国人最大的梦想是发展、进步、创造财富，那是一个“镀金时代”。巴纳姆对那个时代有敏锐的洞察和深切的关心，他用宣传点燃欲望和财富之火，他让人们快乐，然后赚他们的钱。他创办过报纸，一度从政，亦曾发起禁酒等公益运动，但他首先是一个商人——博物馆和马戏团老板。

巴纳姆

巴纳姆把当时的宣传观念、资源和策略发挥到了极致。从多本传记看，他使用了诸如新闻报道、广告投放、制造事件、设计“奇观”、游说精英、权威证言、捆绑营销、赞助公益、倡导社会运动等方法招揽顾客，自然也包括那些欺哄公众的宣传伎俩。譬如，巴纳姆宣称他的马戏团有一位160多岁的黑人老太太，曾做过华盛顿总统的奶妈；他鼓吹自己的博物馆收藏了一条“斐济美人鱼”（经过组装的某种鱼类干尸），各地巡展，观者如潮；他购买了一头据说“三层楼高”的大象，大象在某次演出后为营救小象而命丧铁轨，它很快就被制作成标本并被宣传为“世界上最伟大的母亲”，死后为马戏团赢得了更多关注和赞誉。

巴纳姆是当时美国最富有的人之一。在他持续不懈、花样翻新、“令人震惊”的宣传下，马戏团和博物馆生意火爆，“每一分钟都诞生一个顾客”。然而，正是与此相关的一句话留下了现代公关史上的一段著名公案：有人指认，巴纳姆嘲笑公众都是笨蛋，他曾骄横地说“每一分钟都诞生一个笨蛋”。这显然是对公众粗暴的诅咒和亵渎，所谓公众不过是愚蠢、躁动、充满欲望、轻易受骗的群氓。后来，巴纳姆的这句“名言”常与铁路大亨范德比尔特（William Vanderbilt）的一个说法被同时引用，后者曾公开讲过“公众该死！”

一些学者据此提出，所谓公关史上的“巴纳姆时代”就是“公众该死的时代”，亦即宣传家操纵、欺骗公众的时代。彼时，美国社会出现了一批通过夸大其词乃至颠倒是非的媒体宣传来牟利的“新闻代理人”，巴纳姆被认为是他们之中的引领者、代表者。

当然也有反对的声音。传记作家瓦伊塔尔（Joe Vitale）在考证后辩护说，“巴纳姆尊重他的顾客，给予他们物超所值的服务。他从未说过、写过、可能也从未想过这么一句愚蠢的话，相关的研究者或历史学家也没有发现任何证据表明他曾说过这么一句话”①。1891年4月7日，巴纳姆去世。《泰晤士报》发布讣告说：“他知道‘人民’（the people）意味着‘群众’（crowds）。……他的理想是依靠群众、以群众为生并且引领群众。他一生都热衷于让公众（the public）看见、鼓掌然后付钱。”②

二、公众理应知晓

19世纪末，美国卷入了疯狂的现代化、工业化和城市化进程，政治与商业、精英与大众、财富与心灵之间的传统关系和秩序遭到瓦解。繁荣背后的危机逐渐在历史的前台清晰显现：经

---

① Joe Vital. There's a customer born every minute. Hoboken：John Wiley & Sons，Inc.，2006：125.

② Neil Harris. Humbug：the art of P. T. Barnum. Chicago：University of Chicago Press，1981：282.

济垄断、阶层分化、贪腐盛行、环境破坏、道德沦丧、信仰凋零。以财富集中为例，当时“美国 54%的财富掌握在 1%的人手中。在每 100 个家庭中，有 1 个家庭可以买下其他 99 个家庭的所有财产，且余财绰绰”①。

面对这般社会境况，新闻媒体发起了声势浩大的“扒粪运动”——揭露商业和政治的罪恶，来自底层大众的抗争运动更是风起云涌，大规模的罢工流血冲突频繁发生。及至 1905 年前后，扒粪运动、底层抗争以及中产阶级推行的大量社会革新运动、基督教组织的社会福音运动实现多元汇流，这就是美国著名的“进步主义运动时期”。

艾维·李

艾维·李在进步主义运动中脱颖而出，他愿意扮演居间者角色，促进利益集团、媒体和公众之间的沟通，以维系哪怕最低限度的理解和共识。他相信“人民已经登基为王”并且不是愚昧的群氓，而大企业及其政治联盟亦非罪不可赦，现代社会所真正匮乏者乃是沟通。他设计的公关正是以沟通为业，连接不同的利益主体，弥合各方的裂痕。1904 年，在纽约干了几年记者的艾维·李和朋友帕克开办了一家宣传机构，“充当发布新闻的报纸和发生新闻的大亨之间的中介”。就专业性而论，“帕克和李公司”堪称世界上第一家公关顾问机构。

艾维·李在创业初期也从事过推销马戏团之类的生意，但是他很快推动了公共关系事业的历史转向：从“公众该死”的时代过渡到“公众理应知晓”的时代。“李为企业的公共事务带来了一些新东西，当他还是一个年轻记者时，纽约城里有大量媒体代理人宣传戏剧和舞台明星，但并没有专门为促进大资本家们与公众平等协商的公关专家。李的一生跨越并直接推动了这个变化。”② 以当时流行的观念看，艾维·李成功地帮助企业和公共机构“从新教伦理转向了社会伦理”，使 19 世纪的自由放任竞争和垄断力量，“不得不被 20 世纪合作的力量所替代”③。

为了摆脱传统的新闻代理人形象，牧师家庭出身、普林斯顿大学毕业的艾维·李总是衣冠楚楚，举止优雅，雄辩滔滔，出入高级场所，会见重要人物。当然，他能够完成历史性跨越的根本原因，绝非外表和口才，而是他坚信在崭新的 20 世纪“人民登基为王”。他把握了时代脉搏，并和它一起跳动。

艾维·李逐渐获得了一批重要的客户，如美国电话电报公司、宾夕法尼亚铁路公司、洛克菲勒家族、公平人寿公司以及纽约州长等政治人物。1906 年，宾夕法尼亚铁路公司发生了一起严重车祸，公司决策层习惯性地封锁了事故信息。公关顾问艾维·李表示坚决反对，他建议并实行了如下措施：检查路基以免事故重演；赔偿伤亡者；公开、诚实地回应媒体关切；对事故原因给出专业、权威的解释；为媒体采访创造各种方便，向记者提供现场照片。

---

① Ray Eldon Hiebert. Courtier to the crowd：the story of Ivy Lee and the development of public relations. Iowa City：Iowa State University Press，1966：45.

② Scott M. Cutlip，Allen H. Center. Effective public relations. Englewood Cliffs，N. J.：Prentice-Hall，Inc.，1952.

③ Ray Eldon Hiebert. Courtier to the crowd：the story of Ivy Lee and the development of public relations. Iowa City：Iowa State University Press，1966：152.

在他的努力下，宾夕法尼亚铁路公司获得了“扒粪运动”以来最公正、最具善意的报道和评价。与之形成鲜明对比的是，不久之后纽约中央铁路公司发生了翻车事故，公司因掩盖事实而招致媒体铺天盖地的批评。艾维·李总结说：“公众对真理的判断力会为你带来真正的自由。”①

同年，美国无烟煤矿业面临着一次大罢工，劳资冲突一触即发。艾维·李受聘处理危机，他向煤矿管理层提出了两个条件：有权参加最高决策会议；有权向社会公开全部事实真相。最终，艾维·李协助煤矿管理层力挽狂澜，妥善处理了劳资矛盾，也受到了媒体的欢迎。在这次事件中，艾维·李发布了具有公共关系行业“法典”性质的《原则宣言》：

> 这不是一个秘密的新闻机构。我们完成的所有工作都对外公开。我们致力于提供新闻。这不是一个广告公司，如果你认为我们的任何一项事务与你们的生意相关，请不要采用它……我们的计划是，诚实和公开地代表企业和公共机构关切的利益，及时和准确地向美国人民和新闻界提供关乎公共利益、对公众有价值的信息。②

《原则宣言》确立了现代公共关系最初的核心信条：

（一）讲真话

艾维·李认为，一个组织（企业或公共机构）要获得良好声誉，不能靠隐瞒信息或欺骗公众，而必须坦诚地将真实情况公之于世。倘若公开真相确实于组织不利，那么应该调整组织自身的行为，而不是如何“应付”公众。艾维·李提出，人民很聪明也很公正，只要社会诸领域的事实得以完整呈现，人民就能够做出正确的决定。而公众的决定有如“民意法庭”的审判，它在重要性上与司法审判几可等同，“在一个民主社会中，公众舆论就像法院一样拥有必然和最终的判决权”③。在他看来，大众之所以活在感性、偏见和冲动之中，是因为他们无权获知真相，“我一直坚持的信念是：将你的故事告诉大众……让大众知晓一切，如果你是对的，你会成为赢家”④。

（二）开明互惠

从组织一端看，开明互惠亦可表述为“凡有利于公众的才有利于组织”。这一信条体现了鲜明的互惠原则和强烈的共同体意识，即组织只有在满足公众权利和公共价值的基础上才能真正实现自我价值。1914 年，艾维·李在美国铁路同业公会发表演讲时提出：“人民才是当下的统治者。人民群众取代了君王，获得了神圣的权利。人民登基为王。”⑤ 他强调，尊重和满足新时代的“王”——公众的权利，才能从根本上保障组织自身的利益。

---

① Ivy Ledbetter Lee. Publicity：some of the things it is and it is not. New York：Industries Publishing Company，1925.

② Ray Eldon Hiebert. Courtier to the crowd：the story of Ivy Lee and the development of public relations. Iowa City：Iowa State University Press，1966：77.

③ Ray Eldon Hiebert. Courtier to the crowd：the story of Ivy Lee and the development of public relations. Iowa City：Iowa State University Press，1966：154.

④ Ivy Ledbetter Lee. Publicity：some of the things it is and it is not. New York：Industries Publishing Company，1925.

⑤ Ivy Ledbetter Lee. Human nature and the railroads. Philadelphia，Pa.，E. S. Nash & Co.，1915：8.

艾维·李的传记作者赫伯特（Ray Eldon Hiebert）评价说，“彼时，以民粹主义和进步主义之名，公众对抗大资本家甚至成为一种流行，企业面对不断强化的公众和政府干预，不得不将政策从‘公众该死’逐渐转向‘公众应被满足’。在这一转向中，正是艾维·李充当了引路人”①。

（三）言行一致

在《原则宣言》的文本之外，艾维·李的公关实践还彰显了他所信奉的另一项公共关系原则：言行并彰，既要说得好，又要做得好。他呼吁组织及时、主动、公开地传播信息、表达意见，更要采取切实的行动解决问题，谋求革新和改善。公关的使命不是美化某个组织，而是从“说”和“做”两方面推动组织与媒体、公众的有效沟通和关系改善，此中最重要的是革除组织自身的弊端。

艾维·李在一次演讲提出，“公关不是让你躲避舆论风雨的保护伞”，亦非“外表光鲜的斗篷，以之遮掩里面畸形、病变的躯体”；公关应被理解为“包扎伤口的绷带”“消毒药水”“X光”，它能够发现并处理“真正的麻烦”“困境的根源”，并将之“展现在医生——公众的眼前”。他进一步指出，企业和公共机构要通过公关让自己的“骨头、组织以至心脏统统暴露在我们眼前”，“没有人能够为了一己私利而试图运用、实践公共关系，除非他已经做好了承担一切后果的准备”②。

自1914年起，艾维·李开始受雇于洛克菲勒家族，帮助这个庞大的财团学会倾听公众的意见，并做出一切可能的改善。在惨烈的科罗拉多大罢工事件中，他建议洛克菲勒家族成立一个包括各方面成员的劳工管理委员会，启用一名劳资关系专家处理公司与工人的沟通事务；建议小洛克菲勒亲自访问工厂，坦诚听取工人的抱怨以寻求改善之道；建议洛克菲勒家族“不要看起来那么抽象和庞大”，而应将人性化的一面展示给公众，如家庭聚会、打球、野餐、礼拜等；建议老洛克菲勒专业、专注地开展公益，乃至引领美国公益事业的发展。

在1920年代，艾维·李曾经六次造访苏联，呼吁美国承认苏联共产主义政权，并为此发起了宣传和游说运动。在1929—1933年，艾维·李受雇德国法本公司为其处理在美国的公关事务，而这家公司被认为与纳粹有所牵连。艾维·李此时热衷国际关系，频繁访问德国，甚至还与希特勒、戈培尔（Joseph Goebbels）会晤。他觉得自己要像做“大企业的医生”一样，充当国际关系的协调者、沟通者和顾问。在1930年代的美国，共产主义和纳粹皆属意识形态领域的“洪水猛兽”，是政治正确与否的红线。艾维·李公然踩上红线，他惹火上身了。有人指控他受雇于“邪恶的敌人”。他两次遭到正式调查，官方证明了他的清白。但是，媒体和大众却不准备原谅他，批评舆论排山倒海般袭来。在“民意的法庭”上，一生致力于取悦公众的艾维·李被宣判为“国家叛徒”。

1934年12月9日，艾维·李病逝。葬礼上没有悼词，只有一篇简短的祷告文：“感谢上帝

① Ray Eldon Hiebert. Courtier to the crowd：the story of Ivy Lee and the development of public relations. Iowa City：Iowa State University Press，1966：70.

② 艾维·李．应用于公共服务企业的公共关系//雷·埃尔顿·赫伯特．取悦公众．胡百精，顾鹏程，周卷施，译．北京：中国传媒大学出版社，2014：207.

赐予我们艾维·李，为他和善的愉悦，为他朴素的信仰，为他刚毅的品质，为他促进人与人互相理解的娴熟技巧，为他对世界和平的祈盼和行动。”①

三、双行道：相互适应和调整

伯内斯

艾维·李并不是最早采纳公共关系（public relations）一词定义自己所从事工作的人，他习惯使用的概念是宣传（publicity）。一项事业的命名往往关乎其影响力和合法性。光大“公共关系”这一命名的人是伯内斯，他将艾维·李奠基的公关之路铺展开来，走得更远也更开阔。伯内斯（1891—1995）活了 104 岁，一生经历了 19 世纪末的美国进步主义运动、一战、战后“黄金十年”、大萧条、二战、战后“开创伟大社会”、冷战、20 世纪晚期的信息技术革命与全球化。现代公关事业正是在这百余年间诞生、发展、演进，直至全面渗透于现代社会的政治、经济和文化诸领域乃至日常生活世界。无论怎样书写现代公关史，伯内斯都应该是其中的主角之一。

1912 年从康奈尔大学毕业后，伯内斯曾宣传、推广过《婚姻禁忌》（*Damaged Goods*）、《长腿老爹》（*Daddy Long-Legs*）等戏剧，也做过苏联芭蕾舞团、欧洲歌王卡罗素在美国演出的“新闻代理人”。在这些宣传活动中，伯内斯动用了诸如新闻“轰炸”、制造争议、游说精英、建立话语同盟等各种传播手段，并大获成功。他提出，“（宣传）要使看戏的人觉得他们不只是在娱乐……而是把个人利益升华为公共利益”②。美国加入一战后，伯内斯加入了美国军方组建的公共信息委员会。在这里，他结识了委员会主席克里尔（George Creel）和另一位 20 世纪最负盛名的舆论专家李普曼（Walter Lippmann，1889—1974）。为了“广告美国”和打赢一场“征服心灵之战”，委员会开展了“登峰造极”的宣传活动，“对有效传播原则的运用达到了令人惊讶的熟练程度”③。

1919 年，28 岁的伯内斯以其“能干和专注”被克里尔选入 16 人小组，参加战后的巴黎和会。在和会上，他结识了各国政要和媒体，洞察到美国和世界正在改变，而自己就站在这场变革的顶端。从巴黎回国途中，伯内斯决定为“新宣传”事业和自己的社会角色起个正式、精彩的名字，起初为“宣传指导”（publicity direction），1920 年确定为“公共关系顾问”（public relations counsel）。④ 其时，作为“大企业医生”的艾维·李早已声名显赫。

艾维·李致力于将企业和公共机构的内部事务变成公众有权知晓的公共信息，终结了“公众该死”的时代，开启了“公众该被告知”的时代。而伯内斯则更进一步，他认为公共关系的

---

① Ray Eldon Hiebert. Courtier to the crowd：the story of Ivy Lee and the development of public relations. Iowa City：Iowa State University Press，1966：294.

② Larry Tye. The father of spin：Edward L. Bernays & the birth of public relations. New York：Crown Publishers Inc.，1998：10.

③ Pinkleton B. The campaign of the committee on public information：its contributions to the history and evolution of public relations. Journal of public relations research，1994，6（4）：229－240.

④ Edward Bernays. Crystallizing public opinion. New York：Boni and Liveright，1961：xxxiv.

职志在于构筑组织与公众之间的“双行道”（two-way street），促进组织与公众的相互理解、适应和调整。普林斯顿大学历史学教授戈登曼（Eric Goldman）认为伯内斯引领了现代公关的“双行道”时代，他称赞伯内斯是“在公关思想和实践领域都处于领先地位的独行者”，“他善于思考、博采众长，最重要的是，他始终都站在时代潮流的前沿”[①]。

自 1920 年代起，伯内斯大约为 430 多个客户提供了公关顾问服务，比如柯立芝总统、胡佛总统、罗斯福总统、尼克松总统，以及福特、宝洁、通用、凯迪拉克、卡地亚、《时代》杂志、《纽约时报》，等等。而《纽约时报》起初是公关业最尖锐的批评者，在伯内斯提出“公关顾问”概念后，这家报纸曾挖苦说：“如果称谓的变化能带来新闻代理人道德和行为的转变，那么人们很乐意称他为公关顾问、小甜甜，或者其他任何讨人喜欢的名字。”[②]

不只《纽约时报》，当时的著名报纸如《纽约先驱论坛报》（*New York Herald Tribune*）、《国家》（*Nation*）、《调查》（*Survey*）、《印刷者笔墨》（*Printer's Ink*）在 1920 年代对伯内斯和他的新宣传（new propaganda）事业都做出了批评。人们担心伯内斯，“一个换了精彩的、有哲学意义的新名字（即 public relations consultant）的鼓吹者、宣传家”，将操纵商业主义、社会思潮和新闻报道方针，进而驯化、控制民众。

对此，伯内斯深知仅在概念、命名上回应批评是不够的，关键是要取得令人心悦诚服的“专业性成就”，才能建立公关事业存在和发展的合法性。此后数十年，伯内斯开创了现代公关史上的大量经典案例。

1929 年 3 月 31 日，一些时尚女性在纽约第五大道叼着香烟招摇而过，发起了一场以女性自由、平等、解放为主题的复活节游行。在那个年代，女性在公开场合吸烟尚被视为一个严重的教养问题，或者说道德上的叛逆和挑衅。媒体广泛报道了这场“自发”“突如其来”的游行，认为它打破了女性不吸烟的禁忌，堪为女权运动的标志性事件。那些著名的媒体评论员盛赞游行“宛如戏剧”，“开启了一个未来”，女士们手里的“香烟如同自由火炬”，“击溃了所有对女性的歧视”。实际上，这场打着女权主义旗帜的游行是伯内斯为他的雇主美国烟草公司精心策划的公关活动。当年，这家烟草公司的收入增加了 3200 万美元。[③]

作为心理学家弗洛伊德（Sigmund Freud）的外甥，伯内斯相信“人们的思想和行为皆是出于对被压制欲望的替代性补偿”[④]。1924 年，宝洁公司请伯内斯协助推广象牙牌肥皂。伯内斯认为让小孩子爱上肥皂并不容易，因为“偷懒”、爱玩闹、不爱梳洗是孩子们的“天性”。他不打算挑战这些天性，而是努力召唤小孩子的另一些天性来替代它们。他组织了一场全国性的肥皂雕刻大赛，优胜者获得了令人心动的奖金和荣誉。雕刻大赛是如此受欢迎，持续举办了 37 年。参赛者主要是儿童，也有奥运冠军和总统候选人，他们每年用掉近百万块肥皂。伯内斯承认，“这一活动召唤了大量我们可以洞悉的心机：审美、好胜、社交、媚上、自我表现、

---

① D. L. Luis. The outstanding PR professionals. Public relations journal（October 1970）：84.

② Edward Bernays. Crystallizing public opinion. New York：Boni and Liveright，1961：xxxiv.

③ 直到去世之前，伯内斯仍坚称自己当年对烟草危害一无所知，所以才策动女性吸烟。伯内斯本人并不吸烟，而且讨厌别人吸烟。

④ Edward Bernays. Propaganda. New York：Horace Liveright，1928：52.

母爱等等”[①]。对此，伯内斯的传记作者泰伊（Larry Tye）评价说：

“弗洛伊德尝试以心理分析学说帮助病患扫除情绪障碍，而伯内斯则借由心理分析劫掠消费者自由决策的意志，帮助他的客户预估和操纵消费者的思想和行为。”[②]

伯内斯的成功，激励了一大批人加入新兴的公关行业。他至少使人们感性地认识到，这是一个极富潜质的行业，充满挑战、乐趣和激情，成功之花随处可采。譬如，在伯内斯的影响下，希尔（John Hill）和诺顿（William Knowlton）于1927年创办了伟达公关公司，如今已发展为世界上最大的公关公司之一。另一家全球顶尖公关公司博雅公关的创始人夏博新（Herold Burson）也深受伯内斯的影响，“我心目中真正的公关大师是伯内斯，我每过几个月就要把他的书再翻一遍，总是得到无穷的启发和鼓舞”[③]。伯内斯见证、引领了公关行业的发展，他千方百计地按照自己的理想来规范它：“公关业必须具备高尚的品格和职业道德”。有人回忆说，“他从来没有在任何一次演讲中漏掉这个主张”[④]。

1923年，伯内斯出版了现代公关史上的第一部理论专著《舆论的结晶》（*Crystallizing Public Opinion*），并于同年在纽约大学主讲了“公共关系”课程。1928年，他推出了后来被广为引用的《宣传》（*propaganda*）；1945年，他又写了一本流传广泛的《公共关系学》（*Public Relations*）。他一共出版了15本书，发表了300多篇文章，留下了一部800多页的自传。

正是在伯内斯的努力下，公关的概念和观念得以普及，相关理论亦得到了较为完整、深入的阐发。当然，公关理论的系统构建则是20世纪中后期卡特里普、格鲁尼格（J. M. Grunig）那一代人的任务了。这是本书的后话。

第三节　现代公关发展的背景与条件

如果把历史的镜头从巴纳姆、艾维·李和伯内斯等开基立业者的个体身上拉开，我们就可以看到现代公关发展的整体社会背景和历史条件。这些背景和条件的主线是现代性，以及作为现代性实践过程的现代化。实际上，现代公关既是现代性、现代化的产物，同时也是它们的促进者、维护者。

本节简要讨论现代公关发展的背景与条件，并以中国现代公关的引起和发展为个案佐证之。

一、现代性、现代化与现代公关

在《舆论的结晶》一书中，伯内斯将公共关系定义为一种处理组织与公众关系的活动，在

① Edward Bernays. Propaganda. New York：Horace Liveright，1928：53.

② Larry Tye. The father of spin：Edward L. Bernays & the birth of public relations. New York：Crown Publishers Inc.，1998：97.

③ 引自夏博新在中国人民大学新闻学院的演讲。

④ 泰伊．公关之父伯内斯——影响民意的人．刘体中，译．海口：海南出版社，2003：283.

这种关系中，组织服务并依存于公众。1952年，他从组织的视角将公共关系的定义拓展为：(1) 告知公众信息，(2) 说服以改变公众的态度和行为，以及 (3) 整合组织与公众之间态度和行为的努力。①

伯内斯注意到了现代社会与传统社会之间的巨大差异。传统社会自然也存在借由信息传播来建立和维系共同体的需求，而这种需求在现代社会则变得更加普遍和强烈，以至于有必要开创一项专门化、职业化的新事业来实现这种需求。这就是公共关系。伯内斯认为，工业化和城市化加剧了社会发展的多变性和复杂性，科技、交通、传播、教育的进步，市场经济、民主政治的发展和民众力量的崛起，使各种社会关系日益紧密也更加紧张。在此背景下，一个社会需要通过公共关系来促进社会整合、关系协调和"设计认同"。具体到单个组织层面——譬如一家企业或政府部门，需要告知公众必要且充分的信息，说服公众采取合宜的态度和行为，并在组织与公众之间建立理解、共识和稳定的认同关系。

按照伯内斯对其公关定义的解释，告知即让各方意见在观点的市场相遇，他认为真理乃是"各种欲望斗争和妥协的产物"；说服即建立组织与公众关系之间的"双行道"，强调组织与公众相互理解、适应和调整，"以说服和建议取代传统时代的暴力威胁和恐吓"；整合与协调即平衡不同社会主体的利益关系，而私人利益应当服从公共利益，个体的追求必须顺应"共同的善意"。如是，公关既坚持了民主观念中"自由"的一面——公开的意见表达和竞争，也强调了其中"秩序"的一面——维系认同与协同。

巴纳姆、艾维·李和伯内斯经历了美国建设现代化国家的几个关键阶段。巴纳姆生逢美国工业化的第一个浪潮，赶上了"镀金时代"，在那个时代，宣传家"如音乐家拨弄琴弦一般，操控着人们的头脑"②。艾维·李奋进在美国工业化、城市化高潮阶段的旋涡之中，企业和公共机构亟须解决"进步中的问题"，尤其是化解劳资矛盾和社会冲突，将整个国家再造为利益和价值共同体。伯内斯则是一个彻底的"现代人"，亲历了民主与大众社会的到来、市场与消费文化的兴起乃至后工业化和全球化，政治、商业、文化和大众生活须臾不可断离传播的力量。

这就需要引入现代性（modernity）和现代化（modernization）两个概念。作为一种观念和价值设计，现代性肇端于17世纪欧洲的启蒙运动。启蒙运动倡导理性和主体性，主张把人从神权和君权的压迫中解放出来，成长为认知、行动和权利的主体，即"现代人"。作为理性的存在，"现代人"理应获得自由和主体地位，在社会进步中免除饥饿和恐惧。通过启蒙运动，欧洲的现代性观念——诸如理性、自由、民主、进步等得以培育，逐步由传统社会转型为现代社会。

现代性强调人类设计、创造合乎目的性的历史和社会生活，更可"为自然立法"。这反映在经济层面，便是以计算的法则开发自然、组织社会生产，借由科技化、工业化、市场化等手段创造最大化财富；在政治层面则表现为公共权力的民主化、契约化，以及行政管理上精细的科层制；在文化层面就是"祛魅"，即世俗化，连文化本身也不过是一种工业和商品；在社会

---

① Edward Bernays. Crystallizing public opinion. New York：Boni and Liveright，1961：iv.

② Edward Bernays. Crystallizing public opinion. New York：Boni and Liveright，1961：xxv－xxvi.

层面即训练理性、自主的现代公民，建立自治、有活力的公民社会。概而言之，西方的现代性转型即建立市场经济、民主政治和公民社会。我们经常使用的"现代化"一词便是指现代性的实践过程，在手段上主要包括科技化、工业化、城市化、民主化等，以实现富国强民和社会进步。

现代性许诺了由低级到高级、由落后到发达、由混乱到秩序的社会发展愿景，强调以整体的、协同的、系统的力量推动社会进步。显然，只有最大限度说服大众、赢得认同、整合社会关系，现代性的许诺才有可能兑现。也就是说，现代性内蕴着以共同体的力量谋求高效发展的强烈需求。这种"制造认同"、形塑共同体的需求落实到社会实践中去，便催生了专门化、职业化的现代公关事业。现代社会的政治选举、社会动员、商业推广、时尚和健康生活方式的普及，皆离不开公关在沟通、协作和认同上的助力。按照伯内斯的说法，现代社会的任何一项重大事业都需要公关来"引领大众"和"设计认同"，从卖东西到选总统、从创新教育方式到预防肺结核，"若无公众的接纳，值得赞美的运动也会失败"①。

同时，现代性本身充斥着各种难以调和的矛盾，这也导致现代性转型和现代化建设总是危机重重。譬如，现代性倡扬民主和自由，而大众社会注定是一种多元化、碎片化、原子化的社会形态，这就与现代性对秩序的追求产生了矛盾；又如市场体制势必形成多元利益主体的竞争、分化和对抗，劳资冲突、企业与消费者冲突、阶层冲突持续不断；经济发展、科技进步和知识创新导致了人与自然的尖锐对立，亦使社会结构持续处于不确定和失序状态，"繁荣社会"与"风险社会"一直如影随形；凡此等等。需要指出的是，这些现代性"病症"从反面强化了现代公关发展的必要性与可能性。一如美国公关史所表明的那样，正是由于在工业化、城市化引发的诸多社会危机中大显身手，公共关系才从一些新闻代理人、宣传家的"伎俩"蜕变为一项现代事业。

信息技术革命和传播媒介的发展，是现代公关所倚重的另一个重要背景和条件。在既往一二百年间，大众传播、组织传播、群体传播和人际传播的技术、媒介和手段持续发展和创新，以至于人们把现代社会命名为"媒介社会"。在媒介社会，大规模公共传播、专业化说服与倡导、多元对话与关系协调既是必要的，也是可能的。这就为公关事业的发展提供了动力和契机。在某种意义上，现代公关史就是政府、企业和其他各类社会组织与报刊、广播、电视、互联网等各种传播媒介互动的历史。

当然，互动同时包含了对话与对抗。公关善用传播媒介以构建社会认同、实现社会整合的业绩有目共睹，滥用传播媒介、操纵民意、歪曲真相、亵渎真理的个案亦不鲜见。

二、中国现代公关的引进和发展

欧洲最早开启现代化之路，而美国则后来居上。经过第二次工业革命，美国工业总产值在1894年超过英国。1913年，美国工业总产值和人均产值皆达到了全球首位。此间，进步主义

---

① Edward Bernays. Propaganda. New York：Horace Liveright，1928：31.

运动得以轰轰烈烈铺展，推动美国成为一个现代化国家，而且是“国与民的同步现代化”①。现代公关正是诞生于此，在克服美国工业化、城市化所造成的社会危机，重构社会认同和社会关系方面发挥了重要作用。

现代性并非一个局限在西方的问题，也不是一个纯粹的理论问题。自19世纪中后期起，现代性转型便伴随战争、殖民和经贸往来，从西方逐渐拓展到世界上更多国家。国家现代化的进程并不平衡。有些国家主动拥抱了现代性，也有国家至今仍处在摇摆或抗拒之中。一般而言，在现代化程度越高的国家，公关事业也就相对越成熟。

从鸦片战争算起，中国的现代性转型可谓一路曲折，洋务运动、维新运动、辛亥革命、抗日战争、解放战争皆为建设现代化国家付出了巨大努力。新中国成立后，前三十年的国家建设和社会发展不断受到政治运动的干扰、破坏，直至20世纪70年代末80年代初重启现代化议程。1978年，中共十一届三中全会召开，思想解放、改革开放和现代化建设成为时代主题。随后数年，广州、深圳、珠海等“改革开放的最前沿”出现了现代公关的萌芽，譬如深圳竹园宾馆在1982年设立了公共关系部。

1984年可以被视为中国现代公关元年。这一年发生了诸多标志性事件：在广州，中国大酒店等合资、涉外企业成立了公关部，白云山制药厂组建了国企首家公关部，后者被认为是“中国公共关系史上具有里程碑意义的事件”②。在北京，长城饭店公关部因成功举办了美国总统里根访华答谢晚宴而轰动一时，王府井百货大楼设置了公关机构。当年10月，全球领袖级公关公司伟达公关在北京设立办事处。12月26日，《经济日报》发表长篇通讯《如虎添翼——记广州白云山制药厂的公共关系工作》，并配发社论《认真研究社会主义公共关系》。而在国家层面，1984年的一个重大历史事件是《中共中央关于经济体制改革的决定》出台。《决定》宣告“社会主义经济是商品经济”，计划经济与商品经济可以并存。这是中国经济体制改革乃至整个现代化进程中一次实质性的“解冻”或曰“破冰”，计划体制松动，市场体制萌动。

此间，中国社会科学院新闻研究所、厦门大学、深圳大学、中山大学、国际关系学院、上海外国语大学等教研机构开设了公共关系课程，并从美英等西方国家和港台地区引进、编撰公关教材。1985年，新华社与全球最大的公关公司之一博雅公关合资共建了第一家本土公关公司——环球公关，为客户提供新闻传播、大型活动、政府关系、策略咨询等方面的公关服务。同年，法国人杜孟在中国开办了中法公关公司（Interasia PR）。

1986年11月，上海市公共关系协会成立，协会提出公关的使命在于“沟通信息、增进理解、加强联系、促进合作”。1987年6月，中国公共关系协会在京成立，《经济日报》总编辑安岗任主席。安岗在成立大会上提出，“任何一个企业或组织，要想在现代化信息社会里获得事业成功，都必须……在内部和外部形成最佳的信息沟通网络，赢得内部和外部公众的了解、理解和谅解，创造出一个最佳的社会关系环境，从而获得尽可能好的经济效益和社会整体效益”③。具体到“中国为什么要发展公关”，安岗提出了四个理由：

---

① 胡百精．对话与改革：美国进步主义时期的公共传播与社会认同．中国人民大学学报，2012（1）．

② 余明阳．中国公共关系史（1978—2007）．上海：上海交通大学出版社，2007：16.

③ 安岗．安岗公共关系论谈．北京：人民日报出版社，1992：16－17.

首先，经济体制改变需要公关，当千万个企业由政府的附庸转换为“相对独立的经济实体，自主经营、自负盈亏的社会主义商品生产者”，从封闭、僵化的旧体制中解放出来，公关可以“改善经营管理，提高竞争能力，增强横向联系，树立企业信誉，开拓销售市场”；其次，公关乃是政治体制“民主化的尝试”，“以注重双向信息交流、注重舆论为专长的公共关系自然能在建设社会主义民主中起着应有的作用，为领导者和人民群众之间的沟通、对话设计最佳模式”；再次，发展科技、实现“四个现代化”离不开公关；最后，公关尤擅以生动、形象、创造性的手段涵化社会思想道德，从而有助于精神文明建设。①

在 1980 年代末，中国公关经历了一场“虚热”式的发展，如“登陆的台风”“瓢泼大雨”一般，“猝不及防”地“席卷了神州大地”。② 以公关组织为例，全国成立了大量公关协会、学会、研究会、俱乐部，很多县都有自己的公关协会。而在 1989 年下半年后，受经济疲软、政治环境变化和职业道德等多重因素的影响，中国公关进入了一个相对低落的调整期。

事实上，公关事业所赖以生长的社会历史条件在 80 年代的中国并不完备。当时的经济发展尚不足以滋养一个专业化的公关市场，尤其是在经济增长受挫的情况下，公关成为最早幻灭的“泡沫”之一。“文革”后的政治环境趋向民主开明，但是“反资产阶级自由化”之风依然凛冽，政治生活未能提供专业公关可以介入的充裕空间。同时，与商品社会共生的功利主义思潮日益炽盛，公关被一些人错解、滥用为拉关系、走后门和“公关小姐”的交际，新兴的中国公关业面临着严重的道德合法性危机。行业报纸《公共关系报》记述了当时公关业发展的困境，“在中国这块土地上，公关还有没有存在的必要？公关还有没有用？公关还搞不搞得下去？总而言之一句话：中国公关还有没有前途？”③

这一状况在 1992 年以后得到了改变。当年，中共十四大提出构建社会主义市场经济体制，中国迎来了“第二次公关潮”。《公共关系报》发表评论员文章说：“公共关系从来不属于‘养牛为种田，养猪为过年，养鸡生蛋换油盐’的小农经济；公共关系也不属于高度集中统一的传统的计划经济，或所谓的‘产品经济’。公共关系作为一门管理科学，本来就是伴随市场经济而来，在市场经济中孕育、诞生和成长的。”④

随后，中国公关界掀起了一股“点子热”“策划热”和“CI 热”（CI 即 Corporate Identity System，企业形象识别系统，简称 CI 或 CIS)，涌现了一批“点子大王”“策划大师”和“CI 专家”。这些人对于开拓公关市场做出了引领性贡献，但也因其凌空蹈虚而饱受诟病，甚至有人因诈骗而锒铛入狱。在中国建立市场经济体制的鼓舞下，美国爱德曼、奥美、福莱、罗德、凯旋-先驱和英国万博宣伟等全球顶尖公关公司亦于此间进入中国市场。起初，这些“洋公关”大多追随其国际客户来华，进而则全面拓展中国本土客户。

1995 年，针对当时公关界兴起的有偿新闻、寻租媒体权力等不正之风，伟达、博雅、爱德曼等公关公司在北京共同签署了《对在中国开展公关业务的职业标准立场》，公开反对以有偿新闻的形式为客户提供传播服务。1990 年代中后期，以蓝色光标为代表的中国本土公关公

---

① 安岗．安岗公共关系论谈．北京：人民日报出版社，1992：2.

② 杨林林，柳明淑．迷人的光环——公关热大扫描．当代，1989（2）.

③ 童炽昌．对中国公关发展前途的若干思考．公共关系报，1989－10－15.

④ 迎接中国公关的春天．公共关系报，1992－10－30.

司陆续兴办和崛起，与“洋公关”形成了彼此增益的市场格局。

如果说中国公关在1980年代的主要成绩是概念引进和观念启蒙，那么1990年代的标志性成果则是专业公关市场的初步培育。一个完整的公关市场架构至少应包括如下要素：

一是甲方——公关服务的购买者，跨国企业、部分国有企业、新兴的IT企业、少数政府机构和事业单位在20世纪90年代中后期产生了相对稳定的公关业务需求。

二是乙方——公关公司、事务所、顾问机构等公关服务的提供者，一流国际公关公司在20世纪90年代纷纷进入中国市场，本土公关公司亦逐步崛起。

三是媒体与传播——公关服务的实现通路、载体和平台，中国媒体在20世纪90年代平衡地处理了政治正确、舆论监督、服务市场、引领消费和实现自身财富增长的复杂关系，传媒产业蓬勃发展。

四是公众或曰利益相关者——公关服务的诉求对象、公关价值得以生成的出发点和落脚点，20世纪90年代中后期的中国民众已然在抽象的“人民”“群众”和“百姓”等身份之外，逐渐获得了自主的消费者身份，“以消费者为中心”的口号深入人心。

五是环境——外在的资源、制度和文化生态，国家层面以经济建设为中心的政策环境、构建市场经济体制的宏观议程为培育专业公关市场创造了现实可能性。

历经二三十年的高速现代化，中国创造了辉煌的经济成就，同时也在新世纪进入了剧烈的社会转型期和攻坚克难的“改革深水区”。此中艰难，首先表现为现代性“通病”在中国社会的显现和发作，譬如风险社会降临、工具理性炽盛、消费文化泛滥、全球化挑战国家事务等。同时，中国在改革和发展中遇到的个性问题和矛盾也不断加剧，譬如文化上的前现代、现代性和后现代并置于同一时空语境，政经改革不均衡，工业化和城市化亟待转型升级，新媒体挑战既有社会秩序，并通过话语权再分配重构社会关系等。

如是宏观背景大抵设定了中国公关在新世纪的发展方向和方法。公共关系以沟通为业，致力于解释和解决问题，化解矛盾和冲突，寻求共识和信任，正与2000年以后的中国社会语境和公共议程相契。风险社会使公关成为政府、企业和其他社会组织的基本管理手段；市场经济和消费文化借由公关产制符号与意义、参与竞争、“制造认同”；新媒体改变了官民对话、民商对话的观念和规则，公众获得了更大的话语权，新媒体公关事关和谐、稳定和善治；全球化使国家公关、软实力建设和公共外交走向历史前台，成为日常性的政治、经贸和跨文化交往事务。风险社会、消费文化、新媒体、全球化以及自身的业务专业化，构成了新世纪以来中国公关的发展主题。

在2003年“非典”爆发后，大量政府部门成立了宣传处、新闻办公室或更高级别的宣传局、新闻司。虽然官方话语未必直接采纳“公关”这个名词，但是公关的确开始实质性地介入中国社会发展的“大事件”和“真问题”，参与到诸如汶川地震、北京奥运会以及重大群体性事件处置之中。有一些个案已经成为国家、社会的集体记忆和标志性历史事件。经济领域更不待言，大型国有企业、上市公司、有一定实力的民营企业、跨国公司的公关业务日益频繁和专业化。随着中国深度参与全球化进程，世界上有重要影响力的公关公司皆在中国设有分支机构或开办中国业务。本土公关公司更有长足发展，蓝色光标在2010年成为国内首家上市公关公司。

【复习思考题】

1. 比较中西古代公共关系的异同。
2. 简述现代公共关系诞生时期的三个阶段。
3. 简述现代公共关系发展的社会历史背景和基本条件。

第二章

公共关系的概念与观念

一个自足自立的学科，必然拥有一个或多个核心概念，以在本体论、认识论层面提供一些线索，让人们了解这个学科的内核和边界。从核心概念出发，这个学科还会预设某些观念，以提供本学科解释或解决问题的若干视角、框架或方法。那些公认的、明确的、相对稳定的概念和观念，在"是什么""为什么""怎么办"等方面大致勾画了一个学科"专属"的学术想象。按照本书第一章的说法，它们表征着一个学科堪为自足自立的合法性。

自 20 世纪初以来，公关界从未放弃确立本学科"专属"概念和观念的努力，然而并不太成功。伯内斯早在 1920 年就明确提出了公共关系概念，但是人们并未接受这个"有哲学意义的新名字"，伯内斯不得不转而使用宣传（propaganda）、新宣传（new propaganda）等词汇解释自己的事业。直到二战前后，公共关系一词才普泛开来，而学界、业界和普罗大众对于"何谓公关""公关何为"之类的问题并无一致的理解。随后数十年，传播学、社会学、心理学、管理学和政治学等诸多学科皆介入公关研究，成果丰富却也杂草丛生，以致概念含混、观念纷繁的学术困境延续至今。

这一困境反映在实践领域，便是公关人始终面临着一个难解之题：我是做什么的？公关因何而生？公关得以产生、存续和发展的根本理由与合法性何在？在现代公关百余年的发展进路中，是否存在明确、稳定的学术范式和实践模式？

第一节　定义与流派

在 1923 年成书的《舆论的结晶》中，伯内斯将公关定义为"一种处理组织与公众关系的活动，在这种关系中，组织服务并依存于公众"①。这个定义一度广为人知，却未能赢得公关界的普遍认同。1961 年，伯内斯在《舆论的结晶》的再版前言中承认，"为公共关系确立一个统一的定义是十分困难的"②。尽管公关理论研究在 1960 年代以后进入了成熟期，但是仍未解决所谓统一定义或共识性理解的问题。"（美国）公关业是一个拥有十万兄弟姐妹的群体……他

① 伯内斯．舆论的结晶．胡百精，董晨宇，等译．北京：中国传媒大学出版社，2014：28.

② 伯内斯．舆论的结晶．胡百精，董晨宇，等译．北京：中国传媒大学出版社，2014：29.

们共同的难处是没有任何两个人对该职业能够做出一致的解释。”①

中国公关研究也遭遇了“定义之难”。1993 年出版的《中国公共关系大词典》列举了 29 种公关定义，最终还是强调“迄今为止国际间还没有一条得到所有方面一致确认的权威性的公共关系定义”②。

定义是逻辑和实践的起点。定义纷繁多变，自然生发出不同的公关观念，进而可能演化出多样的公关理论流派。本节的任务是介绍公关的经典定义和主要理论流派，并进行必要的比较和批判。

一、经典定义

在导入公共关系的经典定义之前，我们尚须后退一步，首先承认“公关”至今仍不是指称某个特定职能与职业、专业与行业的不可替代的名词。我们很难找到“新闻”“广告”“销售”之外的词汇来替代它们所指称的职业，但是能够替代“公关”的说法却很多，诸如“宣传”“传播”“传播管理”“策略性传播”“媒体事务”“公共传播”“公共事务”等。为了回避“公关”负面、含混的意涵，一些人甚至刻意宣称“我的专业是传播管理”或者“我负责传播与公共事务”。这般回避和宣称实在是一种讽刺，公关的一项基本职能是形象与声誉管理——不知“漂白”了多少张历史的面孔，而自身形象却始终未能清朗、堂皇起来。

自 1980 年代引介西方公关理论以来，中国公关界在争论中达成了一个共识：公关定义存在多个取向，其中最具代表性的是“管理说”“关系说”和“传播说”；三个取向分别强调了公关的管理职能、关系协调职能和信息传播职能，并因此形成了公关理论研究的三个主要流派。③ 以下对这三个取向、流派分而述之。

（一）管理取向

1976 年，美国斯坦福大学的哈罗（R. F. Harlow）博士通过对大半个世纪的公关文献分析和对 83 位公关界领袖的访谈，搜罗了 472 个公关定义。哈罗据此提出了一个融合性的定义，描述了公关的诸多面向，尤其强调了公关的管理职能。他认为公关是组织的管理手段之一，职能在于促进沟通、议题管理、响应舆论、担当公益、调适环境和预警未来。哈罗的定义如下：

“公共关系是一种独特的管理职能，它有助于建立和维护组织与公众之间的双向沟通、理解、接纳与合作；参与解决各种公共议题；帮助管理层了解舆论和真相，并及时做出响应；明确并强调管理层对公共利益所应担负的责任；帮助管理层适应和善用外部环境与形势变化；亦扮演事前预警系统的角色，以助益于前瞻未来；以研究型、正确且合乎道德的传播手段作为主要工具。”④

1984 年，美国马里兰大学的格鲁尼格和亨特（Todd Hunt）用一句话表述了管理取向的公

---

① 弗雷泽·P. 西泰尔. 公共关系实务. 8 版. 梁皎洁，罗惟正，江林，译. 北京：机械工业出版社，2004：7.

② 张龙祥. 中国公共关系大辞典. 北京：中国广播电视出版社，1993：4.

③ 胡百精. 中国公共关系史. 北京：中国传媒大学出版社，2014：67 - 68.

④ Rex F. Harlow. Building a public relations definition. Public relations review，No. 4（Winter 1976）：36.

关定义。这大概是迄今为止被各国公关界引用最多的公关定义之一：

“公共关系即一个组织与其公众之间的传播管理。”①

格鲁尼格针对这个定义强调了三个问题：公关是一种战略管理，管理组织与公众之间的相互依存关系，使组织在复杂多变的社会环境中尚可保持充分的自主性（autonomy），从而高效地实现组织目标；传播管理包含了双向沟通、议题管理、公共事务与担当社会责任等职能，或者说这些职能主要是通过沟通管理得以实现的；一个组织的公关总是有其预设的世界观，而卓越公关——那些能够促进组织高效实现发展目标的公关观念与实践——根源于双向均衡的世界观。按照这种世界观，组织与公众应抱持对等、平衡的价值原则，维系和拓展相互依存关系。

（二）关系取向

美国学者蔡尔兹被认为是“关系说”的代表人物。这位耶鲁大学教授、《舆论季刊》的创始人在1930年代提出，公共关系并非简单的“制造认同”的宣传，“不是一种观点的陈述和解释，不是调和态度的艺术，亦非发展热诚而有利可图的关系”，而是一个组织依循“公共利益”和“社会意义”调整自身行为，以建立与公众的良性互动关系。② 以蔡尔兹的视角看，公关的使命是基于公共利益和社会价值建立组织与公众之间的互动关系。1970年代，被誉为“公关教育之父”的卡特里普“重新发现”了蔡尔兹对公关的定义。在借鉴蔡尔兹的基础上，卡特里普提出：

公关是在组织与其成败所依的公众之间建立认同、维系互惠关系的一种管理职能。③

“关系说”视公关为组织与公众建立契约关系的一种方式，强调组织与公众相互调整和彼此适应。伯内斯早就强调了这种“双行道”式的依存关系，他认为组织与公众皆应调整自己，以奉持、增益公共之善。有学者认为，关系取向的定义“抓住了公共关系及公关活动的本质属性，使人们充分注意公共关系、公关活动在内容、动力、目的、作用上的深刻社会性”④。

（三）传播取向

英国公关学者杰夫金斯（Frank Jefkins）被认为是“传播说”或曰传播流派的代表人物。他提出：

> 公共关系由各种计划性的沟通、交往所构成，目标在于促成各方的相互理解。这种沟通、交往处于组织与公众之间，既是向内的，也是向外的。⑤

显然，杰夫金斯更看重公关的传播属性，他将公关定义为组织与公众为达成相互理解有计

① J. E. Grunig and J. White. Excellence in public relations and communication management. Hillsdale，NJ：Lawrence Erlbaum Associates，1992：4.

② H. L. Childs. An introduction to public opinion. New York：Holt，Rinehart and Winston，1984：6.

③ 引文来自于里的《卡特里普与他的公关圣经》，载《公共关系报》，1992年10月10日、1992年10月20日、1993年6月10日、1993年7月8日、1993年9月2日、1993年9月9日。另，卡特里普的《公共关系史（17—20世纪）》由纪华强、焦妹、陈易佳于2013年译成中文，复旦大学出版社出版。

④ 白巍．大众公共关系学．北京：经济科学出版社，2002：32.

⑤ Frank Jefkins. Public relations techniques. 2nd（ed）. Butterworth Heinemann，1994：7.

划开展的沟通与互动。与杰夫金斯相呼应的是美国学者马斯顿（John Marston），他提出了“R-A-C-E”公关工作法，即研究（research）、行动（action）、沟通（communication）与评估（evaluation）。他直截了当地指出：“公共关系就是利用有说服力的传播去影响重要的公众。”①

“传播说”将公关理解为一种专业化的沟通行为、过程和方式，旨在促进组织与公众之间的认知、理解、共识和认同。从20世纪初诞生至今，现代公关最基本的业务形态即是传播，有时是借助大众媒体的新闻宣传，有时是群体和人际游说，有时是旨在调适舆论生态和社会环境的整合传播。如第一章述及的那样，现代公关发展的一个重要条件便是传播事业尤其是大众媒体在20世纪的狂飙突进。“传播取得了神圣的地位，它被推崇为人与人接触的巅峰、人文教育的实质和参与性民主的手段。”②

除了上述管理、关系、传播三个取向外，中国学者在1980—1990年代还提出了诸如“形象说”“协调说”“表征说”等公关“流派”或“学派”。譬如，主张“形象说”的学者提出，塑造组织形象“一下子把公关最根本的职能表述出来了”，而且迄今尚无一门以组织形象为核心概念的学科，公关正好以之立业图强。③ 批评者则反驳说，组织形象亦可通过广告、营销图之，并非公关独擅之长；同时，公关亦非专图形象展示之功，大量公关行为意在建立关系、化解冲突，而不是以塑造形象为主旨。

二、流派的想象

由于经典定义存在诸多表述上的差异，未免给人一种认知上的错觉，即公关理论派系之争相当严重。就中国情境论，有学者认为出现了“势均力敌的管理学派和传播学派两大体系”的对峙。④ 事实上，有关流派纷争的想象在某种程度上只是对学科繁荣的一种“自证”或朴素期待——诸“说”分立，显得多元而壮盛。此外，如是想象在知识上也存在一些偏差和误会。

在以上经典定义中，“管理说”应该是海外学界通称的公共关系“管理典范”，而“传播说”和“关系说”则分别对应“宣传-说服典范”和“关系典范”。三个典范之间确实存在观念上的差异，但并未产生所谓势均力敌、针锋相对的纷争。其中，“管理典范”肇端于1960—1970年代，成熟于1980—1990年代。这一典范的代表性理论为卡特里普、森特（A. H. Center）、布鲁姆等人的开放系统论（open-system theory）和格鲁尼格夫妇、亨特、多泽尔（D. M. Dozier）等人的卓越公关理论（theory of excellent public relation）。管理典范兴起的学术背景是20世纪中后期系统论、生态论和管理学的成熟与发达，公关被视为组织调适自身所处社会生态系统，特别是管理自身与公众之间关系的一种战略性工具。

“传播说”或曰“宣传-说服典范”是指1900—1960年代的公关主导范式，其间大致以二战为节点，此前为宣传时代，此后为说服时代。这一典范的代表人物包括艾维·李、伯内斯、A. W. 佩吉（Ather W. Page）、希尔和杰夫金斯等。在理论上，传播典范汲取了传播学、心理

---

① J. E. Marston. The nature of public relations. New York：McGraw-Hill，1963：16.

② 约翰·彼得斯．交流的无奈——传播思想史．何道宽，译．北京：华夏出版社，2003：30.

③ 胡百精．中国公共关系史．北京：中国传媒大学出版社，2014：120.

④ 熊源伟．公共关系学．3版．合肥：安徽人民出版社，2003：3.

学和社会学的思想资源，将公关理解为组织对内、对外的沟通，以期获得认知、理解、信任和赞誉。

"关系典范"酝酿于1980年代末，正式崛起于1990年代中后期。至于中国学界指认的"关系说"代表人物蔡尔兹，他主要活跃于1930—1960年代，与现今的"关系典范"基本不搭界。这一派学者认为，传统公关过于注重"公共"（public）之维，而相对忽略了"关系"（relations）范畴。据此，多泽尔、布鲁姆、卡塞（Shawna Casey）、里奇（James Ritchey）、莱丁海姆（J. A. Ledingham）和白朗宁（S. D. Bruning）等人提出，应当建立"以关系问题为中心"的公关新典范。进入21世纪后，由于互联网特别是社交媒体（social media）深度干预、重构了社会关系，关系典范获得了更为丰厚的实践资源，因而发展迅猛。以该典范的视角看，在互联网时代的公关观念和实践中，"关系管理"较之"信息传播"更具基础性和优先性地位。①

就学术源流而言，上述三个典范的发轫、成熟存在明显的先后次序。在时序"错位"中，典范之间并未造成相抗相毁、势均力敌的争端。各典范代表人物也不是非此即彼，而是互有融摄。哈罗、卡特里普没有居于"管理"一端而忽略"传播"问题。杰夫金斯的传播、交往论也看不出对"管理"的轻视，他着重强调了公关的"目标性""计划性"等管理属性。多泽尔、布鲁姆既是管理典范的推动者，也是关系典范的开创者。自2000年起，格鲁尼格尝试整合管理、传播、关系诸典范。按照他的理解，在手段、工具层面，公关属于组织的传播管理职能；而在战略和价值观层面，公关则意味着建立和维系组织与公众之间的合作、双赢关系。②

总体而观，管理、传播和关系皆为公关领域不可或缺的核心概念。管理以组织的职能切入，关系以结构切入，传播则以手段切入。伴随社会历史和学术语境的迁转，这些核心概念确有轻重、先后排序的变化，但西方公关界并不存在非此即彼、顾此失彼的计较。自1990年中后期起，一些中国学者意识到了这个问题。他们指出，公关流派纷争在西方"并不像我们想象的那样真正形成过"，"偏执某一'说'不利于人们对公共关系的全面理解"③；诸"说"分立不过是中国公关界由于译介的误会和为了自证学科重要性而想象的"一场虚设的争论"④。台湾学者陈文玲考察了欧美和台湾公关研究领域近200本著作和上千篇论文，亦未得出公关流派纷争激烈的结论。⑤

因此，就公共关系的定义和核心概念而论，更准确的说法应是取向、典范或范式差异，而不是所谓流派纷争。除了管理、传播、关系等概念的分别，公关研究尚存在其他取向。譬如，在20世纪，社会科学研究大抵形成了功能主义、诠释主义和批判主义三个典范。若作如是观，百余年的现代公关研究亦可区隔如下：

一是伯内斯等现代公关先驱开启的功能主义门风。这一取向的学者大多"双栖"于产学两界，他们更看重学以致用，强调理论研究应观照、引领实践，以提升公关实践的效率和品质。伯内斯的《舆论的结晶》《宣传》《公共关系学》《制造认同》等著述皆属功能主义研究取向的代表作，以公关管理者、实践者的立场，探讨优化公关效能的观念与路径。

---

① 胡百精．新媒体、公关"元话语"与道德遗产．国际新闻界，2010（8）．

② 有关"新双向均衡模式"及"双赢区"的构建，参见本书第五章第二节。

③ 郭惠民．换一种视角看一看．公共关系报，1994-11-24．

④ 胡百精．公关、对话及其可能性——从三鹿奶粉事件看公关的价值前提．国际新闻界，2008（10）．

⑤ 胡百精．公关、对话及其可能性——从三鹿奶粉事件看公关的价值前提．国际新闻界，2008（10）．

二是全面、客观、价值中立地研究公关问题，即诠释主义取向。在20世纪六七十年代以后，公关教育和研究日益规范化、专业化，学者与直接服务于实践的“公关顾问”开始分化。一些学者倾向于以第三方立场诠释公关现象，客观、平衡地考察公关主体与对象、过程与效果、要素与结构、行为与道德等问题。当然，诠释与功能两个取向的界限并不那么分明，譬如卡特里普等人对“组织-公众”系统的论述、格鲁尼格等人对公关价值观的阐发，既是诠释的也是功能的。

三是在学理和价值上以公关为检视、反思和评价对象的批判主义取向。自20世纪中后期始，以德国法兰克福学派、英国伯明翰学派、法国文化研究学派为代表的批判学派对大众传播、文化工业发起了系统批判。其中，相当一部分批判直接指向了公关，譬如阿多诺认为一个国家的意识形态即是统治阶级的公关，哈贝马斯则视公关为启蒙运动以来最值得警惕的社会现象之一。

批判学者大多站在精英主义立场上，认为公关是资本与权力的工具，潜藏着操纵、欺骗和压榨大众的力量。公关界内部也存在类似的反思，譬如1990年代中后期兴起的公关修辞典范即从话语、权力、价值、文化等问题切入，检视、批判了公关所制造的“语言暴力”和“认同幻象”。

第二节　公共关系的元理由

前文列举的公关概念存在一个明显局限，它们大多属于描述性定义，即从要素、现象、过程和功能层面列举和展示若干范畴、面向，以指陈何为公关。这些定义普遍缺少对公关“元理由”的哲学想象，正如有学者反思，“公共关系罕言哲学”[①]。所谓元理由，即作为一门学问和学科，作为一个职业和行业，公共关系得以产生、存续和发展的最初动因、根本理由是什么？换言之，倘若超越对具体要素、功能、结构和方式的描述，就“内在规定性”发问，那么何为公关？公关因何而生？

一、自由与秩序

在《理想国》中，柏拉图（前427—前347）讲述了一个后来广为流传的寓言：阳光普照大地，人类却深居洞穴。在洞穴中，每个人都被羁缚了手脚和头脑，背对一团火焰，无以转身回视。一道矮墙隔断了火焰与人群，如同木偶戏在演员和观众之间设置了一个戏台或屏障。少数人行走在矮墙的另一侧，他们手持道具——比如鞭子，又如表征意识形态和偶像的陶俑，像木偶戏演员一样舞光弄影。那些困于洞穴、身处矮墙之下的多数人，只能看到火焰投映到对面洞壁的影子。那正是少数人操弄、导引的影子。

柏拉图

---

① 赖祥蔚．公共关系学想像：社群主义观点．新闻学研究（台湾），2003（80）：127－158.

柏拉图借用苏格拉底之口说，那些被羁缚的人，正如我们自己。[①]

对于这个寓言，20世纪的哲学、政治学、社会学和传播学等学科存在多种解读。譬如，有哲学家认为“洞中人”的处境乃是人类“囚徒命运”的表征，有传播学者将其理解为人类能否认知真相的一个隐喻，昭示了认知的局限和交流的无奈；一些政治学和社会学者则视之为有关精英政治的经典叙事，亦即少数人何以通过暴力和象征实现对多数人的统治。显然，人类至今未从根本上摆脱囚徒命运的羁缚、认知与交流的困境、少数人对多数人的凌驾。就后者而论，少数人依旧在矮墙的一侧支配着被羁缚的多数人，只是他们的身份由旧时君权、神权的拥有者，转换为现代社会的政治、经济和文化精英。

精英统治的宿命观勾画了西方思想史的一条重要脉络——保守主义。与下文介绍的自由主义相对，保守主义直面、承认少数精英对普罗大众的支配，认为前者对后者的引领、教化和控制既是不可避免的，也是构建认同与秩序之必需。若无精英的凝聚和统摄，所谓多数人不过是乌合之众，根本谈不上认同、秩序、安全感和确定性，遑论进步和美好。以保守主义的视野看，个体理应融入共同体，因为个体只有在共同体中才能成就自我；而共同体则理应由精英主导，由少数人为多数人提供方向与方法。“创造和引领文明的，历来就是少数知识贵族而非大众。大众只有强大的破坏力。”[②]

在明昧混沌的“文明之穴”中，统治精英舞光弄影、导引大众，他们对言说、象征和认知的操控，早有强烈的公共关系意味。正如第一章指出的那样，传播管理自古便是精英形塑认同、建立秩序的重要手段。及至现代社会，这种工具被拓展为专门化、系统化的公关职业、行业和事业。

接下来清理西方思想史的另一条主线——与保守主义并峙的自由主义。需要指出的是，自由主义在西方拥有悠久的历史传统，它本身是一套动态、复杂的思想体系。但在根本预设上，自由主义一贯以个体权利为出发点，相信个体权利若可充分和自由实现，公共利益亦可随之成就。几乎每一本教科书都会指出，古希腊奠定了西方思想的自由主义基调，公民自由、平等地参与城邦事务，在公共讨论中交换意见，发现真相，分享真理。在古希腊之后，古罗马和漫长的中世纪确立了君权和神权专制，自由主义思想受到贬抑，却并未湮没在曲折的历史进路中。当历史的车轮驱驰至近现代，自由主义的薪火历经三个关键时期而炽盛起来：

> 一是中世纪末叶文艺复兴和宗教革新运动对“人”的发现。当时，文学（如但丁、蒙田、塞万提斯）、艺术（如达·芬奇、拉斐尔、提香）、哲学（如布鲁诺、培根、笛卡尔）、宗教（如马丁·路德）和政治学（如马基雅维里、莫尔、康帕内拉），乃至天文学（如哥白尼、开普勒、伽利略）诸领域共同指向了对人本身的反思和体认。人本主义成为一面思想旗帜，宣示人的自由权利不可侵犯。这既呼应了古希腊的自由主义精神，也发出了人本时代的先声。
>
> 二是启蒙运动和现代性转型中主体哲学和民主自由观念的确立。启蒙运动确立了现代性的基本信条：人是主体，要做自己命运的主人。伏尔泰、孟德斯鸠、卢梭、爱尔维修、

---

① 柏拉图．理想国．郭斌和，张竹明，译．北京：商务印书馆，1986：272－274.

② 古斯塔夫·勒庞．乌合之众：大众心理研究．冯克利，译．北京：中央编译出版社，2005：5.

狄德罗等启蒙者疾呼，人要摆脱君权专制和神权禁锢，获得自由、理性和主体性，免除匮乏和恐惧。康德说，“启蒙运动就是人类脱离自己所加之于自己的不成熟状态”，“要有勇气运用你自己的理智！”[①] 弥尔顿宣告，真理只能通过自由讨论才能获得，人们拥有反抗不公正统治的权利。[②] 在启蒙思想和自由主义精神的鼓动下，克伦威尔手提长剑，整饬军马，逼近王宫。随后，资产阶级革命在西方铺展开来。

勒庞

三是工业革命和大众社会的兴起。在18—19世纪，蒸汽机、煤和钢铁主导了一场空前的工业革命。工业化带来了大规模机械化生产，社会财富激增，城市化进程加速，大众报刊和“意见的自由市场”亦随之兴盛。此间，劳工大众作为一个整体崛起。法国社会心理学家勒庞（Gustave Le Bon，1841—1931）描绘了19世纪末的大众社会图景，“当我们悠久的信仰崩塌消逝，当古老的社会柱石接连倾覆，大众便成为无可匹敌的力量”，“我们步入的时代，确乎一个大众时代”[③]。我们在第一章提及，公关之父艾维·李将之表述为“人民登基为王”。尽管崛起的大众仍然处于被剥削、压迫的地位，但是统治精英意识到无论为了选举还是市场，皆应以民意为基。这在美国被凝结为一项基本政治信条，那些开国之父和《宪法》的奠基者们相信，“政府唯以民意为基”（all governments rest on opinion）。[④]《宪法》确立了民主政体，保障言论自由，民意成为政治与决策合法性的基础。

公关界普遍认为，美国独立革命、《宪法》的制定与修订、民主政治与市场体制的发展与公关干系重大。伯内斯的看法最具代表性，他坚信公共关系是民主政治的重要组成部分，因为现代社会的任何一项重大事业皆需争取大众的认同。

行文至此，保守主义与自由主义两条并峙的思想线索已然交汇于公共关系领域。第一，公共关系是保守主义的信徒，是精英制造认同、维护秩序的工具；第二，沿用柏拉图洞穴之喻，与精英手中那些象征暴力的道具、工具——诸如刀剑、鞭子相比，公关所施加的是“软力量”和“柔性的控制”，说服替代压服是人类社会的重大进步；第三，说服的力量在自由主义一端得到了更多的承认和拓展，说服大众、赢得民意乃是权力合法性和社会动员效力的重要来源。概括而言，公关是保守主义与自由主义交汇的产物，它诉诸民意、形塑认同，寻求自由与秩序的平衡。

平衡从来只是一个理想。倘若深究下去，保守主义和自由主义在公关领域的共峙往往意味着一个深层的悖论：一方面，说服替代压服确为了不起的进步；另一方面，所谓“软力量”可能造成少数人对多数人更加细密、深入、持久的控制，更加牢固、精微的利益诱导和意义宰制，乃至不留痕迹的操纵和欺骗。“说公关是人心操纵的直接产物，说公关的产生是为了更好

① 康德．历史理性批判文集．何兆武，译．北京：商务印书馆，1997：22.
② Rufus Wilmot Griswold，John Milton. The prose works of John Milton. Sagwan Press，2015.
③ 乌斯塔夫·勒庞．乌合之众：大众心理研究．北京：中央编译出版社，2005：6.
④ James Madison. The federalist. Middletown：Wesleyan University Press，1788：340.

的人心操纵，都是历史的事实。"[①] 如是而观，所谓"说服替代压服"的进步未免可疑，至多是片面、表面的改善。

而恰在悖论处，潜隐着公共关系的元理由。

二、沟通与居间人

国内学界在清理公共关系的思想遗产时，明显忽略了李普曼。人们更愿意将李普曼看作一位值得尊敬的新闻记者、高产的专栏作家、著名的传播学者或舆论专家，而不是听起来名声不佳的公关理论先驱。

李普曼对民主政治和公众舆论的论述是伯内斯最重要的思想来源之一，而正是后者奠定了现代公关理论基础。在这一问题上的明眼人是美国批判学派的代表人物乔姆斯基（Noam Chomsky），他将李普曼和伯内斯归为一类人，指控他们是"为当权者制造认同的神秘操纵者"[②]。如果把眼光转向问题，而不是对个人立场的具体评价，那么民主、舆论、宣传、制造认同等问题的确是李普曼毕生思考和实践的主题。这正是现代公关理论和实践的核心内容。

李普曼

李普曼被称为"英雄般的记者""最聪明的美国人""20 世纪的标准美国人"，也是传播学、舆论学领域最重要的奠基人之一。他一生写了 14 000 多篇文章，更有多部学术论著行世，其中辉煌之作当属 1922 年出版的《公众舆论》（*public opinion*）。在这部被广为引用的经典之作中，李普曼对现代社会的三个关键角色——公众、媒体和民主政治进行了冷静的观察和批判，他认为三者皆存在各自难以弥合的局限。以下分而述之：

（一）公众的局限

作为一个自由主义者，李普曼认同"公众舆论是民主政治的原动力"的观点，但他对此并不十分乐观。[③] 他不相信人人都有在公共空间理性表达意见的素养和参与公共事务的能力。人并不是亚里士多德哲学世界中的神，只需匆匆一瞥，就能看破一切。人不过是进化的产物，生命稍纵即逝，只有片刻时间增长见识、获取幸福。[④] 在 1920 年代与杜威（John Dewey）的辩论中，李普曼将公众描述为"幻影"一般的存在，公众自身的特性决定了其被操纵的宿命。[⑤] 他断言，外在世界的复杂性和内在的顽固偏见使公众无法了解真相、做出理性判断，"今日的普罗大众如同坐在剧院后排失聪的观众，他本应关注舞台上展开的故事情节，实际上却无法让自

① 余明阳．试论公关的本质．现代哲学，1989（4）．
② 胡百精，高歌．公共关系的哲学批判与回应．现代传播，2016（6）．
③ 沃尔特·李普曼．公众舆论．阎克文，江红，译．上海：上海世纪出版集团，2006：185.
④ 沃尔特·李普曼．公众舆论．阎克文，江红，译．上海：上海世纪出版集团，2006：21.
⑤ 罗纳德·斯蒂尔．李普曼传．于滨，陈小平，谈锋，译．北京：中信出版社，2008：90.

己保持清醒”①。

李普曼认为，在媒介发达的现代社会，公众仍然无法全面认知、把握真实的环境。他提出了“拟态环境”的概念，即媒介为公众构造了一个虚幻的外部世界，一个经过选择、加工、充斥偏见的象征世界。在虚幻的拟态环境下，公众只能依靠各自头脑中的“图像”做出决定。这就不可避免地造成偏见、恐惧、盲从、冲动和暴力，犯下致命的错误。为此，李普曼主张理性地审视“人们由于受到虚拟环境的刺激，而在他们的舞台上东奔西忙的世界大观”②。

（二）民主的局限

李普曼是美国自由民主的坚定捍卫者，但他并不迷信民主能够带领人民走向绝对美好的“天真时代”。他细密地阐述了民主的诸多局限，譬如民主只关心政治的起源或曰权力的来源，而无论怎样治理一条大河的源头，皆难以控制其后来的表现，统治阶级和大众皆可能以民主的名义为恶③；又如民主假定“人民的意志天然为善”，而人民皆以自我为中心，不过“靠头脑中寥寥几幅画面来看待整个世界”④；再如，民主国家内部和外部经常受到威胁性力量的挑战，离散和战争仍然不可避免。此外，统治阶级在取悦公众的同时，从未放弃过对民意的驯服。那些占有权力、财富的人，总是试图迎合、欺哄和收买公众意志，而一旦耐心耗尽，暴力仍是最后选择。早在1911年，李普曼就写道：

“让我们一劳永逸地正视民主的局限性吧！”⑤

（三）媒体的局限

在20世纪，媒体几乎见证、参与了人类社会的全部重大事件，也深度干预了日常社会生活。人们将很多美好的比喻加诸媒体，譬如灯塔、瞭望者、第四权力和社会公器。李普曼自大学毕业起就从事与新闻、宣传有关的工作，他当然了解媒体在现代社会中的伟力，对其局限和危险也保持高度警惕。他看到了媒体的“经济规律”对“新闻报道价值”的压迫⑥，也意识到新闻报道乃是繁复标准选择的结果，而这些标准大多是主观的⑦。他直白地指出，新闻与真相并非同一回事，它们只有一部分重合，“新闻的作用是突出一个事件，而真相的作用则是揭示隐藏的事实”⑧。李普曼不相信记者全知全能，他在70岁寿宴演讲中对那些年轻的“无冕之王”说：

> 你见着那些每天从世界各地雪片般飞到国务院的电报了吗？你出席国务卿及其顾问们的那些碰头会了吗？你是国家安全委员会的成员吗？……你又如何探听到克里姆林宫主席

① Walter Lippmann. The phantom public. New Brunswick，New Jersey：Transaction Publishers，1993：3.
② 沃尔特·李普曼．公众舆论．阎克文，江红，译．上海：上海世纪出版集团，2006：15.
③ 沃尔特·李普曼．公众舆论．阎克文，江红，译．上海：上海世纪出版集团，2006：224.
④ 沃尔特·李普曼．公众舆论．阎克文，江红，译．上海：上海世纪出版集团，2006：191.
⑤ 罗纳德·斯蒂尔．李普曼传．于滨，陈小平，谈锋，译．北京：中信出版社，2008：725.
⑥ 沃尔特·李普曼．公众舆论．阎克文，江红，译．上海：上海世纪出版集团，2006：240.
⑦ 沃尔特·李普曼．公众舆论．阎克文，江红，译．上海：上海世纪出版集团，2006：253.
⑧ 沃尔特·李普曼．公众舆论．阎克文，江红，译．上海：上海世纪出版集团，2006：256.

团的考虑？你为什么不承认你是一个局外人，而且因此就概念而言，你是一个大笨蛋？①

基于对上述三种局限的判断，加之“人类理性的进步永远追不上所必须采取行动的步伐”，李普曼在《公众舆论》《幻影公众》等著作和大量政论文章中一直为“精英民主”辩护。所谓精英民主，即以民主的方式组织和运行现代社会系统，而有效权力仍交付给训练有素的少数精英。李普曼进一步提出，精英民主要保障民主自由，亦应制造认同、维护秩序。当然，“制造认同的技术”要在现代交流条件下争取“极大的改善”②：

一是以宣传和说服形塑社会认同。李普曼认为，宣传和说服的艺术理应成为“一种自觉的艺术和世俗政治的一个常规功能”。他详细分析了宣传和说服的机制与可能性，包括概念的制造、象征的利用、成见与习俗的形成、公众舆论的引导，等等。

二是促进居间协商。李普曼主张在统治者与公众之间，插入少数训练有素的“宣传专家”“舆论精英”。他们作为一个居间的“特殊阶层”而存在，使命是借由专业的宣传和说服技能，促进统治者、媒体和公众之间的沟通，以弥合各方局限并形塑认同，维系社会的整体性存在。

伯内斯几乎照单全收了李普曼的精英民主论。在1928年出版的《宣传》一书中，伯内斯大量引用了李普曼的观点，并将之表述得更为直接：“我们日常生活中的每一种行为——政治或商业、社交或道德考量——几乎都被这少数人（隐蔽的宣传家）控制着。虽然他们只占我们一亿两千万人口极小的比例，但是这些人了解大众的思想和行为模式。正是他们像操纵木偶一样控制着公众的思想，也正是他们在驾驭旧的社会力量，同时也谋划着新的路径，来整合并引导整个世界。”伯内斯接着说：

从理论上讲，每位公民都可以在公共议题和私人事务上做出自己的决定。而实际上，如果人们必须在艰深的经济、政治、道德范畴考量所有问题时，他们会发现自己什么结论也得不出来。我们已自发达成这样的共识，即允许这种隐蔽的统治为我们筛选数据、凸显重点，最终让我们的选择范围缩小到可供操作的程度。③

除了李普曼的精英民主论，伯内斯另外两个重要的思想来源是弗洛伊德的精神分析理论和勒庞、特洛特（Wilfred Trotter）等人的大众心理学。弗洛伊德是伯内斯的舅舅，也是他最重要的思想导师之一。伯内斯将精神分析理论引入公关研究和实践，他在《宣传》中提出：“人们的思想和行为是出于对被压制欲望的某种替代性补偿。我们对某一事物的欲望，并非因其内在价值或用处，而是由于我们无意识地在其中看到了另一些事物的表征，或者从中看到了我们羞于承认的另一种欲望。”④ 在公关实践中，伯内斯坚持认为一切皆始于人性，尤其是人的本能、直觉和潜意识，而非严整的逻辑和一贯的理智。这就得出一个合理的推论，一个社会之中应由“少数聪明人”出面整合民意、引领大众，让人们有逻辑地思考，负责任地行动。

① 罗纳德·斯蒂尔．李普曼传．于滨，陈小平，谈锋，译．北京：中信出版社，2008：758.
② 沃尔特·李普曼．公众舆论．阎克文，江红，译．上海：上海世纪出版集团，2006：181.
③ E. L. Bernays. Propaganda. NY：Horace Liveright，1928：10.
④ E. L. Bernays. Propaganda. NY：Horace Liveright，1928：52.

勒庞等人的群体观直接影响了亲历进步主义运动和一战的伯内斯，他们成为伯内斯的15本书和300多篇文章中经常被引用的人。在伯内斯一生获得的诸多美名和恶名中，有一项就是"大众心理学大师"，其他称号也多与此相关：吹嘘伯爵、宣传教宗、公关主教等。在伯内斯看来，公关顾问就是"安抚和铸造大众意志，并且为一个因科技发展而失去控制、旧秩序亦随之瓦解的世界重构意义的专业人士"①。

19世纪末20世纪初，勒庞、塔尔德（Gabriel Tarde）和特洛特等人对大众心理学（又称群体心理学或社会心理学）做出了蔚为大观的论述。他们宣告了大众时代的到来，认为在神权消隐、君权瓦解的现代社会，大众必然伴随工业生产和商业消费而觉醒和崛起。他们承认大众创造历史的可能性，但是对大众的低劣心智和破坏冲动心怀忧惧。譬如，作为群体的大众往往暴躁、偏执、非理性、不负责任，多变又保守，轻信又多疑，仁慈又暴虐。对伯内斯来说，大众心理学暗示了这样一种观念：大众正在崛起而且至关重要；然而大众又总是茫然无措，做不了自己的主人，越是在历史的关键时刻越是糟糕得一塌糊涂。为此，现代社会要有"少数聪明人"居间扮演"舆论工程师""认同设计者"角色，促进组织与公众有效沟通、培养共识。

李普曼、弗洛伊德、勒庞等人的思想在伯内斯那里可谓殊途同归。1919年，参加了巴黎和会的宣传家伯内斯决定创设一项新事业：公共关系。这项新事业得以建立和存续的理由是，现代社会需要一批以宣传和说服为业的专业精英，促进组织和公众相互适应、彼此调整。如是居间协商并非权宜之计，而是现代社会不可或缺的一种弥合、协调机制。在伯内斯看来，公共关系既确保了民主制度中"自由"的一面——以双向沟通、彼此调整的方式解释和解决问题，也护持了保守主义思想中"秩序"的一面——精英治理。

伯内斯将这些为组织与公众开辟"双行道"的"少数聪明人"命名为"公共关系顾问"。在他之前，"大企业的医生"艾维·李已经扮演了公关顾问的角色。若是进一步追溯，在伯内斯、李普曼等人之前，早有人对公众舆论抱以"光明与黑暗"的两面观。② 在1661年，格兰菲尔（Joseph Glanvill）提出"意见气候"的概念（climates of opinions），既是"气候"，便有无常迅速的变化；1690年，洛克（John Locke）提出意见表达的公共性问题，即人的意见总是受到在场"他者"的影响和支配；1739年，休谟（David Hume）在《人性论》中将洛克的思想应用到国家治理层面，认为个体和国家皆不得不顺应多数人意见，而多数人并非总是正确；1766年前后，卢梭（J. J. Rousseau）区分了公意与众意，认为前者是理性的，而后者是否理性和代表"公共性"则值得忧虑，它经常意味着"光天化日之下的屈辱"。

当然，只有到了伯内斯那里，公共关系作为一项新事业的命名、社会条件和发展要素才真正齐备。

---

① Larry Tye. The father of spin：Edward L. Bernays & the birth of public relations. New York：Crown Publishers Inc.，1998：244.

② 沉默螺旋假说的提出者、德国女学者诺伊曼提出，民意存在其光明面与黑暗面。参见她的著作《民意——沉默螺旋的发现之旅》（翁秀琪，等译．台北：台湾远流出版公司，1994：95－121）。

第三节 公共关系的范式

所谓范式（paradigm），是指一个学科普遍接受的假设、理论、原则和方法的总和。某一学科的范式，大抵代表了学术共同体面向该学科时的共同信念，是该学科在本体论、认识论和方法论上的基本承诺。一般而论，范式具有如下特点：范式是学术共同体公认的约定；范式在总体上提供了学科的研究纲领；对应用性学科而言，学科范式可以反映和指导实践范式，后者则可能是前者的来源和落脚点；此外，范式是相对稳定的，但也允许动态的超越。

在1960年代，范式理论的奠基者库恩（T. S. Kuhn）提出：科学变革的根本标志即是范式的转换，“旧范式全部或部分地为一个与其完全不能并立的崭新范式所取代”，因此范式的转换本身即应被称为一场革命。[①] 本节基于对公共关系元理由的考察，梳理现代公关学术范式的形成与转换。这一梳理既是对本书前二章公关史、公关哲学基础的总结，亦为此后各章张目。

一、公共关系的四种模式

我们可以对本章前二节做出如下概括：李普曼、伯内斯（广义上也可将艾维·李纳入进来）认为现代社会应推行一种社会安排，即一些以宣传、说服为业的专业人士，居间促进统治者（政治、经济和文化精英）与公众的沟通、共识和认同；伯内斯将居间者及其职业、行业和事业正式命名为公共关系；而对于居间者——公共关系的核心定位，不同经典定义因视角差异，分别强调了其传播、管理和关系等功能。

在百余历史进路中，现代公共关系的元理由及其功能定位因应时代变化而有动态、多样的表现。1980年代中期，美国公关学者格鲁尼格和亨特提出了著名的“公关四模式论”，把现代公关的观念与实践大体按发展阶段划分为四种模式：新闻代理、公共信息、双向非均衡、双向均衡。[②] 格鲁尼格和亨特使用了模式（model）而非范式一词，大概是为了强调这些概念更多地指向公关操作和实践。而就研究内容看，这四种模式既反映了不同的方法，也反映了不同的世界观，因而称之为范式亦无不妥。

（一）新闻代理模式（press agency model）

这一模式兴起、发展于19世纪中后期，当时社会上出现了一批新闻掮客，他们为雇主——企业、政党、政客代理宣传业务，即把雇主所欲宣传的信息提供给报刊，并因此赚取利润。这一模式的代表人物包括杰克逊、布恩（Daniel Boone）、科迪（Buffalo Bill Cody）和珍妮

① 托马斯·库恩．科学革命的结构．金吾伦，胡新和，译．北京：北京大学出版社，2003：85.

② J. E. Grunig & T. Hunt. Managing public relations. New York：Holt，Rinehart and Winston，1984.

(Calamity Jane）等人，当然最负盛名者是巴纳姆。① 作为一名马戏团和博物馆老板，巴纳姆通过新闻代理和直接宣传推销自己的生意，实现了“每一分钟诞生一位顾客”。由于在宣传中夸大其词、招摇撞骗、愚弄公众，一些新闻代理人声名狼藉。

（二）公共信息模式（publicty model）

这一模式产生于20世纪初，代表人物是艾维·李。在进步主义浪潮下，艾维·李主张大企业和公共机构发起公共信息运动，告知公众本应知晓的信息。他相信，公开真相有利于达成理解，弥合冲突，实现互惠。艾维·李划清了自己与新闻代理人的界限，他不再是一个单纯的受雇的鼓吹者，确立了公关“讲真话”“开明互惠”的核心信条。当然，他所发起的公共信息运动同新闻代理人的宣传一样，皆属单向——组织发布信息给公众的公关实践模式。

（三）双向非均衡模式（ two way asymmetric model）

格鲁尼格认为伯内斯开启、引领了现代公关的第三个发展阶段，双向非均衡模式在这一阶段占据主导地位。他们的理由是，伯内斯将行为科学和社会科学（比如心理学、政治学）思想导入公关研究和实践，强调公关既要向公众传递信息，也要从公众那里获取信息，促进组织与公众双向互动；而这种互动并不对等和均衡，组织的世界观仍是通过宣传、说服向公众施加影响，而不是平等对话。格鲁尼格承认伯内斯也论述过诸如“把客户与公众介绍给彼此”之类的对话观念，但是他“很少把这些论述应用于实践”②。

此处需要补记另一位现代公关先驱A. W. 佩吉，他也堪称双向非均衡模式的代表人物。在1930—1940年代的美国，经济大萧条和随后爆发的二战敦促公关业者为政治家、企业家铺设其与公众的双行道，挑战传统的单向信息传递模式。佩吉就是一位成功的挑战者，他接受美国电话电报公司（AT&T）邀请出任副总裁，条件是不得要求他只做传统意义上的宣传。佩吉为公关史留下了一段名言：“一个民主国家的企业皆因公众许可而生，因公众支持而存续。倘若这一信条为真，那么企业自然应当乐意告知公众它的政策是什么，它在做什么和想做什么。这简直就是一项义务。”③

佩吉提出了一系列公关原则，诸如倾听客户需求、讲出真相、用行动证明、为明天做准备、让公关成为公司战略的基石等。他对此身体力行，联合社会学出身、后来被视为传播学奠基人之一的拉扎斯菲尔德（Paul Lazarsfeld，1901—1976）定期调查公众对AT&T的认知和评价，并要求公司决策者做出反馈和调整。在这一点上，佩吉和伯内斯同属一类人，他们都希望在真切了解公众需求的基础上，再“投其所好”或开展“科学的说服”。

（四）双向均衡模式（ two way symmetric model）

格鲁尼格等人最推崇的是双向均衡模式，认为它是卓越公关（excellence in public rela-

---

① J. E. Grunig and J. White. Excellence in public relations and communication management. Hillsdale，NJ：Lawrence Erlbaum Associates，1992：287.

② J. E. Grunig and J. White. Excellence in public relations and communication management. Hillsdale，NJ：Lawrence Erlbaum Associates，1992：289.

③ Public relation quarterly，12（Fall 1967）：13.

tions）的根本特征。按照这一模式，公关即组织的传播管理，旨在促进统治联盟（各种政治、经济和社会组织）与公众之间的双向、对等沟通。格鲁尼格最初在1984年出版的《公共关系管理》一书中阐述了双向均衡模式，1995年在采纳各方批评意见的基础上，又推出了“新双向均衡模式”。自此，“双向均衡”成为公关学界和业界最流行的观念之一。

早在格鲁尼格等人通过实证研究检验双向均衡模式之前，卡特里普等人自1950年代起便倡导“双向开放”的公关观念。在被誉为“公关圣经”的《有效公共关系》一书中，卡特里普等人基于系统论、生态学视角，提出公关应促进组织与公众之间的系统开放、彼此依存和多样共生。

从时间上看，新闻代理模式肇端于19世纪中后期，公共信息模式兴盛于20世纪初，双向非均衡模式在20世纪中期占据主流，双向均衡的观念流行于20世纪后期。但是，这些模式并非简单的前后兴替关系。格鲁尼格在1990年代的研究表明，一个组织很可能同时采取四种模式及其代表的公关理念，他称之为“混合动机”（mixed-motive）。①

二、对话转向与对话范式

格鲁尼格等人界定公共关系模式、范式的标准是组织的世界观。他们认为，每一组织皆有其作为先入之见（presuppositions）或先验规则（laws or propositions）的特定世界观。② 所谓先验规则，即无须、不应或难以检验的那些观念、意志和主张，它们或明或昧、或直接或间接地影响组织的心智和行为。具体到公关领域，格鲁尼格等人假设组织的世界观可以区隔为均衡（symmetrical）与非均衡（asymmetrical）二类。他们的实证研究表明，那些卓越的组织倾向于以双向均衡的世界观——与公众进行双向、开放、对等的沟通——确立公关战略。③

若以格鲁尼格等人的研究为基础，贯通本书开篇以来对中外公关史、公关概念与观念、公关元理由、公关模式的论述，我们可以得出如下结论：

> 第一，作为一种功利性传播活动，公共关系的核心问题是借由沟通管理建立利益互惠和价值认同关系。这一论断有两层含义：公共关系的基本概念是传播、管理、关系；就世界观而论，公共关系意义上的“均衡世界观”不只是一个对等沟通问题，它还包括组织与公众之间的利益互惠和价值认同关系。
>
> 第二，公共关系旨在“制造认同”。进一步而论，公关所欲形塑的认同包括三个方面：一是沟通、互动达成的信息认同；二是基于合作、互惠的利益认同；三是在情感、德性、审美、信念等精神层面构筑的价值认同。换一个说法，公共关系旨在成就“组织-公众”共同体，这又包括互动性的信息共同体、互惠性的利益共同体和精神层面的价值共同体。

① J. E. Grunig and J. White. Excellence in public relations and communication management. Hillsdale，NJ：Lawrence Erlbaum Associates，1992：19.

② J. E. Grunig and J. White. Excellence in public relations and communication management. Hillsdale，NJ：Lawrence Erlbaum Associates，1992：7.

③ J. E. Grunig and J. White. Excellence in public relations and communication management. Hillsdale，NJ：Lawrence Erlbaum Associates，1992：65.

第三，公共关系扮演居间协商者角色。公关并非万能和无所不包。在组织与公众构建认同与共同体关系的各种手段中，公关的独特性表现在两个方面：一是扮演居间人角色，二是以沟通为手段。居间人角色预设了公关在“制造认同”过程中的价值观和策略选择：公关不能全然充当组织价值观念、权力意志和利益主张的传声筒；公关也不简单迎合公众、媒体和其他利益相关者的偏好；公关促进组织、公众、媒体等多元主体有效沟通，以形塑认同和共同体。

第四，在沟通问题上，现代公关形成了单向非均衡（新闻代理与公共信息）、双向非均衡、双向均衡等实践模式。这些模式既反映了特定历史背景下公关主体的方法论设计，也体现了当时普遍的公关世界观、本体论和认识论，因而具有范式意义。对此有三点补充：

首先，单向非均衡模式兴盛于19世纪中后期和20世纪初的美国，彼时正是美国现代化建设的一个高潮，又遭逢一战，社会动员与社会整合成为重要的国家事务，单向的鼓吹、告知、灌输大行其道。其次，双向非均衡模式的产生背景是1930—1950年代的大萧条、二战和战后恢复重建，当时单向、支配、灌输式的宣传受到质疑，双向沟通、说服对方在政治、商业和社会诸领域成为专门性的需求。最后，卡特里普等人的双向开放论、格鲁尼格等人的双向均衡模式诞生于20世纪后半叶，当时美国的民主政治、市场经济和公民社会趋向成熟，建设开放社会、促进多元平等协商成为主流思潮之一。

第五，公关范式的对话转向。公关以沟通的观念、原则和方式来解释和解决问题。实际上，单向非均衡的沟通即宣传，双向非均衡的沟通即说服，双向均衡被格鲁尼格等人定义为一种非宣传、非说服的“协同倡导”和“双赢沟通”。如是，格鲁尼格等人提出的“公关四模式”亦可归纳、转述为公关宣传范式、说服范式和双向均衡范式。本书接下来三章，将逐一阐释和批判宣传、说服和双向均衡三个公关范式。在此基础上，本书提出公关范式将出现对话转向。本书的论述重点是，在宣传范式、说服范式、双向均衡范式之外，更应在全新的政经与文化情境、传播格局与媒介生态、哲学社会科学范式转换等大背景下，着力构建公共关系对话范式。

本书将在第六、七、八、九章提供构建公关对话范式的背景、理由、观念、框架和路径。此处仅从范式转换的内部逻辑作一预告：

在宣传范式下，组织与公众之间乃是单向的沟通关系和支配性的权力关系。在说服范式下，二者处于双向沟通关系，而在权力关系上仍是组织一方支配公众一方。双向均衡范式重申了双向沟通关系，倡导了对等、均衡的权力关系，对话主题已经呼之欲出。但是，格鲁尼格等人的卓越公关理论和双向均衡模式未免失之于整体主义和过度理想主义。譬如在不同情境下，组织与不同公众之间、不同公众内部在面对不同议题时，何以实现真正的权力均衡？更具体的实例是，普通消费者如何在垄断企业面前获得平等的权力？一般公众怎样在政府权力机关那里争取均衡的利益？本书提出对话范式，正是基于宣传、说服、双向均衡诸范式，解决组织与公众之间双向、多元、平等的利益表达和价值协商问题。

我们将对话理解为双向、多元、平等的利益和价值协商。联系前文对于公关元理由的论证，李普曼和伯内斯所设计的社会安排，其实就是一种试图弥合现代社会局限、促进多元主体协商的一种对话机制。当然，由于各种观念、资源和条件的限制，公关意义上的沟通、居间协商历经（单向非均衡的）宣传、（双向非均衡的）说服和（作为一套理想方案的）双向均衡，而今才大体具备构建对话范式的现实可能性。

我们可以再次对前文内容做出概括：公关通过沟通管理“制造认同”与构建共同体；现代公关经历了宣传、说服、双向均衡等范式革新，而今的转向是对话范式；在元理由上，公关为对话而生。

在本章最后，我们暂且为公关下一个定义：公共关系即对话以形塑认同和成就共同体。

【复习思考题】

1. 简述并评价公共关系理论诸流派的主要观点。
2. 理论联系实际论述公共关系的元理由。
3. 简述并评价公共关系的四种模式。

第三章 公共关系的宣传范式

我们在第二章结尾提出，现代公关以沟通为业，历经宣传、说服、双向均衡诸范式革新，并转向对话范式。本章的任务是阐释和批判公共关系宣传范式，重点考察以下三个问题：一是在本体论、认识论层面，何谓宣传？宣传的功能、价值与合法性何在？二是在方法论和实践层面，宣传有哪些策略、技巧？是否存在特定的操作模式？三是我们怎样批判宣传？它是人类“用一种焦虑替代了另一种焦虑”，还是潜隐着超越的可能性？

第一节　宣传的定义与形态

在现代社会，宣传几乎无处不在。它是社会系统运行的一项重要机制，也作为个体、共同体的生命经验而存在。我们生活在宣传所呈现和建构的世界。尽管如此，我们在使用宣传的概念时仍有深切的焦虑。它在客观、中性地表征一种社会动员和制造认同方式的同时，也总是与“灌输”“洗脑”和“操纵”等带有负面意涵的词汇牵连在一起。尤其是在西方语境下，宣传（propaganda）及其具体指涉可谓声名狼藉。这也“连累”了公共关系。在很多人的常识和印象中，公关“天然”就是宣传。

本节旨在梳理宣传的定义与类型，并透过概念之争考察宣传观念史的变迁。

一、宣传的定义

倘若给 20 世纪贴上宣传世纪的标签，似乎并无不妥。宣传几乎是 20 世纪所有重大历史事件和社会变革的重要组成部分，这种重要性直接反映到了学术研究领域。单以战争宣传为例，与一战直接相关的宣传研究成果有拉斯维尔（H. D. Lasswell）的《世界大战中的宣传技巧》、克里尔的《我们如何广告美国》、李普曼的《公众舆论》、伯内斯的《舆论的结晶》和《宣传》。与二战相关的宣传研究成果也很丰富，经典之作如霍尼（Mauree Honey）的《铆钉工人罗西的诞生：“二战”期间的阶级、性别与宣传》、斯迪尔（Richard Steele）的《开放社会的宣传：1933—1941 年罗斯福当局与媒体》、库尔特（T. H. Qualter）的《宣传与心理战》等。

1960—1970 年代美国发动的越南战争、1990 年代的海湾战争也促成了一批重要的宣传研究成果，如 C. P. 佩吉（Caroline Page）的《1965—1973 年越战期间的美国官方宣传：极致说服》、凯尔纳（Douglas Kellner）的《波斯湾战争中的电视战》、P. M. 泰勒（P. M. Taylor）的《战争与媒体：波斯湾战争中的宣传与说服》等。

事实上，对宣传的自觉运用自古有之，而直到中世纪后期的印刷术革命、19 世纪工业革命浪潮中大众报刊的兴起，宣传才普泛为宗教、政治、战争、商业领域的常规手段。这在泰勒的《心灵弹药：古代世界到核子时代的战时宣传》、爱德华（M. U. Edwards）的《印刷、宣传与马丁·路德》、艾尔费德和约翰逊（D. L. Altheide&J. M. Johnson）的《官僚的宣传》等著作中皆有体现和证明。本书第一章也论及，巴纳姆等人在 19 世纪中后期已经发出了宣传时代的先声，尽管他们的声音听起来不那么美妙。

对宣传和宣传研究的重视，还表现为多学科的广泛介入。政治学倾向于分析宣传者的信仰、立场、意识形态及其与民意的关系；社会学将焦点置于宣传在社会系统运行中的作用机制，譬如何以通过宣传进行社会动员、何以提升动员的效率与合法性等；心理学更关注宣传对受众认知、态度、行为的干预和改变；传播学主要从传者（who）、受者（whom）、内容（what）、渠道（which channel）、效果（what effect）等要素切入观察宣传现象。

1990 年代以后，多学科的宣传研究走向融合，在宣传的功能、属性等问题上逐渐达成一些共识：宣传是意识形态的“供输者”，是现代社会制造认同的宰制性传播手段。正是由于单向的“供输”和“宰制”，宣传在西方被视为自由和民主的敌人。

那么，西方究竟如何理解宣传？

宣传“天然”与谎言、扭曲、操纵、洗脑、拜物教等意义关联一体，可谓渊源有自。在西方学术视野中，最早被记录在案的专业宣传机构，是教皇格里高利十五世在 1622 年设立的信仰宣传委员会。这一机构的任务是在海外传播教义，维护天主教正宗，对抗新教改革。自此，宣传便与客观、中立断绝关系，而被理解为对某种主义、观念、价值的灌输和教化，对“异见”的批判和讨伐。到了 19 世纪，新闻代理人受雇于资本家和政客，肆意鼓吹他们的生意或主张，宣传又凝结、增添了诸如虚张声势、哗众取宠、欺诈操纵等负面意涵。

20 世纪前半叶的一战、二战让人们见证了宣传的惊人力量。在两次大战中，交战各国皆以正义、团结、和平等名义发起猛烈的宣传攻势，宣传成为对内动员、对外战争的重要工具。《泰晤士报》评论说，“一个好的宣传策略可以省掉一年的战争。这意味着会节省上千万英镑，无疑还有上百万人的生命”。

宣传在“省掉”战争的同时，也总是加剧战争的灾难和罪恶。现代战争的缘起、投入、消耗和伤害皆与宣传密切相关。纳粹的疯狂宣传及其引发的惨痛灾难和伤害，已成为人类文明史上永当铭记的教训。而早在 1930 年代，对宣传的分析、反思和批判已成为一种流行的知识分子话语，很多学者、记者致力于揭穿“宣传的诡计”。下文将详述之。

在 20 世纪后半叶，由于意识形态的对立，资本主义阵营在“妖魔化”共产主义阵营的过程中，视后者的宣传为最大的“毒瘤”之一。在西方国家内部，随着政治多元化、市场竞争同质化、消费社会的崛起和大众传媒的发展，宣传越来越成为利益主体寻求认同、竞争角逐的重要手段。在此背景下，宣传渗透到政治、商业和文化各个领域，深刻影响了公共空间和私人的生活世界。且不说那些持批判态度的知识分子（比如乔姆斯基），普罗大众有时也对无所不在的宣传表现出强烈的反感和抵制。

西方对宣传的负面态度，直接投射到了宣传的定义之中。英国学者斯普鲁尔（J. M. Sproule）将宣传定义为“组织或团体为特定利益而说服公众的手段，它透过大规模、引人注意的观点和言说（影响公众），（却）遮蔽其真实目的和缺乏充分支持的论证”①。类似的定义还有很多，比如：

普莱克尼斯（Anthony Pratkanis）认为，“所谓宣传，即企图使用简单的概念和口号，透过对偏见和情绪的操纵而引导民意，并驱策公众走向一个预设的立场”②。

J. E. 库姆斯和尼莫（J. E. Combs & Dan Nimmo）承认“宣传是公众舆论的主要形态，是传播中不可或缺的一环”，但“（宣传）乃是透过诈术、权威及其魅力的运用实现说服，并因此成为现代所有欺骗手段的主导形式”③。

以上批评者的共识是，宣传作为一种语言暴力或诈术，极易造成对公众的欺骗和操纵。芝加哥学派的杜威曾忧虑地指出，公众对商业发展趋之若鹜——人们被市场和商品组织起来，失去了对传统、个性化的市民生活的兴趣，这种“重商忘我”、去主体化的危险倾向正是宣传操纵的结果。④

当然，也有不同的声音。我们在第二章用较多篇幅介绍了李普曼、伯内斯等人对宣传的辩护。他们认为宣传在现代社会有其正当性和合法性：告知、引导和教育大众，使之了解真理和真相、方向和方法，并保持团结向上。李普曼在辩论中回应杜威说，现代社会已经变得太复杂，以致公众无法理解无时不在的变革，应当由权威、专家通过宣传告诉公众应该想什么、做些什么。⑤ 伯内斯站在李普曼一边，他毫不掩饰地说，为了不冒犯公众而刻意无视大众的致命缺陷乃是伪善，宣传就是要自觉而聪明地操纵公众的行为习惯和思想。

一些社会学家也为宣传的合法性提供了佐证。“一个社会系统不致解体，就需要其成员间的最低限度的团结”，并且应该实现由“机械型团结”向“有机型团结”的过渡。⑥ 机械型团结是指依靠武力和制度约束建立起来的社会整体性，而有机型团结则以共识为纽带，维系内源性的社会整体感。毋庸置疑，宣传是现代社会达成和维系共识所倚重的重要手段之一。

在批判与辩护的中介地带，另有一些学者对宣传采取了客观的诠释立场。美国学者乔维特（Garths Jowett）和丹尼尔（Victoria O'Donnel）反思说，既往的宣传研究太过偏执：要么对宣传的观念、原则和策略一上来投反对票，要么又简单赞同和喝彩。他们建议将宣传研究的焦点放在如何对宣传趋利避害上，即怎样规避宣传的损害，又可善用宣传的价值。为此，他们“着眼宣传的过程与目的”，提供了一个“理性、中立”的宣传定义：

---

① J. Michael Sproule. Propaganda and democracy：the American experience of media and mass persuasion. Cambridge University Press，1997：23.

② Anthony Pratkanis，Elliot Aronson. Age of propaganda：the everyday use and abuse of persuasion. New York：W. H. Freeman and Company，1992：55.

③ J. E. Combs & Dan Nimmo. The new propaganda：the dictatorship of palaver in contemporary politics. New York：Longman，1993：45.

④ John Dewey. The public and its problems. Chicago：Swallow，1927.

⑤ Walter Lippmann. The phantom public. New Brunswick，New Jersey：Transaction Publishers，1993：3－5.

⑥ 帕特里特·贝尔特．二十世纪的社会理论．瞿铁鹏，译．上海：上海译文出版社，2005：导论 3.

“宣传是引导观念与理解，操控认知与行为，以实现特定意图、达成欲求结果的计划性、系统性活动。”①

乔维特和丹尼尔在定义中强调了宣传的如下属性：

一是“欲求结果”的计划性（deliberate）。较之其他传播活动，宣传“蓄意”“预谋”的意味更加强烈。它明确要求把所有要素、资源和手段统一到宣传者的目的上来：推销某种产品或意识形态、维持有利位置或者打压对手。因此，宣传实质上是一种预设目标的功利性定向传播（directive communication）。

二是实践过程的系统性（systematic）。系统性是对计划性的补充和保障，它强调以立体、精准的方法“布局”宣传，尽一切可能唤起关注、制造认同、激发卷入。一战期间，美国为“打赢一场心灵之战”而设立了公共信息委员会（即克里尔委员会），雇用、动员了10万名以上专业人士，系统使用了当时所有可能的宣传手段。在1960—1970年代的“越战”中，美国除了将电视、广播、报纸等大众媒介“极致运用”外，也将那些传统的人际和群体宣传手段“推向顶峰”。据兰德公司统计，美国于七年“越战”中向越南北部投掷了近5000亿张传单，平均每个越北人超过3000张。

三是诉求指向的概念化（shaping perception）。几乎所有成功的宣传都倚重于特定概念的形塑。譬如，英国在一战中提出的开战理由是“为人类最后一次战争而战”；新中国将抗美援朝战争定义为“保家卫国”，于个体“保家”，于共同体则是“卫国”。乔维特和丹尼尔认为，宣传中的概念形塑确属一种组织化的语言“强迫”。它借由无所不在的言说、暗示，以及集中化、高强度的重复，达成强化或改变信念的效果。

对宣传者而言，概念化最大的好处在于让公众放弃讨论、争辩和理智选择的可能性——概念本身似乎已经提供了解决复杂问题的最佳方案。宣传总是创造这样一种情境：除了概念指明的亮处外，你别无去处。在宣传者的设计下，概念的漏洞和其他选择已经被诸如“恐惧”“邪恶”“魔鬼”等标签所遮蔽。乔维特和丹尼尔转述了希特勒的一段“名言”：

> 如果一再重复某个概念，并且了解人们内心所关注的事物，让人们认同方形其实是圆形，也并非不可能的事。因为到底什么是方形，什么是圆形呢？它们不过都是一些符号。而符号的塑造，可以用一个新概念去涵盖原本的概念。②

乔维特和丹尼尔对宣传及其属性的界定，提供了批判和辩护两种可能性。我们可以循此客观立场，给宣传下一个描述性定义：宣传即组织对公众单向、支配性的信息传递。

这就涉及宣传与说服两个概念之间的关系。从日常语用和《宣传与民主：媒体与大众说服的美国经验》《大众传播研究的里程碑》《宣传时代：说服在日常生活中的应用和滥用》等大量专业文献看，宣传与说服至少存在三种关系：一是宣传即说服，二者经常混淆使用；二是宣传从属于说服，视宣传为达成说服的一种手段；三是宣传与说服并置，强调宣传与说服虽然关系

---

① 盖斯·乔维特，维克多·丹尼尔．宣传与说服．陈彦希，林嘉玫，张庭誉，译．台北：台湾韦伯文化国际出版有限公司，2003：6.

② 盖斯·乔维特，维克多·丹尼尔．宣传与说服．陈彦希，林嘉玫，张庭誉，译．台北：台湾韦伯文化国际出版有限公司，2003：238.

密切，但二者确非同一传播形态。

本书倾向于接受第三种观点，即着眼于宣传与说服的共性和区别考察其关系。从共性看，宣传与说服都谋求目标对象的理解、支持和忠诚，二者都强调主体对客体的影响和支配。从差异上看，宣传是单向的信息传递，而说服则更重视意见的交换和互动，人们之所以回应说服，是因为说服者承诺满足他们的要求和欲望，这是一个意见交换和利益博弈的过程。在说服中，一方可能对另一方做出妥协、顺从，而即使强势的一方也只能按彼此同意的规则行事。

艾维·李发起的公共信息运动仍属于宣传，因为他所欲达成者，还是希望大企业和公共机构能够主动发布“假设于大众有利的信息”。伯内斯和A. W. 佩吉则前进一步，他们研究公众需求，开辟“双行道”，以实现双向沟通和“科学的说服”。

也有学者提出，鉴于宣传一词的贬义，不宜把公共信息运动（public information campaigns）归入宣传。理由在兹：自1930年代以后，公共信息运动不再只是大企业和公共机构的单向告知与自我辩护，而是泛指政府、企业和NGO（非政府组织）因应公共卫生（如防控传染病）、农业推广（如新作物种植）、环境保护（如治理空气污染）、社会公益（如救济弱势群体）和其他公共议题（如创新教育、维系社区、保护传统文化）而发起的传播与社会运动。据此，公共信息运动被认为闪耀着公益的光芒，与作为“诈术”的宣传不搭界。[①] 一些学者坚称，公共信息运动与宣传各行其道，前者流淌着善意，后者则可能潜伏着怪兽。

这些学者所指称的公共信息运动，在美国是1930—1940年代社会责任思潮兴起的产物。彼时，罗斯福新政提出了救济（relief）、复兴（recovery）和改革（reform）三项核心计划，各行各业担当社会责任、实现新政计划，成为一种普遍的政治号召和社会思潮。社会责任思潮的核心主张是，企业同个人一样，也是应当善尽社会责任的公民，即企业公民。企业要积极担负公共义务，由社会的控制者角色（agent of social control）转身为改良者角色（agent of social change）。[②] 在此背景下，企业（后来也包括一些政府机构、新闻媒体和NGO）参与、发起的公共信息运动——倡导健康、环保、慈善和社会公平等，被认为是担当社会责任的实际表现。

为公共信息运动喝彩而贬抑宣传，显然对后者存在先入为主的偏见。公共信息运动同样存在“欲求结果的计划性”“实践过程的系统性”和“诉求指向的概念化”，同样也是单向、倡导性、支配性的信息传播行为。无论从要素和结构上看，还是从手段和过程看，公共信息运动都应归入宣传。

二、宣传的形态

宣传因意识形态、欲求结果、实践过程和技术手段的不同，表现出多变的类型。譬如，按时效性可区分为长期宣传、中期宣传与短期宣传，按重要性可区分为重大宣传与常规宣传，按对象可区分为对内宣传与对外宣传，按主题可区分为政治宣传、商业宣传和战争宣传，等等。这些分类都是常见且易于理解的。美国学者詹托（G. H. Szanto）另辟蹊径，他将宣传区分为

① 孙秀惠．公共关系：理论、策略与研究实例．台北：台湾正中书局股份有限公司，2005：86.

② H. Mendelsohn. Some reasons why information campaigns succeed. Public opinion quarterly，1973，37：50－61.

两种形态：煽动型宣传和同化型宣传。前者旨在激发公众朝着特定的目标行动，以促成某种“改变”；后者则欲使公众保持顺从和忠诚，即巩固某种“不变”。[1]

此外，学界通常还依据信源和信息的明确性，将宣传划分为“白”“黑”“灰”三种类型，以下详述之：

（一）白色宣传（white propaganda）

所谓白色宣传，是指信源可明确辨识，所传播信息准确清晰，但其目标和效果却“独厚于某一方”的宣传形态。在白色宣传中，公众可以清晰识别“谁在说”，信息内容一般亦可反映事实真相。当然，所谓“事实”只是有待加工的言说素材，描画“真相”的笔也握在宣传者手中。宣传者对“事实”施以必要的“为我所用”，提供经过合理化的“真相”版本，引导公众一边倒地支持特定立场。譬如，通过拼接、组装、改造、强调或忽略某些“事实”，召唤公众的爱国心、道德感和参与意识，寻求对政党、政府、企业及其信条和行动的支持。

面对同一事实，不同的宣传者会建构丰富多样却总是有利于自己的“白色世界”：“我”是个好人，“我”拥有伟大的信条、理想和行动计划。因此，白色宣传其实就是自我鼓吹，谋求公众对“如此最好”的理解和认同。一个典型的例子是，在冷战期间，莫斯科电台和“美国之音”都大量采用了白色宣传手段，各自美化苏美阵营，告知受众“真理、面包和未来”尽在我手中。

（二）黑色宣传（black propaganda）

与白色宣传相对，黑色宣传的信源是虚设、缺席或含混的，信息内容大多夸张、捕风捉影甚或刻意编造，可能“包含一切创造性欺人手段的弥天大谎”[2]。黑色宣传旨在给敌人抹黑，将对手“搞臭”。这在政治大选、政治派别辩论、战争、不规范的市场竞争和公众人物的相互攻讦中，可以找到无数实例。

在黑色宣传中，宣传者和信源往往是隐匿的。前台的活跃分子不过是代理人而已，他们的说辞也不过是刻意释放的迷障。1950 年代初，苏联出兵同为社会主义国家的匈牙利，协助后者平息反共产党政权的武装叛乱。在苏联坦克部队开进匈牙利后，布达佩斯突然冒出了一个“自由匈牙利电台”。这家电台详细报道了苏联的“暴行”、匈牙利当局作为苏联“傀儡政府”的罪恶，公开赞颂叛乱者的英勇，并明确向美国发出了求助信息。没多久，这家电台就在美国等西方国家赢得了广泛关注和声誉，人们同情匈牙利的反叛者，期待美国出兵。

然而，匈牙利反政府武装和支持它的民众最终非常失望——他们只得到了美国在声势上的回应和援助。很久以后，人们才在解密档案中发现，这家电台居然是苏联建立的，目的就是让匈牙利人彻底放弃对美国的幻想，并使美国在处理东欧社会主义国家事务上陷入窘境。

1990 年，大英博物馆举办了一次特别的展览，主题是“骗子？欺诈的艺术”（Fake? The

---

① G. H. Szanto. Theater and propaganda. Austin：University of Texas Press，1978：1 - 35.

② 盖斯·乔维特，维克多·丹尼尔．宣传与说服．陈彦希，林嘉玫，张庭誉，译．台北：台湾韦伯文化国际出版有限公司，2003：13.

Art of Deception)。展览推出了160种历史上黑色宣传的物证，譬如两次世界大战中英国和德国用以瓦解敌人军心、宣传自己主张的邮票。主办者声称，他们希望通过展览，揭露宣传者如何小心翼翼地给自己戴上面纱，并处心积虑地在公众的社会、文化和政治框架中寻找谎言“楔入”的机会。

（三）灰色宣传（gray propaganda）

这一宣传形态介于白色宣传与黑色宣传之间，信源更加含混不清，信息内容似是而非、真假难辨。政治、商业和军事之争皆常用灰色宣传手段，意识形态领域的较量更是如此。以商业宣传为例，扭曲财务报表以强化良好“业绩”、在时尚专题中渗透自己的品牌信息、在影视剧目中植入“我”的存在，以及“不留痕迹”的所谓公关“软文”等，皆属灰色宣传。

灰色宣传主要靠暗示“自然而然”地生成效果。作为一种心理控制手段，暗示是通过意识“催眠”实现的。它让人们在非理性的认知框架中，放弃应有的警惕性和批判的思考能力，进入“无意识”主导的幻觉。“有意识的人格消失得无影无踪，意志和辨别力不复存在。”① 在人们放弃警惕和批判，落入幻觉世界后，宣传者只需找到有诱惑力，能打中人、打动人的符号，往往就会大功告成。以时尚宣传为例，无所不在的声音暗示你，你需要拥有某一款领带或唇膏，才能成为“男人中的男人”或“女神”，因为这些符号表征了所谓成功和美。

战争中的灰色宣传可能带来可怕的后果。1939年秋至1940年春，守在寒冷潮湿战壕中的法国士兵迷上了一位叫佛多涅特（Paul Ferdonnet）的广播主持人。在战时声嘶力竭的宣传中，他独树一帜，以清新、温暖的话语表达对前线士兵的体贴和关切。他叮咛士兵们，要为法国的荣誉和人类的尊严而勇敢作战，但一定要爱惜自己的身体。他同时义愤填膺地讲述了后方的故事：巴黎的官员们躲在安乐窝里享用丰盛的午餐，英国盟友正和法国女人——你们的妻子、恋人和姐妹们热烈地调情。

在佛多涅特的暗示和渲染下，前线士兵情绪躁动：官员享乐，盟军无耻，难道我们就活该是“为荣誉而战”的牺牲品和蠢货？后经证实，佛多涅特是一名被德国纳粹收买、已然变节的法国人。他的任务就是利用电台主持人身份开展灰色宣传，以惑人心智、瓦解团结、摧毁士气。

第二节 宣传的策略及其依据

20世纪为人类提供了有史以来最大规模的战场和市场，传承、激活了各种古老的宣传谋略，也发展出五花八门的新兴宣传手段。本节第一部分介绍常见的宣传策略，第二部分提供这些策略得以发挥效用的部分依据。

---

① 古斯塔夫·勒庞．乌合之众．冯克利，译．北京：中央编译出版社，2005：17.

一、宣传的策略

有明确证据的宣传史可以追溯至古希腊、古埃及和中国先秦。在古希腊，领袖们已经熟练掌握战争动员的某些方法，譬如由早期的“以神之名”（in the name of God）而战，转向后期以王之名而战（in the name of king），他们还发明了后世流行的黑色宣传策略——制造谣言、传递假情报。在古埃及，法老们创造了“狮身人面”等符号和壮丽不朽的金字塔，“法老是最早意识到公共建筑象征强大权力，并以此证明王朝正当性的人”[①]。中国商周和先秦时代的宣传活动和修辞思想亦极其丰富，商王盘庚迁都和先秦行人的游说活动即是明证。

根据泰勒、斯普鲁尔等人的考证，公元前四世纪马其顿帝国的亚历山大大帝（Alexander the Great），“是一位通晓宣传的卓越领袖”。亚历山大提出，通过协调和认同统治庞大帝国的多样人口，比供养军队的成本更低，也更持久。他把自己暗示成宙斯的儿子，在钱币和建筑上烙刻自己的头像。用后世的学术话语来说，便是以共享的符号构建“想象的共同体”。

古罗马执政官恺撒堪称“伟大的宣传家”，他使用了大量“现代意义”上的宣传手段。譬如仪式与奇观（spectacle），他策划了随处可见的凯旋大游行，让人们不断确信“罗马又胜利了!”再如符号与象征，他精心设计军徽、勋章和骑在白马上的人神形象，“每一人都活在罗马的骄傲之中”。他创造名言警句和经典口号——我加入、我见证、我征服！（I came，I saw，I conquered）。乔维特和丹尼尔认为，恺撒在驾驭权力象征体系上的天才创造力，只有后世的拿破仑和希特勒能与之“媲美”。

宗教是发明宣传策略的大本营之一。“当谈到大范围的宣传活动时，没有一个人或机构能像基督教、佛教和伊斯兰教那样取得伟大的成功。”[②] 在漫长的人类信仰史中，宗教开创了各式成熟的宣传策略，诸如推出神才式人物（charismatic），设计直指心性的象征符号，构建简单、强大、一贯的道德哲学，引领日常生活规范，等等。大概正是由于宗教对宣传的应用，才使后者获得了“心灵征服之战”的名号。

宣传策略的体系化研究，始自一战之后。除伯内斯、李普曼外，哥伦比亚大学教授 C. R. 米勒（C. R. Miller）是另一位“集大成者”。所不同的是，一战记者出身的米勒是为了批判宣传、揭穿宣传的“诡计”而开展宣传策略研究的。1937 年 10 月，米勒创立了宣传分析研究所（The Institute for Propaganda Analysis，IPA）。他自认是战争宣传的受害者，同很多人一样，被宣传蒙蔽了双眼。他结合当时的形势，认为美国如果坚持“宣传立国”的方针，那么将再次卷入欧洲战争的浩劫——二战。

米勒很快为 IPA 拉来了赞助，并聘任一些著名学者开展宣传分析。在自创刊物《宣传分析》的第二期，IPA 的经典之作《如何看穿宣传》总结了七种经典的宣传策略和技巧：

---

① P. M. Taylor. Munitions of the mind：war propaganda from the ancient world to the nuclear age. Wellingborough，UK：Patrick Stephens，1990.

② 盖斯·乔维特，维克多·丹尼尔．宣传与说服．陈彦希，林嘉玫，张庭誉，译．台北：台湾韦伯文化国际出版有限公司，2003：54.

（一）咒骂法（Name Calling）

咒骂法在黑色宣传中最为常见，即指名道姓地批评、污名化对手。制造一个或一系列邪恶的概念，将之强加给对手——他们是坏人，是传说中的魔鬼，是野蛮的禽兽。纳粹称犹太人是蔓延在德意志的“鼠疫”；英国人称纳粹是史上残暴的“匈奴”，因为“他们发起了即使成吉思汗也会感到震惊的屠杀”；小布什故意将萨达姆（Saddam）的名字加一个音节，读成“Sad-dam”，暗示魔王撒旦；而伊斯兰“圣战主义者”则称某些美国人是“喝酒、吃猪肉且奸淫”的低等族群。

（二）粉饰法（Glittering Generality）

白色宣传通常使用粉饰法。将世上最伟大的美德、最了不起的勇气和智慧、最耀眼和不朽的功绩加诸自己，而未必提供证据、逻辑和理由。譬如，在纳粹的一张宣传海报中，希特勒被称为“祖国的救星”，而投入其怀抱的亚里安少女代表了忠贞、荣誉和秩序。粉饰法在今天的政治和商业公关中仍极为普遍，几乎每个宣传者都声称自己推出的人物、政策、产品或观点，代表了时代精神、公共利益和最高品质。

（三）转移法（Transfer）

IPA 指称的转移法其实是一种移情式的表达策略。将所欲宣传的对象嫁接到那些正当、美好、权威、受尊敬的事物上，以暗示公众“举一反三”“同理可证”，形成品牌联想、符号关联。譬如“奥运会”与“开放的中国”之关联，又如奥巴马在竞选总统时总是把自己的形象与林肯和肯尼迪的照片、画面拼接在一起。当然，宣传者也可将某些可憎的事物或符号转移到对手身上，激发公众的嫌恶。譬如“3K 党是纳粹的复活”，又如在政治辩论中斥责对手“又来‘文化大革命’那一套”。

IPA 未能涉及的另一类转移法是通称的转移视线，即通过牵引公众视线，让公众对议题的轻重、缓急、主次，形成于宣传者有利的判断。本书第十一章将有进一步介绍。

（四）证言法（Testimonial）

证言法即影响有影响力的人，进而让他们做出证言：我信赖它，你呢？“领袖说……偶像说……专家说……”是这类宣传策略的基本表达结构。证言者的名望可以消解人们对真相的怀疑和警惕，而使其直接投入权威的怀抱。

（五）平民法（Plain Forks）

宣称自己是“人民的一员”“我与人民同在”，或者直接找个平民作为宣传代理人，以激发公众“我也想要”“我也可以”“这是人民的选择”等认知和态度。那些熟谙宣传之道的领袖们经常使用平民法，“一位领袖必须像演员那样表现自如，他走出自己的世界而融入公众的精神世界”[①]。

（六）堆牌法（Card-Stacking）

选择性地利用某些事实、谎言、实例和其他一切可以让人分心、误解的符号，让它们或有逻辑或毫无秩序地呈现出来，以使所欲宣传的事物处于有利的位置。举例而言，克里尔委员会在对美国公众发起的战争动员中，列举了所有应对德国暴行的可能性，譬如外交谈判、贸易协商或制裁、间接支持协约国等，而后指出唯有在战场上击败他们，才是真正的解决方案。一些政治力量在论述政权与决策合法性时，也经常使用堆牌法，以证明自己的道路是正确或最优的选择。商业宣传更是精心布局宣传要素，最终让自己脱颖而出、“与众不同”“遥遥领先”“精彩绝伦”。

（七）狂欢法（Band Wagon）[②]

制造“每一个人都在做这件事”的氛围，让人们一同参与到宣传预设的群体狂欢之中。美国学者李（A. M. Lee）将这一宣传策略表达为：“快来吧，一起加入乐队、搭上花车，否则就要落单了。”[③] 狂欢策略利用了社会心理学所称的从众效应和传染效应。一般而论，个体认为自己只有加入群体，才不致被孤立、被推挤出主流；而一旦加入其中，个体的无助和恐惧就可能为群体的勇气所取代；个体之间相互暗示和传染，群体狂欢、集合行为就会在特定刺激下发生。

米勒和他所领导的 IPA 希望透过对这七种宣传策略的解析和批判，教会公众如何自觉地防范和抵制宣传者的心、脑入侵。他们向那些“有良知、有责任”的人发出呼吁，希望他们把对宣传的忧虑转化为实际的抵制行动。

然而，IPA 不过是发起了一场一相情愿的社会教化运动。普罗大众并无耐心倾听和破解什么宣传的“七种武器”。更加吊诡的是，当时有一百多本以“如何更好地进行宣传”为主题的实用手册、教科书全盘“接收”了 IPA 的研究成果。1939 年 1 月，宣传分析研究所无奈解散，最后一期《宣传分析》刊载了告别文章，题目是《让我们说再见》。

二、宣传之“锚”

除 IPA 对宣传策略的总结外，塔尔德、特洛特、勒庞、莫斯科维奇等社会心理学家在考察领袖对群体的动员时，提出了三种“极为重要”的宣传技巧：

（一）断言

“做出简洁有力的断言，不必理会什么推理和证据，是让某种观念进入群众头脑最迅速、

---

① 塞奇·莫斯科维奇．群氓的时代．许列民，等译．南京：江苏人民出版社，2006：183.

② 一些台湾学者将 Band Wagon 直译为“乐队花车法”，譬如孙秀蕙、陈彦希等，笔者对照美国学者乔维特和丹尼尔等人的原文，将之译为狂欢法。

③ A. M. Lee. The fine art of propaganda. San Francisco：International Society for General Semantics，1979：4.

最可靠的方法之一。”[①]勒庞以断言式的语气提出，各个时代的教义书和规训大众的法典，无不诉诸简单的断言；那些号召人们起来捍卫某项政治事业的政客、推销某种产品的商人，也都深知断言的价值。

断言当真无须证据？是的。勒庞等人给出了确定的回答。他们发现，大众并不会像领袖那样形成清晰的规划，因为思想是有机体的一种功能，而集合起来的大众并非一个有机整体。领袖——作为群体的“首脑”——的断言越是简单、纯粹得像阳光一样，大众便越觉得温暖、明朗、有力量。证据往往是多余的，要么被认为没价值，要么会引发歧见，领袖自然也不会多此一举。

（二）重复

人的认知、态度和行为本能地趋向于“重复”，无论焦虑、喜悦还是冒险和寻求庇护。“……拿破仑曾经说过，真正重要的修辞手法只有一个，那就是重复。”[②] 重复有惊人的力量。不断重复的说法会进入自我无意识的深层区域，而人的行动恰恰皆源于对深层、隐蔽动机的召唤和刺激。在宣传者持续、反复的浇灌下，早晚有一个时刻，这些动机、意志或欲望将如埋藏的种子一般苏醒和生长。

莫斯科维奇也论述了重复对宣传的作用，即“把确信的观点转化成让人摆脱不掉的思想”[③]。通过重复，观点会被大众无意识地“吸收”，并形成语言和思想上的某种条件反射。即使那些无聊、空洞的重复也会造成这样一种效果：建造一道厚实的声音之墙，阻碍相反观点、思想的侵袭。那些终日在各种媒体上大声吆喝、海量重播的保健品广告即是例证。

（三）传染

如果断言得到有效重复，形成所谓流行或主流意见，强大的群体传染就此发生，恰如病毒扩散。勒庞甚至以动物群体比拟人类群体同样可笑、可怕的传染效应：马厩里有一匹马踢它的饲养员，另一匹马也会仿效；几只羊感到惊恐，恐惧就会蔓延至整个羊群。在勒庞看来，一种观点或信念不会因为有逻辑的推理而在群体中得到普及，它只能透过情绪、情感的传染而扩散。[④]

莫斯科维奇也表达了相近的看法：思想统治群体，但群体并非通过思想而受人统治。群体需要领袖把自己的超凡魅力、信仰和勇气转化为所有人的幻想，把理智的观点转化为人人分享的激情。[⑤] 当人人皆为某种激情所暗示和感染，模仿和从众就会发生，或可导致极端的集合行动。待行动的暴风雨过后，群体也许会追问自己的不可思议，却无力从头再来。

断言、重复和传染三个概念，揭示了群体心理和群体行为的一个特殊机制：我知道你也知道，所以我才参与。举例而言，在一次抗议游行中，除非有足够多的人参与，致使当局的逮捕

---

① 古斯塔夫·勒庞．乌合之众．冯克利，译．北京：中央编译出版社，2005：102.
② 古斯塔夫·勒庞．乌合之众．冯克利，译．北京：中央编译出版社，2005：102.
③ 塞奇·莫斯科维奇．群氓的时代．许列民，等译．南京：江苏人民出版社，2006：192.
④ 古斯塔夫·勒庞．乌合之众．冯克利，译．北京：中央编译出版社，2005：105.
⑤ 塞奇·莫斯科维奇．群氓的时代．许列民，等译．南京：江苏人民出版社，2006：192.

和镇压难以执行时，个体才会参与其中。此间，有两个环节至关重要：一是每一个人都知道游行这一动议或行为；二是每一个人都知道其他人也知道游行这码事。

也就是说，只有当“共同认知”（common knowledge）在个体之间形成时，才会出现群体行动。美国学者崔时英（Michael Suk-Young Chwe）认为，正是基于“我知道你也知道，大家都知道”的共同认知，使个体卷入想象的共同体（imagined communities）。[①] 他以1977年发生在埃及的“面包事件”为例，论证“共同认知”原理。

当年，由于受到成本上涨等因素的影响，埃及政府决定提高面包的价格，不意引发了一场民众暴动。后来，政府改变策略，把面包做小，并更换面包原料。每一个人都注意到面包变小了，口味也与之前不同，但却不能确认别人也注意到了这些问题，因此没有再次发生暴动行为。崔时英分析说，“因为改变面包大小和口味不像提高价格那样，是一个你知我知的公共事件”。

为了解释宣传策略和技巧何以发生作用，乔维特和丹尼尔提出了“宣传之锚”的概念。所谓“宣传之锚”是指宣传应当“依附”“撬动”的那些大众心理和行为变量，包括信念、价值观、认知、态度、行为、反馈等。只有找到“宣传之锚”，宣传策略和技巧才有用武之地和发挥效力的依凭。这些“锚”包括：

1. 信念与价值观

信念是人的精神支柱，是意识的核心部分，它激励人按照自以为正确的观点、原则和方式去行动。价值观属于人的基本信念，它表征了一个人对他者、客观事物的总体看法和评价。信念和价值观是人最重要、最复杂、最持久的心理机制和行为动力，对人的认知和实践具有强大且“顽固”的指导作用。有效的宣传首先应该了解、契应和强化既有的某种信念和价值观，进而再谋求可能的改变。

2. 认知与态度

认知是人注意、辨识、记忆和理解外部世界的过程。宣传的一项基本任务就是打开、调整或“限制”人们的认知图像。世界最大的公关机构之一博雅公司对公关的定义即“认知管理”[②]。认知管理并非易事，有赖于宣传者对大众认知角度、框架和方式的洞察，再施加影响和干预。态度是人对他者、外物形成的特定心理倾向和评价性回应，关涉人的立场和行为倾向。在一定意义上，宣传就是一个影响认知、改变态度，进而引导行为的过程。

3. 行为与反馈

人的行为同认知、态度一样是可以被干预和改变的。以宣传的世界观看，人的行为总是有其“脚本”，宣传可以顺应、渗透、篡改脚本或直接提供一个路线图，以诱导、引领人的行为。譬如，宣传可提醒公众其行为代表了“正确”，而使之一贯化；亦可警告其行为将带来灾难，而使之偏向、转换轨道或放弃。“榜样的力量是无穷的”，榜样示范也是引导行为的好办法，人总是本能地向榜样“看齐”。

尽管宣传属于单向、支配性的信息传递，但也要顾及公众反馈。这一方面是为了及时调整

---

① 崔时英．理性的仪式：文化、协调与共同认知．张慧芝，谢孝宗，译．台北：桂冠图书股份有限公司，2004：13.

② 胡百精．中国公共关系史．北京：中国传媒大学出版社，2014：285.

宣传策略以为权变；另一方面可以表现出对听者的关心，让公众觉得自己和宣传者同为一体，分享共同的观念、欲求和目标。

人一旦获得特定的信念与价值观，形成特定的认知和态度，便可能固化为某种强烈、顽固的偏见，并因此影响自身的行为选择和相关反馈。在伯内斯早期的宣传思想中，公关实质上就是对大众偏见的发现和利用。他从李普曼、弗洛伊德和特洛特等人那里借鉴了诸如“刻板印象”“防逻辑隔离层”（logic-proof compartments）等概念描述大众的心理机制，并教导公关顾问们何以利用和操纵这些机制。[①] 在伯内斯看来，大众很难放弃既定的成见和心理上预设的“隔离层”，因为它们一旦遭到拆解，就会给人带来心理创伤乃至精神破产。因而，若无天时地利人和的绝佳契机，公关和宣传要“善用”而不是鲁莽地冒犯大众的偏见。

4. 规范与情境

乔维特和丹尼尔提出的信念与价值观、认知与态度、行为与反馈等要素，勒庞、莫斯科维奇、李普曼、伯内斯等人论及的群体规范和社会情境亦堪为“宣传之锚”。他们都意识到个体受制于群体规范，宣传要了解群体的既有规范，或建立新的规范。无视群体规范而谋求其中个体持久、坚定的改变，几乎是不可能的。他们还断言，说服一个人是困难的，而把他抛到一个群体中去，改变似乎更容易发生。就此而论，宣传所欲打理、改变的往往是一片“森林”及其“规范”，而不是单株的花树。

宣传讲求在正确的情境下讲正确的话、做正确的事。情境迁转变幻，宣传策略亦随之调整。不同族群往往有不同的政治、经济和文化背景，存在不同的风俗、习惯和成见，宣传策略理应多样而多变。时代变化也会影响宣传话语。譬如美军在二战中发现，不能简单照搬一战期间针对德国采取的“暴行宣传”套路，因为美国民众已意识到“那不过是我们一方的夸张和谎言”。故此，军方只能根据新情境研究新的社会动员方式。

第三节 宣传的模式

本章前二节介绍了宣传的定义、形态、策略、技巧及其附着之“锚”。接下来的问题是，宣传是否存在通用的实践模式？本节在介绍既有宣传模式研究成果的基础上，试图规划一个“宣传之心脑模式”。

一、宣传的要素与结构

在20世纪以降的宣传研究中，很多学者尝试建构一个通用的宣传模式，以期建构理论、指导实践。他们使用的变量和方法有所不同，但大多聚焦于两个问题：一是对宣传过程的抽

① E. L. Bernays. Crystallizing public opinion. NY：Liveright，1961：66.

象，即概括、提炼信息由宣传者流向公众的一般性过程；二是对宣传要素之间关系的建构，即宣传者、信息内容和公众三个变量的组合关系。以上两方面相结合，学界归纳的宣传模式可描绘为如下：

$$A \xrightarrow{X} B$$

图中 A 代表宣传者，B 为公众，X 是宣传内容，箭头既表示单向的信息流动过程，也体现了宣传者与公众之间的支配关系。这一模式存在明显缺憾，因为它未将宣传与其他单向的传播形态区隔开来，比如新闻。尽管现代新闻业脱胎于宣传，拉斯维尔也再三强调“新闻工作者所具有的品质是最适合宣传工作的”[①]，但宣传与新闻之间却存在不可混淆的边界。宣传重视符号和观点，新闻重视信息和事实；宣传强调设计、操控和重复，新闻强调报道的客观性和时新性；宣传培养、利用偏见，新闻追求中立、均衡。

乔维特和丹尼尔看到了前述“过程模式”的缺憾，提出应以“目的模式”替代之。他们的“目的模式”由五个要素构成：宣传总是存在特定的动机和目的（1），宣传者（2）也经常隐匿身份，主要通过控制信息流（3）、操纵民意（4）和导引公众行为（5）来实现预期目的。“宣传者根本不在乎阅听人（即受众）是否活得好……事实上，隐匿真正的目的并不是唯一的错误，宣传者经常不想让自己的身份曝光。”[②]

显然，乔维特和丹尼尔的“目的模式”也未免失之偏狭：并非所有宣传都刻意隐匿宣传者的目的和身份，“白色宣传”即是反例。有效的宣传模式，应当整合宣传的要素与结构、过程与目的及其内在关系，以反映宣传的特质。很多学者意识到了这种结构性考察的必要性。

1970 年，米歇尔（Malcolm Mitchell）提出要重视宣传议题与公众激情的“结构性关系”，“大众的激情被形塑为巨大的透镜，烘烤特定的议题，当激情持续发酵，反抗、叛乱和革命便达到了燃点”[③]。

1980 年，艾尔费德和约翰逊提出要分析宣传内容与宣传手法的特定关联性，譬如“怎样把明确的断言和含混的暗示结合起来”[④]。

拉斯维尔主张考察宣传“内在扩张”与“外在蔓延”的关系。在《世界大战中的宣传技巧》一书中，他描述了“由最荒谬的谣言、最残暴的仇恨诉求和对血的兽欲培育起来的粗俗爱国主义”，何以“通过城市拥挤的生活迅速蔓延，并通过它对感官渴望的满足到处推销自己”[⑤]。

这些学者的论断，大抵指向了如下几重关系：宣传内容与宣传手段的组合关系，宣传内容、手段与群体心理的关系，群体心理与群体行为的关系。有效的宣传模式就躲在这些关系背后，譬如驱赶个体进入群体，而后控制群体；精心设计语言强迫，而后实现心灵控制。

---

① 哈罗德·D. 拉斯维尔．世界大战中的宣传技巧．张洁，田青，译，展江，校．北京：中国人民大学出版社，2003：36.

② 盖斯·乔维特，维克多·丹尼尔．宣传与说服．陈彦希，林嘉玫，张庭誉，译．台北：台湾韦伯文化国际出版有限公司，2003：42.

③ Malcolm Mitchell. Propaganda，polls and public opinion：are the people manipulated. Upper Saddle River，NJ：Prentice Hall，1970：111.

④ D. L. Altheide&J. M. Johnson. Bureaucratic propaganda. Boston：Allyn &Bacon，1980.

⑤ 哈罗德·D. 拉斯维尔．世界大战中的宣传技巧．张洁，田青，译，展江，校．北京：中国人民大学出版社，2003：159.

基于以上考察，本书将宣传模式概括为：仪式化场域、主题化表达、偶像化领袖、人性化诉求和群体化驱策五个方面。以下分而述之。

(一) 仪式化场域

仪式（ritual），即为纪念、勉励、感谢、庆祝、哀悼等目的而举行的特定典礼、程序和形式。仪式一般呈现为不同于日常生活的场景、情境，以承载特定的主题，并反映此一主题之下人与人、人与物的关系，即仪式化场域。

维特根斯坦

维特根斯坦（Ludwig Wittgenstein，1889—1951）认为，庆典仪式是区分人和动物的重要标志，人是仪式的动物。[①] 无论怎样定义仪式，它总是一个与符号、象征、神话和“前逻辑”相关联的过程、情境和场域。“前逻辑”是一种“原始思维”，往往具有超验性特征，即无须检验、不应检验其正确性和逻辑性。那些重大的、成功的宣传，总是极力营造一个仪式化场域。正是在仪式中，宣传者得以摆布圣洁与亵渎、象征与实用、激情与理性的关系。仪式之于宣传者，正如神殿祭祀之于祭司、广场游行之于政客、壮盛军列之于将军。

人类很早就表现出对仪式的强烈需求和偏好。最早的仪式与敬畏、祈愿、竞赛、争战、纪念和狂欢有关，这些主题一直延续至今。人类渴望借由仪式与神祇、祖先和各种强大而神秘的力量沟通，寻求启示、许可、宽恕和助力，以期族群绍隆、衣食丰足、安宁和美，是为敬畏、祈愿。在竞赛、争战中，仪式是鼓舞士气、彰显实力、彪炳功德、创造或再现传奇的重要方式。同时，集体记忆的建构和呈现也离不开仪式，每一场纪念仪式都意味着记忆的复活，以解释当下、规约未来。仪式更有一洗尘劳、重整身心的狂欢价值。

在宣传中，仪式最大的效用在其“转渡”。它联结历史、当下和未来，同时让人们从平庸、琐碎的日常生活中摆脱出来。它激活古老的信念，也暗示值得憧憬的明天，而最需要的则是马上行动。在面对无形的崇高、漫长的历史和具体的困境时，“转渡”强化了参与者自我鲜活、荣耀的“在场”感。而“在场”则构造了一个幻象：我就是行动者，等待主导者按下行动的机栝。

这似乎缺少逻辑，然而仪式中的人们不需要逻辑。干瘪的逻辑不会让付出和牺牲转化为光荣和崇高，让欲望和恐惧转化为理想和动力。因此，仪式中的“转渡”更接近尼采提出的“超越”——与既往决裂并注入新的意志；同时也接近海德格尔所说的“扭转”——从当下出发，向胜利挺进。

一套预设的象征符号是仪式的必需之物。纳粹在战争宣传中将符号的作用发挥到极致，诸如鹰、剑、火、旗帜、音乐、骷髅和殉道者的鲜血，用以激发仇恨和斗志。纳粹的反对者也不例外，美国政府号召妇女缠起“黄丝带”送自己的男人和儿子出征；罗斯福站在巨幅的国旗下对士兵们说：我看到你们的眼睛里，燃烧着不可战胜的烈火。而早在 1095 年的“十字军”东征仪式上，罗马天主教皇即已认识到“十字架”所潜藏的巨大象征力量，他让人们撕碎衣衫，

---

① Wittgenstein. Philosophical occasions：1921－1951. Indianapolis：Hackett Publishing Company，1993：129.

用长布条结成“十字架”，以身赴死参与讨伐行动。

当代的商业宣传更是制造了符号的帝国。人们热烈地追逐企业宣传所预设的符号，它们被认为表征了成功、荣耀、幸福、个性和解放。正如巴特（Roland Bathes）批评的那样，人们轻易地屈从于漂浮的象征符号，因为它们代表了微妙、高级的神话，完全不计较其中“虚假的灵活性以及一种颠倒的客观性”[①]。

仪式还特别倚重于集会。仪式在精心设计的“神殿”中展开，通过专门的程序、场景召唤人们驻足、参与，一致呐喊或者集体沉默。纳粹宣传部长戈培尔策划了纽伦堡年度大集会，人们从四面八方赶来，在浩大的队伍中，在戏剧般的灯光和音效下，分享“千年德意志”的荣光。每一个参与者都被免除了思考的义务，同时都获得了领袖指明的方向、交付的刀剑，你只需回答“是”或“否”。你要保护自己的领土和女人吗？只要元首在，只要我们在，德意志民族就会取得全面胜利，你们相信吗？你要为最后的理想而战，要取得全面的胜利吗？

现代宣传者比旧时祭司幸运的是，除了可以号召大众聚集到某个特定的、挂满“神像”的场所外，他们还利用大众媒介实现瞬间广泛覆盖，制造一个无所不在的“拟态”神殿。你要成功、富有、安逸、被承认、被尊重吗？你要“想唱就唱，唱得响亮”“心有多大舞台就有多大”吗？当下盛行的所谓事件公关、事件营销，实质上就是一场商业仪式。

（二）主题化表达

宣传属于典型的“文以载道”式表达，强调以特定主题——尽管可能是一时隐蔽的——告知、劝说和教化公众。主题导引宣传方向，统摄宣传内容。一切宣传要素，从主题而来，亦归于主题。譬如，不论采用何种宣传符号、策略和手法，皆服务于“计划生育好”“科技成就生活之美”“有点甜”“怕上火”等主题。如果把宣传理解为一场预演或“自我实现”的戏剧，那么主题就是剧目的灵魂，决定着背景、角色、情节和“欲求效果”的设计。

从公众一端看，宣传者抛出的主题，即供各方关注和讨论的议题。杜威提出，在现代社会，分散的社会成员是因应特定议题而得以汇聚和形成“公众”的。[②] 格鲁尼格借鉴杜威的观点，根据人们对特定议题的认知度、受限度、卷入度等指标，探讨了公众的形成和变化。[③] 互联网时代并未抛弃这个道理。人们在不同的角落分割世界，个体的能力、资源和策略不足以让自己成为一个果敢的行动者，因而普遍处于孤立、离散的旁观状态。旁观并不意味着隔绝，更恰当的理解是等待——当共同的主题、议题出现时，个体便会向前一步，走进群体，成为“公众”。[④]

本书将宣传主题区隔为三类，为了分析、论述的需要姑且将之命名为：最高主题、最低主题和中间主题。

最高主题是指那些反映了普遍、崇高乃至超验的人天秩序与价值尺度的主题，诸如大同世

---

① 罗兰·巴尔特，让·鲍德里亚，等．形象的修辞．吴琼，杜予，编．北京：中国人民大学出版社，2005：93.

② John Dewey. The public and its problems. Chicago：Swallow，1927.

③ 詹姆斯·格鲁尼格，等．卓越公共关系与传播管理．卫五名，等译．北京：北京大学出版社，2008：108－110.

④ 胡百精．互联网、公共危机与社会认同．山东社会科学，2016（4）.

界、上帝的意志、国家统一、民族团结、“同一世界，同一梦想”、正义、平等、人与自然的亲善，等等。通俗地讲，最高主题往往代表了“天理”，不容冒犯和亵渎。英国在一战中提出的宣传口号“为人类的最后一次战争而战”，便是诉诸永久和平的最高主题。

最低主题是指那些涉及原始、朴素、本真的情感、个性、道德或审美的主题，诸如坚贞的爱、诚实的品格、纯真的友谊、美好的生活、被承认的面子和尊严、“做最好的自己”，等等。若说最高主题契应“天理”，那么最低主题则发乎寸心之间，即通常意义上的“人性”。两类主题并无实际的高低、优劣之分，只是为了说明来源或所指上的差异，而姑且名之。

从共性上看，最高主题和最低主题皆属价值主题，根源于人类在精神、情感、审美、德性、信仰上的普遍、相通的意志和诉求。它们承载着多元个体共同认可、约定、奉行的普遍价值。也正因为如此，这两类主题具有鲜明的超验特征或“不可颠覆性”。超验意味着不可检验、无须验证；“不可颠覆”意味着正确无误、坚决捍卫。举例而言，“荣耀上帝”“为正义而战”“社会团结”“伟大的母爱”“做诚实的人”等主题，或因超验，或因绝对正确，而令人不可生疑，更不可公开与之为敌。

没有人会站出来反对“为人类的最后一次战争而战”，也不会有人拒绝“为坚贞的爱付出”。反对最高或最低主题，就意味着向它们所承载的普遍价值宣战。更直截了当的说法是，这意味着向正确宣战。极少有人有勇气向“正确”宣战。如果有，那么“我们”应该鄙视、消灭“他”，或者责令“他”沉默。

在最高、最低主题之外，尚有一类中间主题。此类主题用来表达宣传者在事实层面真正的动机、目的或诉求，亦可称之为事实主题。譬如，“来，购买战争国库券!”“小伙子来当兵!”“把粮食捐给前线!”，又如“质量最好”“服务最优”“价格最低”，等等。中间（事实）主题的好处是诉求直接而真切，坏处是不具备最高、最低两类价值主题的超验性和“不可颠覆性”。一旦质量、服务、价格上的优势被证伪或被超越，宣传攻势亦随之消解乃至败退。

在那些成功的宣传运动中，宣传主题设计大多采取价值主题与事实主题相结合的方案：最高主题＋中间主题，最低主题＋中间主题，最高主题＋最低主题＋中间主间主题。此中要义在于，用最高主题征服信念，以最低主题打动人性，进而直接诉求中间主题。若单纯、赤裸地推出中间主题——“把粮食捐给前线”或“选择我的产品”，公众可能并不认同，甚或反感和抵制。而当公众认可“为人类的最后一次战争而战”，支持“保家卫国”，便会倾向于同意出人力、捐资粮；当公众对“让我们做得更好”这一价值主题心有共感，便会倾向于选择其所连带的某一事实诉求，譬如一款时尚的电器。

在很多情况下，宣传者正是通过最高和最低两类价值主题的传达，实现了“中间主题”的灌输。而后者——夹杂在价值主题中的事实主题，往往才是宣传者的真正意图所在。乔姆斯基揭露说，这简直是一场骗局，一个又一个“炫目的”“打不倒”的口号，让茫然无措的公众执迷不返，完全放弃了对口号兜售者真正动机的觉察。① 在乔姆斯基看来，“支持伟大的美国精神”和“把自己的粮食、儿子交给军队”完全是两码事。

① 诺姆·乔姆斯基．媒体操纵．江丽美，译．台北：台湾麦田出版公司，2003：44－45.

（三）偶像化领袖

勒庞相信，从最高贵者到最低贱者，人一旦进入群体，便立刻处在领袖的影响之下。"一群人就像温顺的羊群，没有了头羊就会不知所措。"[①] 除了勒庞，涂尔干认为在群体意识之中，潜藏着像动物一样拥有一位主人的渴望。塔尔德则干脆指出勒庞"群体灵魂"和涂尔干"群体意识"概念的本质——它们不过是领袖意志的复制和投射罢了，一个时代的显贵和精英总是反映和领导社会的核心价值。[②] 弗洛伊德发现，无论在有等级还是无等级的群体中，"群体成员皆以领袖替代他自己的超我，并以群体中的其他成员替代他自己的自我"[③]。莫斯科维奇也说，"关于群体的灵魂已没什么神秘或者高深莫测的了，因为它只不过是领袖的灵魂而已"[④]。伯内斯在《舆论的结晶》《宣传》和《公共关系学》等著作中几乎完整照搬了这些观点。

群体需要领袖，领袖也需要群体。领袖发起"仪式"，传布"主题"，召唤、控制并最终毁灭群体之中个体的"自我"。莫斯科维奇形象地描述了领袖控制和改造群体的过程：领袖把群体质料和群体形式结合起来使之成为一件艺术品，就像木匠把木头打造成一张桌子，雕刻家能把铜块锻造成一尊雕像，或音乐家把捕捉到的声音谱写成一支和谐的曲子。[⑤]

领袖如何实现对群体的改造？除了前文述及的暗示、传染和重复等手段，以及他们对仪式的支配和符号的占有等权力因素外，另一个必要的条件是偶像身份的获得和偶像化表达。权力能使一个人成为"头目"，而不一定是偶像化的领袖。莫斯科维奇认为，权力、暴力只是领袖控制群体的次要手段，领袖更需要以超凡魅力影响群体心智和行动，正如能工巧匠要靠精雕细刻而非粗暴敲打来制造一尊神像。

制造偶像的学问在于模糊"偶像"与"本原"的殊隔，即让人们认定，在偶像与本原、形式与精神、信念与现实之间存在"天然的"同一关系。为此，偶像需要拥有或看起来拥有一些特殊品质：在群体心目中至关重要的美德、坚定的信念和顽强的勇气。正是美德、信念和勇气，赋予领袖以超凡魅力。

领袖和他的幕僚、宣传班底会精心设计所有细节，让群体"见证"美德加身的华彩，直至领袖成为传统美德和时代精神的代言人。除了美德的示范和教化，领袖还要用信念熔铸群体思想，并使自己成为信念的象征和群体的化身。领袖的勇气也至关重要，他要不屈不挠、顽固果敢地跋涉在实现抱负和使命的征途。如此，群体才会把全部信任交付给他。

意大利学者佩尔尼奥拉（Mario Perniola）补充了一个看似庸俗实则有力的观点：偶像化领袖最好拥有"最伟大的感官鲜美"，即必要的"俗气和肉欲"。[⑥] 领袖与疯狂的群体成员之间存在着弗洛伊德式的性意识纽带，"肉欲"潜蕴吸引，利比多点燃激情。领袖打开从感官世界通往上帝之城的一扇门，把暧昧的意识和明确的信念、可欲的利益和遥望的价值联结起来。在很

---

① 古斯塔夫·勒庞．乌合之众．冯克利，译．北京：中央编译出版社，2005：96.

② 塔尔德．传播与社会影响．何道宽，译．北京：中国人民大学出版社，2005：34.

③ 弗洛伊德．图腾与禁忌．赵立伟，译．上海：上海人民出版社，2005：8.

④ 塞奇·莫斯科维奇．群氓的时代．许列民，等译．南京：江苏人民出版社，2006：230.

⑤ 塞奇·莫斯科维奇．群氓的时代．许列民，等译．南京：江苏人民出版社，2006：159.

⑥ 马里奥·佩尔尼奥拉．仪式思维——性、死亡和世界．吕捷，译．北京：商务印书馆，2006：159.

多情境下，一个被认为拥有美德、信念和勇气，且感官鲜美或独特（譬如“生有异相”）的领袖，当他走过群体，就像雄狮穿过荒原。此类事例在政治领袖、演艺明星或其他公众人物与其“粉丝”的互动中屡见不鲜。

（四）人性化诉求

自克里尔将宣传定义为“心灵之战”始，宣传家们一直是在“人性”领地上长袖善舒的。希特勒痛斥一战期间德国政府无能，认为德国战败的主要原因在于愚蠢的宣传：索然无味的新闻公告无法激发大众的热情和投入；比石头还坚硬的修辞只能换来漠然和敌视。为此，他提出了成功宣传的五项原则，基本上都指向了“人性”的诉求和操纵：

> 避免抽象概念，改以情感策略；持续地利用某些概念，使用含有偏见的措词，避免所谓客观性；提出单方面的观点和论述；持续地批判敌人；找出敌人的缺陷，并集中予以毁谤。希特勒相信，“在有人称它为蓝色之前，天空并不是蓝的”①。

希特勒的宣传观带有鲜明的勒庞色彩：感性诉求、制造偏见。勒庞、李普曼、伯内斯、莫斯科维奇等人都认为群体不需要理性和逻辑，因为他们急于行动，而非陷入根本无法完成的沉思。乔姆斯基对此批判说，“李普曼们”根本不会让大众有沉思的机会，一是因为他们根本不相信大众有思考的能力；二是大众一旦沉思就会带来风险——思考会消解激情和忠诚。

以乔姆斯基为代表的批判学者坚持认为，今日的政治、商业精英仍在奉行“李普曼们”的信条：如果有战争或者运动，那么就让大众加入行动；如果没有，那么就让大众去看体育比赛或肥皂剧，总之不能让大众有思考的机会。

在宣传攻势中，人性化诉求总是比思辨和推理更能带来“直接打击”的效果。一战期间，美国向德国士兵发送了一大批战地明信片，上面写道：将你的家庭地址写在这张明信片上，如果你被美军俘虏，将其交给第一个问询你的军官，他会负责寄送明信片，使你的家人对你的情况放心。② 显然，这种战时修辞对于瓦解士气、笼络人心效用极大。在“越战”中，美国向北越士兵投递的传单说：想念你们忧郁的父亲和快乐的孩子吗？回到南越吧，与你挚爱的家人团聚吧！你们的领导者，已经决定把你置于远离家人和祖先的孤独的死亡之中！③

公关之父艾维·李最爱在自己的工作信笺上引用林肯的一句话：“公众的情感就是一切。赢得公众的情感，无往不胜；反之，一事无成。形塑公众情感的人往往比政策制定者或决策者走得更远，他可判断法令或决议是否可行。”④ 伯内斯则更加相信舅舅弗洛伊德那一套，人性、偏见和欲望始终是他考量公关问题的出发点，他在总结自己操持的一个案例时说，“这一活动

---

① 罗伯特·福格林．行走于理性的钢丝上：理性动物的不确定生活．陈蓉霞，译．北京：新星出版社，2007：86.

② 哈罗德·D. 拉斯维尔．世界大战中的宣传技巧．张洁，田青，译，展江，校．北京：中国人民大学出版社，2003：167.

③ 盖斯·乔维特，维克多·丹尼尔．宣传与说服．陈彦希，林嘉玫，张庭誉，译．台北：台湾韦伯文化国际出版有限公司，2003：268.

④ Ray Eldon Hiebert. Courtier to the crowd：the story of Ivy Lee and the development of public relations. Iowa City：Iowa State University Press，1966：198.

召唤了大量我们可以洞悉的心机：审美、好胜、社交、媚上、自我表现、母爱等等"①。

对此，伯内斯的传记作者泰伊评价说："弗洛伊德尝试以心理分析学帮助病患扫除情绪障碍，而伯内斯则借由心理分析劫掠消费者自由决策的意志，帮助他的客户预估和操纵消费者的思想和行为。"②

宣传经常利用乃至滥用人性固有的一些弱点。一个典型的例子是，政治家的宣传经常使用"我们"一词，以建立、强化一个想象的共同体。几乎每个人都渴望遇到一个群体，能使自己与大家结成"我们"，以免陷入孤独和绝望。勒庞等人发现，群体对"我们"有着天然的忠诚、奉献和无私，而对"我们"的对立面则缺乏起码的耐心、理解和宽容，取而代之的是惊人的偏见、仇恨和残暴。

为此，宣传者愿意付出一切代价制造诸如"我们的立场""我们的梦想""我们的尊严和自由"等偏见。"我们"使分散、孤独、脆弱的个体在偏见中获得自我认同和社会认同，并实现了与"他们""外人"划界。

不仅如此，宣传者还会把人性诉求导引至审美之境。譬如，牺牲表征着英雄主义之美，战场激荡着悲壮、凄迷之美，商品承载着高品质生活之美。宣传者正是通过这种"人性＋审美"的运作机制，制造了近似于宗教和艺术的愉悦、热情和迷狂。

（五）群体化驱策

宣传强调对群体的驱策。在很多情况下，改造一个人的头脑往往比操纵一个群体的意志更难。宣传者更愿意把目标对象定义为"公众""大众""群众""群体"或"乌合之众"，而非各怀心思的个体。

勒庞提出了一个带有强烈偏见的观点来批判群体的局限：群体的本性是易于陷入迷思、草率行动的女人。从群体的表现看，他们像女人一样因脆弱而多变，因轻信而冲动，因执着而勇于献身，因仇恨而不计后果；从群体的深层动机看，他们像女人一样是传统、习俗和古老的无意识的俘虏，对信念和神秘有着不可思议的痴迷，对压力和变数异常敏感却又渴望新的压力和变数。

据称，意大利的独裁者墨索里尼在了解勒庞的观点后，欢欣鼓舞地表示认同：的确，群体正如女人，从根本上讲，她们需要一个强硬的男人。③

莫斯科维奇继承了勒庞的观点：群体的本性是女人并非偏见——女人感情用事、易变、冲动以及轻浮的特质，使她更容易受到暗示和传染的影响；女生传统上的顺从性、被动性和宽容，同样适合她缺少深入思考的献身精神。

勒庞、莫斯科维奇为自己的观点找到了大量例证，譬如冲进巴士底狱屠杀贵族的平民中，最果断、最凶狠的是女人；战争宣传中最先流泪并给男人以力量、激励他们血战到底的是女

---

① Ray Eldon Hiebert. Courtier to the crowd：the story of Ivy Lee and the development of public relations. Iowa City：Iowa State University Press，1966：53.

② Larry Tye. The father of spin：Edward L. Bernays & the birth of public relations. Now York：Crown Publishers Inc.，1998：97.

③ 塞奇・莫斯科维奇．群氓的时代．许列民，等译．南京：江苏人民出版社，2006：143.

人；商业宣传所要俘获的主要是女人，如果没有女人，世界上也许不会有广告。莫斯科维奇提出，这并不意味着这个或者那个女人是罪恶的，而是强调群体抽象的“女人气质”——所有被驱赶到群体中的男人，迅速回转到“女人气质”的子宫。“如果不是女人的话，那么易变性、轻信性、感情的转移性以及诸如此类的东西又意味着什么呢？”①

二、模式及其局限

基于本章对宣传定义、类型、策略和操作手段的介绍，特别是前述仪式化场域、主题化表达、偶像化领袖、人性化诉求和群体化驱策等五个方面的论述，我们可以描绘一个整合性的宣传模式（见图 3－1）。

针对这一模式，我们有必要重申几个问题：

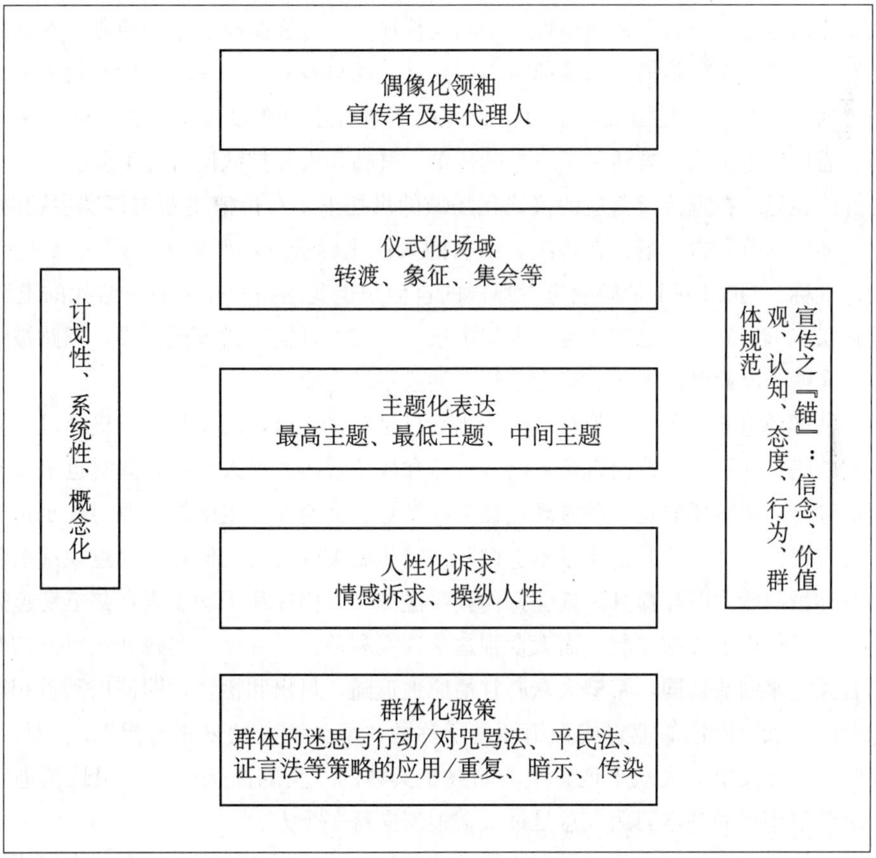

图 3－1　整合性宣传模式

一是偏见交锋。在一定意义上，宣传就是发现、培养和利用偏见，让偏见与偏见交锋的过程。李普曼认为，人人心怀偏见，这是不可避免的事实。每个人都生活在世之一隅，周旋于小圈子，只有寥寥无几的知交，因此每个陌生的场面都犹如婴儿眼中的世界——“一种庞杂喧嚣

---

① 塞奇·莫斯科维奇．群氓的时代．许列民，等译．南京：江苏人民出版社，2006：142.

的混乱状态”。这注定了人是偏见的动物，无法把握整个世界。在《公众舆论》一书中，李普曼记录了这样一个试验：

> 40位训练有素的观察家被安排在一个大厅。突然间，大厅的门被一个小丑撞开，一个持枪的黑人追了进来。小丑和黑人厮打在一起，黑人开枪射击。20秒后，他们都跑出了大厅。主持人让40位观察家每人写一篇见闻报告，结果只有6篇最接近事实，有24篇更像传奇小说，有10篇完全属于虚假报道。①

李普曼据此提出，人总是按既有的偏见解释世界并采取行动。宣传家们显然也发现了这一结论，他们总是利用、强化偏见，或为大众制造一个新偏见；大众习惯在偏见的轨道上滑行，并指斥、征伐敌人的偏见。前述仪式化、主题化、偶像化、人性化等宣传手段，皆是召唤、引发和利用群体偏见的高超“诡计”。

二是整合传播。宣传的计划性、系统性和概念化，以及宣传之“锚”的预设，决定了宣传并不唯大众传播至上。作为一种策略性、功利性传播，宣传遵循有效第一原则，大众传播、组织传播、群体传播和人际传播，以及弗洛伊德意义上的自我对话，只要有助于效果达成，皆在整合应用之列。2003年，美国发动了对伊拉克的军事打击。在宣传上，美军既动用了发达的互联网络和通信卫星，也“复活”了古老的传单、符帖和人际扩散谎言等手段。

三是群体迷思。在宣传所营造的仪式化场域的烘托下，在价值主题与事实主题的感召下，在偶像化领袖的示范和带领下，在持续、细密的人性化诉求下，群体极易陷入深度迷思状态。每一个人都宣称，“我以一个梦游病患者那样的自信来走我的路——天命所给我的道路”②。这是一种催眠状态下的集体迷思和幻觉。人们沉迷于“宛如真实”的象征世界，回路被切断，前路似乎一片光明，因而激情燃烧、奋力前行，甚或不惜生命。

然而，这样的论断未免太过消极。大众当真只是乌合之众，而无半点积极建设、主动还击之力？我们的确见证了一些政治宣传、商业宣传和战争宣传的惊人力量，同时也不应忽略大量无效平庸的宣传。更重要的是，随着现代社会在教育、文明和民主诸领域取得长足进步，大众逐渐成长为现代公民。尽管并未从根本上摆脱被宣传驱策的境况，但是公民意识逐渐觉醒，对宣传的批判和抵制能力明显提升。任凭宣传狂轰滥炸，人们往往无动于衷，甚至发起抵制。

实际上，宣传谋求心脑控制，而大众则追求现实利益，二者存在实践和逻辑上的断裂。宣传借由语言强迫来制造认同，希望大众心甘情愿地追随、付出和牺牲，即使以利益相诱，大抵也只是缥缈的信念、模糊的理想或乔姆斯基所称的“毫无意义的未来世界”。然而，对朴实、平凡，有时还带点狡猾的大众来说，生活始终是具体的。头脑高烧的瞬间很快消逝，衣食住行、体面尊严等生活的基本问题，总是铺天盖地压向每一个人。

当这些具体的问题从宣传的口号和旗帜的遮蔽下，被清晰地辨别出来后，人们便把眼光从虚幻的宣传世界转向现实的利益世界。这时，人们就会向台上的领袖发问：你如何说服我？

---

① 沃尔特·李普曼．公众舆论．阎克文，江红，译．上海：上海世纪出版集团，2006：63.

② 悉尼·胡克．理性、社会神话和民主．金克，徐崇温，译．上海：上海世纪出版集团，2005：9.

【复习思考题】

1. 简述宣传的定义与形态。
2. 结合实例评价宣传的一般策略。
3. 运用本章讨论的宣传模式分析社会生活中的宣传现象。

第四章 公共关系的说服范式

宣传和说服皆属语言的运动。宣传并非全然反映现实世界，而是通过“制造语言幻象”，引领人们走向语言重构的世界。“这些幻象足以将大众带入一场象征与现实结合的戏剧。”[①] 在宣传者主导的幻剧中，预设的场景、响亮的口号和精心的叙事，为人们提供了共同的言说和行动平台。人们齐声高亢呐喊，森林般举起手臂，一种短暂的、语言构造的“大同世界”降临了。

说服者也可能、也需要制造幻象，但他更在意与说服对象之间的交换：意见和利益的双重交换。当然，这并不意味着交换的双方必然是公正、平等、自由的。说到底，说服仍属一方对另一方的影响、干预和支配。也正因为如此，我们将在下一章提到，格鲁尼格拒绝将说服纳入公共关系“双向均衡模式”。

在观念史层面，公共关系的说服范式主要得益于两个理论传统：一是修辞学传统或取向，将说服理解为一个表达调适过程；二是行为科学传统或取向，即基于心理学、社会学、政治学等学科的观点和方法，将说服视为主体与客体之间的互动行为。本章首先回溯说服的修辞学传统，特别是古典修辞思想，进而梳理20世纪中后期以来的行为科学传统，最后考察基于说服范式的公关观念、原则和路径。

第一节 修辞与说服

在详述说服的修辞学传统之前，首先要对“修辞”一词的使用做出说明。“修辞”概念中国自古有之，狭义上即语言的具体修饰，譬如通过比喻、借代、排比等技巧强化表达的审美和灵动；广义上泛指对语言的调整和适用，乃至举凡表达，皆属修辞。就广义而论，即使一句“哎呀，妈呀！”亦属应激的修辞。它反映了表达者内化的价值观和情感排序，妈妈而非爸爸提供的温暖、护佑和确定性在关键时刻胜出，并设定了近乎本能的语言选择和应用。

而当面对英文“rhetoric”一词时，中国大陆学界倾向于仍以“修辞”对应之，而港台学界更偏向将之译为“语艺”。从语用学上看，港台学界以语艺替代修辞大抵出于三个考量：

① 大卫·宁．当代西方修辞学．王顺珠，译．北京：中国社会科学出版社，1998：81.

首先，语艺是一种包含创思（invention）、组织（arrangement）、风格（style）、记忆（memory）和表达（delivery）的复合性语言运动，修辞更接近其中的“风格”要素，而非全部；其次，在公关、传播的教育和实践中，语艺包含思辨和表达两个层面，而修辞只是表达训练的一部分；最后，在理论建设上，修辞只是说服研究中的一个流派，而无法代表多流派的共同主张，语艺则具开放性和包容性。因此，“语艺”替代“修辞”是一个有关学术想象和气象的大问题。

本书在交代前述背景的基础上，仍倾向于因循大陆学界的约定性习惯，使用广义的修辞概念。至少从传播视角看，公共关系意义上的说服就是一种基于有效修辞的语言运动。

一、古典修辞学

在古希腊，修辞与说服几乎是同义的，修辞术即说服的技巧。古希腊修辞学者关心的是人们如何在公共情境下进行有效的言说——知识、哲学的宣讲，公共事务的讨论，或者陪审团面前的激辩。无论何种情境，修辞皆以说服对方为主旨。

后世公推亚里士多德为修辞学鼻祖，其实有失公正。他准确的头衔应是古希腊修辞思想的代表者和集成者。第一篇有关修辞研究的文章出现在早于亚里士多德时代的公元前 476 年，作者是科拉克斯（Corax）。他和弟子提西亚斯（Tisias）开创了修辞技巧流派（technical strand），志在探求言说技巧，教人改进言说的能力。

柏拉图和亚里士多德则更关心修辞的本质和功能，重视修辞与知识、真理与生活的关系，是为哲学流派。他们的代表作是柏拉图《对话录》中的“裴多篇”和亚里士多德的《修辞学》。

在技巧流派和哲学流派之间，还存在一个智辩士流派，代表人物是普罗塔格拉和高吉亚斯。智辩士们更关心言说的实际表现和有用性，因而不像技巧流派那样重视言说内容的整体设计和技巧安排，亦无耐心循证言说背后的知识、真理和道德。这一派提出了一个有趣的观点：所谓真相和真理，不过存乎言说建构的主观真实之中，因而在哲学立场上被归入相对主义和怀疑主义。

柏拉图和亚里士多德同属哲学流派，但他们修辞的观念和主张并不尽相同。比照而言，柏拉图更偏重于修辞的道德哲学建设，而亚里士多德则试图发现修辞的科学哲学之路——从观念抵达语用的合理化路径。

柏拉图使用了“真正的修辞”（true rhetoric）这一概念，以同技巧流派和智辩士流派的修辞观划清界限。在他看来，修辞即善言雄辩（eloquence），本质上是一个产制意义、创造知识、开发学问的过程。因此，修辞必须以表达“真”“实在”为目的和责任。[①] 尽管“真”和“实在”并不等同于绝对化的客观事实，但也不能沦为主观蓄意的以假乱真或文过饰非。

柏拉图也比较关注修辞的具体方法，并有强烈的对话意识。他论述了修辞的实践面向，诸如入门技巧、演说长度、范文结构、幽默、诚意和精神引导等问题；辨析了修辞中的立论、驳

---

① 陈凌．说服传播：过程和实践．台北：五南图书出版股份有限公司，2005：20.

论、例证、类比、辟喻，以及非语言符号的介入等范畴；探讨了聆听者的心理、情感和精神状态，强调表达者与聆听者之间的靠近与互动。

此外，柏拉图基于修辞研究提出了被后世称为“最高级的教育和训练”的辩证法（dialectics)。辩证法是论证和建构理念体系的方法，它由四个部分组成：对话参与者之一提出问题并界定相关概念；另一个参与者列举具体的、代表性的假设以回应问题；彼此回驳和相互盘问；双方对共同命题形成一致的理解和观点。柏拉图的辩证法勾勒了后世修辞和说服研究的蓝图，也为对话理论尤其是对话程式和伦理的建构提供了指导框架。

亚里士多德对修辞的道德性和实用性给予同等重视。他的修辞思想，落实到说服与公关领域，可以概括为如下诸方面①：

（一）修辞的功能

在亚里士多德看来，有效的修辞具有四种功能：维护正义和真理并压制其反面；教化普通民众；全面分析和评判问题；自我防卫。据此，他认为有必要发展一整套观念和方法，以诠释修辞实践，引领修辞的道德理想。中国先秦时代有关修辞功能的论述更为宏大，但主要集中在国之德政和个人德性修养方面，可参见本书第一章有关中国古代公关史的论述。

（二）修辞的要素

亚里士多德提出了著名的修辞或曰说服“三要素”：逻辑、信誉和情感。

逻辑即透过“事实之所以如是”进行理性论证，它依靠话语对真理和理性的演绎，而非表达者自身的资质——比如品格和魅力实现说服。在这一方面，亚里士多德阐发了两个概念：逻辑三段论和修辞三段论，后者又称或然三段论。有关这两个“三段论”的理解和应用，本书第十二章将有专门论述。

信誉指向了表达者的一项基本资质——可信度。亚里士多德认为，人们对“好人”更易产生信任，而在缺少精确评价方法的情况下则会完全相信他们。合格的演讲者应该是一个品德端正、聪明智慧、抱持善意的人。这三个方面皆需经受聆听者的检验，品德问题体现于论述的动机、立场和取向之中，智力问题反映于认知和申辩的全过程，而善意则以是否尊重聆听者的意愿和利益来判断。

情感是指表达者与聆听者之间的情感激发状态，它也是修辞成功与否的前提条件之一。亚里士多德将人类感情划分为七组对立关系：恼怒-温和、友善-敌对、恐惧-无畏、羞愧-无耻、感激-忘恩、嫉妒-倾慕、怜悯-嫌恶。除了这些感情要素外，亚里士多德还分析了欲、愿、盼、望等意志，以及富贵、谦卑、英勇、修养等人格质素，它们共同构成了修辞的情感体系。说服者倘若触动、引发积极、正面的情感，而压抑、安抚消极、负面的情感，便可能唤起共鸣，达成说服目的。

亚里士多德的逻辑、信誉和情感“三要素”，在修辞实践中与中国古人讲的修辞以诚、晓之以理和动之以情可谓相契相通。亚氏的贡献在于将其科学化、方法化，并以之为基础写出了

---

① 亚里士多德全集：第九卷．颜一，译．北京：中国人民大学出版社，1994.

一部专著《修辞学》。而中国古代的修辞思想散落于众多经典，观点多、论证少，也因此难以系统化和专门化。

（三）受众反应

亚里士多德怀有强烈的受众意识，主张既要关切聆听者的个性特质，也要研究他们共同的倾向和意志。为了适应聆听者，说服者必须做出改变和调整，兼顾不同听众的年龄、身份和脾性，以及他们共同的喜好、向往和追求。唯有如此，说服者才能选择合理的言说策略，乃至拓展科学的修辞方法体系。

（四）修辞的内容与情境

亚里士多德概括了三种修辞话语形态（forms of discourse）和与之相应的演说情境（speaking occasions）：诉讼的（forensic）、审议的（deliberative）和仪典的（epideictic）。诉讼话语的中心问题是过去一时一境之下的真假是非和动机缘由，譬如对"据称如是"的犯罪行为进行推论；审议话语——又可译为协商话语，则着眼将来，旨在制定或修订政策法案，譬如制定财政预算、发起战争或实现和平、商议领袖人选、讨论商业贸易规则、兴废法案等；仪典话语指向当下的事件和情境，针对个人、群体和城邦当下的利益、思想、信仰等问题做出阐释和评价，"有如一场仪式"。

修辞教育是古希腊最重要的教育门类之一。当时的修辞教育分为三阶：学生首先从文法课程起步，必须通过一个名为"Progymnasmata"的说、写训练，然后进入主题言说训练，毕业则要求为某一现行法律进行辩护或提出反对意见。毕业生随后就读于修辞学校，这一阶段的教育有两项任务：一是实务学习，即政治演说和法律演说训练；二是理论学习，即掌握修辞理论和专业规则。随后学生进入实习阶段，选择一位实践导师，参与政治、哲学辩论，或代人写状纸、演说稿。

古罗马在修辞研究和实践方面，大抵沿袭了古希腊之风。有学者认为，"古罗马修辞学基本上是对古希腊的全盘继承，然后对各部分增遗补漏、详尽发挥，使修辞理论更加完善"[①]。古罗马崇尚实用，重视童年教育。教育目的是培养"哲学家-雄辩家-政治家"三才合一的合格公民，教育内容则涉及语法、作文、背诵、翻译、辩论，以及法律、历史、诗文和政治等领域。罗马人相信古希腊先哲苏格拉底的断言：能够做出明智选择本身即是"德"。

西塞罗（Cicero，前106—前43）和昆体良（Quintilian）是古罗马最具代表性的修辞学者。前者的最大贡献在于夯实修辞的哲学基础，他身体力行，推动哲学的修辞和修辞的哲学并进。可惜，精于修辞的西塞罗最终也死在嘴上，因演说犯忌而遭杀戮。昆体良则致力于丰富修辞的实践技巧，提出"人之所言多假于隐喻"等观点。他靠一张嘴谋得一生荣华富贵，成为古罗马四朝元老。

在逻辑层面，西塞罗将亚里士多德的论证过程进一步细分：事实、定义和性质。譬如，西塞罗为米洛被控谋杀克罗帝亚斯进行辩护：第一（事实），米洛是否杀死了克罗帝亚斯？

---

① J. L. Golden, G. F. Berquist & W. E. Coleman. The rhetoric of western thought. Dubuque, IA: Kendall/Hunt, 1976.

是的。事实成立。第二（定义），这是一场谋杀吗？不是。米洛的行为属于正当防卫而非谋杀。第三（性质），这是一件好事还是坏事？好事。因为死者是个坏公民，死了对共和国是件好事。

在德行层面，昆体良拓展了亚里士多德的“好人理论”（good man theory）。该理论植基于这样一种修辞观念：修辞的使命在于伸张正义、维护荣誉，导引听众以正直的人生道路。因此，只有擅长修辞的“好人”才能担当雄辩家的责任。正直、诚信、心怀善意等美德，应贯穿于雄辩家的一生，而非某次特定经历中的良心发现。美德并非人生而有之，要靠后天习得，多学多得，终有所得。

西塞罗

在情感层面，西塞罗和昆体良同样重视情感在修辞中的作用，因为听众很可能什么也没记住，却被充沛的情感打动，并在头脑中烙下印痕。西塞罗认为演讲中的情感煽动是必需的，它不但自行其用，而且也会增强逻辑证明的力量；昆体良则注意到情感的多变和复杂性，认为说服者对情感的调动和激发不可掉以轻心，否则事与愿违、反受其害。

此外，古罗马修辞理论对非语言表达也极为关切。以西塞罗和昆体良对“语调”（tone）的分类为例，他们认为要认真区分交谈语调（conversational）、辩论语调（debating）和煽情语调（pathetic）。交谈语调轻松随意，从容淡定；辩论语调或滔滔不绝，或抑扬顿挫，并伴以挥动手臂、转换表情、眼神意味深长等身体语言；煽情语调则以调控情感节奏为主，夹杂握拳、扼腕、捶胸、敲指头、拍脑门、一声叹息等动作。

古希腊和古罗马两个时期，被统称为修辞学的古典时期。总体观之，古典时期有相当数量的学者以修辞研究和教育为业，产生了相当数量的修辞学著述，造就了大量专业化的雄辩家和修辞人才。这要归功于古希腊和古罗马的文明进步，譬如语言的精细化、正规教育的兴起、公共讨论的常态化、代议政治的产生、民法与刑法的施行、哲学和戏剧的繁荣，等等。此中，代议政治和公共讨论乃修辞理论与实践发展的主因，人们相信良善的修辞既是公民的基本素养，也是治理城邦和国家的重要能力。

当中世纪将封建专制逐步推向顶峰后，修辞研究日趋平淡乃至衰落。这固然与古典时期辉煌、完备的修辞思想，只为后世留下了狭促的探讨空间有关，也与政治和权力空间的逼仄有关。封建专制贬抑、压制了代议政治和公共讨论，顺从而非辩论、巧言而非辩证成为时代主流。中国亦有类似历史情境发生，先秦时代奔竞天下的行人策士，在大一统的封建时代因政治风险和投靠无门而销声匿迹。

修辞研究的潜伏期一直延续到文艺复兴时代。在文艺复兴和启蒙运动中，公共演说、辩论再度兴起，优美文学运动一度成为潮流，这使修辞研究重新焕发了活力。同时，哲学的进步要求人们从认识论高度审视修辞问题：修辞乃抵达真理和审美的重要途径。良善、灵动的表达有助于发现真理，更关乎“诗意地栖居”。

随后，传统社会过渡至现代社会，现代性转型得以发生。大规模机械化生产、城市化、市场化和民主化皆须培养在表达上训练有素的公民，以适应更广泛、更复杂的公共协商、讨论和辩论。如本书第一、二章所述，伯内斯正是在这样的大势之下宣告了公关时代的到来。

二、修辞的力量

美国成为复兴欧洲修辞研究传统的先锋。早在1860年代，修辞学便成为美国大学语文系普设的科目。在20世纪，美国人将修辞理论广泛应用于文学、政治、经济和战争之中，相关研究和教育日趋发达、成熟。及至1990年代，公共关系的修辞流派崛起，至今仍是公关理论研究的核心论域。而在实践层面，古希腊的智辩士和中国先秦的行人策士，又在现代公关业复活了。

同希腊人一样，美国人也视修辞为一个与真理和民主紧密关联的“文明范畴”。“教授修辞的老师们普遍拥有一种促进民主的使命感，特别是一战和二战期间，欧洲的专治和保守对美国的民主造成了严重威胁，人们需要高超的言说能力捍卫民主。”① 简言之，要通过修辞研究和教育造就有能力参与公共事务的优秀公民。美国学界何以如此“高看”修辞？

从根本上看，修辞是人类以语言方式进入世界的一种自觉。正是语言及其修辞构建了思考与行动、内在与外在、自我与他者的关系，而这些关系乃人之在世的基本面向。就此而论，人的存在就是一场语言游戏。譬如，在你参与一项奖学金竞争的过程中，实际上存在两个你：所谓客观真实的“你”，被你自己的表达和他人的谈论建构的“你”。哪个“你”才是真正的角逐者？显然是后者。与此相应，从语言学和修辞学的视角看，世上只存在可能基于事实而最终为叙述、表达所建构的事件、品牌和形象。

公共关系之所以重视修辞，也正是因为借助语言运动，可以构建一个预设的世界或想象的共同体。言说和修辞何以完成这种建构？

（一）概念认知与修辞认知

人类创制概念以描述和理解世界，是为概念认知。譬如“世界”这个概念，用以表征如下认知：人类赖以生存的地球；当下的心境或外部的处境；世为时间范畴，界为空间范畴，世界即变易不居又相对稳定的时空环境或背景。而当我们说“美丽新世界”或“娑婆世界”时，便由概念认知进入了修辞认知。后者使认知主体穿越坚硬的概念之墙，抵达柔软、诗意、审美的世界。可见，概念试图指称和靠近客观世界，而修辞则呈现一个有“我”在其中的主观世界。在修辞认知中，“世界就是我的眸子的颜色、手掌的形状和词语的意义”②。

伯内斯在刚出道的时候，曾负责剧院的演出经纪工作。他在推广“欧洲歌王”卡罗素时，使用了这样的标题：声音如紫罗兰的男人。很多记者回忆说，伯内斯起的标题太妙了，任何“著名歌王”之类的说法都不能替代。③

如是而观，概念认知和修辞认知皆因循“语言-世界”的路径，即人类通过语言反映和建构世界。前者试图建立与事实世界对应的语义空间，后者则重在编码精神世界。而在一些语言

---

① Herman Cohen. The history of speech communication: the emergence of a discipline, 1914 - 1945. Annadale, VA: Speech Communication Association.

② 任红渊．为了叫出自己的汉语世界．山花，2002（3）．

③ 胡百精．说服与认同．北京：中国传媒大学出版社，2014：127.

学家和修辞学者看来，概念本身也是主观创造之物，它所表征的认知和指称的世界同样是一种主观想象。为什么使用这个概念而非另一个？为什么多元主体对同一概念的理解有所不同？这也正是广义修辞论者坚称凡表达和语用皆为修辞的原因所在。

（二）逻辑语境与审美语境

“由言辞而来的说服论证有三种形式，第一种在于演说者的品格，第二种在于使听者处于某种心境，第三种在于借助证明或者表面证明的论证本身。”① 亚里士多德视信任、情感和逻辑为修辞与说服的三个基本前提，分别指向了情感、审美语境和理智、逻辑语境。

逻辑语境下的修辞，主旨在于呈现事物排他性的逻辑关系，反映世界的现实秩序；审美语境下的修辞，则基于超越乃至挣脱既有的逻辑关系，彰显情感和审美的表达题旨。纯粹追求审美的修辞，最终进入文艺领地；而基于逻辑又抵达审美之境的修辞，则更偏向说服。譬如以下两组词汇：

灯头、针眼、山腰

成熟、蜕化、腐朽②

前一组词语以人和物的“局部”构成一个隐喻系统，这些符号烘托了一个有关思念、离别和消逝的审美语境；后一组词语并置表征了一组“不可抗拒的趋势”，有在生命历程和德性修养方面加以规劝的意味。二者皆与“空”“寂”相连，前者诉诸“文”道，后者取乎“劝”道。

逻辑修辞与审美修辞并无高下之分，在社会交往和修辞实践中可根据题旨选用其一，更可在必要的情况下并用、混用。公关中的修辞便经常综合运用以逻辑服人、以审美动人两种手段。所谓有效的公关，逻辑理性和审美感召总是相得益彰。当然，这也极易沦为操纵，以强理取人，以虚妄的美感致人以幻觉。

虽然二者各有其用、不分高下，但人作为万物之灵长，在把握和运用逻辑的同时，更向往审美的意蕴和情境。萨特有关人生、哲学和文艺之“积极介入”的概念刚好能说明这种向往。在萨特那里，存在主义哲学的核心问题是人的自由。人何以自由？逻辑上的绝对自由杳渺不可及，唯以自身的心性、情感和美感积极介入世界，才能完善人的存在。“那些鲜活的、生动的、如在眼前的人物，总会到模范情感和永恒价值的墓地来”，否则人生便会“蜷缩成一团，垮塌下去”③。

（三）建构言说与被言说建构

所谓言为心声，言说在传统上一直被认为是人表达心声的工具。这种工具论的言说和修辞观念从古典时期延续至20世纪，直到语言学的进步打破了它。早前，人们相信只要有效掌握语言和修辞工具，便可充分呈现自我和世界，说明“我是谁，我从哪里来，我向何处去”，亦可描述他者、外物及其与自我的关系。20世纪的语言学家挑战了这种工具论：人及其对语言

---

① 亚里士多德．修辞术·亚历山大修辞学·论诗．颜一，崔延强，译．北京：中国人民大学出版社，2003：8.

② 两组词语示例参照了谭学纯、朱玲所著的《修辞研究走出技巧论》第34页（安徽大学出版社，2004）。

③ 贝尔纳·亨利·列维．萨特的世纪．北京：商务印书馆，2005.

的使用皆有局限性，不可能完整反映真实的自我和世界，而这种局限性又反过来建构了人的认知和行动、自我和世界。

语言学家索绪尔首先摧毁了语言与真实“同一”的想象。他认为语言有其内在结构，并依照自身的结构编码世界。而经由语言编码的世界与真实、完整的世界并非全然对应，有时简直是两码事。人类栖居于语言所建构的世界，而与真实世界则若即若离。海德格尔用一个形象的比喻说明了人类的这种处境：语言是存在的家园。传播学者李普曼也论证说，人类尤其是现代人生活在一种“拟态环境”之中，它由言说、交往和媒介所建构，与真实世界相映照，却又不是后者的简单投射。

巴赫金（Mikhai Bakhtin，1895—1975）提出，语言是多义的，交往、对话是喧哗的，而人只是捕捉意义、陷于喧哗的孤独个体。个体对自我和世界的认知受制于多变的语义和喧哗的语境。在莱克劳（Laclau）和莫弗（Muffe）看来，修辞所要解决的就是漂浮的社会主体与漂浮的意义之间的关系。“多面的、经常自相矛盾的主体认同是暂时的、不稳定的，只有他们的位置、角色和意义相会时，才会固定下来。”①

巴赫金

维特根斯坦则明确指出，在语言运动中，不是表达者绝对主导言说，而是言说反过来建构了表达者的社会主体地位。如此，伽达默尔的名言“人以语言的形式拥有世界”更宜补充半句——语言亦以自身的形式建构人的世界。人创造了语言，又在语言描绘的世界中生活。

基于以上论述，本节可得出如下结论：

一是古典修辞学抱持工具论的语言观，认为有效修辞有利于表达和捍卫自我，有利于交换意见、发现真相和真理，有利于公共讨论和公共之善；20世纪以来的新修辞学主张能动的语言观，认为言说和修辞反过来建构人之自我与世界。无论理论还是实践层面，公共关系对这两种修辞观皆照单全收，试图借由有效修辞呈现和建构自我，以及自我与公众共享、共持的“我们的世界”。

二是修辞有其前提、要素和方法，而非对语言任意的滥用。前提即道德良善、追求真理；要素即逻辑、信誉和情感，修辞以诚、晓之以理、动之以情方可达成说服效果；方法不仅包括比喻、拟人等修辞格的运用和具体的遣词造句技巧，也包括概念认知与修辞认知、逻辑语境与审美语境的整体营造和调适。关于修辞策略和方法问题，本书后续将有多个章节在应用层面阐发。

三是修辞学重在表达策略评价和话语分析，同时也涉及了传播学、说服理论和公共关系研究的一些基本问题。譬如传者（演说者）与受者（聆听者）研究、主题与内容（信息设计）研究、传播策略（表达方式与技巧）研究、语境（演说情境）研究等。

台湾学者林静伶认为，修辞学为传播学的发展做出了三大贡献：古典修辞理论对哲学的重视和语言学对新修辞学的介入，为传播学提供了哲学基础；为传播学相关“次领域”提供了

① E. Laclau & C. Muffe. Hegemony and socialist strategy: towards a radical politic. 2nd ed. London: Verso, 44.

“概念源头”，譬如文本、话语、反馈等概念皆来自修辞学；为传播学的持续发展提供了分析与批评工具。

传播学和说服研究的真正源头乃行为科学。它们为公共关系说服范式的确立提供了充分的理论和方法资源。

第二节　说服、态度与行为

20世纪中后期，由于战争、政治和经济的需要，说服研究炙手可热。一批来自社会学、政治学和心理学等行为科学领域的学者加入到说服研究中来，并于二战后开创了一个新学科：传播学。早期的说服与传播学研究，大多源于战争、大选和市场竞争的需求，也因此与公共关系关联甚切。事实上，很多传播学研究的经典项目皆属公关个案。令人遗憾的是，公关界素来集勤奋的行动者和懒惰的思想者于一身，公关实践发展迅猛，却疏于理论建设。

本节重点梳理20世纪中前期说服与态度研究、20世纪六七十年代以后说服与行为研究的经典成果，并探讨这些成果在公关领域的转化与应用。此间传播学有关大众媒体及其传播效果的研究，将在本书后面的章节涉及。譬如，议程设置理论将出现在第八章有关公共关系议题管理的讨论之中。

一、说服与态度

20世纪中前期的说服研究大多与态度测量有关，学者们相信一旦找到说服改变态度的条件、要素和方法，亦可进一步改变受众的行为。为了论述上的便利，我们可将这一时期的说服划分为三个阶段：二战前夕的研究准备、战时说服研究项目的实施、战后的拓展研究。

（一）二战前夕研究工具的创新

本书第三章提到，1930年代，美国的部分知识分子开始反思和批判宣传，认为宣传助长了战争和市场之恶。在社会生活层面，经过一战、战后“黄金十年”的市场化和随后大萧条的洗礼，公众也不再像早前那样迷信宣传，易受煽动蛊惑。政治家和资本家也发现，宣传的鞭子越来越难以像驱赶迷失的羊群一样驯服公众。伯内斯在1928年还坚持为公关的宣传功能辩护——出版了影响一时的名著《宣传》，而到了1930年代便开始主张建立公关的“双行道”模式，强调组织与公众彼此适应、相互调整。

说服研究正是于此间兴起。1935年前后，一批心理学者发展出了态度测量的有效工具。自此，态度研究“成为美国最具特色，且不可或缺的分析”①。

1932年，李科特（R. Likert）在扬弃鲍格达斯（E. Bogardus）和瑟斯通（L. Thurstone）

---

① G. W. Allport. The handbook of social psychology. Worcester，MA：Clark University Press，801.

成果的基础上，提出了至今仍在投票、民意和营销中广泛应用的李氏态度量表。李氏量表将态度区隔为“非常同意”“同意”“中立”“不同意”和“非常不同意”五个量值，使态度不再是不可捉摸的神秘之物。

1934年，罗森塔尔（Robert Rosenthal）利用态度量表分析苏联电影对美国青年的影响，发现电影能够改变青年对经济、社会问题的态度，并且在建立刻板印象方面的效果强于消解它们。这一项目激发了人们基于态度测量来研究说服的热情，说服效果研究项目日渐增多。

1935年，阿尔波特（G. W. Allport）提出了后来广为采用的概念：“态度是依循经验迅速组织的心理和精神状态，是人对周遭事物和环境的关联反应。”① 概念的明确和成熟，标志态度研究正式进入学术化轨道。

也许这些先行者们并未意识到，他们的学术努力是二战浩劫到来之前最重要的历史准备之一。

早前，肇端于19世纪末、盛行于20世纪初的应激心理学主导了宣传和传播效果研究。应激心理学奉行“S-R”模式，其中“S”为刺激（stimulate），“R”反应为（react）。“S-R”模式的核心主张是，人和动物一样，在外界因素的刺激下，必然产生本能反应。推而广之，受众接收特定的信息，特别是大众媒介传播的信息，就像“被子弹打中一样，应声倒下”。早期传播学中的“魔弹论”的盛行也与此相关。

及至1930年代，人们开始质疑“S-R”模式，认为它犯了简单化、绝对化的错误：外部刺激并非总能引起对象的反应；即使对象做出反应，传播者也未必可察，可察者也未必是预期的反应。心理学家赫尔和托尔曼等人对“S-R”模式进行了修正，他们提出，在外部刺激（S）和对象反应（R）之间存在一个有机变量“O”（organism），应建立一种“S-O-R”模式。“O”是指对象既有的经验、习惯、需求和辨别能力，即信息接收者的内在驱动力。

从“S-R”到“S-O-R”模式的转变，使传播研究的重点由传播者如何施加刺激转移至对接受者心理和态度的测量。与此相应，以传播者为本位的宣传让位给更加重视接受者心理和态度的说服。公关界也注意到了这一变化，伯内斯的大量演讲和著述开始强调了解公众心理和态度，再想方设法强化之、改造之。

（二）二战期间的说服效果研究

战争为说服研究提供了宏大背景和直接的样本。一批政治学、社会学和心理学专家迅速汇聚到战时研究中来，他们中的很多人后来被“追认”为传播学者，“一个由传播学者构成的无形学院在华盛顿形成”②。这些学者相信自己的研究能够捍卫正义，至少降低战争的成本。

正如罗杰斯（E. M. Rogers）在《传播学史》中所说，人们也许对拉斯维尔本人知之甚少，却对“5W”耳熟能详。1940年，38岁的拉斯维尔提出了传播学研究中里程碑式的“5W”模式：谁？说什么？对谁说？通过什么渠道？取得什么效果？这一模式聚合了当时分散的传播思想，为传播学的形成提供了一个登陆点。

---

① G. W. Allport. The handbook of social psychology. Worcester，MA：Clark University Press，789.

② 埃弗里特·罗杰斯．传播学史．殷晓蓉，译．上海：上海译文出版社，2005：9.

“5W”被直接应用到战时说服研究之中，其中每一个要素都衍生出传播学的一个重要分支。“谁”的问题成就了“传者研究”，“对谁”的问题促生了“受众研究”，而“说什么”“通过什么渠道”“取得了什么效果”，则分别对应了“信息内容研究”“媒介研究”和“效果研究”。此后数十年来，尽管人们一再批评“5W”模式的局限——囿于线性、支配性的信息传播，缺少反馈环节和语境因素等，但传播学研究始终未能完全超出传者、受者、信息、媒介、效果等五个版块连缀的理论地图。

拉斯维尔小心地区分了宣传与说服。在他看来，宣传是通过操纵有意义的符号控制群体的态度，是单向的信息传播策略，结果往往对公众不利；而说服则发生在面对面的人与人之间，尽管它的意图是单向的，过程却是交互的，结果产生于彼此之间的妥协。

值得一提的是，拉斯维尔从密码学、图书馆目录学、《圣经》词条研究和法律指南编制研究中受到启发，发展出了内容分析方法，这一方法至今仍是传播学和公共关系研究的主流方法之一。作为弗洛伊德的信奉者，拉斯维尔还将指向个体心理机制的精神分析应用到社会系统和政治运行层面，观照那些宏大的自我、本我和超我，以及他们的冲动。他较早提出“象征”是国家权力的核心组成部分，开启了今日国家形象、国家公关、公共外交与软实力等相关研究领域的先河。① 据说，拉斯维尔是一位美食家，今日已难以确证，但他确实尝遍了传播学盛宴中最初的几道菜。

这一时期的另一位代表性学者是拉扎斯菲尔德。他横跨多个学科，“除了性关系，什么都研究”，一生的目标在于“培养拉扎斯菲尔德们”。这位才华横溢的犹太人一生获得了大量的荣誉和头衔，譬如“研究局里的罗宾汉”。然而他自认是多学科的“不知论者”，只是喜欢“制造研究工具”。我们今日仍大量使用的民意测验、受众调查等研究方法，在很大程度上得益于拉扎斯菲尔德在大半个世纪之前的推动。

拉扎斯菲尔德

1940年，拉扎斯菲尔德通过“挪用”研究基金、预售版权、商业交换（在调查中加入收音机和冰箱品牌偏好的题目）等不太体面的办法，开展了著名的“伊里调查”。以此项研究为基础，拉扎斯菲尔德和他的合作者于1944年出版了《人民的选择》一书，提出了有关传播与说服研究的一系列奠基性理论和假设：

一是既有倾向假设——传播在强化人们既有立场而非改变态度方面更加有效。

二是选择性接触假设——人们总是按照自身意愿寻求和接触信息，对有些信息喜闻乐见，对有些信息又自动忽略、屏蔽或逃避。

三是二级传播论——传播效果发生于媒体告知和同侪群体的相互影响之后，而群体中的少数权威者——意见领袖的作用至关重要。所谓意见领袖，是指在人际传播网络中经常为他人提供信息，同时因其权威、可信而影响他人态度的“活跃分子”。意见领袖在传播中扮演着中转站、放大器、过滤者角色，他们往往率先获得信息，再把信息和意见扩散给

① 有关“象征”与国家权力的关系问题，参见本书最后一章“公共关系批判”。

更多受众，由此形成二级传播。

譬如我对学生说："我去某公司讲课了，这可真是一家有良心的企业！"前半句为事实信息，学生会回应说："知道了，老师去某企业讲课了。"后半句为意见和评价，学生可能忽略、反对乃至抗争："老师，你难道得了对方的好处吗?"我若想真正影响学生的态度，须事先与班级中少数权威、可信、有召唤力的活跃分子沟通，告知以这家企业何以有良心的证据，再依靠他们二次或多次扩散我的看法方可奏效。

四是传播效果的界定。拉扎斯菲尔德将传播效果区分为三种类型：强化、改变和结晶。强化即巩固既有态度，改变即转换看法和意见，结晶即悬而未决态度的明朗化，或使之由易变莫测状态得以凝结、加固。附带提一句，伯内斯生于奥地利，长于美国，他是拉扎斯菲尔德因纳粹上台而移民美国后最早的朋友之一。在他们的著述中，共同使用了意见领袖、结晶等概念，伯内斯甚至更早一些提出和界定了这些经典的传播概念。

卢因（Kert Lewin，又译勒温）也是一位因二战而流亡美国的学者。他"有近乎神奇的与人接触的力量"，到处奔走、激情四射，一半出于天性和热情，一半大概出于缺少金钱和承认。他借用多学科资源，在有关饮食习惯、儿童心理和睡衣厂管理等应用研究中，提出了"场"论和"把关人"理论。

"场"是卢因在群体动力学中提出的一个重要概念。卢因将物理学的场、力、向量、域限、边界等概念引入说服和传播研究，观察群体心理和行动的规律及其与个体、其他群体的关系。他认为，人总是生活在特定的"场"中，场中各种"力"和向量的交汇，与个体内在的动力和心理特征相互作用，从而影响了人的认知和行为取向。据此，群体动力学提出了一个带有强烈物理学和科学主义倾向的公式：B=f（PE)。B（behavior）为个体当前的行为取向和强度，P（person）为个体的内在动力与心理特征，E（environment）为个体当前所处且可感知的环境，f为函数。可见，人的认知和行为取向乃外部环境和内在心理事件交互影响的结果，存在复杂的内部和外部影响因素。后来的公共关系学研究也意识到了这种复杂性，因而特别关注群体、社群内部的沟通、利益与文化问题，关注群体内部多个个体、群体与群体之间的复杂生态问题。

"把关人"理论的形成得益于实证研究。卢因和6位红十字会志愿者组织了说服依阿华州妇女在战时食用动物内脏，而将牛排和火腿贡献给前线的研究实验。他们发现，"家庭主妇是他们家庭消费的新食品的把关人。如果一个家庭主妇不打算烹饪牛下水的话，那么她的家庭就不会食用它们。把关概念可以适用于范围广泛的各种传播环境"①。把关人是影响和干预传播过程和效果的一个重要因素，这也说明早期的"S-R"模式过于简单化，对传播效果的预期不应那么乐观。

1947年，卢因在其生前的最后一篇文章——《群体生活的渠道》里拓展了这一理论："在群体传播中存在着一些把关人，只有符合群体规范或把关人标准的信息内容才能进入传播渠道"②。经后来者D.M.怀特（D.M.White）等人的发展，"把关人"理论被广泛应用于大众传

① E.M.罗杰斯．传播学史——一种传记式的方法．殷晓蓉，译．上海：上海译文出版社，2005：295.

② 郭庆光．传播学教程．北京：中国人民大学出版社，1999：162.

播、说服、公关和广告研究与实践。公关学者卡特里普将公关的角色定义为组织与公众之间的“边界扳手”，强调了公关居间的把关作用：对组织和公众的交流进行控制和疏导，以促进二者之间的系统开放和动态平衡。

战时另一项著名的说服研究是有关战争影片《我们为何而战》的说服效果测量，它的主导者是霍夫兰（Carl I. Hovland，1916—1961）。1942年，30岁的耶鲁大学副教授霍夫兰受聘美国陆军信息和教育局首席心理学家。当时，美国政府面临着一项艰巨任务，即把征募来的1500万平民变成训练有素的战士。这些新兵需要知道美国为何而战，谁是敌人和朋友，如何提升作战技巧，为何要战斗到死。受军方委托，好莱坞导演卡普拉（Frank Capra）拍摄了7集影片《我们为何而战》，霍夫兰的职责是测量它们的说服效果。

霍夫兰

霍夫兰和他的实验小组发现，这些影片在传达战况信息方面颇有成效，而在形塑态度——诸如支持英国、仇恨德国方面却收效甚微。据此，霍夫兰提出了一系列限制或促成说服效果的条件变量，如理性诉求与情感诉求、一面提示（只提示一面的信息或观点）与两面提示（同时提供正面与负面、有利与有害两种观点）的效果差异。麦奎尔系统总结了霍夫兰战时和战后一段时期的研究，后文对此将有更详细的介绍。

拉扎斯菲尔德主持的哥伦比亚大学应用社会研究局也介入了霍夫兰的研究，他们的焦点访谈法、调查法同霍夫兰的心理实验法珠联璧合，共同创造了传播学的主流方法体系，并为二战后的持续研究开辟了广阔天地。

（三）二战后的拓展研究

战争结束后，卢因早逝，拉斯维尔重返政治学老本行，拉扎斯菲尔德和霍夫兰在随后一段时期则将传播和说服研究推向深处。在1950年代，施拉姆（Wilbur Lang Schramm）将他们称为“传播学的四大奠基人”。

崭新的光景摆在眼前：一文不名的流亡者拉扎斯菲尔德搬出早前安置在废弃酿酒厂的研究所，成为行为科学领域最受瞩目的学术明星；霍夫兰也不再是一个想象一年最多可以赚5000美元的学界后辈，耶鲁大学提供一栋楼让他持续开展说服心理实验。

1955年，拉扎斯菲尔德和E. 卡兹（Elihu Katz）对迪凯特的800位女性进行了有关消费习惯和投票行为的研究，促成了经典之作《个人影响》。在这本书中，拉扎斯菲尔德和卡兹将早前的“二级传播”概念修正为“多级传播”。而卡兹和罗杰斯在之后不久又将信息传播的过程——传播流区分为“信息流”和“影响流”。信息流（事实）可以直抵受众认知，属一级传播；而影响流（意见）则须经过意见领袖的多次扩散才能真正影响受众态度，是为多级传播。

这项研究将人们的眼光拉向人际网络影响的纵深，并启迪人们关注大众传播和人际传播的整合性关系。从“信息流”和“影响流”在传播过程中的差异看，说服反映了传者与受者之间的两种关系：一是支配关系，即说服者发起以单向策略为主的信息传递和告知，是对受者的一种信息支配；二是交换关系，即说服者在意见和态度层面与说服对象进行交流、互动，在交换中达成立场和观点的一致、协同。

1945 年，霍夫兰顶着教授和系主任两项头衔，率领三十多位同僚返回耶鲁。在 37 万美元雄厚奖金的支持下，他主持了“传播与态度变化的耶鲁项目”，开展了 50 多次说服实验。在这些研究中，霍夫兰系统阐发了信源可信性与休眠效果、恐惧诉求的强弱、一面提示与两面提示、信道属性及其差异等观点。他将自己收获的成果统称为“态度变化的信息学习法”，涵盖了对信源（传者）变量、内容（信息）变量、信道（媒介）变量和信宿（受者）变量的周密测量，探讨了它们对说服效果的影响机制。

1961 年，“谈吐简练、一针见血、很少有废话”的霍夫兰病逝。

海德的认知和谐论和费斯廷格的认知失谐论也为说服研究提供了一些洞见。海德是卢因的好友，他在研究中提出，人本能地追求平衡、和谐，当认知系统失衡时，便会改变态度和行为，直到新的平衡得以建立。费斯廷格是卢因的得意门生，他设计了一系列实验情境，观察人们为何制造出诸如“世界末日将至”“地震将再次发生”等言论来吓唬自己。他发现，不和谐作为一种冲突和焦虑状态会激发人们做出改变，改变的方式包括逃避、合理化和寻求新支持。譬如，一个人对公司素来忠诚，但却被要求公开发表一场批评公司的演说，他将因此陷入认知不和谐的困境。说服者可以在三个层面影响此人的选择：告诉他逃避自己，“这只是一场秀”“一个临时差使”，因此不足心怀挂碍；找出证据，让他认识到放弃忠诚立场也有其合理性；提供新的信息，以强化他采取行动的信心。实验表明，在负面演说结束后，实验对象可能改变原有立场，认为公司确实“很负面”，人们为了重建平衡、和谐而改变了自己。

二、说服与行为

自 20 世纪六七十年代始，随着二战传播学功臣们的谢幕，有关态度的经验研究日渐式微，行为改变与媒体影响研究走向前台。当人们在态度研究上消耗极大的精力和智慧后，却遇到了一个关键隘口：认知、态度与行为是否存在早前预设的线性决定关系？换言之，某种认知是否必然导致某种相应的态度？某种态度是否必然促成某种行为？若非如此，知、信、行三者关系为何？

（一）可疑的线性决定论

早在 1934 年，心理学者拉比耶（Richard Lapiere）即提出“言行不一论”，质疑行为即态度的外化之类的论断。他和一对中国夫妇到美国各处去旅行，并持续记录他们投宿旅馆和用餐时受到的接待情况。途中的接待者对这两位中国客人颇为热情。而旅行结束后，拉比耶写信给那些他们造访过的主人，询问对方“是否会认真接待中国客人，并视之为贵宾?”绝大多数人都回答“当然不会”。日常生活中有关知、信、行不一致的例子比比皆是。譬如，吃冰淇淋会发胖吗？会（认知）！应该贪吃吗？不应该（态度）！吃吗？吃（行为）！

认知、态度与行为分裂的观点于二三十年后再度唤起注意，人们由主要关切认知、态度问题，转而考察知、信、行的复杂关系及其他影响说服效果的因素。这一时期的研究大抵揭示了如下复杂性：知、信、行之间未必存在简单的线性决定关系，三者相互影响、彼此建构；利益、权力和风险等因素也会介入、干预知、信、行效果；多重归因、自我效能和外部路径选择同时显著影响说服过程和成效；等等。

（二）利益、权力与风险的影响

1954 年，萨维奇（ L. J. Savage）基于经济学的“效益最大化”和“无风险选择”理论，提出了态度与行为关联的主观期望效用理论（subjective expected utility，SEU）。SEU 显示，当面临抉择时，人们在获得必要认知的前提下，倾向于采用具有最高预期效益，或无风险的选项。这意味着在认知、态度影响行为的同时，被预期的行为也会反过来修正形成中的态度。在很多情况下，行为有效性比认知的充分性和态度明确性更重要，至少更实用主义。譬如，股市有风险吗？有（认知）！要谨慎对待吗？要（态度）！冒险入市获利吗？是（行为）！

1959 年，赫伯特（John Thibaut）和凯利（Harold Kelly）亦将经济学上的成本和收益换算观念推广至社会生活研究领域，提出了社会交换理论（social exchange theory）。[①] 这一理论假设人们会依据对成本和收益的预期，选择和较正自身的行为策略。

1967 年，马维尔（David Marwell）和施密特（D. R. Schmitt）清理了 16 种“顺从-获益”（compliance-gaining）策略，诸如引诱、奖赏、惩戒、亏欠和屈从，认为它们皆有利于达成说服效果。譬如，即使你非常不情愿做某事，但是为了避免尴尬和惩罚，只能按照领导和集体的意志行事。又如市场营销中常用的“低价进入策略”，即属一种引诱、奖赏机制。卖方首先故意报低价格、提供试用和额外附赠，当消费者为之心动、欲罢不能时，再找到新的理由抬高价格。又如，在一些募捐活动中，筹款人员拦下路人，先送一朵玫瑰花，一旦路人接受如此恩惠，便会生出亏欠之意，难以拒绝对方随后 5 美元的劝捐。

“顺从-获益”模式的提出，使说服研究出现了两个路向：一是诉诸说服对象的改变，探究知、信、行之间的相互影响机制；二是诉诸外在因素的干预，关注利益和权力等变量对知、信、行的影响机制。

（三）自我归因

同在 1960 年代后期，心理学者费林斯（David Valins）基于一项有趣的实验，提出了“自我归因”理论。他把一群男人关到一间屋子，让他们观看衣着暴露的辣女幻灯片。观看结束后，费林斯询问测试对象是否听到了自己或他人心跳的声音，男人们回答“是”。实际上，心跳的声音是实验者在后台模拟发出的。

费林斯据此提出，人们往往对自我行为做出简单、类型化的归因。归因的类型包括内在归因，即认为自我的性格、品质、动机和心境等“造成了这一切”；外在归因，即考量行为或事件发生的外在环境、机遇、他人影响等，所谓“全怪他们”“形势比人强”“造物弄人”；综合归因，即整体看待因果问题，之所以有如是“果”，乃内因与外因的共同作用。归因理论提示说服者，要洞察说服对象的归因机制，唤起并嵌入之，使说服内容更像从对方自己心中“流淌”出来一样，“你所说的，也正是我想说的”。

---

① John Thibaut and Harold Kelley. The social psychology of groups. New York：Wiley，1959.

（四）行为基模与自我效能

1971年前后，班杜拉（Albert Bandura）提出了“社会学习理论”（social learning theory），进一步揭示了说服机制的复杂性和可能性。早在1950年代，霍夫兰就已透过“学习”这一概念解释说服。在他看来，人在与环境的互动中习得社会规范，这是一个自我学习的过程，也是一个被社会说服的过程。在社会交往中，个体通过与他人打交道而获得认知，学会何种态度是适宜的，何种态度会受到鄙视；何种行为可以持续，何种行为必须停止或改变。班杜拉深化了对外部环境、个体心理、行为表现之间交互决定关系的论述，提出了诸如观察学习、模仿学习、自我调节、自我效能等理论。择其要者介绍如下：

一是行为基模的形成。人总是在特定的时空之下展开生活，而这一时空又总是呈现出特定的行为基模。个体不可避免地观察和学习环境提示的基模，并以此做出反应。基模渗透至个体的生活和内心，乃至成为指导、约束、激励和促发个体行为的一种生理、心理和本能反射机制。内化且相对稳定的基模，也会影响个体介入、参与环境的观念和行为。因此，环境、个体及其行为之间存在交互决定关系。说服的任务即是利用既有基模或形塑新的基模，而后者绝非易事。相反，激发既有基模则相对容易。班杜拉说，你鼓励什么样的行为就会获得什么样的行为表现。这在公关的说服实践中极为常见，比如赞扬用户的某种行为，进而强化之，再因势利导。

二是说服与社会学习的过程。班杜拉将外部学习与自我调节的社会学习过程区分为注意、存储、动力和行动四个步骤。从说服者一端看，它们可以描述为：

注意，即在了解人们既有倾向和共同关心的基础上，唤起人们对特定议题的关注和兴趣。

存储，即让人们于观察中记忆、保存指代说服动机的象征符号，特别是那些简明的词汇和生动的意象。

动力，即激活人们的记忆，并对其进行反馈、指导和强化，“当你认真反馈他时，他就会产生采取行为的动力”①。

行动，即不断展示该行为可能带来的效果，使观察者为自己注入“近在眼前，起而行之”的力量。预期的结果越有利，行为就越可能发生。同时，个体之间存在明显的相互模仿行为，每个人都倾向于把自己想象成别人，以同理心、共鸣感卷入共同行动。

附带提一句，广告和公关领域长期盛行的“AIDA”模式正与班杜拉的社会学习四阶段论大抵相契。A（attention）即注意，I（interest）即存储信息并产生兴趣，D（desire）即唤起欲望和动力，A（action）即行动。

三是自我效能的激发。从前述有关基模和社会学习过程的分析看，班杜拉特别在意个体的内在动力和主动选择。他提出的问题来自于日常生活：为什么在相同环境下，有相同行为、知识和技能的人，表现的出色程度各不相同乃至差异悬殊？即使同一个人在同一条

① A. Bandura. Social foundations of thought and action：a social cognitive theory. Upper Saddle River，NJ：Prentice Hall，1986：77.

件下的表现也会时好时坏？他提出，除了外界刺激，人类拥有一种内在的自我效能（self-efficacy）机制。①

作为一种主体性因素，自我效能是指人们在执行某种行为时，对于自己能够在何种程度、水平上达到预期目标所形成的信念、判断或主体性的自我感受。在实践中，自我效能关乎人们的努力程度，以及在遭受挫败时的意志和耐力。尤其是那些挑战性、创新性的行为，主体的自我效能信念对于进退成败有关键性影响。同时，自我效能还表现为特定的身心过程，决定了人们在困境、危机中的应激状态。譬如，说服民众防控甲型 H1N1 流感，除了知识和政策宣讲，公共卫生机构的要务乃是激发民众的自我效能。无论官方的防控措施多么精致，都无法替代民众积极、主动地“勤洗手、多通风、少扎堆、打喷嚏要遮挡”。

班杜拉认为强化自我效能主要有四个途径：成败经验、替代经验、语言说服和调适身心。② 我们可以将这些途径应用于说服实践：一是帮助对方总结成败经验，尤其要提升对方的成功体验；二是寻找对方可信任、可类比的行动者，以提供示范和参照；三是精心劝慰；四是帮助对方创造最好的情绪和身体状态，使之更加平静、自信和乐观。

（五）中央路径与边缘路径

1980 年代初，心理学家佩蒂（R. E. Petty）和卡西奥普（J. T. Cacioppo）提出了说服的精心可能性模式（the Elaboration Likelihood Model，ELM）。③ ELM 在政治传播（如大选与社会动员研究）、商业传播（如广告与公关说服研究）和健康传播（如艾滋病与心理康复议题研究）领域得到了有效的应用和检验，其核心主张可以概括为三组关键词：

中央路径（central route）与边缘路径（peripheral route）。这是基于受者立场对说服效果生成机制所做的概念区分：中央路径即个体对主题信息及其论据（arguments）的注意、关切、卷入和批判性思考，并据此做出态度和行为选择；边缘路径是指个体对主题相关信息特别是外围线索（cues）的感知和判断。

精心（elaboration）与卷入（involved）。对于中央路径的主题信息，公众往往需要花费较多的精力进行理解和辨识，在深度卷入的情况下评价其优劣、利害；对于边缘路径和线索信息，公众一般只投入较少精力，理性卷入的程度也较低，更多地凭感性和直觉做出抉择。如此，因循中央路径的说服效果较难达成，而一旦达成则相对持久；顺应边缘路径的说服效果易于实现，却难以持久稳固。

动机（motivation）与能力（ability）。中央路径的说服要求个体对主题信息怀有强烈动机，并拥有解释和评价信息的能力；边缘路径指向的线索信息由于利害攸关度相对偏低、界面相对友好，因而能够有效吸纳个体的注意和兴趣。倘要导引个体由边缘走向中央，则需在其初步卷入之后实施动机强化和能力支援。譬如，欲说服人们进入厅堂，中央路径的做法是直接召唤、

① 高建江．班杜拉论自我效能的形成与发展．心理科学，1992（6）．

② 高建江．班杜拉论自我效能的形成与发展．心理科学，1992（6）．

③ R. E. Petty and J. T. Cacioppo. The elaboration likelihood model of persuation. Advanced experimental posychology. New York：McGraw-Hill，1986：136.

驱策人们直抵厅堂，相信人们具备解决未知、难知境况的能力；边缘路径的做法是首先以花草楼台吸引人们踏进庭院，而后鼓动意愿、补给茶果，使之曲径通幽。

第三节　说服传统的合流

“晚近的态度研究开始强调，形成态度的诸多基本因素并非协调一致，它们往往是相互矛盾的。吃冰淇淋的感觉非常美好，我们停不下来，尽管人人知道它的脂肪成分会让我们患上心脏病。”① 佩蒂这段话精准概括了前述20世纪中后期说服研究的变化，如是变化反映了说服过程及其知、信、行效果的复杂性和矛盾性。这就自然使学界产生了一个冲动——将复杂的说服变量、过程和方法等整合成为某种简明、直观的模型或机制。麦奎尔确立的说服矩阵便是这种冲动的结果，它试图统合、集成行为科学取向说服研究的所有经典成果。

本节第一部分介绍麦奎尔说服矩阵，第二部分考察20世纪末修辞取向说服研究的复兴和公关修辞流派的崛起，最后试图探讨修辞与行为科学两个说服研究传统或曰取向汇流的可能性。

一、说服矩阵

麦奎尔是二战后追随霍夫兰“耶鲁项目”的成员之一。1957年，在耶鲁大学心理大楼门厅的一次日常碰面中，霍夫兰交给麦奎尔一个任务：整理说服研究成果，出版一本学术著作。这就是后来的《说服的呈现顺序》。

1981年，麦奎尔完整阐发了他的说服矩阵，之后被广泛应用于营销、政治、法律、宗教和健康传播领域，足见其优越性和实用性。总体来看，这个矩阵是以霍夫兰为代表的说服实验研究、行为科学取向说服研究“彻底的”集成和系统化。麦奎尔将说服变量区分为自变量和因变量。自变量为说服者应该注意、能够控制的要素，又称输入变量（input variables），包括信源、信息、信道、信宿和目标等五个变量；因变量为说服对象的反应因素，又称输出变量（output variables），包括“注意”“同意”“采取行动”等13个变量。前者构成了矩阵的横轴，后者为矩阵的纵轴。

（一）说服的自变量

麦奎尔对五个说服自变量的考察，基本上承袭了霍夫兰二战中和战后的研究成果：

一是信源。在说服过程中，信源可能是说服者及其干预、控制的信息来源，也可能是说服对象可接触的其他信息传播主体。麦奎尔特别强调，信息生产者与信息传递者未必相同，说服研究的重点是说服对象在接触谁传递的信息，这些信息产制了哪些意义？作为说服的自变量之

① R. E. Petty. Attitude change//A Tesser（ed）. Advanced social psychology. New York：McGraw-Hill，198.

一，信源影响说服效果的指标主要包括：

信源的规模，即单一信源或多信源；

信源之间的一致性与差异化；

信源的社会人口学特征，譬如性别、年龄、学识、职业归属与经济地位等；

信源的魅力或吸引力，包括有形、无形的吸引力，及其与说服对象的利益攸关程度；

信源的可信度，譬如信用度和权威性。

二是信息。信息自变量的考察子项包括：

信息内容，它是否与说服对象的兴趣、动机和既有倾向高度相关？内容的可理解性、可分享性如何？

信息的组织方式，即信息的结构和分布状态，何者被重点强调、优先呈现和持续重复，何者被忽略、后置、遮蔽乃至剔除？

信息的诉求手段，即一面提示还是两面提示，诉诸情感还是理智，是否采用恐惧和压迫性诉求？麦奎尔指出，恐惧和负面诉求以往存在滥用之嫌，以致只能带来言说上的顺从，而态度和行为并未发生改变，甚至可能产生心理逆反和行为反抗。

三是信道。信道即信息传播的通路，按照是否使用沟通媒介可区分直接沟通与间接沟通，而间接的沟通媒介亦可区分多样的类型。在麦奎尔提出说服矩阵的年代，报刊、广播、电视等大众媒介声势最隆，有着“令人震惊”的传播效果。但是，他也反对大众传播至上主义，认为组织传播、群体传播和人际传播亦有其独特而重要的效果。譬如，人际传播在建立信任层面往往比大众传播更有力量。因此，要因应不同的说服主题和情境，对不同传播媒介和形态做出优化选择或整合运用。在很多情况下，公关都高度依赖人际沟通和游说，即使策动一场大规模的大众传播运动，最终也常落到对“关键少数”决策者或精英的影响和干预上。

四是信宿。信宿即目标受众、说服对象。麦奎尔总结了20世纪后期受众研究、选民研究和消费者研究的成果，比如对信宿社会人口学特征的考察，对信宿个体能力、人格特质和生活方式的分析，对信宿群体心理、行为、规范、文化的研判等。

五是目标。目标即说服者预期的效果，它决定了说服者对信息、信道、信宿的规划与选择，以及传播资源、策略和方法的配置。麦奎尔建议说服者细分说服的目标和效果，以免绝对化、期待过高或操之过急。他提出了几组对应性的说服效果：直接效果与延迟效果、预防效果与戒绝效果、正面效果与负面效果。

（二）说服的因变量

麦奎尔精细探讨了说服对象的反应过程和程度，将班杜拉的说服四阶段论，拓展为13个过程“节点”。具体如下：

> 曝露→注意→喜欢→理解→审慎认知→习得→认同→记忆存储→巩固认知：提取支持新态度的信息→决策→行动→认知调整（如果照新态度采取的行动未得到强化，则新态度受到损害，相反会获得巩固）→改变信仰。

麦奎尔早期并未将曝露（exposure）纳入说服矩阵。1991年，传播学者吉姆巴多（P. G. Zimbardo）和雷普（M. R. Leippe）在论及麦奎尔矩阵时提出，有效“曝露”——受众对信息的实际接触，应该成为整个说服链条的第一环①。麦奎尔接受了他们的建议。

注意（attention）、喜欢（liking）、理解（comprehension）、审慎认知（cognitive elaboration）、习得（skill acquisition）、认同（agreement）和记忆存储（memory storage）显然是对社会学习理论的细化，区分出更多的信宿反应节点，并明确了依次进阶顺序。

“当有行动的机会时，提取支持新态度的信息”（retrieval）是指说服对象基于外部观察和学习，开始接受或主动寻求自我调整的相关信息。如果这些信息提供了充分的态度支持和行动理由，那么说服对象就可能做出决策（making decision），进而采取实际行动（acting on decision）。

巩固认知（cognitive consolidation）是指认知强化，存在正、反两种可能性：行动的结果如其所愿，既有认知得以巩固；相反，事与愿违则会伤害此前形成的态度。公共关系的一项重要职能即预期管理，组织不应为了说服公众而为其设置过度的预期，否则梦幻泡影破灭后，必然导致公众的严重挫败感，乃至伤害信任、引发对抗。同时，组织亦应事先备好预案，补偿公众可能遭遇的预期挫折和态度伤害。

改变信仰（proselytizing）是麦奎尔于1999年加上去的最后一个变量。他相信，尽管说服效果的生成机制极为复杂，但仍有望达成改变信仰的目标。

二、修辞复兴与传统合流

从20世纪末至今，行为科学取向的说服研究乏善可陈，至少未出现里程碑式的理论成果。这显然与世纪之交剧烈的政治、经济和社会变革及其对说服理论的需求不相称。理论正在寻找一切突破的可能性。而恰在此时，在充分借鉴修辞学取向说明研究成果的基础上，公共关系的修辞学派逐渐崛起。

本章第一节述及古典修辞学在20世纪得以复兴，尤其是在六七十年代以后产生了丰富的成果，是为新修辞学。自伯内斯始，公关界便从古希腊和古罗马修辞思想中寻求理论滋养②，及至新修辞学蔚为大观，就更加敏锐、果断地移植了后者的理论之树。新修辞学到底抱持哪些信念和主张？它何以同古典修辞学形成呼应、对照之势？又何以在行为科学取向说服研究大行其道的年代得以崛起？具体落实到公关领域，公关修辞学派与说服范式是否存在互补、合流的必要性和可能性？这些问题可以从如下方面回答：

（一）恢复说服的哲学和道德基础

在古典修辞学中，修辞被视为靠近真实、真理，达及个人自我完善和增益公共之善的重要手段。从柏拉图、亚里士多德到西塞罗、昆蒂莲，他们的论述总是将修辞与形而上学、道德哲

① P. G. Zimbardo and M. R. Leippe. The psychology of attitude change and social influence. New York: McGraw-Hill, 1991.

② 伯内斯在1920年代的两部代表作《舆论的结晶》《宣传》中都大篇幅回溯、汲取了古典修辞思想。

学关联一体。到了20世纪中后期，肯尼斯·伯克（Kenneth Burke，1897—1993）、理查德（I. A. Richards）等语言学家正是因为看中了古典修辞学对哲学和道德基础的高度关切，而对修辞学的复兴孜孜以求。在这一点上，新修辞学直承了古典修辞学的衣钵。

而行为科学取向的说服研究，重在对说服环境、要素、过程、结构的精细化考察，几乎抛弃了说服的哲学和道德基础。从拉斯维尔、拉扎斯菲尔德、卢因和霍夫兰，到班杜拉、佩蒂、麦奎尔等人，皆以看似客观的眼光投向价值无涉的说服行为。这种工具理性主导的研究取向有利于实验操作和理论的科学化，使社会科学看起来更像自然科学那样规范、理性，但也会造成对重大哲学和价值问题的忽略。即使"S-O-R"模式强调了人的内在影响因素，但也只停留在对诸如动机、个性、偏见等变量的测量上，与人之存在、语言、修辞、说服的哲学和道德基础问题相去甚远。

受行为科学取向说服研究的影响，20世纪中后期的公关理论也表现出强烈的工具化趋势和特征。一门"人学"，一项有关人性、认同的事业，在丧失哲学和道德根基后极易沦为操纵的工具。格鲁尼格在回溯公关学术史时承认，"公共关系罕言哲学"①。而修辞学对价值、意义、伦理和文化的重视，正可以弥补行为科学取向说服研究和公关工具化的不足，培育公关的哲学和道德基础。

诚如公关修辞学派代表人物希斯所言，意义乃公关之基。② 修辞以意义的生产和分享为根本，这更接近公关的本质。言说者正是透过修辞进行对话，在意义的传递中寻求共识、建立关系。正是在意义的生产和分享中，言说者的价值观、善意、审美、伦理和信念等问题得以呈现、检验和改造，进而谋求共识、建立关系。言说者之间的深层、稳定的共识和关系，往往根植于双方在价值观、精神信念、美感和伦理层面的相契与同构。无论组织还是个体，他们追寻的意义总是或明或昧地显露于持续表达和修辞之中。希斯举例说，借由检验企业的修辞策略，便可了解企业的表现及其倡导的内容是否合乎社会伦理，"说服总是渗透着彼此的人格和意识形态"。③

艾尔伍德（W. N. Elwood）的说法更为明确："公关本来就是一种修辞行动"，可以透过组织的对外表达（What is said by an organization）和外部对组织的表达（What is said about an organization）分析双方的立场和价值观。④

（二）恢复言说在说服中的核心地位

行为科学取向的说服研究揭示了说服环境、要素、过程和结构的复杂性，并因此试图建立各种统一、集成的理论模式以总括之。如前文梳理的那样，这一路向的研究确实产出了丰富的理论成果，却犯了一个吊诡的错误：只见森林，不见树木。俗语常言一种错误，叫"只见树

---

① 赖祥蔚. 公共关系学想像：社群主义观点. 新闻学研究（台湾），2003（8）：127-158.

② Robert L. Heath. A rhetorical approach to zones of meaning and organizational prerogatives. Public relations review. 1993，19（2）：141.

③ R. L. Heath. A rhetorical perspective on the values of public relations：crossroads and pathways toward concurrence. Journal of public relations research. 12（1）：69-92.

④ W. N. Elwood. Public relations inquiry as rhetorical criticism：case studies of corporate discourse and social influence. Westport，CT：Praeger，3-12.

木，不见森林”，而行为科学取向说服研究犯下的错误刚好相反。以麦奎尔说服矩阵为例，5个自变量（每一自变量之下又有若干测量指标）、13个因变量勾画的说服模式可谓精细至极。但是，说服的核心问题——言说、修辞的核心地位却遭弱化，乃至湮没于繁复的要素和变量之中。在细密的灌木丛中，最古老、最重要、最中心的那棵大树隐匿不彰。

无论古典修辞学还是新修辞学，皆将言说视为说服的核心问题。言说并非人与世界的客观中介或工具，它为人所用，也反过来建构人和世界。也正因为如此，语言和修辞是观察、研究人与世界、内在与外在、主观与客观、建构与被建构等一系列重大关系和问题的机枢。说到底，人是修辞的动物，修辞是打开交往、共识和关系之间的一把钥匙。诚如美国修辞学者埃宁格（Douglas Ehninger）所说：“修辞不仅蕴藏于人类的一切传播活动中，而且它组织和规范人类的思想和行为的各个方面。人不可避免地是修辞动物。”①

兹举一个公关修辞学派的研究个案来说明这一问题：

> 1999年，被誉为“风中之烛”的英国王妃黛安娜车祸身亡，王室因一时反应迟滞、冷漠而招致众怒。在公关顾问的建议下，女王发表了旨在说服媒体和公众、修复王室形象的演说。公关学者班尼特（W. L. Benoit）、古立弗（P. Gulilifor）和帕尼兹（D. A. Panici）分析了女王的修辞框架：
>
> 否认，驳斥外界对王室冷漠的批评；支持，表达对王妃逝去的极度哀伤，安抚两位王子；辩解，澄清“冷漠”缘由——并非出自无情，而是在震惊和伤痛中难以自持自拔；超越，呼吁公众化悲痛为力量，呵护美丽、团结、向上的不列颠，祈愿天佑不列颠。② 此中，事实真相、情感道义、族群精神、行为导引齐头并彰，效果颇佳。

从柏拉图、亚里士多德到伯克、希斯相距两千多年，他们却共同关心上到言说与真理的关系，下至谋篇布局、叙事方案、题旨与情境规划、语气语调设计等具体问题。这种视野贯通了言说的认识论和方法论，更宏远、也更务实。谓之宏远，因其关注言说之上的价值和意义的产制；谓之务实，因其开启了言说策略的众妙之门。这上、下两端，正可弥补行为科学取向说服研究在哲学和道德基础、在言说实务操演上的不足。

（三）推动说服的对话转向

行为科学取向的说服研究注意到了环境、个体和行为的交换决定关系，但从说服者一端看，所谓“交互”仍是一个调适各种条件和变量以支配说服对象的过程。正如有人批评麦奎尔的说服模式徒具矩阵之名，实则仍以支配式的线性思维对待说服。古典修辞学的立意也在规劝、说服，而新修辞学则强调对话、认同。伯克提出，“如果要用一个词来概括旧修辞学与新修辞学之间的区别，我将归纳为：旧修辞学的关键词是‘规劝’……新修辞学的关键词是‘认同’”③。这种认同不是一方在对另一方面的顺从中获益，而是双方在双向、开放、超越性的对

---

① Douglas Ehninger. Contemporary rhetoric ：a reader's coursebook. Glenview，IL：Scott，Foreman&Company，1972.

② W. L. Benoit，P. Gulilifor and D. A. Panici. President reagan's defensive discourse on the Iran-Contra affair. Communication studies，42，272 - 294.

③ 肯尼斯·伯克．当代西方修辞学：演讲与话语批评．常昌富，顾宝桐，等译．北京：中国社会科学出版社，1988.

话中共同寻求解释和解决问题的可能性。

公关学者也捕捉到了从说服到对话的转向趋势。希斯、波顿（C. H. Botan）等人在晚近的公关修辞研究中，一直在推动有效对话、价值共创等观念。本书第五、六章和九章将将详述希斯和波顿的观点。

【复习思考题】

1. 简述并评价亚里士多德的修辞学思想。
2. 简述并评价 20 世纪以来的经典说服理论。
3. 论述行为取向与修辞取向说服研究的异同及其融合发展的可能性。

第五章 公共关系双向均衡范式

在之前二章，我们讨论了公共关系宣传范式和说服范式。前者在传播流向上是单向的，在权力关系上是支配性的；后者则属双向交流、主体支配客体的公关手段。二者皆因其权力上的支配性，有悖民主、平等原则而遭到尖锐批判。从理论建设的逻辑上看，双向、平等、均衡的公关范式正当崛起。作为一门应用学科，公关新范式的确立不能单看学术逻辑指引的“应然”方向，还要考察社会实践提供的“实然”背景。譬如，20 世纪后期的社会关系是否朝着开放、平等、均衡的方向挺进。

二战结束后，西方国家的民主政治、市场经济和公民社会趋向成熟，民主观念深入人心，市场竞争日益激烈，公民的权利意识、参与能力和对选举、市场的影响力持续提升。精英仍在操舵 20 世纪的大船，但大众的载舟、覆舟之力更加强大，精英与大众的社会关系得以重构。勒庞有关“大众社会”的预言变成现实，艾维李·李宣告的“人民登基为王”也不再像 20 世纪初那般显得夸张。从国际上看，美苏两大阵营的冷战从剑拔弩张到强弩之末，后又随着苏联解体、东欧剧变而终结。开放、合作、和平、发展和全球化成为时代的主旋律。也正是在此间，中国重启现代化进程，开放国门和体制，加入全球产业分工，推行市场经济。

学术逻辑的拓展和时代背景所赋予的可能性，成就了本章将要介绍的公关新范式：卡特里普等人的“开放系统论”，格鲁尼格等人的“卓越公关理论”。

第一节　重新想象公众

公共关系是研究组织如何与公众打交道的学问。这就涉及组织如何定义、理解和看待公众。以公关的视角看，公众既是实存的，也是建构的。正是由于公众的觉醒和崛起，沟通管理和关系管理成为组织持续且专门化的实际需求，现代公关才得以产生和发展。同时，公众亦不过存在于组织的感知、想象和描述之中，乃组织基于自身利益和价值构建的“你们”或“他们”。在实践层面，组织对公众的多样想象必然意味着多样的公关模式。在学术层面，不同的公众观必然产生不同的公关范式。

一、从公众到利益相关者

20 世纪 90 年代之前，学界一般称公关的对象，或者说客体为“公众”（public）。“所谓公众，即与特定的公共关系主体相互联系及相互作用的个人、群体或组织的总和，是公共关系传播沟通对象的总称。”[①] 这种视公众为客体、对象或“他者”的观念，有其深远的历史渊源。

（一）知情-驯化的公众观

自柏拉图时代起，知识精英便对公众、群众、大众及相关所指展开了各种想象和讨论。这些讨论存在两个矛盾的调性：承认和赞美大众，强调大众乃权力合法性的一个重要来源，亦是善治的基本考量；怀疑或惊惧大众的力量，认为大众摇摆于无知、麻木和暴躁、盲动的两极，不过是独立的昏睡者或群集的破坏者。

英国学者麦克莱兰（John McClelland）基于对古希腊至 1920 年代公众概念和观念变迁史的清理，给出了一个偏负面调性的结论：对大众的怀疑和批判一直占据主流，而那些讴歌大众的人——从马基雅维里到希特勒又大多怀有复杂且晦暗的动机。[②] 批判者的名单可以从柏拉图、亚里士多德一直拉到塔尔德、勒庞、莫斯科维奇等人，他们对大众的心智水平和行为后果深感忧虑，悲观、鄙视、恐惧和敌意充斥于他们的论述。

这可从勒庞等人的用词中得到印证，除了人民（people）、公众（public）等少数中性词，他们更多地使用了诸如大众（mass）、群众（crowd）、群氓（populaces）、暴民（mob）、乌合之众（rabble）和群集/聚众（herd）等带有贬义的概念指称精英所面对的庞大、无知和盲动的“他者”。

这种悲观论调在 19 世纪末 20 世纪初达至一个顶峰，这也恰是现代公关诞生的年代。在革命、战争、工业化和城市的洪流中，大众展示了惊人的力量，也充分暴露了各种局限。艾维·李承认“人民登基为王”，但称王的大众并不理性。他给出的解决方案是“告知公众本应知晓之事”，知情可以让公众获得更多的表达和行动依据，因而有望变得更具理性和判断力。

伯内斯则公开宣称，大众的力量只有在权威、精英和领袖的操控、引导下才能正确、有效地运用，正是大众自身的局限招致了自身被驯化和宰制的命运。为此，公关的使命便是借由宣传驯化大众、制造认同。这是现代公关史上第一个主流的公众观，将公众视为理应知情、等待驯化的对象。

（二）顽固-能动的公众观

及至 1930—1950 年代，宣传家和传播学者们发现大众并非早前想象那般易于操控和驱策，“他们”既是顽固的，也是能动的。正如本书第四章指出的那样，拉扎斯菲尔德、霍夫兰等人在实证研究中发现，传播往往只能强化人们的既有倾向，信息流通过程和说服机制极其复杂，

---

① 熊源伟．公共关系学．3 版．合肥：安徽人民出版社，2003：124.

② J. S. McClelland. The crowd and the mob：from Plato to Canetti. London：United Kingdom：Routledge，1989：5－40.

认同效果的生成也受限于具体的前置条件和各种干扰因素。公关界自然也意识到了这一问题，开始重新检视公关实践中的主客体关系。

伯内斯放弃了早前的宣传模式，转而倡导公关的双行道（two-way）模式。他反思说，人之天性和偏见实难改变，群体心理和集体行为亦难调伏。因此，“公关并非一条由领袖操纵公众和舆论的单行道，它是双向的，领袖和公众在其中互相整合，并基于公共利益和私人利益的一致性原则制定目标”。另一位公关界的代表人物 A. W. 佩吉也提出倾听公众需求，并采取行动证明和改变自己，而不是将自己的意志强加于公众。

可见，公关界对公众的想象由温顺的绵羊和暴躁的群马，转向了倔强的驴子和灵动的猴子。这样的比喻似乎缺少善意，但承认公众的顽固性和能动性，实际上抬升了公众的地位。第二种主流公众观——大众顽固且能动，需要在双向互动中加以引导——由此兴起，公关说服范式得以确立。

（三）公众本位观

1960 年代以后，公众的地位进一步抬升，以至于传播界、营销界提出了诸如“受众中心论”“消费者中心论”“顾客即上帝”等主张。这也影响到公关界的看法和做法，第三种公众观——“公众中心论”渐成主流。卡特里普等人的“开放系统论”正是在这一时期形成的。它的出现大抵有如下动因：

在政治上，战后西方国家的民主政治和公民社会皆有所发展，普罗大众的权力意识和主张更加强烈；在经济上，市场竞争加剧，以“企业-生产”为中心的时代逐渐消隐，“顾客-消费”中心的时代到来；在文化上，消费主义炽盛，大众文化泛滥——尽管批判学派指认大众文化乃一种新的控制和异化，但作为消费者的大众确实变得更主动、更挑剔、更难以取悦。

但是，所谓公众或消费者中心论也受到了批评。“一切为了公众”似乎拥有道德免检的魔力。然而，这种公众观至少存在三点可疑之处：

一是从组织本位跳转至公众本位是否为一种矫枉过正的想象？在现实中，真正以用户、消费者为中心是切实可行的吗？何以解决伯内斯提出的即使能够有效触及公众，却发现“连公众也不知道自己要什么”的问题？二是公众是否天然正确？公众利益是否等同于公共利益？何以平衡“以民意为基”“用户至上”同无知盲动、集体无意识之间的关系？三是所谓公众本位是否存在将公众推落荣耀的幻觉和消费陷阱的风险？权力、资本、技术和数据是否为公众施加了一种更绵密、更隐蔽的凝视、控制和规训？迎合公众是否最终还是为了榨取“他们”身上的利益？

（四）作为利益相关者的公众

这些质疑和批评的持续发酵，促成了另一种公众观的形成：公众乃组织生存和发展的利益相关者（stakeholder，又译利益攸关者）。在 1980 年代，经济学者弗里曼（R. Edward Freeman）最早明确提出了利益相关者概念。1996 年，时任英国工党领袖的布莱尔（Tony Blair）呼吁建立以“利益相关者资本主义”为特征的经济体系，以取代传统上只服务于企业所有者的“股东资本主义”。利益相关者概念的提出，被视为管理学和经济学发展中的第三道“分水岭”：

第一道“分水岭”，即古典经济学时期的“生产的观点”。企业被设定为制造和销售产品，以赚取利润的专门组织。生产是企业的第一属性，只要生产出合格、优质的产品便是好企业。

第二道“分水岭”，是指新古典经济学和制度经济学时期的“管理的观点”。它强调以最优的管理方式配置资源、获取利润。生产属性让位于管理属性，“负责任地生产”由企业的目标退位为底线，管理好才是真的好。

第三道“分水岭”，即前述“利益相关者的观点”。企业要尊重和维护多元契约关系，以实现共同利益为达成自我利益的前提。契约属性渐居主导，生产和管理皆服从、服务于企业与利益相关者订立的契约，而客户、消费者乃影响企业存亡兴废的核心利益相关者。

学界为利益相关者下了一个标准定义：“在企业中拥有一种或多种权益，能够影响企业行动、决策、政策、做法和目标的个人或群体。”① 这一定义充分体现了契约精神和关系要旨，强调利益相关者不是被置于企业系统之外，而是与企业共生于命运共同体之中。

按照契约精神和共同体准则，组织与公众乃平等沟通、谋求互惠的合作主体，不再是一方支配另一方面的主客关系。“你”“我”皆为寻求利益双赢、价值共创的主体，倘若一定要找出“客体”，那么它一定是“我们”需要共同面对的问题。人不是问题，而是问题的解决者。

利益相关者就是与组织按照有形或无形的契约关系，结成特定利益互动机制的人或人的集合。其中，有形契约关系包括投资关系、纳税关系、消费关系、合作关系等明确可见的利害关系；无形契约关系包括信用关系、道德关系、情感关系、信仰上的冲突与协同关系等实存却难以测量的无形利害关系。

管理学者卡罗尔（A. B. Carroll）、巴克霍尔茨（A. K. Buchholtz）认为，对组织而言，利益相关者存在三个特性②：

合理性（legitimacy），他们对共同权益的占有、支配和影响是正当、合理的；影响力（power），他们能够决定企业的兴衰成败——社会愈进步，他们的权力意识愈高涨，而承受损害和危机的心理底线却越来越低；紧要性（urgency），他们需要组织高度关切、有效回应自己的意志和需求，否则他们将率先行动，而他们的“行动”往往带来组织的“被动”。

自1990年代以来，利益相关者概念被广泛移植到政治学、社会学、传播学和公共关系领域。卡特里普和格鲁尼格等人都提出，“公关从业者必须抛弃一般公众的概念”，要依照利益相关者观念重新理解公众。此间较有影响力的公关论著，大多辟出专门章节论述利益相关者概念。这些著作按照不同标准划分了组织利益相关者的类型：

基于目标公众的身份属性，一个组织的主要利益相关者包括：组织内部的股东、员工；组织外部的客户（顾客、用户、消费者）、上下游合作者（如供应商、渠道商、金融机构）、同业竞争者、媒体、行业组织、政府、立法与司法部门、NGO。后来，很多组织意识到环保也是关

① 阿奇·B. 卡罗尔，安·K. 巴克霍尔茨. 企业与社会：伦理与利益相关者管理. 黄煜平，等译. 北京：机械工业出版社，2004：45.

② 阿奇·B. 卡罗尔，安·K. 巴克霍尔茨. 企业与社会：伦理与利益相关者管理. 黄煜平，等，译. 北京：机械工业出版社，2004：48.

系到自身存亡的关键因素，因此将自然环境也视为重要的利益相关者。

利益相关者的划分标准是多样的。从关系维度看，组织可以将目标公众区隔为：核心公众、一般公众和边缘公众——关系的重要性；临时公众、周期公众和稳定公众——关系的稳定性；非公众、潜在公众、知晓公众和行动公众——关系的动态性。从双方的立场和态度倾向看，利益相关者又可细分为顺意公众、逆意公众和中立公众——公众立场；受欢迎公众、不受欢迎公众和普通可争取的公众——组织立场。

二、从公众价值到开放系统

前文梳理了公关范式与公众观发展的三条线索：公关宣传范式对应“知情-驯化”的公众观，说服范式与“顽固-能动”的公众观相对应，而公众本位观、作为利益相关者的公众观则促生了双向开放、双向均衡的公关范式。这些观念和范式的出现和转向，确有其先后时序，但并非后浪压前浪式的简单替代。宣传、说服、双向开放与均衡等公关范式及其对应的公众观，往往共存共容于同一时代，当然后来者因其与时俱进而更富生机。

以下介绍卡特里普等人构建的公关双向开放范式，格鲁尼格等人发展的双向均衡范式和卓越公关理论将在本章第二节出场。

卡特里普

卡特里普是美国威斯康星大学新闻传播学院教授，由于在公共关系史研究和公关理论建设方面做出了杰出贡献，他被誉为“公关学科之父”。这个称号并不夸张，他系统梳理了公共关系发展史，拓展了公共关系理论体系，使公关成为一门既交叉融合又相对独立的学科。卡特里普考察了美国独立战争、建国初期、一直到19世纪末的“民主与利益集团的斗争”，得出结论说，“公共关系乃国家民主与社会进步的催化剂”。

公关何以承担如此社会历史使命？他认为这是由公关的根本职能决定的，公关是在组织与其成败所依的公众之间建立认同、维系互惠关系的一种管理职能。若欲赢得公众认同、建立成败所依的互惠关系，企业的财富应当是合理分享的，政府的权力不应为少数人独占。公关正是处于企业与客户、政府与公民之间的“边界扳手”，催化认同与互惠。

1952年，卡特里普和森特出版了后来被奉为“公关圣经”的《有效的公共关系》。正是由于这部经典之作，美国学界把1952—1990年代的公关研究进路称为“卡特里普和森特的时代”[①]。该书再版10余次，于1988年被译介到中国。在“不知公关为何物”的20世纪八九十年代，中国公关界经常拿卡特里普总结的“公关四步工作法”——调研、策划、实施、评估，向“门外汉”介绍什么是公关。[②]

《有效的公共关系》之所以获得职业“圣经”的赞誉，并非因其对公关一般观念、流程与

① 《有效的公共关系》后来又增加了一个新作者布鲁姆（G. M. Broom）。

② 胡百精．中国公共关系史．北京：中国传媒大学出版社，2014：170.

实务技能的说明和分享。卡特里普等人在书中创造性导入了系统论、生态论的思想和方法资源，建立并持续拓展了双向开放的公关新范式。这一范式长期占据主导地位，并为后来格鲁尼格等人提出双向均衡范式和卓越公关理论奠定了基础。

系统论兴起于1950—1960年代，在理论上主要得益于“结构-功能”主义社会学的发展，生物学及其抱持的生态观也做出了直接贡献。

早在19世纪，马克思、孔德（Auguste Comte）、斯宾塞（Herbert Spencer）等人就提出社会是由各种要素和结构形成的，要素、结构及其承载的社会功能相互作用，并因此构建了复杂的社会关系。及至20世纪初，涂尔干、韦伯等人对社会结构及其运转机制做出了更精致的论述，社会结构-功能主义渐趋成熟。系统论拓展了这一思想脉络，将社会理解为一个大系统，社会现象乃社会系统内各种要素、结构及其功能互动的结果。按照系统论的观点，每一系统之内都存在诸多子系统，而系统自身亦处于更大的环境系统之中；子系统之间相互作用、彼此依存，它们所形成的整体功能和社会关系，大于各部分简单相加之总和。

生物学及其生态观的发展，亦对系统论贡献颇多。这一派观点认为，社会同生物有机体一样由细胞、组织和器官构成，各部分机能正常运转、趋向平衡，才能维持社会有机体的稳定发展。同时，生物有机体总是处于特定的生态之中，开放地输入、输出能量。生物学者波塔兰菲（Von Bertalanffy）将物理世界定义为封闭系统，物和物、系统和外界之间不存在有意识的沟通和互动；而生物世界和人类社会则属开放系统，个体与个体、系统与环境之间处于交流、互动状态，谋求适应、改变和平衡。①

卡特里普等人成功地将系统论中的三个核心观念引渡至公关理论②：

（一）彼此依存

按照系统论的观点，系统是各种要素、结构及其相互关系的总和，不同单元之间乃相互依存关系。卡特里普等人据此提出，公众之所以重要，并非由于他们作为目标对象或终端能为组织创造利益和价值，而是因为他们本身就是组织生存系统的一部分。这个系统被卡特里普等人命名为“组织-公众系统”，它是一个整体，割裂则无以存续和发展。对组织而言，轻视、压榨或操纵公众，无异于自损。因此，公关的任务便是建立、维护组织与公众之间彼此依存关系。

（二）多样共生

从现象和功能层面看，有机系统总是存在不同的互动和关系向度。在组织-公众系统中，组织与不同类别的公众在互动中生成了不同的系统向度，譬如协同、进取，敌意、对抗，漠然、旁观，它们决定了系统的能量和气象。不同的互动向度正如多样生态中的能量场域，多元主体之间维持有效的交流、交换，谋求各得其所又多样共生的总体平衡。在系统之外，“组织-

---

① 波塔兰菲的有关观点，转引自张依依．公共关系理论的发展与变迁．台北：五南图书出版股份有限公司，2007：107。

② 详细内容参见 S. M. Cutlip，A. H. Center and G. M. Broom. Effective public relations. 8th（ed）. London：Prentice-Hall International（UK）Limited，2000：228－239。

公众”与其他系统和外部同样遵循多样共生法则，在更大的系统环境之中利用机会、承受压力、改变与被改变。在所有谋求多样共生的手段中，公关的独特价值在于信任并善用沟通的力量。

（三）系统开放

尽管有机系统具有开放功能和属性，但并非所有系统都有强烈的开放取向。卡特里普等人基于对公关实践的观察，将组织系统区分为封闭和开放两种取向：封闭取向的组织对公众和外部环境变化反应迟滞，认为自己面对变化可以独善其身、岿然不动，或因惧怕压力而无所作为；开放取向的组织则对公众和环境的变化极为敏感，适时调整，相机而动。

卡特里普指出，那些封闭型企业如大象一般，因为难以灵敏转身，最终连转身的欲念也没有了。这类企业即使设立了公关部门，也主要负责信息的过滤和控制，而非开放和沟通。开放型企业则相反，总是主动拥抱千变万化的环境，在调整和适应中保持动态平衡。这类企业把公关视为预警变化的“雷达”，扫描变化的广度和深度。如此，公关作为“边界扳手”更像“开门人”而非“把关人”。前者强调引领和开放，后者主张看守和控制。

封闭型企业的公关往往只顾宣传自己，譬如通过媒体发布鼓吹自己的新闻稿、公关稿。而当遇到外部的质疑和挑战，要么逃避，要么封锁信息，或被动、笨拙地回应。卡特里普认为，这类企业之所以“稳定不断地输出新闻稿或采取其他传统的被动的公共关系反应策略”，根源正在于顽固的封闭意识。“这种司空见惯的态度明显地基于两个假设：（1）公关的目的仅限于影响环境的变化，而且，更错误的是，（2）组织有力量改变外部环境，因此排除了改变自身的必要性。”[①] 公关作为组织的“把关人”，常态时自我鼓吹，试图改变公众和环境；一旦麻烦找上门，便关门大吉。

开放型企业则对环境保持高度敏感，它干预环境，“影响和指导公众的知识、素质和行为”，也积极调整自身的观念和行为。与此相应，公关的职能在于门户开放，促进组织与公众彼此调整，各自采取“矫正性的行动”，适应并改变“组织-公众系统”的外部环境。在这一点上，卡特里普继承伯内斯有关公关“双行道”和“相互适应”的观念，并借用系统论、生态论的思想资源充实之、拓展之。并非所有公关学者都如卡特里普一般正视、尊重伯内斯的贡献。“有些人甚至在听到现今美国12.5万公共关系从业人员所做的事情，和他（伯内斯）在半个世纪之前所做的工作有着共同点的时候，还会觉得屈辱。”[②] 也有人认为伯内斯提出的“组织对公众和环境的适应”，不过是一种“投其所好”，即通过“喂食”媒体、迎合公众而获取自身的利益。

卡特里普等人提出的系统开放型公关模式（open systems model of public relations）如图5－1所示[③]。

---

① S. M. Cutlip, A. H. Center and G. M. Broom. Effective public relations. 8th (ed). London: Prentice-Hall International (UK) Limited, 2000: 240.

② 赖瑞·泰伊．公关之父伯奈斯．刘体中，译．海口：海南出版社，2003：280.

③ S. M. Cutlip, A. H. Center and G. M. Broom. Effective public relations. 8th (ed). London: Prentice-Hall International (UK) Limited, 2000: 244.

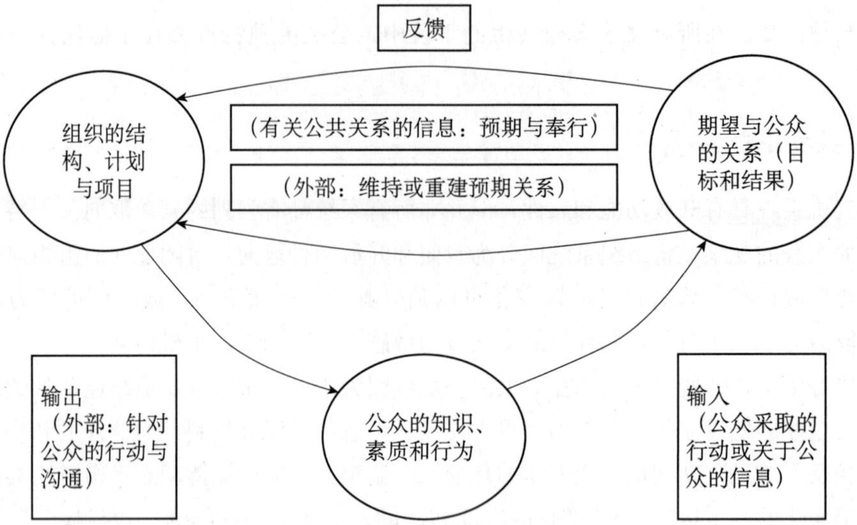

图 5-1　系统开放型公关模式

这一模式强调了如下四个问题：一是组织与公众各守边界，皆为相对独立的系统，又共生于同一系统之中，外部则有更大的系统和环境；二是系统之间存在相互输入与输出的信息和能量交换关系，对组织而言，要影响公众的知识、素质和行为，并根据公众的反馈调整自身行动；三是公关不只是一个信息沟通过程，而且要维持或重建组织与公众之间的稳定关系；四是公关行为与组织的结构、目标、计划、项目、资源和环境等内外部因素的配置和控制高度相关，因而公关实属组织的一种管理职能。

就此而论，一些公关学者将公关理论研究区分为传播、关系、管理和修辞等流派，并视卡特里普为管理流派的代表人物之一，未免有失公正。如图 5-1 所示，卡特里普实际上将公共关系的核心范畴——沟通、关系、管理对等齐观。

顺便提一句，除了理论输出，卡特里普对中国公关界的另一个直接贡献是推荐了自己的学生格鲁尼格。1996 年 10 月，中国召开首届国际公共关系大会，拟邀卡特里普参会。当时，卡特里普年事已高，便推荐格鲁尼格来华参会。后者自此与中国公关界建立了深度交流、合作关系，有力推动了中国公关学术的发展。

自 1970 年代以后，除了卡特里普等人的努力，有更多学者将系统论、生态论引渡至组织管理、传播和公关研究领域，用以解释组织与公众、环境的互动、共生及其变迁。1977 年，勒宾格（Otto Lerbinger）受美国公关研究与教育基金会（Foundation for Public Relations Research and Education）委托，开展了一项以“组织用公关研究来做什么?”的调查。调查结果显示，公关及其研究大抵有四项职能①：

环境诊断：组织借由公关监测、研判公众和外界环境的最新变化和发展趋势，并据此做出决策；

关系测量：评测组织与目标公众的关系状态，检视公关部门是否善尽职责，是否与不同公

① Otto Lerbinger. The uses of research in public relations models. Public relations review，1977，3（4）：11-19.

众有效沟通、维系关系；

沟通评估：了解和把握组织形象，确认组织信息传播、各类活动及使用媒体的效果；

社会互动：敦促组织有良好的社会表现，并对是否称得上合格的“企业公民”做出评价。

勒宾格的调查结论基本都指向了组织与公众、环境的关系，促使公关研究更加向组织生态学（organizational ecology）靠近。组织生态学采纳了生态系统论的一些基本概念，诸如开放、依存、调整、适应、均衡等，它们也很快在公关学界得到普及。自此，公关被视为组织的耳目喉舌，或者“环境气候调节器”。

1978 年，D. 卡兹（David Katz）和卡恩（R. L. Kahn）将组织内部系统划分为五个部分：生产子系统（production）、支持子系统（maintenance，如行政、后勤部门）、分配与处置子系统（disposal，如销售、渠道部门）、适应子系统（adaptive，如针对市场需求开发新产品的研发部门）和管理子系统（management）。同时，卡兹和卡恩认为一个开放的组织应与外部系统建立“可穿越的边界”（permeable boundaries），以确保信息流通顺畅，利益有效协调。① 公关界对此做出迅速响应，把公关归入组织的管理和适应子系统，并将公关的角色定义为边界穿梭者（boundary spanner）。

第二节　双向均衡模式

在卡特里普、森特和布鲁姆提出的系统开放模式基础上，格鲁尼格等人向前一步，构建了公共关系的“双向均衡模式”（tow-way symmetrical）。从 1980 年代至今，格鲁尼格和他的妻子鲁伊莎（Larissa Grunig）、研究伙伴、学生们发展的这一模式和“卓越公关理论”，在广泛的赞誉和持续的争议中成为“现代公共关系的科学范式”。

从单向、支配的宣传范式，到双向、支配的说服范式，再到基于双向开放且追求平等均衡的卓越公关范式，格鲁尼格等人在某种意义上宣告了“理论的终结”。当组织与公众之间的沟通由单向调整为双向、关系由不平等转向平等，以追问主、客体关系为核心问题的公关理论进路，似乎走到了历史的尽头。

一、情境、模式与新世界观

格鲁尼格及其合作者对公关理论建设的贡献，大致可以划分为三个“板块”：1970 年代末的“公众情境理论”（situational theory of publics），1980 年代中期的“公关四模式论”（four models theory），1990 年代中期的“卓越公关理论”（theory of excellent public relation）②。以下分而述之：

---

① David Katz &R. L. Kahn. The social psychology of organizations. 2nd ed. New York：Wiley& Sons，1978.

② 也有学者将 Excellence in Republic Relations 译成“优异公关”或“卓异公关”。

（一）情境理论

在 1970 年代，受前述公众本位观的影响，传播学和公关研究出现了一个共同取向，即把眼光放在受众一端。格鲁尼格和亨特基于对传统线性说服理论的反思，提出了著名的“公众情境理论”。格鲁尼格和亨特也认为线性说服理论并不可靠：认知未必改变态度，态度也未必激发预期行为。知、信、行之间存在复杂的交互关系，并且受制于多元情境的影响。若无深刻的情境洞察，所谓说服不过是站在组织立场一相情愿地想象公众的改变。

譬如，某企业开发了一款产品，意欲说服“25 岁的知识女性”购买。这种传统的公众细分指标过于简单、笼统和一相情愿，无法解释公众的角色状态和涉入程度（level of involvement）。在同为 25 岁的知识女性中，为何有人反应活跃、主动搜寻信息，而有人则参与度低、习惯被动接受信息或选择逃避？

为此，格鲁尼格和亨特主张把公众心理和特定议题结合起来，在具体情境中考察公众的角色及其状态。他们借鉴布鲁默、杜威有关公众研究的成果，以及管理学科的利益相关者概念，提出了公众情境理论。该理论由三个自变量和两个因变量构成，它们明确了一些具体情境下的多元公众角色。[①]

三个自变量：议题认知（problem recognition），即人们是否了解议题及其可能带来的影响；约束认知（constraint recognition），即人们会估量达成某一目标或获得解决方案的各种限制、障碍，并据此决定自己的态度；涉入程度，即人们对议题与自己关联度、重要性的判断，关联度越高、重要性越强，则关心和参与程度越高，越有可能成为积极的行动者。

两个因变量：追寻信息（information seeking）和处理信息（information processing）。二者是指人们在自变量的影响下，如何对待信息——主动寻求或被动接收，如何处理信息——采纳、回避或拒斥。

基于这三个自变量和两个因变量，格鲁尼格和亨特将公众细分为：积极公众、知晓公众、潜在公众和非公众。所谓积极公众即通过搜寻和处理信息，对议题有充分了解，认为自己面对的约束性、障碍性因素较少，而议题与自身关联甚切、卷入度较高的受众。其他三类公众的情境可以此类推。如此，公众便由抽象的他者、幻影般的集群具化为特定议题和情境下的行动者。

当然，情境理论并不精致。譬如哈拉翰（Kirk Hallahan）就批评格鲁尼格说，公众对议题的感知并非全然取决于当下情境的信息搜寻和处理，还受制于既往的知识背景和认知结构。[②]

（二）公关四模式论

1984 年，格鲁尼格提出了后来被广为引用的公关定义：“公共关系即组织与其公众之间的沟通管理。”[③] 既为沟通管理，公关则应考量两个层面的问题：沟通有单向与双向之分，管理

① J. E. Grunig& Todd Hunt. Managing public relations. New York：Holt，Rinehart & Winston，1984.

② K. Hallahan. Inactive publics：the forgotten publics in public relations. Public relations review，2000，26（4）：499 - 515.

③ J. E. Grunig& Todd Hunt. Managing public relations. New York：Holt，Rinehart & Winston，1984：7.

有平等与不平等之别。基于这样的认识，格鲁尼格及其合作者梳理了 19 世纪后期以来的公关发展史，归纳出四种公关模式①：

新闻代理模式，组织雇用专门人才或机构，寻租媒体资源，开展于己有利的宣传。这一模式的代表人物是巴纳姆。

公共信息模式，组织利用可能的传播渠道，如宣传册、公众演说和大众媒体，发布客观、真实的信息，以向公众施加影响，使之知情或行动。代表人物是艾维·李。“新闻代理”和“公共信息”两种模式大体对应了本书提出的公关宣传范式。

双向非均衡模式，组织采取更为柔性、立体的策略影响、说服公众，双方交换意见，但在权力关系上仍是一方支配另一方，而非平等、均衡的沟通与合作。这一模式的代表人物是伯内斯，对应了本书提出的公关说服范式。

双向均衡模式，组织与公众之间相互开放，在地位平等的前提下增进了解、消弭冲突、达成共识、寻求合作。“双向”是从宣传到说服，进而转向“开放系统”这一思想路线的延展，是民主协商对单向支配的超越；“均衡”强调平等、互信和尊重，是对要么组织本位、要么公众本位两种公关价值观的协调和超越。格鲁尼格正是这一模式的首倡者，他相信“双向均衡”是一种卓越公关必备的特质和气质。②

在随后十年中，格鲁尼格持续推进双向均衡模式研究，建立了里程碑式的“卓越公关理论”。

（三）卓越公关理论

1985 年，美国商业传播者协会（International Association of Business Communication，IABC）出资 40 万美元，邀请格鲁尼格主持一个名为“卓越研究”（excellence study）的公关课题。格鲁尼格率领一支包括他的妻子鲁伊莎、多泽尔、怀特（Jon White）、艾林（William Ehling）和雷派（Fred Repper）在内的强大研究团队，访问了美国、加拿大和英国的 327 个组织、3400 多名 CEO、传播部门负责人和相关员工。这项研究覆盖了 25 个经典个案和大约 1700 个问题，以探讨“什么才是卓越的公关模式”。

卓越公关研究项目历时 15 年，推出了三部曲式的研究成果。1994 年，研究项目的第一阶段成果——理论构建部分结集出版，书名为《卓越公关与传播管理》（*Excellence in Public Relations and Communication Management*）；1995 年，基于第二阶段研究成果——实证检验部分，格鲁尼格等人出版了专著《经理人的卓越公关与传播管理指南》（*Manager's Excellence in Public Relations and Communication Management*）；2002 年，第三阶段研究成果——个案和比较研究也正式出版，即《卓越公关与有效的组织：三个国家的传播管理研究》（*Excellent Public Relations and Effective Organizations: A Study of Communication Management in Three Countries*）。

格鲁尼格等人认为，作为一套心智系统，世界观（world view）往往预设了组织的公关理

① J. E，Grunig&L. A. Grunig. Conceptual differences in public relations and marketing：the case of Health-Care Organizations. Public relations reviews，1991，17（3）：257－278.

② 中国学者一般将 the two-way asymmetrical model 译为双向对称模式，本书自 2008 年第一版起，基于对格鲁尼格卓越公关研究文献的整体理解，将之译为双向均衡模式。

念和模式，正确的世界观是卓越公关的基本前提。[①] 传统公关范式最大的问题在于不平等、不对等或非均衡，并具体表现为七种错误的世界观。[②] 格鲁尼格等人对这七种错误世界观的描述多有交叉重叠之处，在依其原意的基础上，我们可以将之梳理、重述为如下四个方面：

内在导向与自我封闭。只用自己的眼光看外部世界（inside-out），却不由外而内（outside-in）地看自己；只注重"我"说，把信息推送出去，而无视、排拒或封锁外部信息。

效益第一。一切以谋取效益为皈依——极端情况便是唯利是图，利益和效率是思考、创意和行动的基点，至于品牌信任、持久关系等则较少被考虑。

精英主义与中央集权。抱持强烈的精英意识，服膺领导意志，于内部将权力集中于少数管理者，于外部则滥用组织强势；与此相应，视公众为"乌合之众"，不过是"我"实现利益的对象和工具。

保守主义与传统至上。"我"与公众各守边界，倘有变化，也是"我"对公众和外部环境的改造，而非"我"响应后者需求做出调适和创新；固守传统，稳定压倒一切，防御、闪避比开放、变革更重要。

有鉴于此，卓越公关首先意味着对传统公关世界观的改造。"改造"一词也许并未妥帖表达格鲁尼格等人的态度和立场，"颠覆"和"革命"可能更准确一些。他们认为，新世界观必须与传统世界观的不自由、不民主、抵制创新决裂。

基于理论构建和实证研究，格鲁尼格等人提出了卓越公关应当培育的十种"新世界观"，颇有公关界"摩西十诫"的意味：相互依存、系统开放、动态平衡、地位平等、自主自立、有效创新、民主管理、担当责任、解决冲突和尊重公共利益。[③] 从这十种世界观的内涵及其关联出发，我们将之归结为如下五个方面：

一是系统开放和动态平衡。这两个概念与卡特里普等人的公关思想一脉相承，即依照系统论和管理学说的主张，描述和定义组织的生存状态。它们强调组织的开放性，追求而非控制信息的自由流通；强调发展的观点，在彼此合作和动态调整中实现组织与环境的平衡。

二是相互依存和地位平等。"依存"强调没有任何一个组织是孤岛，相反，它必须与利益相关者构成彼此依赖、共同存续的整体；"平等"则主张利益分配、机会获得的公平和对等。格鲁尼格等人提出，卓越公关有必要"清理门户"，即把单向、支配的宣传和双向、支配的说服逐出门外。

三是解决冲突和担当责任。这两种世界观要求组织直面问题、化解矛盾，奉行合作非对抗的管理观念，承担对利益相关者应有的义务和责任。公关因此应上升为组织战略层面，提供决策支持、参与组织管理，解决组织与利益相关之者的矛盾冲突，推动组织有所担当、积极作为。自 1990 年代起，危机公关研究和实践的兴起，企业社会责任理念的流行，便是这两种世

---

① J. E. Grunig and J. White. Excellence in public relations and communication management. Hillsdale，NJ：Lawrence Erlbaum Associates，1992：31.

② J. E. Grunig. Symmetrical presuppositions as a framework for public relations theory//C. H. Botan and V. Jr.（Eds）. Public relations theory. Hillsdale，NJ：Lawrence Erlbaum Associates，1989：17 - 44.

③ J. E. Grunig and J. White. Excellence in public relations and communication management. Hillsdale，NJ：Lawrence Erlbaum Associates，1992：31 - 64.

界观的体现。

关于公关应介入组织的战略决策，而不只是执行层面的一种管理职能，艾维·李、伯内斯早有明确的论述。贝尔兄弟（S. H. Bell and E. C. Bell）① 和苏立文（A. J. Sullivan）② 于1970年代也提出，公关要由技巧导向的功能性（functional）走向战略导向的功能化（functionary）。他们指出：公关应放弃组织的"传声筒"定位，扮演"平等"的促进者和"冲突"的协调者角色；同时也是互惠契约的见证者、维护者，敦促组织履行责任、兑现承诺。

格鲁尼格等人发展了这些观念，认为公关应进入组织战略的核心地带，而非只作为整合营销传播中的一个手段——否则必定沦为以赚钱或维护权势为目的、不平等关系的附庸。

四是自主自立、有效创新和民主管理。这三种世界观关涉组织的内部治理观念和方式。组织应赋予员工较高的自主权，鼓励员工自立立人，如此才能换取他们较高的职业认同感和满意度；应重视新思想、新观念，鼓励那些精彩的创新和创意，而非墨守成规或唯利是图；应实施民主化、去中心化管理——经理人是协调者，不是独裁者，他要放权给员工，汇聚众人的智慧、美德和力量。

五是尊重公共利益。这是新世界观的最后落点，强调组织在实现自身利益的过程中必须尊重和增益公共之善。卓越的公关模式应奉行这种公共利益至上的世界观并将之落到实处。譬如，公关应守望公共利益，调适组织利益与公共利益的关系；响应多元主义时代的意见表达和利益诉求，在双向均衡的沟通中寻求共识和双赢。若缺少对公共利益的关怀，公关就可能沦为语言暴力、欺诈操纵和威逼利诱，而它们正是卓越公关的敌人。

以上是格鲁尼格等人构建卓越公关理论的第一步，即基于对传统公关世界观的批判，发展出新世界观和"理想的公关角色"（idealist role of public relations）。第二步也始自批判，但是矛头转向了公关绩效，即由观念批判过渡到实践批判。

格鲁尼格等人认为，传统公关范式的实践效果一直是可疑的，在多元主义时代则更加式微。原因何在？除了错误世界观的影响外，传统公关范式未能发展出一套科学、有效的方法。在他们看来，伯内斯等前辈"自以为是"的那些公关手段，大多简单、模棱两可，甚至冒犯公德、为人不齿。

在格鲁尼格之前，卡特里普和他的合作者们就已表达过对传统公关范式的强烈不满。在《有效的公共关系》（第八版）中，卡特里普等人近乎刻薄地评论说，既往大半个世纪的宣传和说服研究，只得出了屈指可数的几条可信结论③：

> 如果接收者同意你的立场，那么你的信息就会产生较大影响——而这主要是因为强化了对方的既有倾向。
>
> 如果接收者反对你的立场，或者受过良好教育——思辨和批判能力较强，再或者以后可能接触到对立的信息，那么你需要提供"两面"证据。

---

① S. H. Bell and E. C. Bell. Public relations：functional or functionary? . Public relations review 2，No. 2，（Summer 1976）：51－52.

② A. J. Sullivan. Toward a philosophy of public relations：images，A reader in public relations. New York：Basic Books.

③ S. M. Cutlip，A. H. Center and G. M. Broom. Effective public relations. 8th（ed）. London：Prentice-Hall International（UK）Limited，2000：254.

可选择的公关策略无外乎如下几种：制裁，即恐惧诉求；奖励，给予抚慰或奖赏；利他主义，即激发人们的崇高感和奉献精神；权威证言，借由第三方建立信任；制造争论，有预谋地在“假讨论”中突出自己的主题；欺诈，即制造谣言、布下陷阱或做出无法兑现的许诺等。这些策略大多属于市场营销中的“一般性”谋术，或者政客们千百年来累积的“恶习”。

格鲁尼格与卡特里普可谓“英雄所见略同”，他们一道宣告了传统公关范式是“失败的”乃至“邪恶的”。那么替代的方案何在？

二、战略管理与双向均衡

格鲁尼格及其合作者提出，卓越公关至少应有两项功能：在行动上，帮助组织与其战略性公众——核心利益相关者达成预设的行动目标；在关系层面，帮助组织建立与战略性公众之间持久、稳定的良好合作关系。后来，格鲁尼格夫妇又将这两项基本功能细化为公关对组织的若干具体贡献：

参与组织的决策，并评估决策可能给利益相关者带来的影响；定义和细分（segmentation）利益相关者；管理沟通过程，维护与战略性公众之间的良好关系；影响、干预组织管理层的表达与行动；进行关系状态和品质的测量。此外，他们在研究中还发现卓越公关应当有助于提高组织的投资回报。

接下来的问题是，公关何以发挥上述功能？格鲁尼格等人提出了卓越公关所应具备的四个层面的十七个特征：

在公关的核心价值层面：公共关系乃战略管理（strategic management）。

在公关部门的设置与运营层面：拥有独立且具统合协调能力的公关部门；直接向管理层汇报，进入组织的权力中心（dominant coalition）；公关主管跻身组织高层；公关部门与营销部门分开，前者不隶属于后者；与公众双向均衡沟通；公关团队具备管理、传播知识和双向沟通理念；雇用和尊重女性员工或弱势族群。

在组织管理层面：奉行新世界观；组织结构开放且有弹性，扁平化管理；培育参与式管理的组织文化；组织内部亦实行双向均衡沟通模式；接纳公关部门介入决策；感受和响应外部行动群体施加的压力；恪守伦理道德，履行社会责任。

在卓越公关的效果层面：达到传播目的；降低组织的法律诉讼费用和激进团体的压力，维持、提升内部员工的满意度。

这十七个特征多数易于理解，以下重点解释其中几项：

一是战略管理。这是卓越公关的核心特征，强调公关监测、洞察组织生存环境中的机遇和风险，并要求组织采取战略性的规划和行动。格鲁尼格认为，正是“战略管理”这一观念，使公关研究摆脱了作为传播学分支或附庸的地位，也使公关在实践中得以同广告或其他营销传播手段区分开来并独具价值。在公关视域中，营销和传播只是手段问题，组织与公众、环境之间的共生系统建设才是公关核心价值所在。

二是进入组织的权力中心、公关主管跻身组织高层两项特征旨在强调公关作为决策顾问、决策支持者的角色和地位。如前所述，早在艾维·李时代就发出了“公关进决策”“舆论先行”的呼声。1906 年，艾维·李在处理无烟煤矿工大罢工时便提出，作为公关顾问，他有权出席决策会议。

三是对内、对外推行双向均衡沟通模式并掌握和运用相关知识。格鲁尼格等人宣称，双向均衡是卓越公关最重要的思维和行动特征。它符合正确的世界观，在实践中也更具效力。它拒绝操纵大众，以增进了解、培养共识、维护关系为目的，因而能够产生更长远、更稳定的公关效果。

卓越公关理论的十大世界观、十七大特征提出后，迅速在美国和包括中国在内的多个国家扩散开来，双向、均衡、战略管理等概念一时成为公关学界和业界的热词。经过二三十年的发展，双向均衡模式和卓越公关理论成为“20 世纪 80 年代以后公共关系研究的主导理论范式”①。

作为主导理论范式，它也必须承受与其地位相称的激烈批评。自卓越公关理论提出之日起，各种批评从未止歇。代表性的批评者包括甘地（Oscar Gandy）、科斯坦（Astrid Kersten）、伊唐（J. L'Etang）和 W. T. 库姆斯（W. T. Coombs）等，批评的焦点则同时指向了双向均衡范式的“软肋”与“硬伤”。

从“软”的层面看，批评者认为格鲁尼格的新世界观过于理想主义。“双向”和“均衡”即使在实践中存在，亦属罕见，二者兼备的公关模式和乌托邦社会更难觅踪影。库姆斯指责说，“企业天然处于有利位置，缺少双向协商的动机和意愿，更不必奢谈对等和均衡。”②

格鲁尼格等人提出的新世界观的确振奋人心，但他们似乎不是在谈论深度卷入政治和商业的世俗化公共关系，而是在构想某种更高级的人类文明新形态。同时，世界观与实践、绩效在大多数情况下并不完美对应。虽然错误的世界观经常导致错误的组织行为，但这并不意味着正确的世界观就一定带来令人满意的绩效。格鲁尼格等人提出的首先要进行“组织世界观的彻底改造”，而后才能实现卓越的公关绩效，在实践中未必靠谱。他们混淆了道德理想和实践逻辑之间的关系。

按照新世界观和双向均衡的准则，卓越公关不仅摒弃了宣传范式，甚至也放逐了说服范式。那些以说服研究和说服实践为业的人，前者如公关学者 G. R. 米勒（G. R. Miller），后者如伟达公关公司创始人希尔，自然会发起猛烈的反攻。米勒提出，说服乃公关的本业，二者从来关联一体，硬要组织不顾自身利益，放弃对利益相关者的说服，是完全无视历史和现实的幼稚看法。希尔则嘲笑说，格鲁尼格充满激情地建设了自己的理论乌托邦，却冷酷地苛求实践——“除了说服，我们还能做什么？”③

---

① W. T. Coombs & S. J. Holladay. Fringe public relations：how activism moves critical PR toward the mainstream. Public relations review，2012，38（5）：880-887.

② W. T. Coombs. Philosophical underpinnings：ramifications of a pluralist paradigm. Public relations reviews，1993，19（2）：111-119.

③ G. R. Miller. Persuasion and public relations：two P's in C. H. Botan and V. Hazleton. Public relations theory. Hillsdale，NJ：Lawrence Erlbaum Associates，1989：45-46.

从“硬”的层面看，批评者在研究假设、概念、变量和方法等各个维度全面质疑格鲁尼格等人的结论：双向均衡模式在实践、绩效层面一定优于传统模式。批评者认为，“卓越研究”项目存在先天不足，研究过程亦有漏洞。

1993年，雷斯蒂（Greg Leichty）和斯伯灵斯顿（Jeffrey Springston）对格鲁尼格昔年提炼“公关四模式”和发展“卓越公关理论”的实证资料进行重新检视。他们刻意（elaborately）在理论框架和方法设计上展开还原和对照，得出三点结论①：

首先，格鲁尼格在发展卓越公关理论之前，预设了两个价值倾向性过于鲜明的前提：双向优于单向，均衡优于非均衡。譬如，当研究者访问企业公关经理时，问及对方“你认为贵公司在与消费者沟通过程中，单向和双向哪个更有效？平等与不平等哪个更好？”显然，双向、平等、均衡等概念比单向、不平等、不均衡更具价值优先性，诱导受访者做出看起来有利、体面的回答。

其次，格鲁尼格等人在研究变量的使用上也存在明显瑕疵。雷斯蒂和斯伯灵斯顿发现，“卓越研究”的变量均值呈现“两极相关”状态，即新闻代理模式与公共信息模式高度相关，双向非均衡模式与双向均衡模式高度相关。这意味着只有方向性——单向或双向——是显著变量，而均衡性则不能作为评判公关模式优劣的变量。

最后，格鲁尼格等人的反证逻辑是荒谬的。雷斯蒂与斯伯灵斯顿印证了图尔克（J. V. Turk）等人对格鲁尼格的一项批评：“卓越研究”的一些结论皆是以反证逻辑呈现的，并因此潜藏着巨大的逻辑风险。譬如，双向均衡模式之“优越”，并非建立在自身的资质（quality）或特质（characteristics）之上，而是因为“假想”的敌人——单向、支配模式失败了。格鲁尼格等人的推理可以表述为：由于传统公关范式在世界观和实践绩效上是有问题的，所以双向均衡范式是优越的。这个错误显然是不可原谅的，一方失败并不必然意味着另一方的胜利。

第三节　卓越公关理论

随着各方的批评声量持续增大，格鲁尼格于1990年代中期将原有的双向均衡模式拓展为卓越公关理论。然而，一些公关学者仍不满意，提出了各种替代理论。本节主要介绍卓越公关理论和各种试图替代之的公关理论。

一、双赢的想象

及至1980年代末1990年代初，学界对双向均衡模式和卓越公关理论的质疑和挑战逐渐聚焦于几个问题：

① Greg Leichty&Jeffrey Springston. Reconsidering public relation models. Public relations review，19（4）：327-339.

一是双向均衡究竟是一种世界观预设和道德理想，还是一种实践模式？换言之，卓越公关理论提供了一种应然状态还是实然方案？伊唐等人基于实证研究提供了大量反例，证明双向均衡模式很难扎根于公关实践。①他们提出，组织对具体公关模式的选择受制于多种因素，洋溢理想主义气质的双向均衡沟通“几乎不可为”。莫菲（P. Murphy）则直言卓越公关理论不过是描绘了一种乌托邦图景，谋权逐利的组织根本没耐心搭建一架从现实通往乌托邦的梯子。在很多情况下，双向均衡与谋权逐利简直格格不入。②

二是即使双向均衡模式是有效的，但它是唯一卓越的公关模式吗？劳珍（M. L. Lauzen）发现，那些混用单向不均衡、双向不均衡、双向均衡公关模式的企业，有效降低了与利益相关者之间的冲突。因此，单独实行双向均衡模式是否有效尚存疑。③莱克特（G. leichty）、春顿（J. Springston）则更明确地批评说，在多元主义时代，岂有“唯一卓越”的道理？④ 他们认为，双向均衡模式是否有效、卓越，要视不同的社会背景、文化语境、项目情境和个案实际而定，不可犯绝对化、一律化的错误。

三是双向均衡模式是否存在过度的道德洁癖？除了米勒和希尔，库姆斯、霍莱迪（S. J. Holladay）、波特（L. Porter）等人也质疑格鲁尼格“清理门户”的做法——认为说服乃不合伦理规范的公关手段。⑤ 希斯也提出了中肯的意见：公关从业者既受雇于人，不可避免服从、服务于客户利益，说服公众乃分内常规和职责所在。

四是卓越公关理论采取的仍是组织管理视角，它是否依然固守组织本位？波顿认为，双向均衡模式并未彻底超越管理学视角，格鲁尼格之所以承认公众是可以平等沟通的利益相关者，不过是为了提升组织自身的总体效率。这实际上重返了组织立场。⑥

1995年，在饱受各种争议和批评的情况下，格鲁尼格夫妇、多泽尔行动起来，将此前的公关四模式论、新世界观构想、双向均衡模式进行“重组”，提出了“作为双向实践的新均衡模式”。总体观之，新模式体现了格鲁尼格等人妥协后的创新。具体如图5-2所示⑦：

---

① J. L'Etang，D. McKie，N. Snow&J. Xifra（Eds.）. The Routledge handbook of critical public relations. Routledge，2015.

② P. Murphy. The limits of symmetry：a game theory approach to symmetric and asymmetric public relations//L. A. Grunig& J. E. Grunig（Eds.）. Public relations research annual：Vol. 3. Hillsdale，NJ：Lawrence Erlbaum Associates，1991：115.

③ M. Lauzen. Public relations and conflict within the franchise system. Unpublished doctoral dissertation. University of Maryland，College Park.

④ G. Leichty&J. Springston. Reconsidering public relations models. Public relations review，1993，19（4）：327-39.

⑤ W. T. Coombs& S. J. Holladay. Fringe public relations：how activism moves critical PR toward the mainstream. Public relations review，2012，38（5）：880-887；L. Porter. Communicating for the good of the state：a post-symmetrical polemic on persuasion in ethical public relations. Public relations review，2010，36（2）：127-133.

⑥ C. Botan&M. Taylor. Public relations：state of the field. Journal of communication，2004，54：644-661.

⑦ D. M. Dozier，L. Grunig&J. Grunig. Maneager's guide to excellence in public relations and communication management. New Jersey：Lawrence Erlbaum Associates，Inc.，1995.

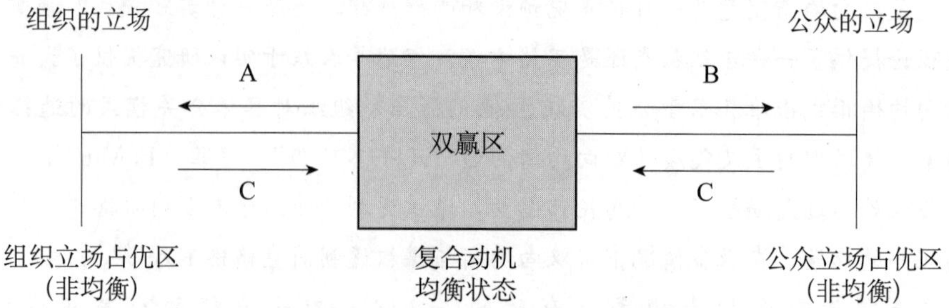

图 5-2　作为双向实践的新均衡模式

图示中A箭头指向了组织立场，代表组织本位的“纯粹单向非均衡模式”（pure asymmetry model），组织借由沟通主导、支配公众，公众完全被动地面对、接受组织的立场。

B箭头代表纯粹合作模式（pure cooperation model），指向了公众立场及其占优的区域。组织的沟通用以取悦逢迎公众，屈服于公众意志。

C箭头代表双向模式（two-way model），沟通的使命在于促进组织和公众相互了解，达成共识，在协商、对话中靠近互惠（reciprocity）的“双赢区”。

新双向均衡模式有效回应了部分批评：

（一）复合动机（mixed motives）

格鲁尼格等人突破“非革旧不足以鼎新”的局限，承认公关实现的复杂性，也因此承认了传统公关范式——单向不均衡（宣传）、双向不均衡（说服）的效用和价值。——即使不遭遇严厉的批评，宣传和说服主导公关实践的客观图景，也逼迫他们做出改变。他们使用了“复合动机”这个说法描述组织与公众之间因应不同议题和情境而可能采取不同的公关模式。在有些情境下，宣传和说服可能比双向均衡沟通更有效率，而后者不再是普适所有情境的唯一卓越模式。

（二）双赢区（win-win area）

新模式创造性地采用了一个新概念：以培养共识、达成互惠为旨归的“双赢区”。此处须重点申明两个问题：一是如多泽尔所言，组织与公众各持不同乃至冲突的利益主张，但透过协商与合作，仍可找到共同的着力点，辟出双赢区①；二是新模式乃一种权变（contingency）模式，它同时容纳了单向与双向、均衡与非均衡的观念和“操作方法”，但最终目的都是为了实现组织与公众的互惠双赢。也就是说，按照新世界观，宣传、说服、双向均衡沟通在手段层面各尽其用，而目标却是统一的：共识、互惠、双赢。

（三）对话与合作

新模式不仅是一种规范性的应然模式——组织应该如此行事，而且是一种描述性的实然模

---

① D. M. Dozier，L. Grunig&J. Grunig. Maneager's guide to excellence in public relations and communication management. New Jersey：Lawrence Erlbaum Associates，Inc.，1995：48-49.

式——组织可以按此行事。对此，格鲁尼格等人做出了如下几点解释：

双赢区是一个温和的理想地带。它介于组织立场和公众立场之间，既非一方彻底受制于另一方的窘境，亦非双方绝对平等、一贯均衡的乌托邦幻象。

均衡不是"结果"，而是指向动态的过程，协商、对话以达成合作是其核心内容。因此，双向均衡范式实质上是一种对话（dialogical）公关。对话双方并非要在每一议题的所有方面、每一情境的所有可能性中都保持绝对平等和均衡，但总体上可以实现动态均衡和持续超越，直至达成合作、双赢。

公众的权力日益强大，对话、合作不再是一种理想主义的世界观预设，而是成为"必须如此"的实践选择。格鲁尼格后来论证说，虽然组织总是比公众"拥有更多资源和主导意见市场的权力"，但公众力量的崛起亦成为不争的事实。他们由"抱怨"走向"行动"，通过舆论和法律的手段汇聚汪洋大海一般的力量，这种力量时常超过组织面对个体时的强势。

面对持续高涨的公众权力意识，唯有对话、合作才是组织发展的现实出路，这几乎与"理想化"没什么关系。当务之急是建立以合作为核心的公关价值观。"合作理应导入组织的伦理体系，让组织的战略、决策、规范和行动框架皆以合作为主旨。"①

格鲁尼格认为，有些人之所以坚持认为双赢、均衡是一种乌托邦设想，是因为组织和公关人员不具备合作的价值观——"没有""没做"与"做不到"是两回事。另外一种情况是，有些公关人员虽然对均衡、双赢怀有热情，但因在组织内权力过低而无法影响决策者和权力中心。

格鲁尼格接受了莫菲和斯宾塞等人的批评，将双赢导向的合作具体地表达为两个观点：

一是协同性倡导（collaborative advocacy）②。格鲁尼格苦心孤诣地选择了"倡导"这个词汇以替代"说服"。这表明，他虽然承认说服在公关实践中的效用，但仍对其道德合法性心存疑虑。组织可以倡导一种观点（如某种竞选理念或销售主张）、行为（如购买或投票）、风潮（如时尚和理财），甚至一种主义（如环保或者打击恐怖分子）。但是，它们必须基于正当的协商、合作，而非可能有悖职业伦理和社会道德的说服、诱导或强制。因此，"倡导"应当具备符合公众利益的"可协同性"，否则参与、协商便无从谈起。

二是合作性对抗（cooperative antagonism）。组织与公众之间的冲突、对抗几乎是不可避免的，而按照双赢的观念，对抗最终应当归于合作。合作并非无原则的妥协和屈从，对抗亦非强者与弱者、多数与少数之间无节制的消耗和破坏。公关直面对抗，而又应将之导入战略性合作。

至此，格鲁尼格等人完整呈现了卓越公关理论的核心范畴：新世界观、双向均衡、复合动机、协同性倡导、合作性对抗、互惠双赢。

---

① J. E. Grunig. Collectivism，collaboration，and societal corporatism as core professional values in public relations. Jornal of public relations research，2000，12（1）：27.

② J. E. Grunig. Two-way symmetrical public relations：past，present and future. //R. L. Heath（Ed.）. Handbook of public relations. Thousand Oaks，CA：Sage，2001：11－30.

二、替代方案

新双向均衡范式并不能回应所有人的批评。人们在持续批评格鲁尼格的过程中，不断抛出各种新的说法和理论，以期成为卓越公关理论的替代方案。下面介绍几种典型的“替代方案”，以在某种程度上弥补格鲁尼格的视域剩余。

（一）博弈论

“博弈论引入公关的缘由，是为了驳斥之前的‘双向对称模式’，并作为公共危机传播管理更佳的选择。”① 博弈论研究兴起于 20 世纪 50 年代，但真正产生广泛影响还要归功于 1990 年代的两件大事：一是博弈论的开创者纳什（John Nash）和他的合作伙伴荣获了诺贝尔经济学奖；二是以纳什为原型的奥斯卡获奖影片《美丽心灵》风行全球。这两件事唤起了人们对博弈论的热情。

博弈论的基本假设是：人是理性和自私的，无时无刻不在谋求自我利益的最大化。因而，博弈论所解释的是理性、自私的人，如何在较量、合作中做出有效的策略选择。

按照博弈论的观点，人与人的较量有两种可能结果：零和博弈和非零和博弈。所谓零和博弈，即双方各有胜负，胜者所得与负者所失对等，两相统观，和数为零（zero-sum）。公关学者莫菲详细考察了杜邦公司与环保组织之间旷日持久的争论，发现冲突之所以一直未能解决，就是因为一方面环保组织固执己见、绝不妥协，一方面杜邦公司也寸步不让、以牙还牙。双方各有攻防，导致零和博弈，陷入虚耗的僵局。

非零和博弈的情况较为复杂，至少存在正、负两种结果：双方较量的和数为正，即为“双赢”；反之即为“双输”，亦即两败俱伤乃至玉石俱焚。那么，何以实现双赢而避免双输呢？

在博弈中，每一方都倾向于选择于己有利的最优策略，但是现实的困境在于，恰是利己主义和所谓最优策略会导致“损人且不利己”的双输结局。为此，合作便成为博弈双方当然的策略。而合作的前提是双方有效沟通，于妥协中采纳次优的选择，动态地寻求可能的平衡点。

博弈论指明了不同利益主体之间对抗与合作的复杂性。具体到公关领域，组织与公众并非总是能够实现双赢，有时是零和博弈，有时会双输，双赢不过是诸多结果中的一种可能性。此外，组织内部的不同部门和角色之间、公众中的多元个体之间也存在复杂的博弈关系，组织并非“铁板一块”，公众亦非完全一致的整体，多元博弈的结果存在繁复的不确定性。

经济学家阿罗（Kenneth Arrow）的不确定选择理论（Choice under uncertainty）提供了更悲观的论调：在每一个主体都有特定偏好的情况下，不可能找出一种个体偏好与各方共同偏好不矛盾的选择。换言之，在多元博弈和社会选择中，并不存在各方皆大欢喜或绝大多数人都满意的决定。

这些都说明卓越公关理论忽视了利益问题、主体关系问题的复杂性，双赢、共赢绝非轻易可得。也正因为如此，莫菲等人提出引入博弈论以补充或代替格鲁尼格的卓越公关理论和双向均衡范式。

---

① 引自郭惠民于公共危机传播管理国际学术研讨会上的演讲，2006 年 11 月 18 日。

（二）权力关系论

另一个雄心勃勃、试图替代双向均衡模式的学说是“权力关系论”。斯莱辛格（Philip Schlesinger）①、沃尔夫斯菲尔德（Gadi Wolfsfeld）② 等学者认为，影响沟通的根本因素，不在于双方是否愿意采取对等、均衡的姿态，而是对有限社会资源的角逐。因此，公关的要旨不是建立某种“有效且符合道德标准”的理想模式，而是权力关系的实践。在他们看来，权力关系才是解释公关、沟通现象的根本问题，其他解释都只是皮毛，或者说“伪解释”。

“根据权力关系论者的说法，有效公关的先决条件，不是组织与公众之间的均衡沟通，而是作为消息来源的组织，必须充分利用资源，与不同的公众发展完善的互动行为。”③ 所谓完善的互动行为，必须考量组织、媒体、公众之间的权力关系。这一派学者考察了影响多元主体互动的权力因素，并将之细分为交换关系、共生关系、同化关系、对立关系等不同类型。

权力关系论走向前台，与 20 世纪晚期传播学对议程设置问题的后续研究紧密相关，同时也从批判学派那里汲取了灵感。④ 在 1970 年代，麦库姆斯（M. E. McCombs）和肖（D. L. Shaw）提出了著名的议程设置假说，认为大众媒体设置了公众讨论的议程。而后续研究则表明，议程设置乃消息来源、大众媒体和公众交互建构的结果，其实就是权力主体较量的产物。批判学者也在这一时期提供了有关话语和权力问题蔚为大观的论述，譬如福柯精细阐发了话语即权力的观点。这也让公关学界认识到沟通管理和话语建构绝非单纯的表达问题，应将眼光投向表达背后的权力关系和秩序。

总体而观，博弈论唤起了人们对公关实践中利益较量问题的重视；而权力关系论则把人们的眼光从沟通的表象拉向背后的权力较量问题。它们试图冷却格鲁尼格的道德和理想主义温情，让公关直面利益和权力问题。

在这一点上，格鲁尼格确实应该重温伯内斯的公关思想，而不是以泛道德的眼光将之弃若敝屣。伯内斯毫不掩饰公关的利益动机和权力意志，这看起来不体面、不光彩，却不回避真相。一旦抛弃实用主义和现实主义，公关有就可能成为任由学者打扮的“小姑娘”，守在高阁，不接地气。

（三）对话理论

博弈论和权力关系论号称“替代”卓越公关理论，实则只是补充了后者未看清或不得见的视域剩余。二者指出了公关、沟通背后的利益和权力问题，试图把双向均衡范式从理论的高阁拉回地面，但除了“要重视利益和权力较量的复杂性”外，并未提供有效的方法。卓越公关理论筑基于一套新世界观，强调公关模式从单向到双向、从不均衡到均衡的转换，在传播方向和权力关系两个维度实现了理论自洽。

如前所述，格鲁尼格至少在这两个维度宣告了“理论的终结”。人们对卓越公关理论的批评，要么发生在这一理论的域限之外，要么在其内部修修补补，有所超越或取而代之并不那么容易。

---

① Philip Schlesinger. Rethinking the sociology of journalism：source strategies and the limits of media-centrism. // M. Ferguson（Ed.）. Public communication：the new imperatives：future directions for media research，1990.

② Gadi Wolfsfeld. Media，protest，and political violence：transactional analysis. Journalism monographs，1991：127.

③ 孙秀蕙．公共关系：理论、策略与研究实例．台北：台湾正中书局股份有限公司，2005：82.

④ 有关“话语-权力”的论述，详见本书最后一章第二节。

英国学者莫利（David Morley）和罗宾斯（Kevin Robins）认为，每一种理论范式都不过是“整体改良世界的臆想”①。那么，是否存在理论与实践相结合、双向均衡沟通与利益博弈、权力较量可统观的一种新的“改良臆想”？这是本书接下来四章重点论述的内容——公共关系对话范式。以下先导出对话范式萌芽和发展的几条线索：

一是格鲁尼格本人在晚近的研究中提出双向均衡范式即一种“对话公关”。进入新世纪以来，格鲁尼格及其合作者又做出了新的理论贡献：拓展卓越公关理论，提出了较为完整的公关价值观体系；在更多国家和地区开垦“公关与文化研究”的新领地，从文化、跨文化、文化转型的角度研究公关问题，发展了“公关的文化解释”。值得注意的是，格鲁尼格的最新研究成果大多聚焦对话，“以对话问题为中心”②。

二是基于卓越公关理论的反思和批评，波顿和 M. 泰勒（Maureen Taylor）提出了对话与共创模式（co-creational model）。该模式以传播、修辞的视角替代管理视角，将公众视为组织的平等对话者，双方皆以主体身份进入诠释共同体，分享意义，共创价值③。香农·博文（Shannon A. Bowen）、皮尔斯、肯特和胡百精等学者亦在 2005 年前后明确将对话观念引入公关研究，以之确立公关的哲学、伦理基础和实践模式。博文提出，“公众意见的导入既可优化组织合乎伦理的决策结果，亦能促进彼此间的理解，以及多元主体互利共赢目标的实现”④。

三是公关对话范式得以确立的思想资源和实践条件趋向成熟。在世纪之交，哲学社会科学领域的很多学科都出现了所谓对话转向。譬如，吉登斯的现代性转型与对话民主理论，贝克的风险社会与参与民主理论，哈贝马斯的公共领域、协商民主与交往理性理论，贝尔与查尔斯·泰勒的社群主义与对话共同体理论等，皆将对话视为解决现代性危机和现代社会病症的重要方案。这些理论为构建公关对话范式提供了充分的思想资源。

与此同时，全球范围内的信息传播技术革命宣告了互联网时代的到来，对话成为新时代的主题、手段、方法和气质。这就为公关由宣传范式、说服范式、双向均衡范式转向对话范式提供了观念、技术和实践的全新可能性。

【复习思考题】

1. 简述并评价卡特里普等人的“双向开放”公关理论。
2. 简述并评价格鲁尼格等人的卓越公关理论。
3. 理论联系实际论述双向均衡的公关模式。

---

① 戴维·莫利，凯文·罗宾斯．认同的空间．司艳，译．南京：南京大学出版社，2001：275.

② J. E. Grunig. Constructing public relations theory and practice//B. Dervin, S. H. Chaffee. Communication, a different kind of horserace: essays honoring Richard F. Carter . Cresskill, NJ: Hampton Press. 2003: 85－115.

③ C. Botan&M. Taylor. Public relations: state of the field. Journal of communication, 2004, 54: 645－661.

④ Shannon A. Bowen. A state of neglect: public relations as “corporate conscience” or ethics counsel. Journal of public relations research, 2008, 20: 271－296.

中篇

中篇理论地图

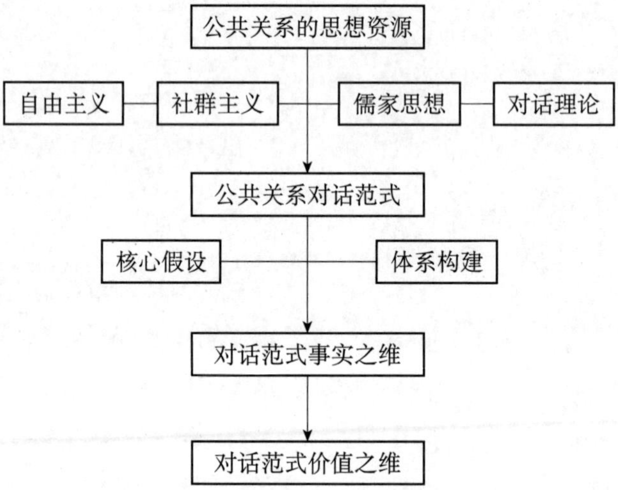
公共关系的思想资源
自由主义
社群主义
儒家思想
对话理论
公共关系对话范式
核心假设
体系构建
对话范式事实之维
对话范式价值之维

第六章

认同、共同体与对话主义

本章进入全书的中篇：公共关系对话范式。作为中篇的论述起点，本章的核心问题是对话何以成为公关的主导范式？这一问题又可细分为面向宏观与微观、理论与实践的几个追问：对话范式的确立是否具足了充分的思想和理论资源？公关理论建设的内在逻辑是否存在对话转向的必要性和可能性？从社会大系统看，是否出现了组织与公众对话的有效社会需求并提供了相应的社会条件？在微观层面，公关实践能否发展出基于对话范式的一套观念、原则、方法和路径？

本章第一节考察自由主义、社群主义思想及其为公关研究提供的理论资源，第二节探讨中国儒家思想传承和现代化背景下的公关理论建设问题，第三节基于中西思想资源的对话与汇流，论述对话主义和对话范式的核心主张。

第一节　自由主义、社群主义与公共关系

进入 21 世纪以来，一些西方公关学者在研究中表现出了一个共同面向：理想的公关模式应该有助于“回到人与人的接触”“培养组织与公众之间的社群意识”。有学者甚至惊呼：“社群主义（communitarianism，又译共同体主义）的精神，潜伏着公关的未来”[①]。他们极力主张在全球化、互联网革命和社会转型的大背景下，在现代与后现代交叠、多元化与碎片化难以逆转的剧变年代，公关应高举社群主义旗帜。

何谓社群主义？它的核心观念和主张是什么？它与西方长期占据主流思想地位的自由主义有何关联和区别？它何以“潜伏着公关的未来？”

一、自由主义与社群主义之争

公关之父伯内斯坚信，公共关系是民主和自由的产物，是西方自由主义思想结出的果实。

① Dean Kruckeberg & Kenneth Starck. Public relations and community：a reconstructed theory revisited//R. Heath & G. Vasquez（Eds）. Handbook of public relations，California：Sage，2001.

他将公关的思想源流追溯至古希腊的自由辩论传统——在意见交换中靠近真相和真理，又将现代公关的诞生归功于美国《宪法》修正案对言论自由的确认和保护。公众有知情和表达意见的权利，组织既有回应的义务也有表达、辩护的权利。公关扮演着组织与公众的居间人角色，既是组织在舆论场上的"特殊辩护人"——好比法庭上的律师，也是民意的收集者、传达者和反馈者。[①]

但是，伯内斯的公关思想存在一个严重悖论：他一方面认为公关是自由主义之子，一方面又主张现代社会应由少数精英负责驯化大众、制造认同。这与李普曼的精英民主论如出一辙。作为美式民主的坚定信徒，李普曼也认为精英统领大众——譬如通过宣传塑造大众、整合社会——既是必要的，也是不可避免的。事实上，伯内斯的悖论和李普曼的精英民主论并不新鲜，而是西方悠久的社群主义传统在20世纪早期的一次回响。

自由主义和社群主义思想皆源远流长，只是前者在恢宏壮阔的历史变迁中渐居西方思想的主流，而后者则处相对弱势地位。亚里士多德认为人是政治的动物和社会的动物，不可避免地栖身于特定社群。鉴于精英比大众更明智也更具美德，因而理应由精英治理社群。在西塞罗有关公民社会的最初论述中，在古罗马对公共事务的理想设计中，都可以发现社群主义的观念碎片。

及至17—18世纪，哈林顿（James Harrington）有关"共同体道德""社会统一整体"的论述盛行一时，"这是一种造就了亚里士多德和马基雅维里主义之间综合的政治语言"[②]。然而直到20世纪后期，社群主义作为完整的思想体系才真正成熟、流行起来，并与自由主义产生了激烈的交锋。

1991年，贝尔（Daniel Bell）向牛津大学提交了博士论文《社群主义及其批评者》，为社群主义的立场、观点和方法做了坚决而细致的辩护，标志着这一思想体系的成熟。1993年，普特南（Hilary Putnam）基于大规模的社会考察，"证实"了社群主义对于当代社会发展的重要价值。在此前后，麦金泰尔（Alasdair Macintyre）、查尔斯·泰勒（Charles Taylor）、桑德尔（Michael Sandel）、瓦尔泽（Michael Walzer）等人也对社群主义思想的发展做出了重要贡献，并与自由主义者展开了持久辩论。

社群主义是在对自由主义的批判中走向成熟、提升地位的。因此，若要理解社群主义思想，必先把握自由主义思想以及二者论争的焦点问题。

自由主义把作为个体的"人"放大到极限，其核心信条是人应该从所有社会牵绊和束缚中抽身而出，实现人自身的健全和自由。作为一套复杂的思想体系，自由主义流派众多，各持宏论，但都承认三个基本主张：

> 一是自我拥有凌驾于任何约束机制之上的不可侵犯性，人之存在皆是为了实现个体的意志和价值。此为个人主义（individualism）的自我观。
>
> 二是自我命运乃基于理性思维感召而做出的自主取舍，个人权利是人类文明的第一优先权。此为权利优先（primacy of right）的政治观。

---

① E. L. Bernays. Crystallizing public opinion. NY：Liveright，1961：50.

② 尚塔尔·墨菲．政治的回归．王恒，臧佩洪，译．南京：江苏人民出版社，2005：30.

三是个体之间进行自由、诗意的竞赛，至于是否承担社会义务则是个体道德的外化和延伸。譬如在雨中，你可以把伞分享给同行的路人，也可以转身离去，完全取决于你自己的道德原则和实践。此为伦理导向（ethical orientation）的义务观（deontology）。

社群主义者首先批判了自由主义的思想前提：个人拥有绝对自由，优先于社群的个人权利，自我伦理取向的义务观。他们认为，这些“先验”的假设从来都只是一种想象和虚构，个人根本不可能也不应获得绝对自由和凌驾于社群之上的权利。绝对自由的世界何时降临？人存在的终极意义是源自对他者、社会的恐惧，还是彼此的爱？逍遥的自由骑士会不会只是孤独、不负责任的灵魂？如果自由主义者不能圆满回答这些问题，那么就必须承认社群或曰共同体的价值。

从前提批判出发，社群主义者与自由主义者围绕三个问题展开了激辩：

（一）选择与强迫

在社群主义看来，自由主义理想之所以虚幻不实，是因其把“双向度”的人推向了“单行道”。完整的人应该同时存在两个向度：自然的人和社会的人。自由主义将前者极致放大，主张个人选择至上，一切限制和强迫皆属罪恶。人要么自由选择，要么被强迫，而不自由毋宁死。社群主义则认为不应片面放大“自然的人”，而应重视人的社会性存在。正是“作为社会的人”及其所处的社群，构成了人“此在”的先决条件。一个不属于任何社群的人，如何理解“我是谁”“从哪里来”“到哪里去”呢？

贝尔在辩论中指出，“一个人如果没有一个可以被叫做家的地方，他总是知道生活里缺少了些什么，这可以说是灵魂的一个缺口”[①]。个体唯有“归家”、重返社群，平衡自由与社群规范之间的关系，才能获得真正的权利、安全感和确定性。换言之，自由只存在于个体与社群互动的相对关系之中，个体放弃所谓绝对自由而在社群中换取相对的自由、安全感和确定性。

（二）自我认同与社群认同

现代自由主义是启蒙运动的产物，知识精英号召人们走出君权和神权专制，在民主、自由、平等的世俗生活中“好奇地发现自我”。自我的命运与神祇、君王的恩宠和规训从此无关，“我们的本质在于我们的存在”“我们把上帝定义为自己的未来”[②]。如此，每个人都是独特的行动者，同时也是他人的旁观者。自由主义切断了个体与宗教的神秘链条，也疏离了权力体系，转而建立起个人主义的神话天堂。

社群主义者则认为启蒙运动产生了意外的负面后果：个体从君权和神权的控制中走出来，在获得解放的同时，也变成了孤立、分裂的原子。原子似乎循着各自轨道前行，其实全然不知自己的方向。查尔斯·泰勒宣称，自由主义盛行的时代就是“充满生命虚掷和普遍病症的时代”，若无自我与他者的对话，个体则无以成就自我认同。贝尔进一步指出，正是社群认同而非其他因素使个体建立自我认同，而正是社群认同和自我认同的和谐使人的思想和行动有意

---

① 丹尼尔·贝尔．社群主义及其批评者．李琨，译．北京：三联书店，2002：101.

② 理查德·罗蒂．筑就我们的国家．黄宗英，译．北京：三联书店，2006：18.

义。因此，在自由主义、个人主义泛滥的现代社会，理应“让人与社会重新相遇”。

（三）个体利益与公共利益的关系

自由主义将个人权利视为人参与世界的第一目标，天赋人权、不容践踏。人们需要承担道德义务，但如果义务只带来限制，社会只施予强迫，那么不如抽身而去。按照这一观念，自由主义必然呈现三种姿态：私利价值观是根本性的，高于集体、族群和社会利益；历史不是整体叙事，而应成为个人话语的归宿；政治要找到自己适宜的去处，而不是粗暴地介入公众的生活。

社群主义者认为这正是现代社会充斥着冷漠、背叛和冲突的症结所在。在自由主义的招牌下，人们自私自利，自我麻痹，行为怪诞、放荡，只承担肤浅的义务，却让社会和文明付出深刻的代价。为此，社群主义主张将“私利之善”与“公共之善”统一起来，在社群中分享公共精神，追求长远利益，履行积极责任。如果一定要在公共利益和个体利益之间做出抉择，那么应是前者优先。从长远和整体上看，正因为公共利益的存在，个体利益的实现才有保障。为了维护公共利益，政治、权威和精英有必要干预社群运转和个体生活。

如是而观，伯内斯的悖论反映的正是自由主义和社群主义之间的矛盾。他将公关的沟通活动归于自由主义——自由表达和意见竞争，而又将公关的认同结果纳入社群主义——制造共识、整合社会。在两相计较中，他显然更偏向后者。当然，在他开创现代公关业的年代，社群主义这个词汇尚未明确提出。

尽管社群主义来势汹汹，但是它也难以压倒或取代长期在西方居于主导地位的自由主义思想。在针锋相对的辩论中，社群主义实际上扮演了自由主义的矫正者、补充者角色。公关学者之所以对社群主义如获至宝，原因有三，皆与此相关：

一是因为社群主义强调认同、共同体和公共利益，恰好为公关引导舆论、形塑认同、整合社会提供了思想资源和合法性支持，而这些方面正是公关长期被指控“操纵”“控制”的软肋。

二是在社群主义与自由主义的辩论中，二者形成了并峙互补之势，也因此提供了总体平衡的公关指导思想——公关要奉行和促进民主自由原则，同时也要遵循和增益共同体精神。

三是两个主义之争并非停留在理论层面，二者皆指向现代社会现实，并试图提出解决现代社会危机的新观念和新方案。从辩论的内容和结果看，平衡个体与共同体、自由与安全感、自我认同与社群认同、私利与共同利益的关系乃现代社会必须直面的重大课题。公共关系自身的发展也面临着这些问题，同时公关也是参与解决这些问题的重要社会工具。

二、社群主义与公关价值观

在借鉴社群主义思想创新公关理论方面，贡献最大者仍属格鲁尼格。进入新世纪以后，格鲁尼格开始转向公关的价值体系研究和文化解释。"'均衡'也许不是我头脑中有关公关模式的最好的概念选择，但不幸的是，改换这个概念可能已为时过晚。""各种批评敦促我重新思考，这些思考包括如何把价值问题导入双向均衡模式，而非纠缠于如何让组织和公众对等地分配利益。"①

所谓导入价值问题，最重要的就是确立公关的价值观。格鲁尼格解释说，"作为一个学术和职业的群体，如果要消除加诸公关头上的污名，我们就必须发展出一套价值观，为我们自己，为客户，为这个行业。同时，这些重要价值必须为社会所承认。我们应以践行如是价值观的技能和知识，为公关划定一个自主的专业领地"②。

站在新世纪起点、被奉为"公关大师"的格鲁尼格，发现自己依旧是一个为承认而斗争的战士。公关职业被承认了吗？即使在公关市场最为成熟的美国，人们依然对公关的有效性、正当性和职业合法性充满怀疑。公关理论被承认了吗？它任由多学科介入又总是被抛弃在边缘，像一个穿着花衣裳流浪的孩子。不只格鲁尼格，另一位著名公关学者莱克提的自嘲大概可以代表公关学界的普遍看法："公关如今已被刻画为由复杂的、可憎的、碎片化的术语，以及彼此抵牾的诸多教条构成的芜杂领地。"③

格鲁尼格意识到，要改变这种尴尬的职业和理论困境，必须为公关确立一套价值观，以之统摄公关实践，并为社会所承认。2001 年，基于既往二三十年的研究积累，格鲁尼格系统提出了公关的价值观：

> 我相信合作（collaboration）、集体主义（collectivism）和社会统合主义（societal corporatism）以及共同体关系（communal relationships），应该成为我们认定的公关职业的价值观；它们也正是公关所能贡献给客户和社会的核心价值。④

格鲁尼格重申公关是自由、民主和文明进步的产物，同时亦应奉行社群主义的一些基本信条。不难看出，合作、集体主义、社会统合主义、共同体关系等价值范畴皆带有鲜明的社群主义色彩。以下分而述之：

（一）合作

合作既是公共关系的指导观念，也是其实践策略。格鲁尼格详细考察了合作对人类历史进步，尤其是在当前公众权力崛起、经济全球化时代的特殊意义，提出公关应以促进、达成合作为职志。他基于管理学、经济学和政治学对利益相关者问题的大量论述提出，当作为购买者、支持者，或持异见者、反抗者等多元角色的公众，获得利益相关者身份时，合作便成为组织思考和解决问题的起点。相应地，有效沟通、达成合作应成为公关的基本信条。即使遭遇无可避

---

① J. E. Grunig. Two-way symmetrical public relations：past，present and future//R. L. Heath（Ed.）. Handbook of public relations，Thousand Oaks，CA：Sage，2001.

② J. E. Grunig. Collectivism，collaboration，and societal corporatism as core professional values in public relations. Journal of public relations research，2000，12（1）：23－48.

③ Greg Leichty. The cultural tribes of public relations. Journal of public relations research，2003，15（4）：277.

④ J. E. Grunig. Collectivism，collaboration，and societal corporatism as core professional values in public relations. Journal of public relations research，2000，12（1）：45.

免的冲突，亦应以合作的观念寻求化解之道。

（二）集体主义

集体主义是对西方自由主义、个人主义泛滥的一种积极矫正。格鲁尼格在同一些亚洲研究者的合作中，汲取了东方智慧资源：只有东方的集体主义精神与西方的自由主义思想相“中和”，人类的智慧才足够完整。对公关而言，它应在利益集团面临摇摆不定的抉择时，奉行公共利益、大局利益至上的集体主义原则。社群主义在20世纪末于西方甫一兴起便迅速被引入中国，一个重要原因便是它倡导的共同体精神看起来与集体主义“相近相亲”。

（三）社会统合主义

格鲁尼格认为，现代社会已呈现过度多元主义态势，而这必将导致社会价值体系分崩离析，乃至堕入虚无主义。社会统合主义是过度多元主体的一种纠偏机制，它在尊重自主性、多样化的同时，也强调通过民主协商和制定规则实现利益的公正分配。而公关作为一种双向均衡沟通以求互惠共赢的手段，应在克服过度多元主体、促进社会统合主义方面有积极作为。

（四）共同体关系

共同体关系是一种多元主体之间的双向沟通和彼此依存关系。这既体现了社群主义抱持的共同体精神，也含纳了从伯内斯到卡特里普再到格鲁尼格本人的公关理念——开放、适应、依存、共生。在格鲁尼格看来，民主和自由的目标是让人们进入共同体而实现自我改善，而非像孤独、分散、游弋的原子一样脆弱无依。公关应为组织与公众之间的共同体关系，乃至整个社会共同体关系的建立和维护做出贡献。

公关及其指导思想和价值观向社群主义的靠近，既不偶然也不牵强，而是涉及公关自身合法性的确立或重建。自艾维·李和伯内斯于20世纪早期开创公关职业以来，公关于近百年发展进路中从未真正摆脱合法性不足之苦。艾维·李“撬开”了大企业和公共机构的嘴巴，让垄断者说话，让公众知情，公关在缓解劳资冲突和社会矛盾方面发挥了一定作用。但是，很多人指责艾维·李所谓的“告知真相”不过是通过“拼接事实碎片”引导舆论，最终还是服务企业、影响媒体、操纵公众。艾维·李自己也承认，“我唯一能做的事情只是将我对事实的解释告诉你”①。

伯内斯试图平衡意见竞争和社会整合之间的关系，将公关的合法性筑基于“制造认同”，避免复杂的现代社会走向分裂，并以认同、整合的力量提升其运转效率。说到底，公关在伯内斯那里是一种借由沟通和舆论施加社会控制的手段。这势必带来少数精英操控媒体和公众的风险。谁来制造认同？认同是否会导致权力和资本及其联盟形成绵密的统治或社会控制？用哈贝

---

① Ray Eldon Hiebert. Courtier to the crowd：the story of Ivy Lee and the development of public relations. Iowa City：Iowa State University Press，1966：198.

马斯和乔姆斯基的话来说，公关是否会造成新一轮的“再封建化”?[①]

格鲁尼格批判、驱逐了公关宣传范式和说服范式，可谓用心良苦。他试图清除诸如支配、操纵等绩效和道德合法性不足的公关观念与做法。但是，他所确立的新世界观和双向均衡模式并非生长于他所摧毁的理论废墟之上，而是于高缈处建了一座乌托邦殿堂。正如人们批评的那样，卓越公关理论和双向均衡模式太过理想主义，尤其是忽略了公关根本无法跳脱的利益博弈和权力较量问题。

而社群主义思想的出现及其对自由主义的批判与弥合，在某种程度上为重建公关合法性价值观增补了思想基石。诚如前述，它对认同、共同体问题的重视缓解了公关界在舆论引导、社会控制等问题上的焦虑，增益了公关的正当性和合法性。同时，社群主义为自由主义病症开出的诊断书——诸如个人主义泛滥、认同断裂与价值解构、私利炽盛而公共利益衰微等，与格鲁尼格卓越公关理论的核心主张——诸如双向均衡、彼此依存、协同倡导、合作共赢等，颇有症药相应的意味。这也可以从格鲁尼格提出的公关价值观得到印证，合作、集体主义、社会统合主义、共同体关系等价值范畴简直是社群主义“附体”公关。

对格鲁尼格来说，公关价值观与社群主义相契、与自由主义相弥合，不只是高蹈乌托邦理想，而且使公关与现代社会的重大思想和现实问题产生了共感共振。社群主义与自由主义的冲撞和汇流，关系到现代社会的观念、制度、文化和价值选择，也涉及个体生命和生活图景的设计。公关作为广泛渗透于政治、经济和社会生活诸领域的一种沟通、合作手段，应当介入这些重大思想和现实问题的解释和解决。

第二节 儒家思想与公共关系

社群主义是从“上”“下”两端发起了对自由主义的批判：一是形而上层面先验的“普适自由”——这一理想主义从未实现；二是形而下层面无节制的个人欲求——这一实用主义已然带来灾难。为此，社群主义试图用共同体精神平衡个人主义，用公共利益节制个人私利，用积极的义务论干预消极的权力观。这确实像极了中国的儒家思想传统，以至于白瑞（W. T. D. Bary）、罗斯蒙特（Henry Rosemont）等西方学者郑重其事地提出了“儒家社群主义何以可能”的问题。一些中国学者也颇感振奋，认为社群主义虽与儒家思想不尽相同，但毕竟带来了中西思想对话、汇流的又一次机会。

具体到公关领域，中国公关界也在世纪之交掀起了一股“向传统讨智慧”、契入中国儒家思想传统的热潮。参与这场再造传统运动的学者们认为，中国于1980年代引入的西方公关理论，与中国的思想、文化背景和社会现实并非全然契合，因而有必要“着力建设生发于中国传统的公关理论和实践体系”[②]。此间，《儒家学说与东方公关意识》（权裕，1993）、《孔子“仁”

① 胡百精. 公共关系的“元理由”与对话范式. 国际新闻界，2007 (12).

② 杨洪璋，狄姚馨. 中国传统公共关系初探. 北京：中国物资出版社，1991：前言.

“礼”思想在现代公共关系中的价值及启示》（李云广，1999）、《儒家文化与中国公共关系的建构》（黄懿慧，2002）、《儒家和谐社会思想与现代公关理念的四个连接点》（徐刚、黄训美，2005）等论著一时涌现。

一、儒学复兴与三边互镜

进入21世纪以后，儒学复兴在文化和政治上皆一度成为一场运动。身陷现代性转型危机的西方世界也有人将眼光投向中国的儒学传统和新儒学，以期在中西互通中培育“人类文明完整的智慧”。从1840年至今，儒家思想在中国的命运，大抵与如下三个历史主题紧密关联：

一是“西化”。这是一个贯穿中国近现代史的发展主题。“洋务运动”拉开了中国“西化”的大幕，清政府被迫提出“师夷长技以制夷”，派出留学生、外交官，建设现代工厂。士人念诵着“中学为体、西学为用”的口号，混穿洋装马褂，寻求改良之道。民国成立后，五四运动将“西化”推向高潮，一批知识精英和新青年决心“打倒孔家店”，为启蒙运动祭旗。1920—1930年代，中西之争再度升级，坚定的革命派认为正是以儒家为代表的传统思想捆缚了中国进步的手脚，简直是“吃人的礼教”。新中国成立后，儒家思想在“文革”期间遭到更激进的批判和破坏。及至1980年代，新启蒙运动和改革开放又一次形成了中西映照和论争之势，一些人提出“中国要从黄土地走向蔚蓝海洋”，抛开虚伪、有毒的“传统”，修筑一条通往西方的中国道路。

二是现代化。现代性转型和现代化是西方启蒙运动的产物。它们所培育的理性和进步精神及其推动的工业化、城市化、市场化和民主化进程，创造了繁荣的西方世界。自鸦片战争以来，现代化也成为中国人的心结。但是，中国的现代化进程极为曲折，洋务运动、维新运动、立宪运动因清廷灭亡而散场；20世纪前半叶的启蒙运动和现代化努力又为紧迫的“救亡图存”主题所压倒；后半叶又遭遇种种政治运动的奔袭，直至改革开放以后，现代化才成为稳定的国家议程。

几代人在引进现代性观念和现代化方案的过程中，都根据自己的需要做出解释，歧见纷然，争论不休。共识也是有的，譬如“西化”的目的就是现代化，但二者并非完全一致，中国要走自己的现代化道路；又如中国的现代化需要扫清太多障碍，而儒家思想的诸多面向——大一统和专制观念、封闭守旧意识、过度伦理化倾向等皆与现代性转型格格不入，正是亟待抛下的历史包袱。

三是全球化。对近现代中国而言，“西化”是于空间向度展开的历史主题，现代化于历史向度展开，而全球化则属当下情境。“当下”是一个自我与他者、传统与现代、主流与边缘交错缠结的时空场域。在这个复杂场域中，中国于20世纪末21世纪初出现了一股“重新发现儒家”的思想潮流。一些知识分子和新兴的中产阶层唤起了强烈的文化乡愁情绪，以修身养性、“心灵鸡汤”的名义重述、分享儒家思想，毕竟它曾在过去的两千多年中，维系了中国社会的整体秩序和民众的日常生活。而从政治上看，官方也把复兴优秀传统文化和儒家思想精义视为民族复兴的重要组成部分，同时亦可填补意识形态的某些罅隙。

更重要的是，现代性危机和现代化病症在世纪之交的西方全面显现，中国开始为现代化进程付出沉重代价，而儒家思想“忽然”被确认为对症的良药之一。现代性和现代化所抱持的理性精神、进步意志和效率观念，一方面成就了繁荣的现代社会，一方面也造成了严重的文明危机，譬如人的价值世界的凋零，自我主体性的沦丧，人与人、人与社会、人与自然的尖锐对立。无论在西方还是中国，有识之士皆提出，儒家的天人一体观、和而不同思想、对心性价值的追求恰好可以弥补现代化工具理性的不足，有助于缓解现代性危机。

1993年，美国政治学家亨廷顿提出了“文明冲突论”，将人类文明区隔为“西方与西方之外”（the West and the rest）。亨廷顿的主张是一种典型的西方中心主义：要么是西方，要么是被西方同化的弱者，或者有待征服的敌人。这未免让人们想起黑格尔的“历史终结论”——当历史只有一种力量来书写时，历史便终结了。

且不说东方世界的回应，即使在西方内部，亨廷顿也受到了广泛批评。批评者指出，如果以下三个问题得不到解决，“历史终结”便不过是无知者的妄想：“启蒙运动-自由主义-现代化”过程中沉积的痼疾；西方文明在世界范围内或整个人类文明体系中的自我确认与改造；全球化过程中的多元文化的有效对话。那么，何种文明或思想体系能够胜任缓解现代化痼疾，与西方文明形成相互映照、补充、改造之势，并可参与全球对话与合作？来自中国和大中华文化圈的儒家思想当然是重要的选择之一。

2001年，在联合国举行的“人类文明对话年”高峰论坛上，一大批在西方思想界举足轻重的知识精英提出将儒学复兴纳入人类文明的发展议程。他们强调了天人合一、和而不同等经典儒家思想，并建议把儒家的恕道——“己所不欲，勿施于人”、儒家的仁道“己欲立而立人，己欲达而达人”（《论语·颜渊》）确立为人类文明对话的准则。自此，尽管儒家思想由中国的“地方知识”上升为世界“普适资源”的道路依然迢远，但它作为与自由主义、社群主义对话的第三种可能性逐渐得以确认。

自由主义、社群主义和儒家思想皆包含人类文明的优秀成果，但谁也无法覆盖全部资源，包揽现代社会的全部解决方案。因而，儒学复兴与自由主义再造、社群主义崛起一样，皆不可沦为一意孤行的冒险，而应形成“三边互镜”、美美与共之势。三大思想体系的比较和互补主要体现在如下几个方面：

（一）自我观的比较

儒家反对轻浮、分裂的“自我”，强调个体在与他者、社会和宇宙的互动、感通之中寻找自我本真的规定性。因此，儒家的“自我”在我，亦不在我。在我者，修身、齐家、治国、平天下；不在我者，个体成就于天、地、人三参一体之中。这与自由主义“先验的个人化主体”（antecedently individuated subject）形成鲜明对照。同时，它仿佛与社群主义立场一致，其实又不然。

按照新儒家的解释，儒家意义上的自我并非淘空个性的存在，集体主义也不是虚幻、迷狂的公共景观。从孔子、孟子、王阳明到陈寅恪、钱穆，人格独立与主体自由是儒家一以贯之的主张。在儒家看来，自我与集体、社群构成一种既内在一致又有所超越的关系。譬如，儒家一方面讲国家兴亡匹夫有责任；一方面又认为“君”也不过是泛水之舟，民可载之，亦可覆之。余英时与白瑞明确意识到了这个问题，他们不约而同地使用“personalism”而非“individualism”指称儒学中的“个体”。

（二）权利观的比较

儒家是基于自我与世界的关系来理解个体的权利和义务的。这种关系思维指向了四个维度：人与人、人与社会、人与天（自然、宇宙）、自我的精神世界。自由主义将个体及其精神世界放大，强调自我对他者的权利优先性，将义务视为个体的伦理选择。社群主义主张“让人与社会重新相遇”，倡导社群权利和公共利益优先，号召人们积极承担共同体的义务。三者比照之下，儒家的权利观和义务观更为丰富，它在个体关系、社会关系、心灵和精神世界之外，还特别强调了人与天的相遇，并认为人之权利和义务来自这多维关系的规定性。当然，个体也极易沦为如是繁复关系的附庸乃至奴仆。

（三）伦理观的比较

儒家的“义利之辨”强调“义”优先于“利”，这基本上接近自由主义“正确优先于善”（the priority of the right over the good）的道德立场。二者的差别在于社会历史实践，儒家“义”的思想始终是一种道德上的关怀和准则，而自由主义则将“正确优先于善”培育为契约理性和法制精神。在中国，若人有悖信义，你可以在道德上指责他“不够义气”；若在西方，则有相应的信用机制或法律规范惩戒他。

儒家在道德上的根本追求是“仁”。仁者，爱人。爱他人，爱集体，爱天地自然，乃至天下大同。这就很接近于社群主义倡导的共同体理想，而深究下去又可发现二者的差异。

社群主义试图改良自由主义，但自身亦未能跳出西方文明的域限。它所确认的共同体理想实质上仍是一种博爱观，即无所不在的悲悯、关心和恩赐。这当然是一种崇高的爱境，然而博爱的实践往往导致无爱，或者对异端的仇恨。儒家的仁爱是一种差等的爱，以自我为中心画个道德同心圆，强调推己及人、兼济天下。在人与人的交往中，儒家确立了作为“金律”的仁道——己欲立而立人，己欲达而达人，作为“银律”的恕道——己所不欲勿施于人。这种同心圆式的道德实践自然也有其风险和流弊，譬如只爱亲近的人，对其他人则冷漠乃至冷酷待之。

从以上三点可以看出，自由主义、社群主义和儒家思想确实分殊鲜明，却也有相互联结、彼此支撑的榫铆。三边互镜、有效对话将对全球化时代的人类文明进步大有裨益。这并非中国知识界一相情愿的想象。一些西方思想家已经积极行动起来，并产生了丰富成果，譬如白瑞的《〈大学〉作为自由传统》和《亚洲价值与人权——从儒家社群主义的观点看》、孟罗（D. J. Munro）的《一种证明伦理规则的现代方式：穆勒、孟子和当代生物学》、罗斯蒙特的《谁的民主？何种权利？——儒家对当代自由主义的批评》、沃恩（D. B. Wong）的《和谐、分离与民主之礼》、德里达的《一个世纪里的宽恕》、爱得加·莫寒的《恕道是对残酷世界的抵抗》，等等。

二、儒家论域下的“大同公关”

儒家论域下的公关，并非是指儒家思想主导的中国的公关史。本书第一章简要梳理了中国

“前公关”时代的历史图景，儒家思想不可避免地影响传统公关活动和现象，但这并不意味着它们理所当然地成为中国公关的指导思想。理由在兹：

首先，先秦时代最接近公关职业的春秋行人和战国策士多为纵横家出身，并非来自作为诸子百家之一的儒家。其次，在漫长的封建时代，政治、战争和社会交往中自觉或不自觉的公关行为多属因时就势的权谋，诸如“空城计”“七擒孟获”“嫁女和亲”等莫不如此。及至最近一百多年，维新、保皇、革命各派纷纭造势，以争取民意，而最终信任的还是枪杆子。改革开放之后，公关理论自西方引入，骤然而兴，未免囫囵吞枣。直到 21 世纪开元前后，让儒家思想与基于西方世界观和方法论的公关理论对话才成为学界的自觉。

本章第一节考察了自由主义和社群主义的交锋、汇流，以及西方公关学界对此的响应和“挪用”；第二节前半部分考察了儒家思想与西方两大思想体系互镜、互补的可能性，以下则探讨儒家思想介入公关学理和实践的维度和方法。需要警惕的是，前者对后者的介入不可生硬照搬，而应找到实然相契的维度和领域。即使在相契之处，二者的相互关心和体贴亦需要精致的方法和足够的时间。

（一）公关的信念和使命——大同与和而不同

根据儒家思想的指引，公共关系的信念和使命在于构建组织与公众的“大同世界”，并以“和而不同”为准则确立共同体秩序。自伯内斯时代起，无论宣传、说服还是双向均衡沟通，西方公关的使命一直是明确的——制造认同。但是，这一使命亦有其局限和风险：它是否即意味着强者对弱者的驯化和征服？最终达成的认同，是“谁对谁”的承认、接纳和服从？而儒家的大同信念，一方面通往整体和谐之境，一方面也预设了差异，是“同”与“不同”的辩证一体。

大同之“大”，并非指向“广泛”或“普遍”，而是“高远”或者“深厚”。大同世界不是表面、一律的“雷同世界”，不是放弃独立性和差异性的“普遍复制”。它于“高处”——共同信念、“大处”——整体利益层面维系共识，又在具体的交往、交换层面保持多样性和自主性。

依循大同、和而不同的儒家观念，公关的使命可以一分为二：培育组织与公众之间的价值共识、信念认同；尊重利益各方的多元立场和诉求，促进意见交换和利益互惠。公关既追求认同与和谐，亦承认多元差异，致力于平衡“一”与“多”的关系。

（二）公关价值观——体用合一之仁

从儒家思想出发，公关的核心价值观应明确为仁或曰仁爱。杜威早就意识到，在中国，仁可以解释为至少需要两个人一起相互帮忙，人才能称之为人。仁是儒家处理一切人与人、人与社会、人与自然关系的基本原则。这项原则主张立己达己、立人达人，同时辅以前述的恕道作为底线——不强加，不施暴。孔孟皆认为，仁不只是个体的道德修养问题，而且是立国为政的价值根基。他们提出“修己以安人，修己以安百姓”（《论语·宪问》），“博施于民而能济众”（《论语·雍也》），“得天下有道，得其民，斯得天下矣”（《孟子·离娄上》）。

值得注意的是，在孟子、朱熹和王阳明那里，仁超越了道德实践之“用”，而是人人本具的内在之“体”。换言之，仁不是一种应然的道德原则或实然取向，它本来就是生而为人自足、自持的心性本体。人在成长中为尘俗外物蒙蔽，以致仁之本体潜隐不彰。但它始终存在，等待尘尽光生。孟子讲“恻隐之心，人皆有之”，王阳明强调“本心之仁，万物一体”皆是此理。

朱熹说得更明白：“盖仁之为道，乃天地生物之心，即物而在。情之未发，而此体已具；情之既发，而其用不穷。诚能体而存之，则众善之源，百行之本，莫不在是。”（《朱子文集》卷六十七《仁说》。）在朱熹看来，儒家之所以“汲汲于求仁也”，正因为仁是道、体和善的源头，应物而发，其用无穷。

在1980年代最初引入公关理论时，中国公关学界特别看重西方经典教科书强调的“示善”“让公众爱我”等价值准则。它们要求组织向公众表达善意，以赢得公众的好感和爱。而在儒家观念中，“为善”方能“示善”，此为知行合一；“爱人”方能“为人所爱”，此为因果感应。更重要的是，爱人与为善不只是实践应用层面的道义原则和方法，而且作为本体而存在。基于如是体用合一，儒家主张推己及人，自利利他，直至兼济天下，达成普遍之善。

（三）公关人的素养——义与智

按照儒家的主张，公关人当以仁义礼智信为基本修养。这样纯粹的东方观点可能显得武断，但如果把李普曼和伯内斯定义的“少数聪明人”理解为中国“士君子”中的一类的话，便不致牵强。仁于前文已论及，礼、信将于下文专门解读，此处重点强调义和智两个范畴。

“义者，宜也”（《礼记·中庸》），即公平、合理地分配利益，各得其所，咸宜与共。在儒家的义利观中，义是区分君子与小人的尺度，所谓“君子喻于义，小人喻于利”（《论语·里仁》）。君子为人处世，安身立命当以义为重，见利思义，见义舍利。同时，儒家并不简单否认“利”，而是强调“取之有道”。孔子主张“义然后取”（《论语·宪问》），孟子承认“欲贵者，人之同心也”（《孟子·告子上》），但也告诫人们“穷不失义，达不离道”（《孟子·尽心上》）。这与自由主义的“正确优先于善”、社群主义的“公共利益优先”、西方公关理论强调的“公平互惠”与“环境友好”皆是相通的。

儒家之“智”，可区分为三格——知识、技能和智慧。用今天的话来说就是有智慧、懂知识且训练有素。较之西方心理学对心智的精准测量，此三格未免有大而化之的嫌疑。但儒家智慧观有自己的特点：一是智为通，即通达无碍、明白洞彻，因而真正的智无法测量；二是智与德相连，无德的智者，不过是聪明的小人；三是智与学相连，所谓“好智不好学，其蔽也荡”（《论语·阳货》）。儒家将智的获得分为五个步骤：博学、审问、慎思、明辨、笃行，缺一不可。这对现代公关人的素养修炼，同样具有重要的启发意义。

（四）公关的行为规范——礼之用，合为贵

公关当以礼作为行为规范，“不学礼，无以立”。所谓“礼之用，和为贵”（《论语·学而》），即经由规范化的交往、有效的社会关系调节、充分的心性和道德体认，走向和谐之境。这也正是公关的追求。儒家之礼大抵有三层含义：

一是人际交往的规范，即日常礼仪规范，包括对视听、言行、仪容、文饰等方面的共识性约定，譬如诚敬待人、来而不往非礼也。

二是社会典章度和伦理规范，即礼的制度化，包括对天地祭颂、尊卑秩序、器物应用

等方面的细致规定，以使礼能够“经国家，定社稷，序人民，利后嗣者”（《左传·隐公十一年》）。

三是心体、道德的外化与显现。在儒家观念中，仁是内在的心性本体或道德意识，礼则是“体之用”或仁德的外在表现。知礼便是识见本心、德行于外，以之“定亲疏、决嫌疑、别同异、明是非”（《礼记·曲礼》）。

基于以上考量，儒家将礼的精神定义为“自卑而尊人”《礼记·曲礼》，强调自我谦恭、尊敬他人。谦恭并不意味着不顾尊严，“恭而无礼则劳，慎而无礼则葸，勇而无礼则乱，直而无礼则绞”（《论语·泰伯》），其中劳、葸、乱、绞分别指劳顿、畏缩、作乱和尖刻伤人。这就要求公关执礼行事，遇弱而“不亢”，遇强而“不卑”。

（五）公关目标与效果——信任资本

按照儒家的思想框架，公关效果应落在“信”上。公关可能有助于政绩和销售，有助于化解冲突和树立形象，有助于制造认同和维护关系，但其根本目标和最终效果还是培育、积累信任资本。这也是公关同广告或其他营销传播手段的最大差异所在，建立信任乃公关的核心功能和所擅之长。

信是儒家“五常”——仁、义、礼、智、信之一，也是其落点。“人而无信，不知其可也”（《论语·为政》）。何谓信？“信，诚也”（《说文》）。“诚者，勿自欺也”（《大学》第六章）。唐代孔颖达将《礼记》“讲信修睦”中的信注疏为“无欺”，即不欺骗别人。如是，信就是不骗别人，也不骗自己。

儒家把信作为为人为政为商的基本准则，将之具体化为守信之信（兑现承诺）、等级之信（尊重权威）、人伦之信（道德托负）、仁政之信（政治信任）、交易之信（维护契约）等。但儒家并不主张“轻信”，而是强调基于仁、义、礼、智把握信。譬如信而无仁，很可能是大家一起去干坏事；又如无智之信，很可能是盲信、迷信。

有人将公关“精义”表述为“说正确的话，做正确的事”，而从儒家视角看，“正确”内在地包含“可信”“守信”之意。如前所述，与其他营销传播手段或者治理方式相比，公关更应坚守诚信，也更有利于建立信任。公关从本质上是一种人与人的关系，唯有“言必行、行必果”方能建立长效交往机制。这与艾维·李在《原则宣言》中确立的公关准则是相互呼应的，放弃讲真话、守诚信而谋求共识、制造认同，不过是一种自欺的想象。西方公关界也意识到了这一问题，1990 年代以后兴起的关系流派即强调，应以关系层面的“信任度”为核心指标评价公关效果，而非单纯依赖收视率、阅读率和传播总量等过程指标。

第三节 对话理论与公共关系

吉登斯在论述现代性危机和风险社会时指出，在多元文明交汇、世界性问题凸显、核武器足以摧毁人类文明的全球化时代，除了对话，我们别无选择。[①] 一国之内也是如此，现代性在其高级阶段必然导致风险社会的降临，人与人、人与社会、人与自然、人的价值世界持续爆发各种危机，唯有对话、认同和共同体的力量才有望缓解这些危机。结合吉登斯的论述，本章所讨论的对话问题包含四个层次：

一是在全球化时代，自由主义、社群主义和以儒家传统为代表的东方思想体系之间需要对话，以解决世界性议题和多元文明冲突，寻求共识，促进合作，构建人类命运共同体。

二是自由主义、社群主义和儒家思想的自我革新和创造性转化亦应获得对话的观念和解决方案。自由主义若欲克服过度多元化、原子化、碎片化和虚无主义，个体之间必须有效对话并重返共同体；社群主义若欲缓解自由主义的焦虑——社群意志强加于独立个体、公共利益压倒私人利益、义务优先而只享有抽象的权利，就必须在个体之间、个体与共同体之间建立理性、平等的对话机制；儒家思想若欲规避再度沦为大一统专制、有集体无个体、钳制个体权利和自由的风险，亦应如新儒家学派主张的那样，倡导平等相遇、社会协商和人天对话机制。

三是现代国家普遍遭遇了现代性危机和现代化风险，尤其是工具理性炽盛、价值理性衰微，引发了政治、经济、文化和生态等诸领域的严重危机。对话被包括吉登斯、哈贝马斯、鲍曼、贝克、查尔斯·泰勒等人在内的当代思想家视为首选的危机应对方案之一。

四是作为以沟通为业的现代社会交往和治理手段，公共关系应由支配性的宣传和说服范式、过度理想主义的双向均衡范式，转向对话范式。

一、对话主义与对话理论

最早将对话提升至哲学、“主义”和社会思想层面进行考察的人，是苏联学者巴赫金。在巴赫金的名字前面，你可以加上一堆显眼的头衔：1895 年出生的没落沙俄贵族，1924 年被逮捕并长期流放西伯利亚的“反党分子”，1938 年因骨髓炎截肢的残疾人，1965 年被西方资本主义阵营发现并推向神坛的学界领袖，文学青年、烟鬼、合作社会计，哲学家、语言学家。

人们在缅怀巴赫金时，更愿意将他的对话理论称为“对话主义”。他把对话视为人之存在的根本问题，关乎生命品质、社会理想和文明图景。

（一）对话是生命的条件

人的存在条件是什么？在巴赫金看来，自我成就于个体与他者的互动之中。若无个体与他者的对话，自我作为生命体的共性和个性则无以确认。因此，“我”与他人的对话关系，构成了生命的存在。“一切都是手段，对话才是目的。单一的声音，什么也结束不了，什么也解决不了。两个声音才是生命的最低条件，生存的最低条件。”[②]

---

① 吉登斯．超越左与右：激进政治的未来．李惠斌，杨雪东，译．北京：社会科学文献出版社，2000：263.

② 巴赫金．陀思妥耶夫斯基诗学问题．白春仁，等译．北京：三联书店，1992：344.

（二）思想的本质是对话

人类思想的本质是什么？巴赫金在分析陀思妥耶夫斯基作品时指出，人类思想的本质也是对话。“同言论一样，思想就其本质来说是对话性的。”[①] 人的想法要成为真正的思想，必须将其置于同他人思想的积极交往之中。思想得以产生、持存和升华的真正领域，不是自我的头脑，而是与他人对话、互通的意义空间。一个人即使在独自沉思时，也总会预设对话的他者，想象对方如何感知、评价自己的想法，因而总是倾向于将之条理化、正当化，变成可叙述的思想。

（三）对话是多样的复调

对话是不同意见的相遇和协商，是不同声音在交汇中形成的“复调”。与复调相对的是“独白”，即不顾对话者之间的多样性、差异性，唯求发出单一的声音。诸如“一致同意”之类的单一声音，无论多少人加入其中，亦不过是独白。真正的美、和谐，理应是复调而非独白。巴赫金认为，对话的差异性原则根源于“社会现实的多元性和矛盾性”，泯灭差异性而寻求所谓同一性，要么是暴力施加的结果，要么是一场幻象。[②]

（四）对话者应保持独立性

如何保证对话的差异性？在巴赫金看来，差异本身即意味着平等，谁也不是真理的绝对拥有者，谁也不是话语权的垄断者。这要求对话者之间是自主、独立的，互不混淆，互不同化。人们自由言说、认真倾听，并参与创造。这种独立性与自由主义下“绝对自由”的孤独个体不同，它强调个体在与他者的对话中“全面、整体地把握自己，超越自己”[③]。

（五）对话走向何处？

巴赫金认为，对话是表达和理解的复杂对应关系和动态结构。人们希望自己被倾听，希望被别人理解，这使对话成为一个永远开放的、未完成的动态过程。对话的“未完成性”具有深刻的哲学和历史意义，它要求人们不断选择、创造和超越。因此，对话不一定走向确定的结论，而是走向永恒的、严肃的超越。

1965 年，巴赫金的对话理论被辗转介绍到西方国家，受到西方学界的热烈追逐。当年，32 岁的哈贝马斯通过教授评级论文。此后三十余年间，交往、对话问题一直占据着哈贝马斯理论定义域的中心。这位法兰克福学派的第二代旗手，一点也没有因为表达的艰涩而影响学术思想的普及。从 20 世纪后期至今，哲学社会科学界对哈贝马斯的引用简直成了一种流行。其中，他的生活世界、公共领域、协商民主、交往理性、对话伦理等理论，被广泛引渡至哲学、语言学、社会学、政治学和传播学诸领域，以至于相关论域的学者不得不“言必称哈贝马斯”。

---

① 巴赫金．陀思妥耶夫斯基诗学问题．白春仁，等译．北京：三联书店，1992：133.

② 巴赫金．陀思妥耶夫斯基诗学问题．白春仁，等译．北京：三联书店，1992：344.

③ 刘康．一种转型期的文化理论——论巴赫金对话主义在当代文论中的命运．中国社会科学，1994（2）.

1. 重建生活世界与价值理性

哈贝马斯继承了胡塞尔、海德格尔等人提出的生活世界概念，并将重建生活世界当作拯救现代社会危机的一剂的良药。在他看来，现代社会在结构上已然分化为系统和生活世界两部分。所谓系统，是指以权力为媒介的政治系统和以资本为媒介的经济系统，重视秩序、效率和工具理性；所谓生活世界，是指个体生活和交往行为发生的背景，也是彼此达成理解必须依赖的“信念之库”。信念之库即人所共知、人皆尊奉的信念集合，譬如在情感、尊严、伦理、审美和信仰上共同约定的准则和尺度。人们在生活世界所提供的共同知识、明确意义和无争议信念的指导下，诚实交往，持续对话，达成信任、共识或谅解。在此过程中，个体的社会化、社会的一体化和文化再生产得以实现。

哈贝马斯之所以提出重建生活世界有两个原因：一是从外部看，系统殖民、压迫了生活世界，以至于权力、资本和工具理性的规则也渗透于生活世界，导致后者的价值灯火越来越黯淡，不再是个体诗意的栖居之所和温暖的精神家园；二是从内部看，现代生活世界中的个体交往本身也越来越成问题，信任缺失，尊严沦丧，伦理和审美被解构，共同的信念遭到祛魅，导致人与人的交往要么沦为无意义的喧哗，要么激化为不可理喻的对抗。

2. 公共领域与主体间性

那么，何以重建合理化的生活世界？哈贝马斯给出的方案包括：再造公共领域、构建主体间性、培育交往理性。公共领域是指处于系统与生活世界、国家与私人领域之间的一个意见交换平台、公共参与和行动空间、社会关系网络。它发挥着“缓冲带”“谈判桌”的作用，譬如系统和国家权力对生活世界和私人领域的直接干预和殖民。在公共领域中，多元主体广泛、自由地加入对话，而不是直接投入权威的怀抱；人们基于平等权利表达自身立场，且不为明显的荒谬添加逻辑；对话者相互批判对方的观点，同时又捍卫对方表达的权利，相信只有辩论才能找到解决问题的方案。①

为了实现公共领域中平等、自由的讨论和对话，哈贝马斯提出了主体间性原则。他认为现代性危机的根源在于启蒙运动所确立的主体性原则。本书多处论及，现代性主张把人从神权和君权中解放出来，确立自身的主体性。这当然是了不起的历史进步，但也带来了一个意外的负面后果。当每一个体、族群、阶层和国家皆视自己为主体，那么他者就变成了可支配、要斗争的客体。一强调自我，他者被客体化了；一强调人类，自然就被对象化了。

为此，哈贝马斯坚决主张改造启蒙和现代性所确立的主体性原则，将之由“主体-客体”间的支配关系，替换为“主体-主体”间的对话关系。这就是主体间性。它要求多元主体之间形成非强制、内在自由的平等对话关系，而不是强与弱、多与寡、中心与边缘（譬如西方及西方之外）式的主客体支配关系。一旦主体间性得以确立，那么公共领域中的表达与行动、生活世界内部的交往与对话便有指望，系统对生活世界的殖民、工具理性对价值理性的压迫便可能有所缓解。

3. 交往理性与对话伦理

重建生活世界、再造公共领域和构建主体间性，皆有赖于交往理性的培育。若无交往理性

---

① 尤尔根·哈贝马斯．公共领域的结构转型．曹卫东，等译．上海：学林出版社，1999：252.

的规约，真正的交往要么不会发生，要么带来破坏性的后果，主体间性原则亦将落空。这逼迫哈贝马斯捡起韦伯对启蒙理性的二分法——工具理性和价值理性。工具理性的进步观和效率观造就了繁荣的现代社会，但也导致了现代人的异化——人为物所奴役。哈贝马斯并未全盘否定启蒙理性，而是提出要以交往理性替代工具理性。至于替代的目的，一是节制工具理性，特别是它所潜蕴的单一、无度的功利主义和工具主义观念；二是重彰价值理性，人们基于理性对话，重振情感、伦理、灵韵和心灵世界。

哈贝马斯认为，交往理性就是要寻找交往行为的伦理依据，这些依据不存在于物的世界，而只能到人的世界去发现。因此，交往理性最终体现为多元主体之间彼此同意、普遍接纳、自觉遵守的一套对话伦理。本书后面相关章节将会细述哈贝马斯对话伦理的具体内容。

除了巴赫金的对话主义和哈贝马斯的对话理论，人文社会科学的诸多领域在20世纪末和新世纪初都出现了对话转向。兹举数例：

吉登斯认为要克服现代性危机，就必须培育对话民主。按照他的对话民主方案，现代社会要在个人亲密关系、社会运动与自治团体、民族国家和全球范围等四个层面，以对话的观念和手段构建协商、民主机制。在他看来，对话可以再造人与人的亲密关系并生发积极信任，进而将信任资本扩大至社会运动、民族国家和全球共同体层面。贝克的方案与此相类，他认为即使所谓西方民主国家也总是将普通公民排除在公共决策之外，或仅在程序、形式上整合民意。而为了以共同体的力量应对风险社会，必须建立多元、实质性的参与的民主机制。

查尔斯·泰勒主张在对话中恢复“人之为人”的本真理想，以成就自我、重建共同体。鲍曼也视共同体的衰落为现代性危机的表现形式之一，他的着眼点有三处：承认现代社会多元主义的现实；尊重多元主体的平等权利，在充分的对话、协商中产生共同关心和人道；促进自由、平等与安全感、确定性的相互协调，一方面要避免自由主义造成的分裂和孤立，一方面也要设法改变个体一旦加入共同体，便可能承受后者过度施加的压力和强迫。鲍曼指出：

> 如果说这个个体的世界存在共同体的话，那么它只可能是（而且必须是）用相互的、共同的关心编织起来的共同体；只可能是一个由做人的平等权利，和对根据这一平等权利的平等能力的关注与责任编织起来的共同体。①

二、作为对话的公关

在哈贝马斯对系统殖民生活世界、公共领域“再封建化”的批判中，公关被视为罪魁祸首之一。他认为，公关即属典型的工具理性的产物，服务于权力系统和资本系统，制造权威式认同和虚假的价值认同。②因此，公关正是他的对话理论——主体间性、交往理性所应改造的重要对象。

吉登斯从亲密关系到社会运动再到国家族群乃至全球范围的对话民主方案，几乎每个层面都和对话主体的公关观念和实践紧密相关；贝克设计的参与民主机制也必然伴随着多元主体的

---

① 齐格蒙特·鲍曼．共同体．欧阳景根，译．南京：江苏人民出版社，2003：186.

② 有关哈贝马斯对公关的批判，详见本书第十二章第二节。

公关行为；查尔斯·泰勒的在对话中成就自我和共同体的观念，同样适用于组织与公众之间的沟通与合作；公关也要直面鲍曼所称的多元主义现实，平衡个体与共同体，自由与安全感、确定性的关系，在平等对话中维系“共同关心”和“人道责任”。

上一章末尾已提到公关学界自觉的对话转向，譬如格鲁尼格对社群主义的响应和明确将双向均衡范式表述为“对话公关”，波顿、香农·博文等人借用对话理论构建公关“价值共创”范式，新兴的公关修辞流派和关系流派亦将理论建设的重点转向对话。除了理论上的响应和转向，全球互联网革命为公关对话范式的崛起提供了宏观的时代背景和具体的实践条件。

每一种带来根本性变革的技术都有自己的哲学，互联网的哲学是对话。在互联网改造下，世界成为一个平面，人人都站在广场上，“无远弗届”地看得见、听得到彼此。作为层层叠叠、错综复杂网络中的“节点”，个体至少在技术上是趋向自由、民主和平等的。而随着社交媒体和移动互联网的迅猛普及，这种技术民主日益成为一种新的社会思潮、政治主张和文化形态。官民对话、民商对话、跨文化对话不再是零星、分散或想象中的协商实践，而是成为实时遍在的政治、商业和文化境况。

在正式探讨构建公关对话范式的可能性之前，尚有一个问题需要解决：我们如何理解对话？广义而论，人类的一切交往行为皆可视为对话；狭义论之，对话专指双方或者多方的相遇、会晤和交谈。无论广义还是狭义，对话都是人之生存的基本条件，是人类思想的本质，是人与人、人与社会、人与自然和谐共生，实现可持续发展的前提条件。在人类创造的种种“在世”方式中，对话也许不是最直接、最高效的问题解决方案，但它是理性、温和或最后的选择。诚如吉登斯所言，当风险和危机达至极限，当对抗可能带来毁灭，人类除了对话别无选择。

基于以上理解，我们可以将公关初步定义为：组织与利益相关者之间有计划、规程化的对话，以培养共识、维护关系，实现利益互惠和价值分享。作为组织与利益相关者的对话，公关的价值观、原则、方法和目标可以描述如下：

（一）公关价值观

较之宣传范式、说服范式和双向均衡范式，公关对话范式的首要特质在于公关价值观的来源、形成与作用机制。宣传和说服范式主导的公关价值观，皆来于组织，反映组织的信念、观点和意志。双向均衡范式虽然在理论上强调“双赢”，但是波顿一针见血地指出，格鲁尼格所描述的新世界观和公关价值观仍未超越组织管理的视角，它们来源于组织，并服务于组织的传播目的，为组织减压，提升组织效率和员工满意度。[①] 而对话范式则要求组织与利益相关者在讨论、协商中实现价值共创，公关的价值观来自双方的共同协商、创造和分享。

公关价值观既非组织单向、强制施加的某种意志，亦非对利益相关者立场和欲望的取悦逢迎。它生发于对话，也作用于对话实践。在今日多元主义时代，任何价值观或价值体系皆属可对话、可分享的价值约定，并且要反过来指导、凝摄多元主体的对话与合作。那些单向施加或取悦逢迎的价值观，既难以内化于心，更难以贯彻于实践。

---

① C. Botan, & M. Taylor. Public relations: state of the field. Journal of communication, 2004, 54: 644-661.

同时，任何对话都发生于特定语境之中，脱离语境的对话是不可思议的。因此对话范式的公关观又与历史和文化语境、社会现实语境、组织与利益相关者的具体交往语境相通：

一是要顺应特定的传统、习俗、文化和宗教语境。它强调了公关的文化属性——作为文化仪式、文化活动而存在。公关价值观应符合特定历史、文化语境的规范和契约，承载之、维护之并推动它们的创造性转化。

二是要响应现实社会的主流观念、发展主题和思潮风尚。它强调了公关的社会属性——作为社会关系的生产和再生产者而存在。公关价值观要关怀现实、守望前沿，充盈时代精神，反映和增进公共之善。

三是契应组织与利益相关者的具体交往语境。它强调了公关的功利属性——作为一种权力和利益协调机制而存在。公关价值观不能脱离对话、权力和利益协调的具体实践情境，相反，要强化复杂情境下的凝摄力和适用性。

基于以上考察可知，公关价值观不是组织或利益相关者哪一方自持的信念，也不只是双方之间的“小共识”，而是来自历史、文化和社会现实，并适用于具体交往情境的“大共识”。这样的价值观设计，有助于增强其对公关实践的指导作用，也有助于公关找到自身在历史、文化和现实社会中的位置。

（二）公关的“体”与“用”

对话既是公关之体，也是公关之用，二者分而为一。公关“是”对话，也实践对话。前者要求公关抱持对话精神，始终以对话为念，即建立前文述及的共享价值观、共同体精神和思维方式；后者主张公关坚持对话原则、使用对话手段，担当责任，解决问题。

从实践原则上看，公关对话的双方或多方应尊重各自的差异性、独立性和平等权利。差异性意味着多元、自由，独立意味着自尊、自主，平等意味着公正、合理。它们都反对强制、欺骗和盲从，同时也拒绝另外一个极端——以自由之名离散，因自尊而伤害他者，为平等而起虚耗的纷争。

从实践手段上看，公关应广泛使用一切对话形态和工具。同其他现代管理手段一样，公关也特别倚重于科技进步。现代公关之所以崛起为独立产业，一个重要而直接的原因就是信息传播科技的革新和突进。如今，几乎所有关联的尖端科技皆可以迅速转化至公关领域，为其所用。

这并不意味着公关可以轻视、忽略那些传统的、基本的对话方式，譬如大众媒体和互联网可以瞬间使信息撒播至世界，然而在建立真正的信任层面，它们可能远不及一次面对面的相遇。因此，公关依赖而不迷信科技，不唯单一手段至上，而是强调新媒体传播、大众媒体传播、组织传播、群体传播和人际传播的整合应用。

（三）公关使命与目标

在前述定义中，我们将公关的使命和目标明确为基于对话观念、使用对话手段开启的四个效果维度：培养共识、维护关系、利益互惠和价值分享。它们分别指向了公共关系的双向沟通职能、关系管理职能、利益协调目标和价值共创目标。具体解释如下：

一是通过对话培养共识，强调公关的双向沟通使命和职能。培养共识与早前伯内斯提出的“制造认同”相类，但无论在价值观还是实践手段上，二者皆有根本不同。对话范式认为共识是在组织与利益相关者的对话中得以生成和结晶的，而非基于组织立场的宣传、说服和合作所形塑。

二是借由对话建立、维持和拓展社会关系，体现了公关的关系管理使命和职能。以对话的视角看，关系既是相对稳定的，也是不断变化的，而最终要在“未完成性”的“持续超越”中实现动态均衡。稳中有变、变中求稳、动态均衡的关系管理有助于构建多元、立体、充满生机的组织生态和社会生态。这就回应了卡特里普等人提出的开放系统论和生态论，也继承了格鲁尼格等人提出的动态均衡、协同倡导、合作式对抗等观念。

三是基于对话实现互利共赢，指明了公关的利益协调目标。这一目标与艾维·李提出的互惠原则、格鲁尼格提出的双赢目标是一脉相承的，同时又有所超越。我们强调对话与历史和文化语境、社会现实语境、组织与利益相关者的具体交往语境相契，这就意味着承认和接纳意识形态斗争、权力较量和利益博弈的复杂性。对话不总是两情相悦的交谈，公关也不只是令人愉悦的“锦上花”。它们必须直面复杂的利害关系，于对话中寻求互通的解释方案和互惠的解决方案。只要对话尚可持续，互通、互惠的机会和可能便始终存在。

四是在价值目标上，对话范式主张意义分享和价值共创。价值涉入公关目标，意味着公关敲开了意义和精神世界的大门。公关所欲构建的共识和关系，所欲达成的利益目标，不只是事实层面的认同和契约，还应包括价值层面有关情感、尊严、伦理、审美和信仰上的协调一致。以韦伯和哈贝马斯的视角看，事实认同乃工具理性、物质层面的共识和一致性，而价值认同则属价值理性、精神层面的分享和同构，后者更为持久，也更为深入。

本书第二章曾埋下一段伏笔：公关为对话而生，在对话中成就共同体。以上有关对话观念和手段以及培养共识、维护关系、利益互惠、价值共创等四维公关职能和目标的讨论，实际上接续了前文伏笔。共识、关系、利益、价值正是构成共同体的基本要素和条件。

【复习思考题】

1. 简述社群主义思想对公关价值观的影响。
2. 简述并评价对话理论。
3. 论述对话理论在公关理论创新中的价值。

第七章

公共关系对话范式（上）——模型建构

人和人的各种聚合形态，譬如组织、社会和国家，是基于整体和各自的利益建立、维系的。这样的假设由来已久，以至于几乎所有管理行为都抱持一个理想：创造更多利益，并且公平地分配它们。然而，现实至少在两个方面打击了这个理想：无论个体还是整体，利益的欲望总是无尽，而资源从来都是有限的；绝对公平的分配要么不存在，要么难以持久。程序公平并不意味着实质公平，反之亦然，二者平衡兼顾实非易事。简言之，利益的生产和分配不可避免地面临竞夺、凌掠、交锋乃至战争和毁灭的风险。

既然“利益的策略”不足以支撑、维系个体和整体的进步，人们便开始重温那些“塌陷的旧时光”，重寻“意义的策略”。在古典的“理想世界”中，人们不但生产和分配利益，而且创造和分享意义。“如果我们分享的意义之间毫不相干，那么就很难组成一个完善的社会。目前的社会普遍在意义的分享方面缺乏凝聚力。”① 什么是意义？它是指价值、精神层面的欢喜、美好、自由、安全感、成就感、确定性和皈依处。显然，意义生发于情感、尊严、伦理、审美、理想和信仰，而不只是物质层面的利益生产和分配。人为利益活着和人活得有意义，是两码事。前者必不可少，后者则为前者提供方向、理由和价值皈依。

这又指向了现代性转型引发的现代社会危机：利益和工具理性压倒一切，而意义和价值理性潜隐不彰。现代化和世俗化加剧了利益欲望的膨胀，同时又消解了“共同意义”。利益当道，意义消逝。如果换成哲学认识论的说法，便是事实与价值的断裂。事实世界日益繁荣进步，而价值世界则趋向凋敝荒芜。本书所构建的公关对话范式，便基于利益与意义、事实与价值的认识论“二分法”。

第一节　“二分法”与公关对话

事实与价值是哲学认识论领域一组经典的“二分法”，它引发了哲学史一场长久的观念之

① 戴维·伯姆．论对话．王松涛，译．北京：教育科学出版社，2004：34.

争。所谓认识论，“是研究关于知识的问题”①，即探讨人类认识的本质、结构，认识与客观实在的关系，认识的前提和基础，认识发生、发展的过程及其规律，认识的真理标准等问题的哲学学说。事实与价值二分法及其引发的争论，正是关系到人如何认识自己、如何认知世界的前提、标准和规律问题。公关范式的确立，亦应重返认识论之本源，那里可能潜藏着答案，当然也会伴随一些终极困惑。直面这些困惑，也是有益的学术努力。

本节首先介绍事实与价值二分法的内涵及相关哲学论争，进而将其核心结论应用于公关学理和实践，最后提出公关对话范式的“二分法”模型。这一模型的基本假设是：公共关系是组织与利益相关者围绕“事实”与“价值”对话的过程；全部公关问题皆可归结为两点，即在事实层面建立和维系利益互惠契约，在价值层面创造、分享共同意义。

一、事实与价值“二分法”

“事实与价值二分法是现代道德哲学和政治哲学的根本前提。”② 东西方哲学在童年期——古希腊和先秦就已注意到了事实与价值的二分问题，即客观、物质、外在世界与主观、精神和内在世界的区分。而最早详尽阐述“事实-价值二分法”的是休谟。他认为，“是”的命题无法直接推导“应当”的命题。“是”指向事实知识，“应当”则指向价值和规范知识，“是”不必然指向“应当”。譬如，欧几里得几何定理正确与否，同他应该怎样——平等或暴虐地——对待自己的仆人无关。

康德（Immanuel Kant，1724—1804）承认休谟所称的“事实与价值的鸿沟”，认为二者确无必然的因果一致性。“所有的单身汉都是未婚的”，并不能推导出“他们是不幸福的”。同时，他也提出事实判断与价值判断同是逼近真理的手段，二者统合才能完整认识世界。随后，新康德主义者进一步指出，在人类的“事实世界”之上，存在先验的“价值世界”，即绝对理性。

康德

经由康德及其后来者的补充和深化，休谟的事实与价值“二分法”发展为“成熟”的认识论命题。事实是客观存在的一切事物、过程、关系和属性的总和；而价值则是主体对客体的效应感，是情感、态度、道德、审美和信念的总和。在认识论上，事实判断指向实然世界和客观陈述；价值判断则直指应然世界和主观评价。作为认识的主体，人正是凭借这二元判断，想象、涉入和建构世界——将之分别为事实与价值二元世界，并处理自我与他者、社会和自然的关系。

杜威则基于实用主义哲学提出，事实与价值并非总是分裂的。如果行为结果与预期目的相符，那么价值判断便被接受，否则便被拒绝。在结果与预期相符的情况下，事实与价值是同一的。

马斯洛（A. H. Maslow）也认为事实与价值并非指向永不相交的两个平行世界。他认为

① 张东荪．认识论．北京：商务印书馆，2011：2.

② 希拉里·普特南．事实与价值二分法的崩溃．应奇，译．北京：东方出版社，2006：197.

“价值性”是由“事实性”创造的，“应当”作为“是”内在的、固有的一个方面而存在。譬如，人在事实的需求——生理和安全需求得到满足的情况下，自然会产生价值需求——情感、归属、尊重和自我实现的需求。

以上简要介绍了事实与价值二分法之争的历程：休谟认为事实与价值是分立的；康德和新康德主义者则找到二者的联系——皆为认识真理的手段，同时主张以“绝对理性”指引人类的“现世生活”，即价值支配事实；杜威提出二者在某些实用主义情境下是同一的，事实即价值；马斯洛则认为，二者存在生发、递进关系，价值乃事实的向上延展。

这种由分裂到联结乃至同一、递进的讨论逻辑并不绝对。及至20世纪初，社群主义哲学家普特南提出“事实与价值二分法已然崩溃”。他的论证不再停留于哲学思辨，而是指向现代社会的现实境况。在他看来，现代社会在工业化、城市化进程中实现了事实世界的物质繁荣，而在情感、尊严、道德、审美和信仰层面却未成就一个美好的价值世界。

当然，普特南也遭到了二分法捍卫者的批评。批评者认为，他拿具体的、物化的意象讨论认识论问题显然是不合宜的；同时，既然认识到现代社会事实世界与价值世界的危机，更应该以整体的眼光寻觅二者融通、并进的可能性。

在有关事实与价值二分法的论争中，哈贝马斯的观点同样值得重视。他拒绝在“同一”和“崩溃”两个极端摇摆，主张在唤醒休谟的追问和康德的沉思的基础上，对二分法问题做出建设性回应。他认为不应陷入事实与价值本身的纠缠，而应回到主体——人的立场上理解和重构二者关系。

总体观之，持续200多年的事实与价值二分法之争，实在算不上一场成功的辩论：辩手把主要精力放在如何打败对手上，而论题本身则被非此即彼地推向极端。辩论各方皆希望对事实与价值的二元关系给出“水落石出”的结论，以至于只能走向二元归为一元（合一或生发），或二元各执一端、分道扬镳。

直到哈贝马斯，二分法的主体——人才被重新置于诠释的中心。人之于动物的超越，一个基本向度即是建造了康德和新康德主义者所称的“价值世界”。实际上，早在柏拉图时代，价值世界和理想国建设便成为有关人类在世状态的一个“大问题”。柏拉图曾多次受邀前往古希腊城邦叙拉古，这个城邦的法典上“规定”了人在世的意义：一天吃两顿饱饭（当时大概实行两餐制），晚上从不一个人睡觉。柏拉图为此感到焦虑，人之为人，什么样的生活才值得过？显然，只为饱腹和繁衍而活是不值得。在他提出的理想国方案中，国王应由哲学家出任，护持人的信仰、理想、道德、尊严、信任、爱欲、正义和自由。

这就意味着人在行走事实世界的同时，亦应过好价值世界的生活。自由主义的“绝对自由”、社群主义的“共同体精神”和儒家思想的“大同理想”，以及大多数宗教哲学，其实都指向了人类价值世界的构造。也正是因为价值世界的存在，人超越动物而成就人性和人类文明。

从发生论来看，事实与价值二元认识论的形成与人类的一个基本在世状态和生存境遇紧密相关：人是唯一知道自己必死而又无力改变的动物。人是必死的，且明确知道这一事实。海德格尔（Martin Heidegger）用“向死而生”来描述这个令人沮丧、绝望的事实。平生种种，终归乌有。人对死亡的认识，不只缘于生命终结后的虚无，而且来自贯穿一生的幻灭感——所求不得，得之亦少欢喜，更有大恐惧和伤逝跟在后面。

为了在“速朽”“向死”的事实世界过上值得过的生活，为了让幻灭的人生尚有意义可追寻，人类就必须发展出一套策略——它足以平衡短暂与永恒、已知与未知、绝望与希望、内在与外在、物质与精神、此岸与彼岸等繁复的二元关系。从文明史的发展轨迹看，这套策略主要包括两方面：在客观、物质、外在的世界面前获得人的主体地位，增强改造事实世界的能力，创造更多利益，即利益的策略；建设一个主观、精神、内在的世界，产出价值和意义，即意义的策略。

利益的策略存在双重假定：如果我们拥有更多财富，那么人生一世就会获得极大满足；如果财富公平分配，那么人与人就会和平相处。这是一项立足事实世界，以利益的生产和分配为中心的策略。但是，利益的策略存在明显的悖论和局限：财富是有限且幻灭的，人的欲望则是无尽的；强者总是得到更多，弱者经常收获更少。利益虽然让人生有动力、有指望，但利益驱策的人生并不圆满和永恒。同时，利益意味着分配，分配则可能意味着纷争乃至战争。

于是，在利益策略之外，人们转而寻求新的在世策略，它能够润滑、弥合、导引利益的策略。这就是面向价值世界的意义的策略。这一策略致力于解释和解决人之情感、德性、审美、尊严和信念等价值问题，以及人与人、人与社会、人与“天”之间价值关系的协调。意义将价值上的安全感、确定性和“不朽”灌注到事实上“速朽”的生命之中，为事实世界提供灵韵、慰藉、寄托和终极关怀。

正是由于价值灯火于内在世界发出的光亮，“我们的祖先在面对危机时，无论失望如何之深都不至于绝望”，“相信碰巧陷入的混乱仅仅是暂时的”。这并非片面放大意义的重要性，即使没有意义，人亦可为利益而“苟活”。问题的关键在于，正如不存在始终完美的有意义的生活一样，彻底的“苟活”也是不可能的。意义不是人生在世的全部内容，但它的缺失，特别是在危机中的缺席，就像丢掉了精神世界的安全门的钥匙。

通过创造利益与意义这双重策略，人类成为行走、穿越于事实世界与价值世界之间的万物灵长。离开事实世界的劳动、生产、交换、分配、合作以及人与自然关系的协调，离开价值世界的情感、道统、礼法、审美、信念以及对终极意义的追寻，人类文明就无以存续。

二、“二分法”与公关对话

那么，事实与价值、事实判断与价值判断、事实世界与价值世界、利益与意义究竟是什么关系？

在既往的辩论和批判中，人们要么过于在意二者的分裂，要么又热切希望二者合一。然而，“二分”并不必然导致对立，也不必然导致一方投向另一方的怀抱。事实与价值既非水火不容的对立关系，亦非河海之间的汇流关系。对二者关系的理解必须跳出它们本身。当恢复人在事实与价值二元关系中的主体地位后，事实世界与价值世界、利益与意义便统一为人的实践。根据马克思的实践论和哈贝马斯的主体哲学，人才是界定、统合事实与价值关系的尺度。

人栖居于事实与价值交互建构的世界，二者分立并峙，又相互联系。在认知层面，人的事实判断必然影响价值判断，后者也必然干预前者；在行动层面，人只有协调事实世界的利益与价值世界的意义问题，使二者达及和谐状态才能过上值得过的生活。对人类文明整体而言，事实世界的繁荣和价值世界的美好亦应并举，不可或缺。唯有事实与价值之间的对话、协调和均衡，才能造就完整的人和可持续发展的人类文明。这就又回到了上一章论及的对话问题：人与自我、人与人、人与社会、人与自然在事实与价值两个世界对话，互为主体，持续超越，寻求动态平衡，而非一元压倒另一元或走向分裂、崩溃。

以上之所以费力清理事实与价值二分法之争，并试图将二者关系统一于人的对话实践，最终是为了解决公共关系的逻辑与现实起点问题。公关为对话而生，对话既为公关之“体”，亦为公关之“用”。这样的论断未免笼统，而事实与价值二分法及其在对话实践中的落实，正好可以充实、拓展这一论断。

当我们把哲学认识论层面的事实与价值二分法导入公关理论建设，公关对话范式在体、用层面的核心主张便清晰起来：组织与利益相关者在事实层面对话，也在价值层面对话；双方谋求事实共识，也期待价值共识；彼此走向利益互惠的事实世界，也靠近意义分享的价值世界；构建利益共同体，也培育价值共同体。公关通过对话所成就的共同体，既是利益的也是意义的，既筑基于事实世界，亦需价值的柱石。如此，公关对话范式可图示如 7 - 1：

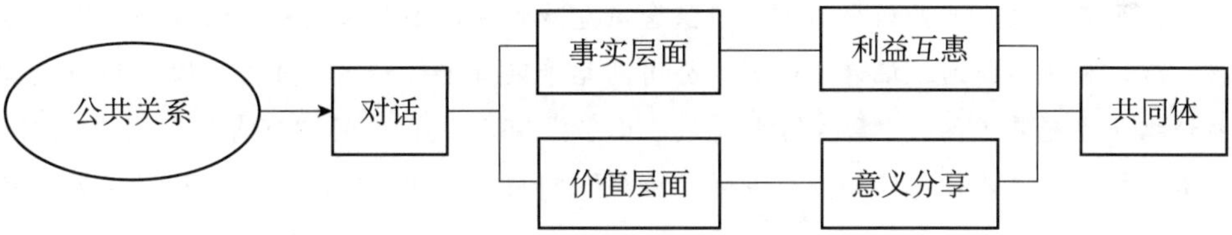

图 7 - 1　公关对话范式

兹举一古一今两个案例，以为佐证：

> 十月，晋阴饴甥会秦伯，盟于王城。秦伯曰：“晋国和乎？”对曰：“不和。小人耻失其君而悼丧其亲，不惮征缮以立圉也，曰必报仇，宁事戎狄；君子爱其君而知其罪，不惮征缮以待秦命，曰必报德，有死无二。以此不和”。
>
> 秦伯曰：“国谓君何？”对曰：“小人戚，谓之不免；君子恕，以为必归。小人曰：我毒秦，秦岂归君？君子曰：我知罪矣，秦必归君。贰，而执之；服，而舍之。德莫厚焉，刑莫威焉。服者怀德，贰者畏刑，此一役也，秦可以霸。纳而不定，废而不立，以德为怨，秦不其然。”秦伯曰：“是吾心也。”改馆晋侯，馈七牢焉。

故事发生于鲁僖公十五年十月，秦晋交战，晋惠公被俘。晋大夫阴饴甥与秦穆公会于王城谈判。穆公问：晋国和谐吗？阴饴甥回应说：不和谐。小百姓愧失其君、痛失其亲，故不惜应召入伍，修缮城防，立太子圉为新君，他们立志报仇，宁可因此屈从戎狄；君子虽爱国君，但知道他有罪过，也不惜征召兵卒，等待秦国释放惠公的命令，表示定将报答秦国之德。“小人”“君子”意见相错，因而晋国不和谐。

穆公问：晋国人如何议论你们的君主啊？阴饴甥说：百姓忧愁，认定他不免一死；君子心宽，以为他平安归来。百姓说，我们得罪秦国，秦国怎么肯放出国君？君子说，我们已经认罪，秦国必定交回国君。背叛就抓起来，服罪就释放他，此为最宏大之恩德、最威严之刑罚。仅此一桩，秦国即可成就霸业。最后，穆公将惠公转至国宾馆，赠他牛、羊、猪等各七头，以示敬意。

清人金圣叹点评此段时说，“看他句句挺特，字字精神”“通篇用整整二扇之法”①。金氏所谓“二扇之法”，主要是指阴饴甥的小人与君子、报仇与报德、戚与恕之分，凡有唐突秦伯之语，便放在“小人”口中，凡有哀求秦伯之意，皆从“君子”口出。

实际上，“二扇之法”潜隐着事实与价值二分法：事实之维“不惮征缮”毕现，价值之维“德厚刑威”昭然。前者坚、后者韧，刚柔相济，似不曾唐突，亦不曾哀求。当真如金氏所说：“真措辞入于甚深三昧者也。”②

再引证一个新近案例。

> 2006年9月，某著名国际化妆品牌在中国大陆遭遇了“金属门”危机，被指旗下产品含有铬钕元素，有害人体健康。危机引爆后，该企业需要在事实层面澄清两个核心问题：产品是否真的含有危险元素？如果含有，是否一定对人体有害？很快，第一个问题的答案被确认为“是”。
>
> 接下来，该企业开始全力搜集“虽含有危险元素，但并未超标”的证据。证据“一箩筐”后，企业不断通过记者见面会、公司网站等渠道进行发布。可惜，媒体和公众却对这些证据几乎充耳不闻、“集体忽略”——几乎没有人认真追问“有害性”问题及其证据。文本分析表明，媒体始终按照自身的“框架”回应该企业发布的信息，而消费者则直接砸了产品柜台。

是什么把“事实”推挤出公共话语空间？是什么让“真相”和“结论”的表达变得如此无力？

答案无法在“事实”本身寻找。事实总是坚硬的，也因此易碎，并且总是遭到价值的冲击和改造。当信任不复存在，价值契约已遭撕毁，有关事实的言说便沦为空洞的旁白，要么被弃之不顾，要么被用来煽点更炽烈的情绪之火。人们津津乐道，乃至怒不可遏，而事实（真相和结论）却不过是谈资，价值（态度和情绪）往往才是真正的主宰力量——裁定事实的版本，描画真相的面孔。

在解读上述两个案例后，我们仍需补充一些追问：为何有的品牌不但拥有广泛的知名度，而且能够赢得普遍的尊敬、信任和忠诚，而有的品牌虽然凭借“地毯式宣传轰炸”做到了家喻户晓，却未能让公众构建持续、完整的价值联想？为何有的品牌分明在事实上讲清了真相，却仍未度过危机？为何有的品牌即使遭遇危机、蒙受损失，却不致扑倒在地、一蹶不振，而有的品牌往往在一个产品、一个项目，或者一个环节上点爆危机，便可能造成整个品牌基业的坍塌？为何有的品牌业绩卓异乃至垄断市场，却仍只能称之为“大企业”而非“伟大的企业”？

人们习惯将品牌区隔为若干维度：知名度、美誉度、信任度、忠诚度等。除知名度属于事

---

① 金圣叹，选批，唐文吉，注释．金圣叹评点才子古文．线装书局，2007：12.

② 金圣叹，选批，唐文吉，注释．金圣叹评点才子古文．线装书局，2007：12.

实判断层面的“我知道你”外，其他三个更高维度皆指向了价值判断层面，“我对你心怀赞美、信任和忠诚”。一个品牌在事实之维的知名度、覆盖率和占有率，并不能“自然而然”带来价值之维的美誉度、信任度和忠诚度。有时恰恰是知名度越高，有可能意味着恶名昭著。企业之大，在于事实；企业之伟大，则系于价值。一个伟大的企业不但要业绩优良、广为人知，而且要拥有良善的价值观，响应和引领公共精神，推动商业文明和人类精神的整体进步。

这个道理也同样适用于政府形象和国家形象建设。公众对政府绩效合法性的认同——譬如发展经济的能力和成就，不能替代对其价值合法性——譬如公平、正义和自由的认同。一个GDP总量居高、硬实力强大的国家，未必是软实力和国家形象良好的国家。伟大的国家必然输出、分享人类共同认可的价值体系，促进人类命运共同体的发展。

另需指出的是，事实世界与价值世界、利益共同体与价值共同体虽然二分——不可简单推导和通约，亦非两相不顾、截然可分。利益共同体若不能培育、上升为价值共同体，便不过是一个危脆的欲望共同体；反之，所谓价值共同体若不扎根于现实的利益土壤，亦不过是虚幻的精神乌托邦。不顾利益的意义是空谈，不顾意义的利益终属虚妄。所以，伟大的品牌总是兼顾利益互惠与意义分享，伟大的国家总是创造利益也产制意义。一个人也是如此，取利有道、意义丰饶的人生才值得过。

至此，我们又回到了柏拉图、休谟和康德，回到了事实与价值“二分法”。当我们历史地、逻辑地分析问题时便会发现：公关对话范式所欲成就的共同体，同样也是利益认同与意义认同、事实世界与价值世界的聚合体。在这个聚合体内，利益与意义、事实与价值各有指涉，又两相互动，并统摄于组织与利益相关者的对话实践。

第二节　“事实-价值”模型

本书多处论及多学科介入下的公关理论建设困境，概念太多且繁复，说法纷纭而莫衷一是。仅以公众（利益相关者）研究为例，内部公众是管理学科（如人力资源管理、组织行为学）的研究焦点，而外部公众研究则由市场营销、传播学、社会学、心理学、政治学等学科“分包”。公关“众筹”了诸多学科的观念和方法，以致消化不良，肚子咕咕叫，心中空荡荡。庞杂的概念组合，无序交错的“大逻辑”与“小逻辑”，急功近利的教战守则，使公关深陷迷乱的理论困局。越是靠近亲缘学科，越是迷失自己；越是追逐实践，越是被实践甩在后面。

公关学科发展史已经证明，把主要精力放在制造和串联概念、发现和解读个案、追逐和总结实践上是没有出路的。无论拥有多少概念、逻辑和方法，它们必须统一于公关的本体论、认识论和方法论，否则只能把公关研究栽培成芜杂的理论花园。

本节导入事实与价值二分法，试图廓清公关本体论、认识论和方法论层面的核心问题，进而构建公关对话范式的理论模型。

一、新范式与核心概念的再界定

2000年，美国《公关研究月刊》（*Journal of Public Relations Research*）在年底特别版推出了格鲁尼格等人撰写的五篇文章，探讨“新纪元的公关价值”。文章作者们（如格鲁尼格夫妇和多泽尔等人）的切入角度不同，却都反思、批判了公关理论研究存在的流弊：过度碎片化、工具化和应用化，公关的核心价值和基础性问题反而被忽略了。

他们认为，公关学界迷恋于制造概念和对具体公关手段及其效果的测量，却对那些根本问题视而不见。譬如“权力的不平衡性”（power imbalances）问题，尤其是“富且贵”（rich and powerful）的组织总是凌驾于“缺少经济行动能力的群体”（less well-funded activist group）之上，如何改变这种不平衡的权力关系和秩序？“公关是否应为金钱利益服务而弃绝弱势群体？”①

台湾学者臧国仁在呼应这五篇文章时指出：要重新检视公关概念的“核心意旨”，要跳出既有的主流研究框架——聚焦于组织、流程和目的性沟通的传统路径，要在更宏阔的社会和理论背景下考察公关自身的价值及其对社会的价值。② 为此，重估公关的核心价值，建立“基础性”的公关新范式势在必行。

在臧国仁看来，新范式不是对传统公关理论研究的局部完善，也不是对公关实践的简单迎合，而应着眼公关的核心价值，获得更开阔的理论和社会历史眼光。“公关理论的内涵并非一定要与现有之公关工作特质‘吻合’、‘对应’甚或‘一致’。”③。

黄懿慧也对“头绪纷乱”而“基础薄弱”的公关理论研究现状痛心疾首，她绘制了一张传统公关研究取向的示意图（见图7-2）：

在图中，黄懿慧列出了公关研究的七组对应取向：组织-公众、传播-关系、效果-非效果、实务-理论、实证-非实证、单一研究方法-多元研究方法、单一理论-多元理论。其中，对应线条的加粗部分表示当前相对主流的研究途径，即基于组织立场，着眼传播手段的优化，以效果为导向的实证研究，目的是为了更好地服务公关实践。

针对这种组织本位、实用主义、手段化、功利化研究现状，黄懿慧发出了与格鲁尼格、臧国仁等人一致的呼声：构建基础性的公关理论范式，呈现公关的核心价值，提升公关理论的合法性。“虽然公关有其应用本质，但若偏废基础性、理论性之研究，学门的‘学术力’和‘正当性问题’将受到局限”④。

本书着力构建的公关对话范式和“事实-价值”模型便是朝着“基础性”“正当性”理论拓展的一项努力。这项努力始于对公关核心概念的再界定，并试图回答公关本体论、认识论和方法论层面的“根本问题”。

---

① Journal of public relations research，2000，12（1）.

② 臧国仁．公共关系研究的内涵与展望——十字路口的观察．广告学研究，2001（17）：1-19.

③ 臧国仁．公共关系研究的内涵与展望——十字路口的观察．广告学研究，2001（17）：1-19.

④ 黄懿慧．西方公共关系理论学派之探讨．广告学研究，1999（12）：1-38.

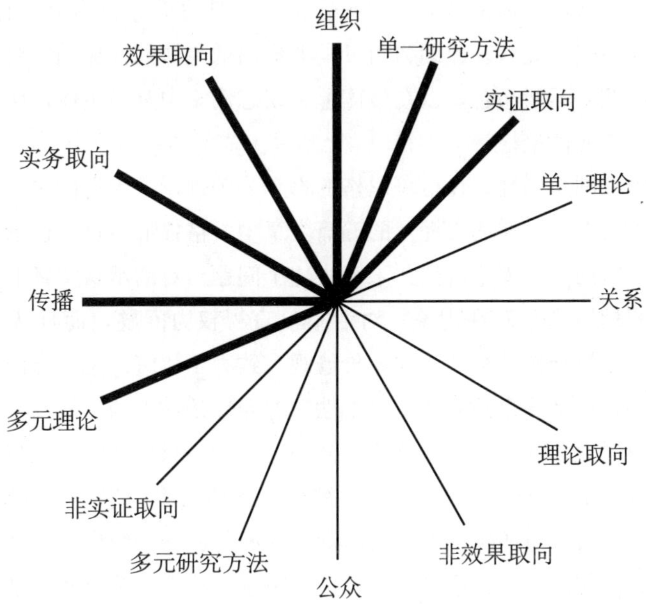

图 7－2　传统公关研究取向示意图

(一) 在本体论层面，什么是公关?

本书将公共关系定义为“组织与利益相关者之间有计划、规程化的对话，以培养共识、维护关系，实现利益互惠和价值分享”。这一定义在本体论层面明确“公关是对话”。对此，需要强调三个问题：

一是对话的包容性和超越性。在传播方向上，对话是双向的；在权力、利益关系上，对话是动态均衡的。这就继承了格鲁尼格的“双向均衡沟通”观念和模式。同时，对话作为“持续超越”的协商过程，追求动态均衡，但并不强求每一议题、所有情境下的绝对平等和对等。譬如在科技议题传播中，科技精英在知识扩散和普及上采取宣传或说服的手段既是必要的，也是合理的。当然，公众也有权利基于自身立场和需求提出质询或选择逃避。此中，宣传、说服虽属支配性、非均衡的传播手段，但它们只是作为整体对话的一个环节、一段过程、一种方式而存在。因此，对话也足以反映格鲁尼格的“混合动机”观念，包容必要且合理的宣传、说服手段。

对话的超越性还表现在对二元悖论问题的克服上。“二元论认为每一个观念都应该作为一极存在，反对被同化与合并。但结果是遵循力量原则，谁强就让谁占主导。它最后会陷入一元论。”[①] 这一观点道破了二元论的实质：一般表现为二元对立，而最终会遵循斗争法则，强者战胜弱者，二元归入一元。巴赫金、吉登斯和哈贝马斯等人之所以高举对话主义旗帜，正是因为对话蕴含着克服二元论“过程分裂”和“最终归一”风险的潜力。

---

① 保罗·尼特．宗教对话模式．王志成，译．北京：中国人民大学出版社，2004：译者序 1.

对话所看重的主体身份和地位对等，并非静止、绝对的平等和均衡，而是在交互的讨论、协商中形成动态的互为主体关系。此即为哈贝马斯提出的主体间性原则。对话者围绕共同的利益或价值议题持续协调、不断超越，以在整体上和动态调整中互为主体，而非陷入主体支配客体或客体反制主体的二元悖论。

二是对话的权力和利益属性。在格鲁尼格的卓越公关理论所遭遇的诸多批评中，直击要害者当属博弈论和权力关系论。在前文提及的五篇文章中，格鲁尼格自己也承认“权力的不平衡性”客观存在，而既往的公关理论研究并未解决这个问题。对话承认实践的复杂性，不回避权力较量和利益博弈问题。基于对话理论，对话不仅直视权力问题，而且认为“话语即权力”。在利益问题上，对话奉持合作精神和共同体价值观，致力于化解冲突、导向协同。这种协同并非组织强加的一致性，而是尊重独立性、自主性、差异性条件下的“复调”。

三是对话的价值属性。基于事实与价值二分法，对话不只反映了组织与利益相关者之间的事实契约关系，而且是事实与价值交互建构的综合、立体关系。它呈现事实层面的利益关系、权力关系，如买与卖、讨价与还价、承诺与履责、支配与服从、纳税与公共服务等；同时也承载各种价值关系及其评判尺度，如情感关系、信任关系、伦理关系以及共享的“信念之库”所承诺的其他价值关系。

我们将价值关系导入对话，实质上是把“人”及“意义”而不只是“物”与“利益”置于全部公关问题的中心。所谓公共关系，说到底是人与人之间的事实关系与价值关系。事实层面的交往与交换固然是重要的，价值层面对他者意义的尊重和对自身立场的忠诚同样不可替代。这使公关理论和实践获得了一个共同的基准：人是尺度。

（二）从认识论层面看，公关的核心价值是什么？

本体论与认识论紧密关联，前者解决“本质是什么”的问题，后者解决“怎样认识本质”的问题。有什么样的本体论，就会有什么样的认识论，而认识论又是实践的思想前提。

公共关系既以对话为本体，那么根据哲学认识论的事实与价值二分法，公关的核心价值即对话以培养共识、建立关系和成就共同体。此中，共识包括组织与利益相关者在事实层面达成的一致性，也包括价值层面的相互承认和彼此认同；关系同样包括事实层面的物质、利益关系与价值层面的心灵契约和伦理关系；共同体亦指向“事实-利益”“价值-意义”二维。

因此，公关的核心价值亦可表述为对话以达成利益共识和互惠，实现价值认同与共创。前者旨在促进组织与利益相关者创造更多利益并互蒙其惠，并将之规范化、制度化、契约化，而非只求一时一事之利；后者旨在实现价值共创和意义结晶，并将之凝结为共享的意义世界、信念之库和共同体精神，而非输出肤浅、虚幻的道德理想和情怀。

（三）基于对话观念和“事实-价值”二分法，公关的方法论何在？

在本体论和认识论的指引下，方法论解决的是“怎样做”的问题。公关对话范式的方法论，包括公关实践原则的确立、流程管理和策略选择等内容。

从二分法出发，组织的公关活动存在两项基本的实践原则：有利于建立和维系事实契约，促进利益互惠；有利于形塑和强化价值认同，促进意义分享。凡遵循这两个“有利于”原则的公关策略和方法，皆可在充分论证的基础上尝试之、践行之；凡有悖此原则者，皆应慎行或戒绝。两项原则要统筹兼顾，不可偏废。唯利“事实”，无涉“价值”乃至损害价值的公关策略无以长久；反之亦然，价值之树若脱离事实根基，也就成了无本之木。

这两项原则也预设了公关的实践风格和职业气质。一方面，公关要有强烈的工匠和事功精神，精于琐细，扎实进取，不矫情，不虚饰；另一方面，公关也要“仰望星空”，奋力向上，守望和护持价值的灯火，不急功近利，不庸俗无趣。当然，如是职业精神和气质的修炼需要时间。时间是最好的操盘手，它在关键节点看公关精彩出场，并等待其在岁月流转中大器养成。

事实与价值二分法的导入，对公关的实践流程和策略选择也产生了重要影响。以卡特里普等人提出的公关“四步工作法”为例，二分法所划定的公关流程和对应策略可以描述为：

一是公关调研。所谓公关调研，是指组织采取定量与定性相结合的方法，对公关活动的目标、渠道、资源和环境等要素进行事实监测和价值评判，并据此做出决策的过程。单纯的事实监测或者单纯的价值评判，以及畸轻畸重的倾向，都不足以做到运筹帷幄和有备无患。

在调研阶段，公关的任务无非是帮助组织正心、明道、取势、优术。这些来自中国道家的传统智慧，皆同时指向了事实与价值两个维度的战略与策略设计。以取势为例，既要洞察事实层面“因利而制权”之势，也要把握诸如人心所向、时代精神等价值之势。譬如进入2010年代以后，一些国际著名日化品牌将形象代言人由大美女、大明星换成家庭主妇、卡车司机或普通创业者，正因为后消费主义时代主流价值的大势所趋，乃在于平凡之美、简单之美（simple is beautiful）。

二是公关计划。所谓公关计划，又称公关策划，是指组织根据发展现状和目标，分析形势、谋划和设计最佳公关行动方案的过程。这一过程同样贯穿着事实与价值两条主线：事实层面人、财、物资源的配置，价值层面对利益相关者心智、社会情绪和公共之善的发现、响应和引领。

事实层面的策划指向有形资源的布局，而价值层面的策划则强调无形力量的汇聚。前者意在规划“硬任务”，后者重在创造“软环境”。譬如，公关策划中对活动主题的设计，便应做到虚（价值）、实（事实）结合。2008年北京奥运会主题“同一个世界，同一个梦想”即是典型例证，它观照现实世界——共同参与，也指向了超然的价值理想——大同之梦。

三是公关计划的实施。公关活动的开展，无论采取何种具体方式，主旨皆在与利益相关者进行有效对话。无论事前预热、事中执行还是事后的舆论结晶，公关策略、方法的选择和施行，应始终围绕三个问题展开：首先，营造对话语境，一切话语只有在恰当合宜的语境之中才能准确表达和理解；其次，推进事实对话与价值对话，实现协同、化解敌意非倚重对话而不可为；最后，落实和巩固对话的事实绩效与价值成果。

需要特别申明的是，在公关计划的实施中，对话既是手段，也自足为目的。作为手段，对话唤起关注、协商、参与和协同行动，以共同体的力量解释和解决问题；作为目的，对话所潜蕴的开放、平等、依存、合作、共创和超越精神本身就值得追求。

四是公关效果评估。按照传统公关教科书的标准定义，效果评估是指“根据公共关系认知度、美誉度、和谐度所构成的特定的标准，对公共关系计划、实施及效果进行检查、评价，以判断其优劣的过程”①。这一定义表明，公关效果评估一方面要对认知度、影响力等事实层面的效果进行测量，一方面也要兼顾美誉度、和谐度等价值效果的评判。新近兴起的关系流派认为，公关效果评估不但要考量传播绩效，而且要检测组织与公众之间的关系状态和质量。这也意味着要统观利益关系和价值关系两个维度的公关效果。

以危机公关后期的效果评估为例，组织在危机结束后的恢复管理工作既要评估、弥合事实损害，也要评判、救赎价值异化。只顾事实补救，价值危机可能仍在潜伏和延续；只顾价值修复，事实危机可能死灰复燃。

二、公关对话范式的模型构建

前文论述可归结如下：在本体论上，公关即组织与利益相关者有计划、规程化的对话；事实判断、共识与关系，价值判断、共识与关系是公关理解和处理组织与外部世界关系的两个认识论框架；在方法论层面，公关实践的原则、过程和策略包括事实导向与价值导向两个对话体系。据此，基于“事实-价值”模型的公关对话范式的全部问题皆可归结为：对话以促进利益互惠和意义分享。倘若套用哲学上的“第一原理”说法，那么利益互惠、意义分享便是对话范式的核心主张、逻辑与现实起点。

为了更严密地阐释公关对话范式，我们尚需做出如下三点补充解释，以呼应此前章节的相关论述，并为接下来拓展这一模式的一级、二级和三级路径提供理论储备。

（一）作为核心概念的对话

正如马克思用“劳动”的概念解释人的本质，海德格尔和萨特以“存在”说明生命的本质，政治学围绕“权力”问题展开论述，经济学基于“利益”的生产和分配探究经济规律，我们采纳“对话”解释公关的观念与实践可能性。

对话是一个贯通哲学、社会学、心理学、管理学、政治学和传播学等诸多学科，天高地阔而又可以自成一体的研究领地——学科开放却不失自我；对话既是一个沟通管理、关系协调过程，也是一种修辞和叙事手段，这就融汇了传统公关理论研究的传播流派、管理流派、关系流派和修辞流派；同时，对话反映实践而又引导实践，自足为目的而又是实行的手段。因此，以对话为核心概念有望构建格鲁尼格、臧国仁和黄懿慧等人提出的“基础性”公关理论体系，关切公关核心价值，引领而非简单反映或过度追逐公关实践。

从更开阔的理论和社会背景看，对话使公关找到了自己在社会历史中的位置。在思想理论层面，对话可以承纳并连接自由主义、社群主义和儒家思想的核心观念。譬如，对话尊重独立性、自主性和差异性，反对强制的支配和压迫，充盈着自由主义精神；对话强调基于主体间性的协商、合作，培养共识，维护关系，倡导共同体精神，彰显了社群主义观念；儒家构想的“大同世界”及其“和而不同”秩序，在现代社会也只能通过人与人、人与社会、人与自然的对话来落实和靠近。一言以蔽之，对话有助于在动态协商中实现个体与共同体、自由与确定

① 熊源伟．公共关系学．3版．合肥：安徽人民出版社，2003：310.

性、和谐与多样等传统二元关系的平衡。

在社会现实层面，公关对话范式响应了对话时代的到来。为何对话会成为时代的主题？一方面对话是社会进步的结果，民主政治、市场体制和公民权利的崛起持续冲击、改造了传统上精英-大众、中央-边缘、主体-客体的社会宰制结构，使之更加开放、平等，协商、合作成为大势所趋；一方面对话也是应对现代社会危机的需要，在普泛、剧烈的多元化、碎片化、去中心化乃至虚无主义浪潮中，对话是重构认同与共同体的必然选择。同时，互联网为多元对话提供了全新的观念、渠道、方法和平台，对话既是必要的也是可能的。

从公关行业的现实境况看，宣传、说服和“不接地气”的双向均衡沟通在实践中的绩效和价值合法性日益消解。在信息爆炸、充满不确定性的年代，对话才能赢得倾听、理解、认同和参与。在对话中，一方只有给另一方发言的权利和机会，对方才会把注意力放在言者身上。双方唯有保持对话、交流状态，才会达成共识、认同和互利共赢。若将这个道理放大，那么企业必须让利益相关者拥有同等的意见表达意愿和资源，才能于对话中实现公关目标；政府必须首先赋权民众成为自由的表达者，才能收获其倾听、认同和拥护。此外，对话也不全盘否定宣传、说服等传统公关范式，而是承认它们在特定议题和情境下的合理效用。

（二）作为认知和解释框架的“事实-价值”模型

在百余年现代公关进路中，说服范式对宣传范式的超越，在其摒弃了单向的语言强迫，承认意见和利益的交换后，却同样仍失之于支配、诱导和操纵；而双向均衡范式对说服范式的超越，试图清除支配意志，强调对等、双赢的必要性，却失之于“纯粹均衡”的虚妄。

导入事实与价值“二分法”的对话范式对双向均衡范式的超越，正在拆解而非简单化约“均衡”的观念。它承认事实世界尤其是权力和利益的差异性、不确定、不对等，承认矛盾、纷争和对抗，也承认现代社会的多元主义价值。但是，它鼓励多元主体通过有效对话实现如下超越：

基于独立性、多样性、差异性而寻求可能的同一性；若事实层面的利益认同与契约一时难以达成，则超越至价值层面，寻求信念、精神和意义的共创与分享；若价值认同与契约一时成就维艰，则转换至事实层面，寻求利益与绩效的正当性和有效性；若事实与价值二维的协商、共识、合作皆受阻，则以对话本身为目的。如前所述，只要对话尚可持续，超越的可能性便一直存在。

对话范式对传统公关范式的另一个重要拓展，是导入了价值和意义范畴，以增强公关的价值合法性。韦伯、哈贝马斯、吉登斯等人皆提出若欲克服现代性危机和现代化病症，必须重彰价值理性，以节制嚣张的工具理性。以吉登斯为例，他所设想的“高级现代性”，应致力于将人类社会建设成为进步与审美、效率与公平、多元与和谐、科技与灵韵相得益彰的新世界。鉴于公关对政治、经济、文化和社会无时无处不在的介入、干预和渗透，它既可能如哈贝马斯批判的那样加剧工具理性之恶，也可能在重彰价值理性中发挥重要作用。对话范式对价值和意义范畴的导入，正是为了提升和落实后一种可能性。

当对话、特别是价值涉入公关理论和实践，公关便有可能成为最具活力的，提升人类智识、精神和普遍敏感性的力量之一。大量政府机构、企业和社会组织已经在此一方面做了卓有成效的努力。譬如一些国家的政府部门开展了捍卫民族优良价值传统的公关活动，一些企业通过公关活动弘扬“人类的恒常价值”，一些 NGO、大学和宗教在公关活动中倡导公共精神、重建心灵世界。

（三）作为实践路线图的对话范式

在整合本体论、认识论的同时，对话范式与“事实-价值”模型也于方法论层面提供了公共关系的实践路线图。

前文曾述及，公关调研是对事实境况与价值状态的双重研判，公关策划是事实构想与价值谋划的双重创意和创造，公关实务则包含了事实导向和价值导向的双重策略体系，公关效果评估亦应从事实与价值二维回答如下问题：公关活动是否达成和巩固了共识？维护和拓展了关系？促进和改善了利益互惠机制？实现了价值共创和意义分享？

在对话范式中，事实层面促进利益互惠、价值层面实现意义分享，构成了公关实践的一级路径。由此可发展出二级路径：事实导向的传播、叙事和话语权；价值导向的响应、倡导和共创。循此两个导向、六个二级路径，可以拓展出诸如议程设置、意见竞争、制定规则、公共精神、多元同一的价值体系等若干三级路径。依此顺流而下，还可以推演出四级、五级以至更多适应、契入具体公关实践情境的方法和路径。如图 7－3 所示：

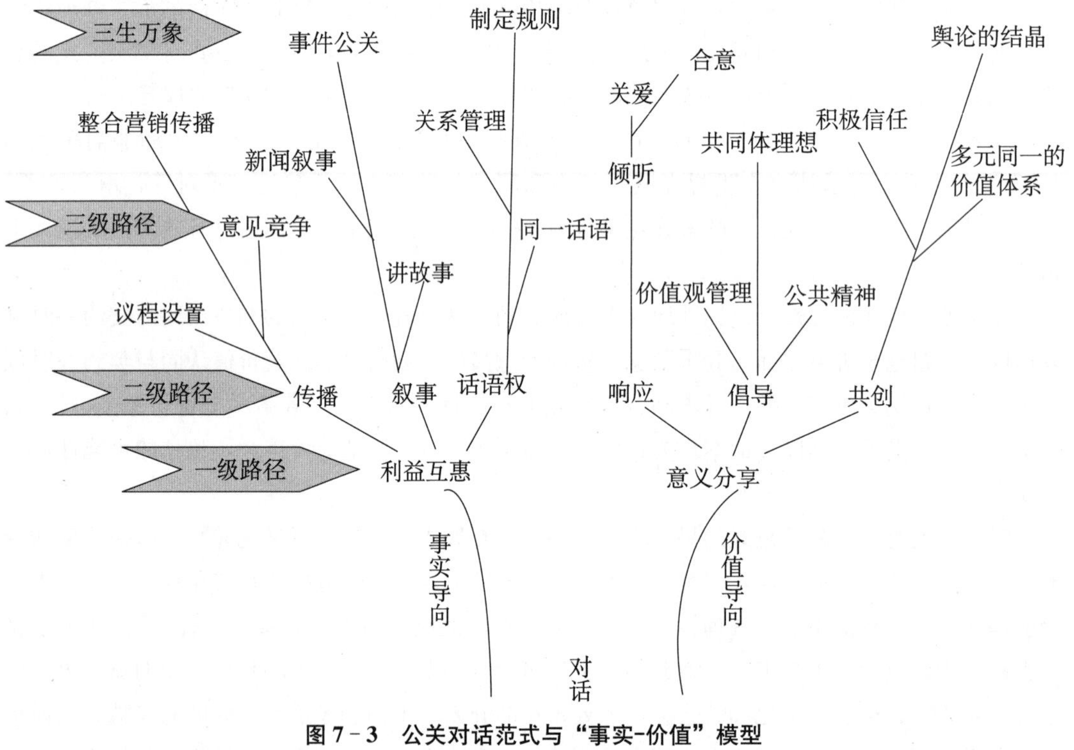

图 7－3 公关对话范式与“事实-价值”模型

由是观之，公关对话范式与“事实-价值”模型在拼接思想地图的同时，也提供了一张实践路线图。它们是对公关学术与实践双重观照的产物，洋溢着理想主义气质，又连接了理想与现实的纽带。

第三节　对话范式的一级路径

本节的任务是探讨公关对话范式的一级路径——事实之维的利益互惠与价值之维的意义分享。接下来两章，将细述对话范式在事实与价值之维的二级、三级路径。

从公关理论建设和实践需要出发，考虑到对话、利益协调、价值共创等专门领域的特殊性，我们尚应在对话范式一级路径的核心概念——利益和意义之外，于事实层面补充“真相”范畴，于价值层面补充“信任”范畴。若无真相和信任，对话、培养共识、建立关系、利益互惠和意义分享便无从谈起。因此，公关对话范式的核心主张可以进一步表述为：多元主体基于有效对话，在事实层面促进真相互通、利益互惠，在价值层面建立信任和分享意义。

实际上，真相、知情也是一种权利，信任亦属一种价值契约和规范意义，因其对于公关实践的特殊重要性，故凸显之。

一、事实之维：真相互通、利益互惠

对话范式于事实之维的核心主张，是促进真相互通和利益互惠。在“互通”“互惠”之前加上“促进”二字，是一种实事求是的态度。作为组织与利益相关者的居间人，公关敦促双方一道了解事实、把握真相，共同确认事实与真相的解释框架。同时，公关并非主导利益生产和分配的管理手段，它更多地在推动、激发利益相关者相遇、对话，进而建立和维护利益契约层面发挥作用。这就涉及如何确立公关的真相观和利益观问题。公关如何定义真相？如何理解利益？

哲学史上有关真相的态度，大抵有三种：可知论、怀疑论和不可知论。可知论者宣称真相客观存在，并且可以为人所知和把握。譬如，亚里士多德不仅认为客观世界的真相可知，形而上学意义上的“终极真相”亦可感通理解。怀疑论者认为并不存在可完整认知的真相，要么真相根本不存，要么只有相对的真相。譬如，后现代主义者断言“一切都不过是个说法”，所谓真相只存在于语言和叙述之中。不可知论者——也许“缄默派”这个称谓更准确——则表示自在之物不可知，而对不可知之物应心存敬畏，并保持缄默。譬如，康德和维特根斯坦皆主张对于不可念想、不可言说之物，必须保持沉默。

此外，真相是否可知与知识、权力的占有程度也紧密相关，权威和精英往往掌握更多真相，而大众更容易被隔绝于真相之外。至于宗教哲学对真相问题的论争则更加复杂，譬如佛教认为“凡所有相，皆是虚妄”，而基督徒认为只有上帝才能洞彻真相。

可见，真相的“真相”本身即是一个迷局。公关经常会陷入这种迷局。譬如在危机情境下，各方所宣称的真相往往只是事实的“草稿”，甚至与事实全然无关。“你的真相”和“我的真相”激烈竞争，人们拥挤在众声喧哗的舆论场上，而个个都只是孤独的诉说者。伯内斯早就指出了公关实践中的真相迷局，他认为所谓真相和真理皆属意见竞争和利益妥协的产物。

基于以上考察，公关对话范式秉持两种“真相观”：一是将真相的发现和确认视为一种责任，即公关必须对真相负责；二是将真相的认识和理解视为一个对话过程，即多元主体在对话中共同把握真相。这两种观念，兼顾了真相作为客观事实和主观建构之物的双重属性。“对真相负责”意味着发现事实和讲真话的勇气、智慧与能力；“在对话中把握真相”意味着承认真相的复杂性、多变性，以及易受立场、利益和叙述建构的主观性，强调在协商中共同认识和解释真相。

接下来再看公关的利益观。“利”，以刀割禾，收获、占有；“益”，水满而出，饶也，增也。据此，利益即可获得的好处，特别是那些看得见、摸得着的“好处”，如经济利益、政治利益。同时，利益也包含顺和物性、宜行功用之意，因此也指涉正向、积极的机会、势能和局面。而《说文解字》则强调，“利”字含“刀”，潜隐杀气，暗指纷争。及至现代，“利益”的内涵有所拓宽，泛指一切需要或愿望的满足。

公关所面对的利益问题，首先是私利与公利的冲突。一方面，公关总是隶属或受雇于特定利益主体，为其谋求私利乃分内之事；另一方面，作为居间者和“边界扳手”，公关又必须捍卫公共利益。在复杂的政治、经济和社会实践中，私利与公利之争远非“既要……又要”的简单辩证法游戏所能解释和解决。公、私之辩在中西方思想史中皆占有重要地位。这场持久的辩论大抵经历了三个阶段：

> 一是各走极端，要么“大公无私”，要么“人不为己天诛地灭”；二是采取折中方案，强调公私分明、各有所顾；三是自哈贝马斯始，“大公有私”的观念受到重视。哈贝马斯提出的公共领域是一个公私兼顾的概念，它介于国家和社会之间，充当二者谈判桌和缓冲带角色。在公共领域，主体角色一分为二，既属私（来自生活世界和私人领域的个体），也属公（作为国家和政经系统中的公民）。“在这里，‘公’和‘私’不是截然分离，而是高度统一，也就是说，大公不是无私，而是有私。”

“大公有私”的利益观，正与公关的居间者角色和事功精神相契。它强调“公”为“大”，也承认“私”之“有”，避免了偏废其一，也具化了公私分明、两相平衡的原则。二者辩证一体，放弃公利则无以存立，公而无私则无以持续。落实到公关领域，“大公有私”即遵循利益共同体原则，公私于对话中各得其所又互蒙其惠。

除了公私平衡，公关应树立的另一种利益观涉及合法性问题。古人云：君子爱财，取之有道。这个“道”换成今天的说法便是合法性。所谓合法性，不只是合乎法律规范，而且泛指程序、绩效和价值层面的有效性、合理性和正当性。此中，程序合法性是指规则、制度和过程的公平和正当，譬如合情、合理、合法地创造和分配利益；绩效合法性是指事功、效率、效益层面的成就和可持续发展能力，譬如经济增长、产业振兴、收入提高等；价值合法性是指道义、精神、信仰层面的正当性，譬如顺应和倡扬公共精神、人性价值、以善治为旨归的政治意识形态等。

以上三种合法性彼此关联、互相增益，任何一个遭到破坏，皆可能引发合法性危机。“没有任何一个国家会把自己的合法性完全建立在（程序、绩效、价值）某一理想类型上。一个具体国家的合法性来源一般是这三个理想类型的混合体。”① 譬如，自 2007 年以来，中国厦门、大连、宁波、成都、昆明等多地接连发生了数万甚至更多民众街头抵制“PX”化工项目建设事件，“PX”建设成为一个高度敏感且被“妖魔化”的公共议题。

在危机发生后，一些地方政府部门再三强调“PX 项目”对于国计（产业转型和升级）、民生（增加收入和就业）的重要性，却一直未能成功说服民众。以今日之信息发达程度和教育水平计，民众了解“PX”项目的“有用性”或曰绩效合法性并不困难，起而抗争主要是因为项目在程序合法性和价值合法性上出了问题。正如很多新闻报道反映的那样，如是关乎民众切身利益、安全和尊严的重大项目，未经足够的公共讨论、协商就已在权力之幕内决策上马，明显存在程序合法性问题。

同时，官方话语偏好项目绩效的宏大叙事，却未提供超乎“有用性”的不可颠覆的价值理由。在缺少程序和价值合法性支撑的情况下，单一的绩效合法性已然不足以说服追求人与自然、产业与环境协调发展的民众。正如亨廷顿所指出的，唯绩效论难以长久维系政治合法性。一方面，绩效增长倘若受阻，就会产生合法性危机；另一方面，绩效持续增长也将导致合法性危机，譬如贫富分化、阶层冲突、价值理想衰微。②

公关是组织确立和巩固利益合法性的重要手段。这首先意味着公关不应损及利益生产和分配中的程序、绩效和价值合法性，譬如通过操纵舆论、虚报成就、干预程序和诱导社会情绪来谋利。而从积极的意义上看，公关理应在对话中强化组织的程序、绩效和价值合法性。充分对话、平等协商、有效参与、协同行动本身即是程序合法性的基本内容，也是绩效和价值合法性的重要保障。

二、价值之维：建立信任、分享意义

信任是构建人与人、人与组织、人与社会乃至人天关系和秩序的前提条件。为此，几乎所有人文社会学科都介入了有关信任问题的研究，并形成了如下几个主要视角：

一是在道德论视角下，信任被理解为一种内在的道德观念，是基于人伦、情感和交往形成的一种“托付”。“我信任你”意味着“我把自己托付给你”。这种信任观既扎根于日常生活体验，也为一些经典哲学和神学所认同。在日常生活中，寻找可信任的人和让自己成为可信任的人乃是人生在世的基本渴望和冲动，即使陷入轻信和迷信也在所不惜；而从“神性”或人生之超越性上看，信任是“神恩”或善在人性中的显现，是人之为人的不可破坏的“本真伦理”和“完美本性”。③

二是从经验论视角看，信任是一种基于既往知识、经验的一种心理定式和行为惯性。“太阳照常升起”“他素来可信，这次也不例外”“他们依旧以腐败的方式运作，依旧在事

---

① Dingxin Zhao，Hongxing Yang. Performance legitimacy，state autonomy and china's economic miracle. CDDRL (Center on Democracy，Development，and The Rule of Law Freeman Spogli Institute for International Studies)，WORKING PAPERS ，Number 132，April 2013.

② 塞缪尔·亨廷顿．第三波——20 世纪末的民主化浪漫．刘军，译．上海：三联书店，1998：54－68.

③ 查尔斯·泰勒．自我的根源——现代认同的形成．南京：译林出版社，2006：372.

关重大利益的问题上说谎”“他们一直幻想通过宣传而非品质获得成功”。政治学者沃伦将这种信任称为“纯预期性解释”和“归纳性断言”，它可以内化为稳定的心理结构，亦可外化为对制度规范的期待和依赖。[①] 前者是指信任的自我强化和凝结，乃至沉淀为某种心理基模或成见——我就信任（或不信任）他！后者是指信任的制度化、程式化和规范化，直到形塑为制度理性。

三是基于功能论视角，信任被归结为一种利益交换和社会资本。我之所以信任你，是因为指望你为我们共同的利益行事；我们之所以相互信任，是因为如此可以提高效率或降低成本。信任就是风险投资，就是可以创造、流通、增益、损耗的社会资本。利益导向的信任观，虽不高尚，却真切实在。

在对信任的理解上，道德论强调了人性和神性价值，经验论强调了心理定式、行为惯性和制度理性，功能论则更看重社会资本的创造和转化。而以融合的视角看，信任在功能层面意味着对利益、行为和制度的信心，在价值或超越性层面意味着对人性、神性、伦理和理想的信念。以危机中的信任救赎为例，危机管理者应同时做好功能层面的信心加法和价值层面的信念加法，前者好比修复断桥，后者有如再续灯火。

对公关而言，信任的价值是显而易见的：

——信任是对话得以发生、持续并产生结果的前提，是真正的交流的基础、理解的源泉。缺少信任的对话不过是“历史的初稿”，被抽空了意义：“原则变成漠然，胆量成为兽性”[②]。对组织而言，无论如何都要让公众觉得你是可信任的，否则便从根本上失去了对话的可能。

——信任是尊重、关爱、诚实、担责、勇敢等多种价值要素的汇聚与凝结。唯有信任才能激励利益各方走到一起，培养共识，建立关系，共创价值，结成命运共同体，并长久珍惜“我们”的完整性。人类文明正是在“我们”、而非“我”克服灾难的整体经验之下，获得进步和提升的。

——信任是一种社会资本和互惠机制。一句发自内心的“我们彼此信任”，足以提升合作效率、降低交往和交换成本。相反，“我们不再信任”则可能导致更低效率、更高成本，乃至冲突和互害。

信任对于公关实践至关重要，但它并非公关所追求的全部意义。在公关对话范式与“事实-价值”模型的构建中，我们反复强调意义问题，那么何为意义？意义在哪里？当我们追问某一事物、人生和文明的意义的时候，我们其实在谈论什么？

意义是难以定义的，终极意义甚至不可描述。但为了论证的需要，我们还是需要给出一些解释：意义是人给对象事物赋予的价值、思想和道理；是人认为事物存在的理由、作用和价值；是人类以符号、象征传递和交流的精神内容，譬如意向、观念、情感、伦理、美感、灵韵和信仰，等等。

综上可知，意义就是无用之用。而对人之为人来说，无用方为大用。这就把意义和利益区分开来了，也正为这二者的区分，人和动物、文明和野蛮、俗情和灵性得以分离和分立。利益

---

① 马克·E. 沃伦. 民主与信任. 北京：华夏出版社，2004：24.

② 桂维明. 对话与创新. 桂林：广西师范大学出版社，2005：63.

总是有用的，满足人的世俗欲求；意义看似无用，却是人之为人、人生在世的理由和价值所在。一个人反思自己“活着的意义”，一般与利益无涉，而是在探究生存的精神实质和价值理由。

当柏拉图追问“什么样的生活值得过”，当他批判叙拉古人把“一天吃两顿饱饭，晚上从不一个人睡觉”当作幸福，他其实就是在寻觅人生的意义。不只柏拉图，很多古希腊智者都在尝试给出答案。他们相信真理，相信神谕，相信“世界真神奇”而人可以靠近之、探究之。在他们心目中，有一个看不见的“理念世界”，它是万物的本源和统领，决定着万物存在的规则、状态和方式。人生的意义便是凭着理性、勇气和美德，抵达这个抽象、永恒的理念世界。

在中世纪，王权和神权垄断了知识和意识形态，贵族和僧侣负责向社会产制和输出意义。二者相较，王权更在意世俗权利问题，而神权在意义生产方面更为强势和优胜。教会和僧侣反复宣称，上帝和他的现身就是人类在世的意义、力量和秩序的来源。神学家阿奎那（Thomas Aquinas）的观点最具代表性，“上帝是所有事物的尽头，超越了我们的理性所能取得的知识”。他把宇宙人生的法则区分为四类：永恒的、自然的、人类的和神授的。其中，永恒和神授的法则皆来自上帝，自然的法则人可以部分参与，而人类自主的法则也要符应上帝看中的那些美德——审慎、节制、正义、坚忍，以及信仰、希望和慈悲。

及至文艺复兴，意义的来源发生了重要转变。人的理性受到重视，人本观念被唤醒，意义不再来自永恒的理念世界，亦非全然由上帝的意志主导，人只能部分地参与创造。人第一次疏远永恒和神性，转而寻求人自身在世的意义。

在随后两三个世纪，西方历史进入启蒙时期，传统社会过渡至现代社会，进而通过炮火、殖民、文化和宗教输出影响到更多国家。启蒙倡导人的解放，张扬人的理性和主体性，人权观念由此诞生。与此相应，王权和神权迷信遭到批判乃至抛弃，民主、自由、进步和科学获得巨大发展。以科学为例，科学家们嘲笑亚里士多德关于“一磅重和十磅重两个铁球谁先落地的蠢见”，否定“上帝造人的定论”，而把眼光投向进化的猿猴。他们走出书斋，操作实验、采集数据，科学发展层出不穷，仿佛可以找到万物的全部真相、探究人世的所有意义。

启蒙运动引发了思想革命和科学革命，进而导致了资产阶级的政治革命和产业革命。蒸汽机和电力轰隆隆地改造了世界，通讯和媒体也加入了狂欢，现代性转型和现代化进程高潮迭起。但是，在疯狂的工业化、城市化、民主化、世俗化进程中，工具理性日渐膨胀，关乎意义生产和创造的价值理性则受到贬抑。人类摆脱了先验理性和神性价值，但自己创造意义的努力并不成功，反而饱受物化、异化之苦。

1912 年，当时被视为科学和工具理性巅峰之作、“永不沉没”的泰坦尼克号，在处女航中葬身大海。这场千人殒命的惨剧，很快被解读为神和自然对嚣张的人类的惩罚。譬如，人类与自然究竟是亲子关系还是主奴关系？随后的两次世界大战进一步加剧了人类的幻灭感，战争、屠杀、毁灭难道就是我们欢喜期待的现代性和现代精神？社会学家鲍曼把纳粹大屠杀直接归因于现代性的恶果。在《现代性与大屠杀》一书中，他认为正是启蒙和现代性的某些危险观念造成了纳粹上台和大屠杀的灾难。这些观念包括：解除对先验理性和上帝的敬畏，渴望世俗秩序，拥护专断的权威——正是大众把希特勒推向极端政治的前台，主体哲学——主体支配客体的斗争哲学，工具理性——对他者和自然的征服，等等。

二战结束后，解放叙事和消费叙事登场。解放叙事造就了美苏两个超级大国和两个惶恐不安的世界阵营；消费叙事则将人们抛向市场，追逐漂浮不定的商品符号。冷战结束后，解放叙事退场，消费叙事则从西方走向世界。这又是一场意义消逝的灾难，马克思所称的“商品拜物教”大行其道，人类在物欲横流的世界中过着内心空洞、意义黯淡的生活。上帝死了，意义的黄昏到来了。人类不但如尼采（Friedrich Nietzsche）所说的“崇拜一头驴”，还把一辆车、一部手机、一条漏洞的牛仔裤视为身份的象征、个性的符号和人生的意义。

更糟糕的是，现代性的各种隐忧在20世纪晚期逐渐显露，譬如贝克和吉登斯总结的经济危机、政治危机、文化危机、社会危机、生态危机和核战争威胁，导致“世界风险社会”降临。在这种情况下，作为现代性观念的批判者——后现代思潮日趋兴盛。后现代主义者颠覆传统、反抗理性，逃脱秩序，解构意义，欢呼支离破碎的生活。他们对多元、自由、独立的追求当然有积极的价值，但是也进一步加剧了意义的危机。“世界已经毁掉了自身，它解构了一切，余下的乃是支离破碎之物。人们所做的就是玩弄这些碎片。玩弄碎片，这就是后现代。”[①]

必须指出的是，在整体上把后现代归结为一种反抗、“戏弄”和虚无主义，既不准确，也不公平。后现代主义真正的敌人并非现代性本身，而是它所滋生的物质主义和消费主义。在后现代主义者看来，物质主义和消费主义造成了理想、伦理、象征、诗性和想象力的沦落。它们把世界文明变成了战场和商场，而不再是可以诗意栖居的神圣家园。对此，后现代主义持以多元立场：

有人激烈批判传统的权威、秩序、“主义”和意义，宣告一切皆已过时，一切不过都是临时的说法。有人以玩世不恭、戏谑的态度待之，“当我们试图将地球当作一个取乐的对象时，环境污染、全球变暖以及地球身上的累累深痕都无所谓了”[②]；也有人郑重地直面意义的危机，试图寻找失落的意义，哪怕这种意义只存在于碎片之中。“在一粒沙中看世界，在一朵花中看天堂，将无限放在手心，在片刻中寻找永恒。”[③]

试图重构意义世界的思想家并不少，诸如罗兰·巴特、鲍德里亚（Jean Baudrillard）、德鲁兹（Gilles Deleuze）、福柯（Michel Foucault）、埃里格瑞（Luce Irigaray）、荣格（C. A. Jung）、拉康（Jacques Lacan）和德里达（Jacques Derrida）等。仅以后三者为例，荣格看重人类心灵和意义的“原型”（archetypes）存在，“直到现在我们才发现，人类存在的唯一目的是为黑暗的存在点燃一盏灯”[④]。拉康主张“与理想同一”，认为只有“理想的自我”才能实现“自我的理想”。德里达提出对于崇高之物和终极性的“大问题”，人们要始终“给予一席之地”——给崇高和终极价值留有一席之地。

吉登斯、哈贝马斯也应该被列入这个名单，但是他们并不承认自己是后现代主义者。吉登斯认为后现代对现代性的颠覆存在堕入虚无主义的风险，因此与其颠覆还不如重建，即推动“简单现代性”向“高级现代性”转型升级。而培育对话民主和积极信任正是助力这场升级的重要途径之一。哈贝马斯也认为“现代性是一项未竟的事业”，当务之急是重彰价值理性、节

---

① Jean Baudrillard. Game with vestiges . On the beach，5（winter 1984）.

② 凯文·奥顿奈尔．黄昏后的契机——后现代主义．王萍丽，译．北京：北京大学出版社，2004：19.

③ 凯文·奥顿奈尔．黄昏后的契机——后现代主义．王萍丽，译．北京：北京大学出版社，2004：18.

④ 凯文·奥顿奈尔．黄昏后的契机——后现代主义．王萍丽，译．北京：北京大学出版社，2004：90.

制工具理性，而非否定、解构一切。他给出了重建现代性的复合药方：重建生活世界，再造公共领域，确立主体间性，培育对话伦理，施行协商民主。上一章和本章多次论及，公关既是哈贝马斯批判和改造的对象，也是参与重建现代性和意义世界的重要力量。

【复习思考题】

1. 简述并评价事实与价值“二分法”。
2. 理论联系实际论述公关对话范式的“事实-价值”模型。
3. 举例检验公关对话范式的一级路径。

第八章

公共关系对话范式（中）——事实之维

第七章介绍了公共关系对话范式与“事实-价值”模型的核心主张和一级路径：组织与利益相关者于对话中促进事实层面的真相互通与利益互惠、实现价值层面的积极信任与意义分享。本章将全面展开对“事实与价值”模型事实之维三个二级路径的阐释，具体包括：传播路径及其三个三级路径——议程设置、参与意见竞争和整合营销传播；叙事路径及其三个三级路径——讲故事、新闻叙事、事件公关；话语权路径及其三个三级路径——同一话语、关系管理和制定规则。

第一节　传播路径

对话范式事实之维的传播路径，是指组织面向利益相关者发布事实信息、表达利益主张的公关行为，这是组织的立场和接受利益相关者与多元社会主体检验、选择的过程。在此路径之下，包括三个三级路径：议程设置、参与意见竞争、整合营销传播。

一、议程设置

议程设置是传播学效果研究领域的一项经典假说。麦库姆斯和肖在 1968 年和 1972 年两次美国大选的实证研究中发现，大众媒体优先报道的议程也会成为公众优先关注和讨论的议程。换言之，大众媒体具有一种为公众设置“议事日程”的功能，它们通过赋予各种“议题”不同程度的显著性，影响人们对周围世界的“大事”及其重要性的判断。

公共关系领域迅速借鉴了相关研究成果，并视议程设置为公关传播的基本职能之一。公关行为中的议程设置，即组织影响媒体议程，进而影响公众议程，以期将组织议程纳入利益相关者生活、工作议程的优先序列。

组织通过公关设置议程，首先要明确自己的核心主张。在有效提炼和表述适宜的核心主张之前，任何公关行动都可能是草率的。所谓核心主张，即一个组织、品牌、产品，或者一项政策、服务、行动的根本观点。这个观点不可模糊、含混，而必须得到清晰的表述，以使公众易于认知、理解、记忆和讨论，并将视之为重大“议事日程”。

“……有点甜”“怕上火喝……”“……我的地盘听我的”“……科技成就生活之美”“……治感冒，快!”皆属明确、一贯、有力的核心主张。一般而言，核心主张或优先性议程的提炼和表达应考量如下几项原则：

（一）内源性

核心主张应内生于组织的核心价值观、核心竞争力和核心利益诉求，而非“吹出来”“买回来”或自我制造且沉迷其中的幻象。你不可能主张一种自己并不拥有的信条、品质或利益，勉强或蓄意为之亦难长久。每一种核心主张在传播中皆须经得起利益和价值正当性的检验。

有的组织之所以缺少核心主张，除了创意、修辞方面才智不足等因素外，更致命的原因可能是自身并无真切、实在的价值观、核心竞争力和利益诉求。内心空洞，目光涣散，手中无力，自然无以清晰表达自己的主张。此外，缺少核心主张，至少意味着表达者内部缺少共识——无法自我确认和认同，遑论谋求外部共识？提炼核心主张首先是组织自我对话的过程，它确保在自我检视、改善和提升的基础上，确认与利益相关者的协商焦点和利益触点。

（二）互惠性

核心主张虽然“发乎内”，却也要“惠于外”，即对公众有利有用有效。若非在对话中响应和满足公众的需求与心智，你的“甜”与我的“甜”有甚关系？譬如有的组织将“团结、拼搏、进取”当作口号，如是自我激励原则固然正确且明确，却与公众的利益诉求隔了一层。核心主张并非一相情愿的自我暗示、激励或“卡拉 OK”，而是组织与公众互蒙其惠的利益触点。

（三）创意性

核心主张要有创意，有利于组织与公众之间的相遇、协商，有利于多元公众之间的讨论和分享。在今日新媒体语境下，核心主张不仅要做到从组织到公众的“纵向尽知”，还应做到多元公众之间的“横向共知”。

所谓纵向尽知，即信息从组织发出，通过特定媒介纵向传递给公众，接收到信息的目标公众越多越好，他们对信息的了解、理解越充分越好。以传播效果论，纵向尽知其实是中间或曰“过程效果”，而非最终效果。因为它只实现了人们分别知道同一信息，即“我知道”但并不确信“你知道”“他知道”，而共同行动则要仰仗“我知道你也知道，你知道他也知道，我们都知道对方知道”。

所谓横向共知，即目标公众在各自获得传者的信息后，还能够在彼此之间横向交流、分享这些信息。通过这一过程，信息在目标公众中平行流通，彼此确认对方也知道相同信息，以达成横向共知。当“人所共知”得以确认，人们就不再是孤立、分散、弱小的原子，共同行动的种子就会发出萌芽。从来没有一个时代像今天这样，大众可以如此便利地横向联系，彼此对话，相约行动。

在大多数情况下，传统媒体只能实现纵向尽知，报刊、广播、电视皆缺少在公众中横向打通信息壁垒、建立平行关系网络的机制和能力。社会化媒体则融合了一纵、一横两个传播过程，为在短暂时间、广阔空间内实现共同认知、激发共同行动提供了最大化的技术便利。当每个人都确认所有人共知同一议题，个体层面的卑微、焦虑和无力感便可能消退，群体的自信、勇气和理想将得以伸张。

如是，“说说而已”将在特定条件——譬如意见领袖的组织和动员——的刺激下转化为“起而行之”。人们“摆脱了当前交易代价相对高昂的公共参与，而可以快捷方便地拥有强大的信息传播力、活动号召力、政治运作力”①。

为了做到纵向尽知与横向共知，组织的核心主张除了要具备内源性、互惠性特征，还要通过有效创意获得充沛的传播势能，纵横贯通传播过程。从广告业和公关业的经验看，创意并无定法：

有时是独特新鲜的，有时则强调共感共鸣；有时要做先锋、引领前沿，有时则要重返传统、唤醒集体记忆；有时要激活、冲击公众的感官体验，有时则要诉诸理性、引导思考；有时要一面提示，有时则要两面提示；有时要彰显个性、强化自我效能，有时则要动员群体狂欢和公共参与；有时要诉诸“中央路径”，由时则于“边缘路径”寻求突破；有时要倡导最高主题（“天理”主题）并辅以中间主题，有时则要统合最低主题（人性主题）与中间主题。本书此前各章，已经为此提供了丰富的知识储备。

（四）统摄性

核心主张应统领、凝摄公关传播的多元情境和全部议题，实现多元声音、复调呼应、统一表达。或者反过来说，公关传播为了适应多元利益相关者的需求，必须设计各种不同的情境和议题，但是它们必须服务、服从于核心主张。对组织而言，不管发布多少稿件、实施多少次项目和活动，最终皆应统归核心主张。就此而论，所谓多元情境或议题，皆属对核心主题的分解和灵活适用。

事实上，在今日信息爆炸的时代，人们往往只给你一两句话的机会来记住你。譬如，那家著名的矿泉水品牌多年来不知通过公关、广告和营销“推送”了多少信息，但公众只记得一句简约、有力、温暖的“有点甜”。在公关传播中，情境和议题设计若能汇入核心主张，即使有“天才般的创意”亦应审慎采纳或干脆放弃，不然无异于自设传播“噪音”。

告知核心主张的一个重要目的正在于减少、消除传播噪音。在传播学中，噪音是指那些所有可能干扰、损害既定传播主题和预期传播效果的负面因素。在公关实践中，组织的贪婪往往表现为试图通过一次或一类公关行动，承载和表达过多“我的主张”。这种贪婪和“过载”极易导致自设噪音的泛滥，而核心主张则潜隐不彰。“有些时候，企业可能成功地做到追求不止一个基本目标，不过这种情况是微乎其微的。有效实施任何一个普遍性战略通常需要全部的投入，如果有多个基本目标，组织资源将会被稀释。”②

（五）复合性

公关对话范式并不一概排斥宣传范式、劝服范式和双向均衡范式中那些有效的策略和方

① 王文．微博时代，主流意识形态要有所作为．求是，2011（12）．

② 迈克尔·波特．竞争战略．陈小悦，译．北京：华夏出版社，2006：34.

法。当然，它们最终要在整体上反映对话观念、达成对话效果。无论通过怎样精准的方式调研，核心主张的提炼都是一个组织单方想象公众需求和心智的过程。同时，核心主张的最初传播、持续强化和因应时势的修正、调整，皆可能混用宣传、说服、双向沟通等多元手段。只要这些手段并无滥用操纵、支配之嫌，并符合前述内源性、互惠性、创意性、统摄性原则，并整体上有利于促进组织与利益相关者在对话中互通真相、互利共赢，则不必像格鲁尼格那样以严重的“道德洁癖”弃之不用。

二、参与意见竞争

现代公关诞生的一个直接原因，便是大企业和公共机构面对批评和竞争不得不做出回应。在某种程度上，20 世纪以来的百余年就是一段意见竞争持续加剧的历史过程。及至互联网时代，人人皆获得了便利的表达资源和技术可能性，政治、经济、文化和社会诸领域的意见竞争更加激烈。所谓议程设置，不再是一个组织通过公关影响大众媒体进而干预公众讨论的过程，而越来越表现为多元意见的角逐和融合。在今日的公关实践中，组织至少要积极参与三种常见的意见竞争：批评性意见的有效回应、同质竞争中的差异化表达、符号与象征建构。

（一）有效回应

在人人发言、透明围观的互联网时代，几乎每个组织都会遭遇多元权力和利益的博弈，并最终表现为不得不参与多元意见的竞争。组织的自我意见、反对者的批评意见和模糊、摇摆的边缘意见往往处于激烈的交锋状态。正确的意见未见得总是获胜，真相未必跑赢谎言、谣言。在很多情况下，真相还在系鞋带的时候，谣言已经绕着地球跑了好几圈了。若非及时、主动、公开参与意见竞争，谣言、谬误和偏见不但影响当下意见竞争的走向，而且还可能干预历史的书写和大众的集体记忆。

面对意见竞争，组织的选择不外乎有三：一是逃避，二是对抗，三是在对话中有效回应。逃避的代价和无处遁形的窘境早已为公关实践所证实。组织若缺席意见竞争，批评意见、边缘意见就会挤占舆论空间，这已是今日的常识，无须赘言。既然无可逃避，那么只有选择对抗和对话了。

对抗又可区分为两种情形：反驳和打压。反驳极易陷入不以达成共识为目的的众声喧哗，每一方皆自持立场和利益主张，要么虚耗无功地激辩，要么为对抗而对抗。打压则是试图退回到“天下定于一尊”的时代，唯我独尊，压制异见，落实到具体“公关”策略上便是“删帖子”“撤稿子”、雇用“水军”引导舆论，等等。但是，打压异见在技术上越来越难以操作，而且往往要付出透支信任资本的代价。

为此，参与意见竞争的良策乃对话，在对话中有效回应各方关切。此中有三个问题需要强调：

一是对话意味着开放、平等、动态地协商真相和利益问题，不抹杀冲突和对抗，同时又真诚地将之导向合作。

二是虽然有的组织积极参与意见竞争，及时、主动发布信息，却未形成对话、建立共识，主要原因是囿于自我意志的表达，而未有效回应各方的核心关切。因此，信息发布的多少、快慢和时机选择并非关键问题，重要的是如何针对利益各方的核心关切提出回应性的解释和解决方案。

三是本书此前相关章节述及，对话有助于汇聚更多的智慧和力量寻求问题的解释和解决方案；即使未能获得明确、可行的方案，对话亦是一个赋权以成就共同体的过程。一旦你鼓励对方参与对话，他便可能从不顾一切的批评者或不屑一顾的反对者，转换身份为与你一道解决问题的共同体成员。

（二）差异化表达

伴随着信息爆炸和市场竞争的加剧，公关面临着另一种日益严峻的意见竞争：你的说法并不独特。尤其是在同业竞争中，同质化的表达经常让公关业者陷入困境：如何让自己的意见与众不同、脱颖而出？公众总是既顽固又善变，他们究竟会接受什么样的概念和观念？稍有不慎，公关所输出的意见便会沦为雷同、平庸、无效的表达。公关实践领域充斥着这种失败的案例，譬如复制竞争对手的核心主张，而后再加上一个“更”字——更好，更快，更强，更干净，更便宜，更卓越。诸如此类的表达多是徒劳的，你怎么可能推出一款竞争性的矿泉水品牌，并宣称自己“比你更甜”？

自 20 世纪五六十年代起，定位理论逐渐盛行，它所要解决的核心问题便是在同质竞争和同质化表达中制造差异。在 1961 年出版的《实效广告》一书中，瑞夫斯（Rosser Reeves）最早系统阐释了“独特销售主张”（Unique Selling Proposition，USP）理论。根据 USP 理论，品牌必须向消费者提供一个明确、独特、不可复制的主张。随后，著名广告人大卫·奥格威（David Ogilvy）和李奥·贝纳（Leo Burnett）等人呼应、拓展了瑞夫斯的 USP 观念，定位理论日趋丰富和成熟。总体而言，定位理论的主要观点包括：

一是基于“我是谁”“我拥有什么”“我的特质何在”像炼金术一般萃取、筛捡自己的“卖点”（selling point）。“……第一”“……来自巴黎的选择”“……治感冒，快！”皆属此类例证。倘若所欲推广的产品、项目、政策和观念在实质内容上并无显著的独特之处，那么便去寻求包装、形式、风格、调性、习惯、方法上的差异。譬如，“……蓝瓶的”“……男人中的男人”“……白天吃白片，晚上吃黑片”，等等。

二是把定位的目光从组织自身的品质和特质转向客户、用户和消费者，即响应或培育利益相关者的需求。这就要通过各种定性或定量的民意调查、市场调查、心理实验等手段，洞察利益相关者潜在或显在的需求。此类案例也不胜枚举，譬如“怕上火喝……”“一机在手，永远无忧”“……冰箱省电噪音低”，等等。

三是进一步把目光从利益相关者的外在、有形需求，投向其内在心智。自 1970 年代起，定位理论喊出了“占领消费者心智罅隙”的口号。这与当时著名的马斯洛需求理论是相契的。马斯洛将人类的基本需求区分为五个层级——生理、安全、归属和爱、尊重、自我实现，当较低的需求满足后，更高层级的需求便被唤醒，直至成就心灵上的追求。这种把旗帜插到利益相关者内心的做法，在今日的意见竞争和市场竞争中仍占据主流。譬如，“……，我的地盘听我的”“心有多大，天地就有多大”“想唱就唱，唱得响亮”“点燃内心之火”，等等。

（三）符号与象征建构

公关传播同其他传播手段一样，是一个符号传递和象征互动的过程。传者和受者之间借由符号和象征分享意义、交换意见。除了特定议程的设置和特定情境下的意见竞争，公关还试图建构相对持久、稳定的符号和象征体系，以统一、一贯地表征自我，并形塑与利益关者共同的认知和记忆。

CIS 理论最能反映公关建立符号体系和象征世界的需求。所谓 CIS，即企业形象识别系统（corporate identity system，简称 CI 或 CIS），包括理念识别（mind identity，MI）、行为识别（behavior identity，BI）和视觉识别（visual identity，VI）三个子系统，旨在从理念、行为和视觉三个维度说明企业“我是谁”，并谋求客户、用户和消费者的有效识别和记忆。

MI 主要通过一套表达组织愿景、使命和价值观的话语来体现，BI 主要反映为组织成员的行为取向、方式、风格和气质，VI 则直接由形象化的符号——如商标、LOGO 等元素承载。三者并彰便可发挥如下三个作用：

一是组织理念、议程和意见的符号化，有利于利益相关者在复杂的信息传播环境和舆论生态中准确识别和记忆。二是品牌要素的系统化，譬如将消费者对企业产品的具体观察和体验，汇聚为对企业品牌形象的整体感知和认同。三是将组织人格化，为品牌注入可感、可知、可对话的个性和灵魂。譬如，某大型石化企业将官方微博的“主人”设计为卡通形象“小石头”，在日常新闻发布、舆情应对和危机管理中皆以人格化腔调、姿态与公众对话，有效弥合了巨型垄断国企与公众之间的传播距离和关系裂痕。

三、整合营销传播

无论输出核心主张还是参与意见竞争，或将 CIS 建构为组织与利益相关者共享的认知系统，皆非单一的传播策略或手段可以胜任。自 1990 年代始，整合营销传播（integrated marketing communications，IMC）之说日盛，正是为了解决多元策略或手段协同促进议程设置和建构的问题。综合 IMC 理论开创者舒尔茨（D. E. Schultz）和美国广告协会的定义，整合营销传播大抵有如下几个特征：

（一）外观思维与利益相关者本位

在观念设计上，IMC 理论坚持以由外而内（outside-in）的战略思想为指导，以利益相关者为中心。这在本书有关说服理论、公关对公众的想象、卡特里普的开放系统论、格鲁尼格的卓越公关理论及定位理论的介绍中已有充分论述。外观思维和利益相关者中心论既是对早前组织立场、组织本位观在逻辑上的颠覆，也是对市场竞争加剧、公众权利崛起之社会现实的顺应与迎合。它要求组织放弃对外部世界的单边想象和介入，转而在市场和社会系统中寻找自己的“生态位”，并基于利益相关者的需求和心智确立营销传播的目标、内容和方法。

（二）整合运用营销传播工具

在资源管理、策略选择和实施路径上，IMC 理论强调营销与传播的整合。关于营销与传播的关系，学界、业界素来存在争议。营销即对产品、技术和服务的推广和销售，直接与有形的绩效挂钩，因而更实际也更实惠。台湾学者将营销（marketing）译为行营，亦是为了强调其重实行、实效的特点。传播即观念、信息和知识的传递与分享，更看重诸如语境调适、认知改变、态度影响等无形效果，它可能引发行为，也可能与行为无涉。这就产生了两种看法：

一是重营销、轻传播，传播服务于营销，传播也是为了营销；二是营销与传播分立，格鲁尼格就提议将二者分开，企业的公关、传播部门不应隶属或归入营销部门，否则必然伤害公关的核心价值和独特性。IMC 理论则试图将营销与传播并置、整合，以营销的观念考量传播问题，以传播的观念构思营销。前者要求传播也要有产品意识、坚持绩效导向，不可沦为凌空蹈虚、舞光弄影；后者要求营销树立人本观念，着眼于人与人的相遇、协商，以免沦为物的狂欢，制造商品的宗教。除了观念上的整合与融合，IMC 还强调营销与传播在手段上的协调与协同，各尽其用，彼此增益。

（三）传递一致声音，建立长久关系

在目标与效果追求上，IMC 理论聚焦于传递一致的声音和建立持久、稳定的关系。无论采取公关、广告、促销、大众传播、组织传播、群体传播、人际传播等何种营销传播手段，IMC 都是为了传达组织层面、产品层面和项目、活动层面的核心主张。手段是多元的，声音、主张却是整合、统一的。同时，IMC 理论专门强调了组织与利益相关者深度沟通、合作关系建设的重要性，而这正是公关所擅之长。

实际上，整合营销传播所倡导的内外统观、利益相关者本位、人本观念和关系建构，皆属典型的公关思维。这就使公关较之广告的优越性得以彰显，以至于里斯（A. Ries&L. Ries）父女在 2004 年出版了广为流行的《公关第一，广告第二》一书。对于广告与公关的地位和关系，人们也一直有争论。广告界的主流观点是，广告明确而强力，策动推广、刺激销售的功效极其显著；而公关往往处于暧昧状态或“灰色地带”，效果的达成主要靠润物无声。一些公关界人士（譬如伯内斯）则反击说，广告应服务于公关，或作为公关的一部分而存在——广告只是公关中以付费形式进行的文本表达。

这场争论延续到里斯父女那里，公关与广告被譬喻为“太阳”与“风”的关系：

> 在伊索寓言里，风和太阳曾经争吵过两者谁更强。看到一个旅行者走在路上，它们决定用让这个旅行者脱下大衣的办法来解决这个问题。风先来，可是风吹得越猛烈，这个旅行者把他的大衣裹得越紧。然后太阳出来开始发光。不久，这个旅行者就感受到了太阳的热，把他的大衣脱了下来。太阳赢了。
>
> ……广告被看作是一种入侵，一个应该被阻止的不受欢迎的入侵者。推销得越厉害，风吹得越猛烈，潜在的消费者就越抵制这推销信息……公共关系是太阳。你不能逼迫媒体来发布关于你的信息。信息的发布完全地掌握在它们手中。你所能做的一切就是微笑并保

证你的公共宣传材料尽可能地有用。潜在的消费者也不会在一条评论信息中觉察到任何的强迫性。①

这种非此即彼的争论，除了增进人们对广告与公关各自特质的理解，其实并无意义。二者理应彼此配合、优势互补。在有些情况下，二者甚至是同一关系。譬如，在传统的公关分类与广告分类中，皆有“公关广告”一说。所谓公关广告，即以公关为目的广告或公关取向的广告，区别于商品广告。在熊源伟主编的《公共关系学》中，公关广告被细分为理念广告、实力广告、倡导广告、赞助广告、致谢广告、致歉广告、响应广告、阐释广告和深度广告等。每一类皆容易理解，此处不再赘述。

第二节　叙事路径

叙事学起步于 20 世纪 20 年代，在 60 年代以后渐趋兴盛。它所关切的核心问题，用一句话来说就是探究人类叙事中潜隐的稳定模式或曰“永恒”结构。叙事学的研究者们乐观地相信，表面上千差万变的故事文本其实存在着稳定、趋同的要素和结构；一旦尽在掌握，便可自如地阐释、创造某些历史和社会生活文本。在 20 世纪后期，叙事学与新修辞学相遇，叙事便成为一种与说服、对话和认同有关的艺术。

1984 年，费舍尔（Walter Fisher）提出了“叙事范式”（narrative paradigm），他认为人是叙事的动物（narrative beings），“体验和理解生活，就像经历一场持续的叙事，它有冲突、分享、角色扮演、开场、中场和结尾”②。言者若想赢得听者的认同，应花力气讲一个让人佩服的故事（story），而非生硬地加工证据、枯燥地展开推理，或企图提供一个牢不可破的论点。③人更容易被一个好故事而非一个好论证说服。

公共关系是组织叙事的重要手段。这样的说法并不准确，以对话范式的观念看，公关乃组织与利益相者共同故事的讲述者。本节将叙事学、新修辞学理论应用于公关对话范式，探讨三种主要的公关叙事形态：讲故事、新闻叙事和制造公关事件。

一、讲故事

叙事学（Narratology）是由拉丁文词根 narrato（叙述）加上希腊文词尾 logie（科学）而构成的。《罗伯特法语词典》将之定义为：“关于叙事作品、叙述、叙述结构以及叙述性的理论。”结构主义语言学和俄国形式主义文学研究为叙事学的诞生做出了关键性贡献。

---

① 阿尔·里斯，劳拉·里斯．公关第一，广告第二．罗汉，虞琦，译．上海：上海人民出版，2004：237.

② Walter R. Fisher. Human communication as narration：toward a philosophy of reason，value，and action. Columbia，SC：University of Southern California，1987.

③ 胡百精．公共关系学．北京：中国人民大学出版社，2008：189.

结构主义语言学认为每一种语言皆有相对稳定的内在结构，词汇、句子、段落和文本皆是语素结构化的结果。索绪尔是结构主义语言学的奠基者，他从要素之间的关联层面考察和把握语言，将语言分析由外在的、历时性的考察转向语言内在、共时性的结构研究。所谓内在，即语言诸要素的内部关联，所谓共时性即语言存在相对稳定、不易受外在环境和时间变化——历时性影响的结构。

形式主义文学研究为探究语言和叙事结构提供了直接的理论和方法资源。俄国学者普洛普打破了按人物和主题对童话进行分类的传统研究方法，认为故事的基本单元不是人物，而是人物在故事结构中承担的“功能”。譬如，故事的主角是卡拉马左夫还是杰伍什金并不重要，关键是要承担拯救者、信神者、忏悔者、破坏者或背叛者的角色功能。故事千差万别，人物多种多样，但故事的结构及其对应的功能却不复杂，并且相对稳定。在《民间故事形态学》一书中，普洛普从大量俄国民间故事中提炼出了 31 种“叙事结构-功能”。也就是说，不管俄罗斯的那些民间故事有多少题材、体裁和人物，皆可归入 31 种叙事“套路”。

列维-斯特劳斯将普洛普的理论引入法国，并将之运用于神话叙事结构研究，“以发现人类思维的基本结构”。1969 年，托多罗夫在《〈十日谈〉语法》中第一次正式提出了叙事学的说法。而三年之前，罗兰·巴特发表在《沟通》杂志第 8 期的著名论文《叙事作品结构分析导论》，已完整阐释了叙事研究的理论纲领。

巴特认为任何“材料”都适宜于叙事，除了文学作品以外，还包括绘画、电影、连环画、社会杂闻和会话，叙事载体可以是口头或书面的语言，固定或活动的画面，手势、姿态以及所有这些方式的有机组合。① 自巴特始，叙事学走出童话、神话、民间故事的局限，并进而突破文学的边界，成为透过语言结构和表达形式解析人类“叙事话语”的理论工具，影视、戏剧、广告和公关自然也在其中。

叙事学对语言结构和功能的重视，为公关的对话、培养共识、维护关系、表达利益诉求和价值主张提供了直接的理论参照。从广义上看，公关就是一个寻求认同、传达某种利益和价值的叙事过程；从狭义上看，公关传播同叙事一样要有语境和场景、主题和内容、角色及其功能和关系，要有神话的“从前……”、民间故事的“如此这般……”和寓言的“所以……”之类的结构和形式。

那么，怎样才能讲一个好故事呢？或者说好故事是否存在标准的、可套用的要素与结构呢？

这方面的代表性研究成果来自“亚里士多德之后最重要的修辞学家”肯尼斯·伯克。本书第四章提到，伯克认为新修辞学与古典修辞学的最大区别在于对修辞之使命、目标的预设。“旧修辞学的重点在于说服力建设，强调语言的审慎设计，而新修辞学则主张修辞是为了靠近本体层面的认同，并且重视来自本能和表达场域的无意识因素。”②

在伯克看来，古典修辞学追求表达技巧和所谓说服力建设实属舍本逐末，认同才是言者和

---

① 巴特．符号学美学．沈阳：辽宁人民出版社，1987：108.

② Kenneth，Burke. Rhetoric-old and new//Martin Steinmann，Jr.（ed.）. New rhetorics. New York：Scribner's Sons，1967：13.

听者建立关系的基础。他特别强调了"本体认同"的重要性，其来源有二：一是听者对言者身份的认同，这种认同是如此牢固，以至于有人不管讲什么听者都愿意相信，也有人无论怎样口吐莲花都没人相信；二是对心灵、宗教意义上的直觉、本能或潜意识的认同。

此中，身份认同包括对身体特征、职业、角色、背景、性格、天资、信仰和价值观的接纳，言者与听者之间在身份上的交集越大，认同感也就越强。

肯尼斯·伯克

在伯克之前，行为科学家已采用"共鸣"这一术语描述言者与听者间的知觉共振状态，但伯克显然更喜欢借用宗教术语。他认为本体认同颇似宗教体验上的"去异求同"，即基于直觉、本能或潜意识的体认和融入。

伯克引用《圣经·旧约》的话说，"你到哪我就随你而去，你在何处落脚，我亦落脚该处，你的子民也是我的子民，你的神也是我的神"，这就是本体认同。①

据此，伯克认为所谓好的修辞和叙事就是要建立认同，尤其是本体认同。具体到如何讲一个好故事，他提出了著名的"戏剧五因理论"。这一理论来自伯克对一句常识俗语的"再发现"：人生如戏。人的动机、行为及其创造的历史和社会生活，在结构上恰恰如戏剧一般。与此相应，一个标准的好故事应该具备五个"戏剧性"因素：

一是场景（scene），即故事的各种情境及其内在关联，它是人物、主题、情节、表达和行动生成意义的语境或曰背景。

二是角色（agent），即故事的行为主体，有人是主角，有人是配角，各自承担不同功能，相互之间存在或简单或复杂的合作、支持、反对、背叛关系，并由此形成各种利益与价值冲突。这些冲突往往表现为二元对立，譬如悲欢离合、爱恨情仇、善恶美丑、正邪强弱、兴亡成败、忠孝难全、义利交战，等等。

三是行动（act），即故事所发起、展示和结束的情节、过程主线或支线，譬如复仇、寻宝、抗争、成功、超越、爱国、解放、寻找真爱、追求自由、维护正义、人与自然的善、人与众神的对话。总之，好故事的行动总要呈现人们最在意的那些利害、是非、道德和信条。

四是手段（agency），即故事所设计的各种推进行动、达成使命、呼应场景、支持角色的各种工具、策略和方法。譬如，武侠小说中常用的手段包括"偶遇出世高人""意外发现武功秘籍"；又如"愚者成功型"的故事往往诉诸天真纯粹之德性、坚忍不拔之勇气、得道多助之善因、上苍垂悯之天意等手段。

五是目的（purpose），即故事预设的主题、角色所欲达成的目标。这是言者与听者认同的最终落点，"正如戏剧一直要表达的生命终极意义和对神秘之物的强烈探知欲望"，言者亦应为听者启示终极价值，或提供抵达美妙的神秘之物的路径。②

① 彭怀恩．政治传播与沟通．台北：台北风云论坛出版社，2002：188.

② Kenneth Burke. The philosophy of literary forms: studies in symbolic action (3rd ed.). Berkeley and Los Angeles: University of California Press, 1973: 27.

伯克的戏剧五因理论为讲好故事提供了一个标准结构，既简明又好用，但是也遭到了批评。譬如费舍尔就认为伯克太强调本体、直觉层面的认同，而忽略了修辞和叙事最基本的一些问题。他指出，好故事在诉诸情感的同时亦应审慎对待理性和逻辑问题，至少要重视四个基本范畴：事实（fact）、论据（evidence）、论点（arguments）和推理（reason）。

伯克的“戏剧五因”和费舍尔的“四个范畴”简直可以直接照搬至公关叙事。公关要讲好故事，正应从古典修辞学、伯克的新修辞理论和费舍尔的叙事学那里汲取三条经验：表达技巧训练和说服力建设；本体认同及戏剧五因的结构化；逻辑认同及事实、论据、论点和推理的合理化。

二、新闻叙事

公关是以新闻故事“喂食”媒体的。美国前总统克林顿和他的公关团队称媒体为“以故事为食物的野兽”，而媒体似乎也不讨厌这个称号：“在不丧失正直和责任的前提下，每一则新闻都应该展现事件的小说元素或戏剧色彩。新闻要讲究结构和具备冲突，要提出问题，还要有结局，要有情节起伏，要有始有终。这不仅是戏剧所必备的要素，也是我们叙事中不可少的。”[①]

新闻化叙事是公关传播最重要的方式之一，甚至成为公关业务的主体，很多传统公关公司专门以“发稿”为业。记者出身的公关之父艾维·李毕生最大的荣耀，是只向媒体提供“有新闻价值的信息”，并根据不同媒体的编辑方针“加工有用的新闻素材”[②]。公关之所以偏好新闻叙事，大抵有三个原因：影响大、可信度高、成本低。谓之影响大，是因为新闻媒体覆盖广泛，报道、评论及时且充分；可信度高乃因为公关文本若以新闻形态呈现和传播，公众更愿意相信其真实性、客观性、平衡性和权威性；同时，若组织的传播需求与媒体的报道需求取得一致，公关成为新闻来源，往往可以“免费传播”或只支付“车马费”。

公关是否应该成为新闻的来源？这就涉及公关伦理与媒体伦理的博弈和平衡问题。自由多元论者主张媒体是反映真实的镜子，是多元社会的产物，是不同政治、经济和文化力量角逐的平台。这就意味着公关可以在多元主体的竞争和角逐中成为媒体消息来源，但不可垄断、支配、强制或寻租媒体权力。而意识形态决定论者则认为媒体是统治阶级宰制的工具，是特定政治、经济和文化结构的反映，是意识形态机器的一部分。这就意味着媒体不可避免地受到公关的宰制和支配。至少在传统媒体时代，媒体的内容生产从来都高度依赖政府、企业、知识精英和其他统治联盟信源。

既然公关不可避免地成为新闻来源，那么底线性的伦理要求便是公关叙事必须符合新闻标准、具备新闻价值。所谓新闻价值，就是新闻客体的属性、功能对新闻主体的效应。[③] 更直观的表达是，新闻价值是选择和衡量新闻事实的客观标准，即事实本身所具有的足以构成新闻的

① 兰斯·班尼特．新闻：政治的幻象．杨晓红，王家全，译．北京：当代中国出版社，2005：78.
② 埃尔顿·赫伯特．取悦公众．胡百精，等译．北京：中国传媒大学出版社，2014：9.
③ 杨保军．新闻理论教程．北京：中国人民大学出版社，2005：110.

特殊素质的总和。素质的级数越丰富越高，价值就越大。[①] 自李普曼在《公众舆论》一书中提出新闻价值概念以来，一大批学者加入新闻价值标准的讨论之中。代表性观点如下：

庞德（Mary Vipond）将新闻价值的判断标准概括为时效、距离、事件大小和重要性四个要素，并将读者兴趣细分为利害关系、金钱、性、斗争、奇突、英雄崇拜、关怀、人情味、大事件、竞赛和犯罪[②]；海顿（Jack Haydn）提出新闻价值主要体现在新闻信息的重要性、规模、任务的显著度、事件的远近、时间性、冲突、怪事和人情味等方面[③]；随后，赫伯特（Fred Hibbert）的新闻价值“五要素说”成为经典：及时性、接近性、显著性、重要性和人情味。

及时性强调新闻新近发生的新鲜感，一般主张越快越好，直至实时直播；有时也单指快速报道，强调新闻传播的时机恰当合宜。接近性指向多重“距离”关系，包括地理空间上的距离、经验与心理距离，也包括利益关联程度。譬如，“只有一条最重要的国际新闻，才能挤掉一条次要的地方新闻”。显著性描述的是新闻事实的影响力、反常性和显赫度，譬如“名人制造新闻”“人咬狗才是新闻”。重要性所关心的是新闻事实对人、事、物的影响范围和程度，“凡同多数人利害相关，为多数人所关注的事实，被认为有社会意义，也就有重要性”[④]。人情味主张新闻事实对人性的表达和关怀，譬如道德、情感、爱憎、智慧、幽默等。

中国新闻史上的杰出记者邵飘萍曾如此概括：读者之人数、时机之适当与否、距离之远近关系、兴味之集中与变迁。这些要素彼此分立又交互关联，构成了新闻价值发现与确认的评判标准。

对照以上新闻价值标准，当下公关实务中的新闻叙事尚存在明显偏差：

一是自我宣传味太浓，无视媒体报道需求和公众知情需求——提供给媒体的文本更像领导讲话、工作简报或企业报表，充斥陈腔滥调，通篇自言自语。

二是不合时宜，忽略语境，将信息强行“塞”给媒体，一旦遭到媒体拒绝，便企图通过权力干预或利益寻租来影响媒体报道，导致新闻腐败。

三是重要性、显著性不足，将“硬广告”当作“软新闻”处理，造成公关“软文”泛滥，产制出来的“新闻”文本面目可憎、不忍卒读。

四是走向另一个极端——过于追求“重要而显著”，夸大造假、虚张声势乃至危言耸听，贪求一时声势却消解了持久信任。

五是人格化表达偏差，要么只见事、物，不见人，刻板空洞、毫无生气；要么滥用人情是非，制造荒诞传奇。

此般种种，皆是新闻敏感性不足、新闻价值缺位的表现。“只有弄清楚新闻从业人员和读者如何阅读、理解、再现和运用新闻话语和信息，我们才能明确社会、经济利益和目标是如何转化成限定现实新闻制作的因素的。”[⑤]

---

① 余家宏，等．新闻学词典．杭州：浙江人民出版社，1988：62.

② 杨保军．新闻理论教程．北京：中国人民大学出版社，2005：114.

③ 杰克·海顿．怎样当好记者．伍仁，译．北京：新华出版社，1980：11-12.

④ 童兵．理论新闻传播学导论．北京：中国人民大学出版社，2000：51.

⑤ 托伊恩·迪克．作为话语的新闻．曾庆香，译．北京：华夏出版社，2004：128.

公关作为新闻来源，常用三种方式与媒体互动：直接向媒体发送新闻稿件、接受媒体采访和召开新闻发布会。如今，越来越多的组织还通过自媒体发布新闻，进而借由新闻媒体的加工和转发进行传播。探讨这些方式的实战技巧并不是本书的任务，但必须申明的是，所有技巧皆应遵循新闻价值的判断标准。新闻由头不明、关键价值要素缺失的新闻稿件、采访和发布会，很难达成预期传播效果，而且潜隐着伤害公关和媒体职业伦理的风险。公关价值只有符合、对接新闻价值，公关新闻叙事才能获得充分的可能性和正当性。

以上强调了公关叙事对新闻价值的遵从，而这一原则尚需考量另一个问题。公关属于着眼于整体和长远的战略传播，这与新闻的碎片化、当下场景性表达逻辑并不一致。公关叙事既要满足当下的、个案文本的新闻价值，又要有所超越，长远、整体地设计和实践自身的战略传播行为。片面追求新闻发稿量，耽溺于碎片化表达，极易消解战略传播的整体价值。譬如，有的企业常年大量发稿，追求所谓媒体曝光度，但并未在公众端形成清晰、一贯的形象认知。碎片的总和往往只是散乱的碎片，而未必能够拼成完整的认知图景。为此，公关一方面要投入一时一事的新闻叙事，又要努力“把过去、现在和将来事件的素材组织为叙事结构”，以战略传播的主线“贯穿所有看似散乱的文化实践”①。

三、事件公关

“事件（event）是公共关系发展过程中，最具影响力的一种沟通工具，也是公关最为显著、最为人熟知的沟通工具之一。”②

早在20世纪初，年轻的伯内斯即提出“为产品制造事件，让事件制造新闻”的“公关营销公式”。1929年，伯内斯受美国烟草公司委托开发女性吸烟市场，他策划、组织了一场声势浩大的感恩节游行，人们手持“自由火炬”（香烟）为“女权”而战——女性解放的一个标志，女性被设定为可以像男性一样“自在燃情”。彼时，公关人员认为自己不但要为企业、政客和政府打理媒体关系，而且应该为之制造议题，通过向媒体和公众推广事件而推广客户。

1962年，美国学者伯斯汀（D. J. Boorstin）出版了系统研究公关和媒介事件的《形象：美国的假事件指南》（*The Image：A Guide to Pseudo-Events in America*）一书。在这本书中，伯斯汀将公关和媒介事件统称为“假事件”，并概括出假事件的四个基本特征：

一是从事件性质看，“假事件”并非自然或突然发生，而是精心谋划、周密组织的结果。“假事件”不是太阳升落的日常事件，亦非海啸突袭的偶发事件，尽管它也可能“润物无声”“悄然而至”或令人“猝不及防”，但一切都是预先设计、安排好的。

二是就目的而论，“假事件”是为了成就“真新闻”。“假事件”自谋划之初，便为上新闻、影响媒体报道、制造轰动效应而来，因此必须具有足够的新闻价值，预设公共讨论的开放空间。

---

① 利萨·泰勒，安德鲁·威利斯．媒介研究：文本、机构与受众．吴靖，黄佩，译．北京：北京大学出版社，2005：62.

② 姚惠忠．公共关系理论与实务．北京：北京大学出版社，2004：237.

三是在制造事件的方法上，“假事件”借鉴了宣传的“暧昧”原则，即传播意图含混不清。于“假事件”前台高唱的议题、表演的人物和展开的情节，未必是事件制造者当真要推出的符号和意义。倘若“假事件”去除了暧昧的面纱，被人们识破了表演的动机，便会立即陷入无趣和俗套。

四是在事件的内容和进度安排上，“假事件”实质是一种“自我实现的预言”（fulfilling-prophecy）。事件制造者的神话叙事渐次展开，偶像化的主角闪亮登场，经反复遴选、编排成特定结构的符号占领媒介，并进而渗入公众心智。最终，童话般美丽的结局如期而至，“就像当初渴望的那样”①。

伯斯汀所称的假事件与伯内斯“制造新闻”的观念可谓异曲同工，只是前者持以批判立场，后者则以实用主义的眼光乐观其成。在伯内斯看来，很多公关和媒介事件如品牌庆典仪式、大型营销传播活动和“推广善心”之举，皆属聚合了传播和注意力资源的“真事件”，并非唬人的把戏。当然，他也不否认公关实践中确实存在大量为谋私利而上、下“忽悠”的“假事件”。

伯斯汀的观点代表了一类人的批评和偏见，他们甚至来自公关学界内部。批评者认为，制造新闻是一个有悖常识、不合情理的概念，无论怎样为“制造”辩护，人们都很接受其与“新闻”二字并列。“制造”意味着蓄谋图之，而“新闻”则是对真实、客观、自然发生的事实的报道。

公关事件之所以区别于一般意义上的公关新闻，关键在其创造性和参与性。具体解释如下：

（一）聚合传播要素

公关事件实质上是将日常公关叙事中分散的元素凝聚、集中起来，创造性地提炼主题、营造语境、设计情节的传播行为。在常态下，人物、产品、政策和服务等传播素材是琐碎而分散的，而公关事件则借由特定契机，将它们整合成一个丰满、生动的故事或事件。

这种整合不是简单的元素拼接和组装，而是让不同的“源文本”生成一个崭新的叙事文本，进而转化为新闻文本的过程。譬如，一条产品上市信息可以通过一组广告传播，也可以通过一篇公关“软文”表达，而一次将产品上市与品牌庆典或慈善活动结合起来的公关事件，则可获得更强的传播势能。

正如伯内斯所说，公关事件是“大处思考”的结果。所谓“大处思考”，就是让那些单一的元素立体化，让那些乏善可陈的信息生出光彩，让那些平庸的主题得以升腾，让那些散乱的片段连缀成圆满的故事。按照叙事学的说法，公关事件为传播要素赋予了表达的“宏观结构”，它能承载更多的意义、发挥更大的功能。当组织的传播要素得以嵌入“宏观结构”，组织制造的事件便可能成为社会事件、公共事件，组织利益便可能被表达为公共利益。从接收效果来看，话语理论认为“一般情况下，高层次的宏观结构最容易被回想起来，它构成了一个文本的

---

① D. J. Boorstin. The image：a guide to pseudo-events in America. New York：Harper-Row，1962：11 - 12.

信息基础”[①]。

（二）事件化传播

公关事件的价值主要表现为丰富多样的事件化传播上。熊源伟主编的《公共关系学》列举了公关事件的五种主要形式：庆典仪式、社会赞助、记者招待会、形象展览和娱乐联欢。[②] 公关事件的类型当然不仅限于此，政治集会、大型论坛、竞赛选秀、社会运动、集体抗争，乃至社会风尚思潮的兴起和变迁皆可诉诸事件化表达和传播。

台湾学者姚惠忠将公关事件区隔为行销型、形象型、公众诉求型、危机因应型和凝聚型五种类型，分别说明如下[③]：

行销型事件，即推广某种产品、服务、政策或观念的公关事件，常见的形式包括：抽奖、颁奖、折扣、馈赠等奖励性活动；展览、参观、访问、会议等参与性活动；试用、评测、培训、服务等体验性活动。

形象型事件，即建立、维护和提升组织形象的公关事件，如 CIS 系统的设计、征集、发布和形象代言人的甄选、启用等“务虚”策略；高层人事变动、治理结构变革等“务实”举措；赞助慈善、履行社会责任等公益行为；针对竞争对手造势、以形成差异和比较优势的舆论行动等。

公众诉求型事件，即通过倡导、响应社会公共议题，向社会表达自身立场和利益主张的公关事件，如民意调查与报告发布、示威游行与利益相关团体联合行动、发起社会运动和群体事件等。

危机因应型事件，即在身陷危机的情境下，为应对危机而采取的澄清立场、维护形象、恢复运营等公关事件，如发布危机公告、舆论引导和司法辩护、议题转移、召回产品与抚恤补偿等。

凝聚型事件，即用来内部沟通、增进组织内部共识和凝聚力的公关事件，如餐会、聚会和联欢等轻松、娱乐性质的活动；福利、奖励、晋升等人力资源管理层面的行为；培训、会议、价值观教育等观念培养性质的举措；树立典型和榜样等群体心理和行为层面的努力等。

（三）公共讨论与集体记忆

公关事件是开放的、参与性的沟通平台。它不仅向媒体开放、调动媒体参与，而且直接与目标利益相关者进行沟通，引发公共讨论，促成参与、体验。制造事件也许是关注度最高、讨论空间最大、参与性最强的一种公关手段。譬如，一些汽车企业通过策划、实施公益事件而动员车主亲身参与其中，在共襄善举的同时加深车主对品牌观念的理解和认同。又如，政府部门在响应型的公共卫生事件中号召民众公开讨论、协同参与健康运动。

在今日互联网时代，公关事件一方面仍然离不开新闻媒体的报道和传播，一方面亦可直接

---

① 托伊恩·迪克．作为话语的新闻．曾庆香，译．北京：华夏出版社，2004：108.

② 熊源伟．公共关系学．3 版．合肥：安徽人民出版社，2003：333－334.

③ 姚惠忠．公共关系理论与实务．北京：北京大学出版社，2004：237.

通过社交网络发起公共讨论和参与。基于开放、对话的观念，公关事件本身即是沟通、协商的媒介和平台，它为讨论和参与而设，未必“为新闻而制造”。

经典的公关事件可在持续、周期性的操演中沉淀为组织与利益相关者乃至整个社会的集体记忆。人与人的对话，最现成的资源便是共享一套集体记忆，它包含着对话者共知的事实、事件，共享的价值信条。组织若可将经典公关构建为集体记忆，便为自己与利益相关者之间的对话与认同创造了近似本体认同的前提条件。当然，那些能够结晶为集体记忆的公关事件，它的理念、主题、内容和展开方式须经得起利益各方长久的检验。

第三节　话语权路径

最早提出话语权概念的是法国哲学家福柯，他认为话语（discourse）即权力（power）。在福柯看来，无论是人与人的日常言语交往中，还是“恋爱的、制度的或经济的关系中，一个人总是想方设计操控另一个人的行为，因而权力都始终在场”①。人类历史、文明皆是话语建构的产物，是权力借由话语对于存在之物的“保留”或“消除”。譬如，一场公共危机究竟是“天灾”还是“人祸”，最终取决于谁拥有为之定性的话语权。倘若定性为“天灾”，则制度废弛、管理涣散、领导渎职等罪责便被“消除”了。

布迪厄也认为话语权遍在于社会诸领域，并进一步指出话语权不只意味着“能说”，而且是“有权利说”，即“有权利通过语言来运用自己的权力”②。话语既是表达、实现权力的工具——以指令、文件、演讲、协商、舆论运动等方式行使权力，也是获得权力的关键所在——没有表达的机会、资格和能力，权力的占有和行使便无从谈起。因此，话语权包括话语权利（discourse right）和话语权力（discourse power）双重含义，即首先要获得表达的可能性，进而利用这种可能性行使权力。

公关是组织获得和行使话语权的重要途径。本节主要讨论公关实现话语权的三个具体路径。

一、同一话语

从传播的视角看，话语权就是争取传播资源和机会，表达自身主张的权利和权力。对公关而言，传播视角的话语权实践主要包括三个方面的内容：一是在意见竞争中输出核心主张、影响媒体和公众议程的可能性；二是在获得必要传播资源和机会的情况下，通过叙事和修辞有效表达利益诉求的能力；三是塑造良好品牌形象，持续构建品牌话语体系的能力。前两个方面已

① 莫伟民．莫伟民讲福柯．北京：北京大学出版社，2005：216.

② 杨善华．当代社会学理论．北京：北京大学出版社，1999：76.

在本章第一、二节论及，以下重点考察第三个方面。

话语权是持续建构的结果，倚重清晰、一贯的品牌形象，并表现为相对稳定的同一性话语。譬如，“某品牌一直是可信可靠的，在这个领域有明确、一贯的主张，有重要的发言权和影响力”；“某教授在传播学和公共关系领域深耕不辍，多年来一直主张对话范式，他在这个问题上是有话语权的”。

同一性是形象理论中的一个重要概念。“形象”一词，自古有之。《尚书》疏注中，载有殷武王梦遇天帝，天帝送他一个神通助手，于是武王令百工“刻其形象”；《周礼·天官·司会注》有“图，土地形象，田地广狭”之语。可见，古语“形象”系指人之状貌、物之形态。

今人据此引申，将形象理解为“人们在一定条件下，对他人或事物由其内在特点所决定的外在表现的总体印象和评价”[①]。形象理论中的同一性主要包括三个方面：一是形象元素的同一，二是形象展开方式、传播过程的同一，三是形象与其所处环境或背景的同一。基于形象元素、过程和环境的同一性，组织可持续构建同一性的话语体系，进而掌握特定领域的话语权。

这三种同一性体现了话语理论的互文性原理。“互文性”（intertextuality）概念始见于巴赫金有关文体的研究，“每一表述都以言语交际领域的共同特点而与其他表述相联系，并充满他人话语的回声和余音。每一表述首先应视为是对该领域中此前表述的应答，或反驳此前的表述，或肯定它，或补充它，或依靠它，或以它为已知的前提，或以某种方式考虑它”[②]。罗兰·巴特、福柯、费尔克拉夫（Norman Fairclough）、费斯克（John Fiske）等人将互文性的概念从文学领域拓展至权力话语、语言与社会、大众文化研究之中，认为一切文本皆有互文性，话语是在互文中被建构的。

学者们依照不同标准，划分了互文性的类别。如狭义互文性和广义互文性，前者是指文本与文本之间的关系，即参考性（reference）；后者是指文本与现实之间的联系，即参照性。又如共时互文性和历时互文性，前者是指文本内部要素与要素、功能与功能之间的结构性互文；后者是指不同时间出现的文本与文本之间的交互性与呼应性。

费斯克对互文性的分类与共时、历时的标准较为接近，他界定了水平和垂直两种互文性。水平向度的互文性是指同一个文本链内部的文本关系，譬如变形金刚的形象文本出现在电影、电视和漫画中，也出现在电子游戏、T恤衫和玩具中，它们相互关联又跨越彼此；垂直向度的互文性是指文本链纵向衍生之后的不同文本之间的关系，譬如从同一主题衍生若干二级文本，每一个二级文都分领、激发源文本中的部分意义，它们看起来支离破碎，而实质都支持主导意识形态。

鲍德里亚称这种文本垂直衍生的过程为“内爆”，它构造一个无限延展的内观世界，使文本的接触者抛弃与外部世界的联系。就此而论，组织一旦成功构建某种稳定、一贯的话语体系，就相当于构造了一内观世界，并在其内享有持续延展的话语权。

前文提及的形象与话语构建的三种同一性，正与互文性原理相契。元素同一为文本之间的

---

① 秦启文，周永康．形象学导论．北京：社会科学文献出版社，2004：1.

② 巴赫金．巴赫金文集．石家庄：河北教育出版社，2000：177.

参考关系，也可视为水平向度的互文性；过程同一强调历时互文性，也可视为垂直向度的互文性；而形象与环境的同一则属文本与现实的参照性关系。如前所述，一切文本皆具有互文性，而形象、品牌和公关话语对互文性的依赖尤其明显——构建同一话语，掌握话语权。以下结合公关理论对三种形象与话语同一性做出简要说明：

（一）元素同一

从 CIS 理论出发，元素同一是指组织理念形象、行为形象和视觉形象各自内部元素的匹配、统合，以及三个子系统之间元素的协调、一致。很多组织花大力气建立了 CIS 体系，但在执行过程中总是出现偏差和混乱，这主要表现在如下三个方面：

一是系统建构本身即存在问题，元素之间呼应性不足，彼此疏离乃至相互冲突，譬如文图不符、言行分裂、理念元素与视觉元素失谐或缺少内在关联等；

二是系统运行存在问题，突出表现是只“建立”不“管理”——CIS 体系只是形象元素的汇聚和呈现，需要培育、维护和不断滋养，才能发展为持续、统一的话语体系；

三是元素解读混乱，组织自身对形象元素缺少深刻认知和一贯化解读，必然导致外部接收和理解的偏差。

与此同时，“形象管理既包括内部沟通与文化认同，也包括外部对组织声誉和声誉符号的协调和处理”[①]，这意味着元素同一不只是外部表达时的稳定和统一，更重要的是内、外相合。中国儒家讲“文质彬彬”，“文”“质”协调方为正道。因此，形象元素的同一，归根结底来自组织价值观和核心利益主张的持续和稳定。这就使要素同一上升至内在的、看不见的和谐之境。看不见的和谐要求形象元素既不漂浮游离，也不机械拼接，而是有机组合为互文性的结构。

（二）过程同一

形象和话语构建是一个动态、复杂的系统，它因应时、事、势而做出适宜调整。这就要求形象和话语体系进行自我改造和革新，而无论怎样谨慎的革新，都意味着舍弃、破坏，甚至颠覆。显然，这与形象、话语的持续建构原则有所冲突，而又远非“要保持传承与创新的均衡”这样一句漂亮话所能敷衍。特别是在如今言必称创意、创新的时代，形象图景和话语方式一不小心即遭篡改。

在建设组织形象和话语体系的传播过程中，要守住“变”与“不变”的底线：核心理念和基本元素非遇重大变数而不可变，理念解读的二级文本以及更细化的文本可变，边缘元素可变。前者不变，以为固本；后者求变，以为创新。这就要求公关一方面坚守形象和话语体系的内核，一方面在边缘地带释放创新活力。而即使求变，也要注重形象传播和话语表达在历时和垂直向度的互文性，以确立和增强相应的话语权。

以国家公关为例，有的国家既可保持稳定的形象和话语体系，又可持续为之注入生机和活

---

① 胡百精．危机传播管理．北京：中国传媒大学出版社，2005：224.

力；有的国家则陷入反复、混乱的表达困境，有时以民主、进步的形象和开放、开明的话语风格示人，有时又退回到保守、僵化的形象和话语体系之中。企业也是如此，有的企业忽而采用新媒体的话语风格向公众“示善”，忽而又重返严肃、刻板的“官话”系统。

（三）与环境同一

形象与话语体系的同一性还表现在与现实环境的互文、互生方面。组织形象传播和话语表达的环境主要包括行业和市场环境、历史和时代环境、地理和人文环境等，它们在更广泛的意义上构成了组织生存的“整合关系”。公关学者居延安认为，“整合营销”和“整合传播”概念“属于20世纪——生产的世纪——的产物”，而21世纪——全球对话时代则应提出“整合关系”概念。① 他认为，每个组织都前所未有地依存于外部环境，而它自己也是环境的一部分，处于整合关系的链条之中。

整合关系的概念蕴含着这样的主张：人是关系的总和，组织是关系的总和，环境也是关系的总和。这意味着双向的选择和转化：一是外部环境向内部环境的转化，譬如时代精神进入组织形象的元素、结构与内核；二是内环境向外环境的转化，譬如组织形象建设和话语表达反过来干预和调适市场环境、政经环境和文化环境。这两个方面皆与话语权的获得和实践紧密相关，前者指向了组织的开放性和发展潜质，后者则指向了组织的主动性和影响力。

同时，与环境同一也牵引出了另一条线索：在关系网络和社会生态建设中寻求话语权。

二、关系管理

以上基于传播视角考察了话语权问题，而从公关关系流派的视角看，话语权的获得和行使乃是组织与多元利益主体之间关系互动的产物。苏斯堪德（L. E. Susskind）和菲尔德（P. T. Field）在《群体公关》一书中提出，组织的话语权和影响力主要来自其与公众互动关系的六个面向②：

承认对方所关心的事项；鼓励双方一起寻找事实或真相；承诺在意外发生时，会将损害降至最低，担负责任，有错即改；愿意和对方分享权力和利益；无论何时都要使对方认为你值得信任；把战略焦点放在长期关系的建立上。

这六项主张——彼此关心、共享真相、担当责任、尊重权益、相互信任和制定长远战略，把话语权问题落实到了组织与公众的关系层面。这其实也是公关关系流派的一贯主张，这一派学者认为包括组织形象、利益表达和话语权在内的公关问题，只有在关系互动中才能得到更充分的解释和更有效的落实。

在此，我们有必要简单介绍一下关系流派的兴起及其主要观点。早在1960年代，卡特里普便从组织与公众的彼此依存关系这一视角定义和理解公关，但是学界并未对关系概念给予格

---

① 居延安．关系管理．上海：上海人民出版社，2003：263.

② 劳伦斯·沙士堪，派屈克·菲尔德．群众公关．古映芸，译．台北：台湾稻田出版公司，1997：28.

外关注。1984 年，佛格森（Mary Ferguson）在论文《公共关系的理论建设：跨组织关系》中提出，“关系应该成为公关研究的焦点领域”。十年后，卡特里普等人在新版《有效的公共关系》中进一步明确了关系问题对于公关理论和实践的重要意义。自此，美国公关学界开展了大量“关系范式”的专题研究，产生了丰富的学术成果，以至于莱丁海姆和布鲁宁宣称“关系管理”已崛起为公关领域的一个新流派。①

格鲁尼格也加入到关系管理研究中来，他和黄懿慧提出了关系管理的五个指向：信任（trust）、互控平衡或曰势力均衡（control mutuality）、关系的满意度（relationship satisfaction）、关系互动中承诺的兑现程度（relationship commitment）和目标的达成程度（goal achieved）。② 这五个方面同样可以视为组织获得话语权的前提条件。一个组织能够在多大程度上占有和实践话语权，关键要看其与公众的互动关系中是否建立了信任，是否形成了互控平衡，是否达成了预期的满意度、有效兑现了承诺，以及是否实现了共同目标。

1999 年，格鲁尼格和洪琳达（Linda C. Hon）进一步提出了关系维护和管理的六种策略：接近（access），公关为组织和公众、意见领袖提供彼此接近、相互了解的渠道和途径；积极卷入（positivity），调动各种能够唤起利益相关者卷入的积极因素；开放（openness），敞开心胸，开诚布公，交流情感；保证（assurances），确保各方的关切和作为是合理、合法、正当的；建立关系网络（networking），为各方合作建立必要且充分的社会关系网络，譬如社区网络、行业组织网络、与环保主义者的合作网络等；任务共享（sharing of tasks），组织与公众一起完成共同的任务，或互助解决各自面临的问题。③

如是而观，话语权绝非单凭组织的持续意见表达可得。它是在组织与利益相关者所建立和维护的互动关系中得以培育的，而为此必须做到：开辟彼此接近的通途；积极投入协商和合作；分享观念，增进情感；确保动机的合理性和行动的合法性；拓展社会关系网络，建设关系生态；“众包”任务，协同互助。

其中，构建关系生态的观念与策略在今日多元对话的互联网时代尤为重要。以生态论的视角看，所谓话语权实际上是组织在占据社会关系网络中特定节点或“生态位”的情况下，通过善尽自己的角色职责，并与整个关系生态积极互动而形成的一种权利或权力。譬如一家企业的话语权，正是来自其在整个关系生态中的角色扮演和互动，它要提供可靠的产品、跨界合作共赢、解决就业、合理纳税、善尽社区责任、投入环保、救济弱者，才能掌握充分的话语权。

因此，话语权并非单纯的企业权力意志的表达，关系生态的准则要求它必须同时必备公众性、公共性、公开性和公益性。④

---

① John A. Ledingham and Stephen D. Burning. Relationship management and public relations: dimensions of an organization-public relationship. Public relations review，1998（24）.

② Yi-Hui Huang. OPRA: a cross-cultural，multiple-item scale for measuring organization-public relationships. Public relations research，2001，13（1）.

③ Linda Childers Hon，James E. Grunig. Guidelines for measuring relationships in public relations. Published by the Institute for Public Relations，November 1999.

④ 陈先红．“关系生态说”与公关理论的创新．国际关系学院学报，2004（3）.

三、制定规则

这里讲的规则，不是指公关实践的原则和尺度，而是指通过公关手段为品牌确立行业和市场标准持有者的地位。因此，制定规则是将相对竞争优势、创新性主张和普遍有效做法转化、提升推广为相应领域共同标准的过程。

共同标准是行业发展的基石，是创造和维系行业最佳秩序的保证，是分析、评价和解决行业问题的尺度，同时也是因应行业风险和危机的屏障。而从品牌个体来看，制定规则既是提升自身影响层级、增强发展势能、固化竞争优势的战略模式，也是参与、主导行业发展，担负共同责任的现实路径。规则的制定者，必定是规则的受益者。这是人类文明发轫之初即已昭示的铁律，并非像有的学者声称的那样，是现代品牌学说“令人震惊”的新发现。

从理论上讲，构成品牌的每一元素皆可提炼、升华为行业标准——上至一个宏大理念，下至诸如“戴安全帽作业”“标明生产日期”之类的具体操作方式。而从经验证明的有效性看，品牌个体制定行业规则大抵可以区分为如下三个层级：

一是产品标准行业化，具体包括产品质量指标的普适、产品功能域限的借鉴和产品包装、呈现等外在形态的复制；二是技术标准的行业化，具体包括核心技术的转化、技术流程的推广和技术评测指标的共用等；三是制度和理念的标准化，即将运营、管理制度、品牌发展理念转化为行业共享的智慧。这三个层级存在明显的递进关系，所谓三流企业卖产品、二流企业卖技术、一流企业卖理念。

公关本身很难成为“大而化之”的标准，但它是品牌成为规则制定者最依赖的手段之一。行业标准是行业共识的结晶，是行业内部不同利益主体之间充分对话的产物。公关于其间的作用主要表现在三个方面：

议程设置，即把可能成为标准的规则和尺度设置为行业共同的议事日程，包括舆论环境的营造和引导、议题的提炼和传播。

发起对话，即创造行业对话的契机、平台，设计对话的方式和流程，譬如召开行业会议、论坛、展览。

推动行业订立有关标准的契约，使业已达成的共识规则化、制度化，并持续对之进行维护和创新。

需要特别强调的是，第三方力量作为在场的“他者”，在规则制定层面位居要津。所谓第三方，是指当事利益主体之外的其他专门人士、群体和机构，以其独立、客观、专业、权威见证、促进、督导规则的制定和执行。

公关概念下的第三方，主要包括利益相关领域的专家学者、政府机构、行业协会及其代表等。在一些国家和地区，宗教团体及其领袖也是社会公共话语空间之内的重要第三方。经验表明，越是在变革、纷乱的时代之中，矛盾、冲突剧烈的利益格局之下，以专家学者为代表的第三方力量的角色优势和知识优势就越显著。他们拥有，或者被认定拥有敏锐的洞察力、超然的立场和可靠的证据，因而能够进行专业的解读和公正的评判。

同时，制定行业标准还需要发现、争取行业内部的意见领袖。行业意见领袖是指在规则制定中能够对行业其他成员的认知、态度和行为发挥重要影响的少数权威者。团结了意见领袖，也就意味着团结了行业中的大多数利益主体。有关意见领袖的作用机制，本书将于第十章展开专题论述。

拥有市场比拥有工厂更重要，拥有市场的唯一办法就是拥有占统治地位的品牌，而后者则意味着占统治地位的规则。一旦品牌个体成功转化为行业标准的制定者，便可能收获丰厚的利益。而最大的利益，于企业而言是垄断，于国家而言是霸权。显然，人们不喜欢垄断和霸权。垄断者和霸权者总是遭遇严峻的法律、道义甚至暴力的挑战，而最终伤害品牌和形象。

于是，公关事实之维的战略和策略体系“突然”制造了一个悖论：品牌的“最高目标”是制定规则，而恰恰是这个“最高目标”有可能从根本上伤害品牌。垄断者和霸权者的品牌出路何在？更严肃的追问是，如何在品牌事实之维、利益世界的困境中实现突围？

至此，我们又回到公关对话范式“事实-价值模型”的起点，转身敲响价值之维、意义世界之门。

本章详细考察了公关对话范式事实之维的三个二级路径——传播、叙事和话语权，以及各自衍生的三级路径，它们共同构成了“事实-价值模型”事实之维的基本框架（见图 8-1）。其中，“传播”解决的是公关话语的信息发布问题，议程设置、参与意见竞争和整合营销传播是其基本要义；“叙事”解决的是公关话语的结构与功能问题，包括新闻叙事、讲故事和事件公关等；“话语权”解决的是公关话语建构、关系管理和制定规则等问题，话语的同一性、议题转移和行业标准制定是其基本要义。

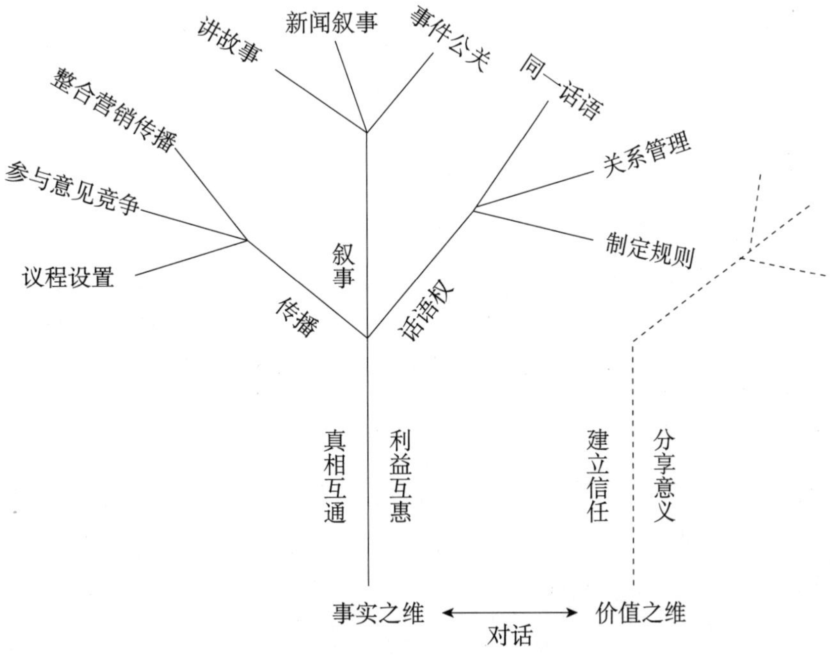

图 8-1　对话范式事实之维的基本框架

沿此路径而下，可以推演出更繁复也更适用于具体公关情境的策略、方法。譬如，传播-

议程设置-召开新闻发布会-发言人应具备良好的专业素养-他不说无可奉告、少用专业术语、眼神充满坦诚关爱，等等。本书主旨在于阐明“事实-价值模型”的基本假设和主体框架，对模型之“树”的四级以上“分枝”不再赘述。

【复习思考题】

1. 简述公共关系对话范式事实之维的二、三级路径。
2. 公关何以影响议程设置？
3. 公关何以实现关系管理？

第九章

公共关系对话范式（下）——价值之维

本章进入公关对话范式“事实-价值”模型的价值之维。第七章已经探讨了价值之维的一级路径——建立信任、分享意义，因此本章的重点是依次考察三个二级路径——响应、倡导和共创。第一节为响应路径及其三个三级路径：倾听、合意、关爱；第二节为倡导路径及其三个三级路径：价值观管理、共同体理想、公共精神；第三节为共创路径及其三个三级路径：舆论的结晶、积极信任、多元同一的价值体系。

在价值之维三个二级路径的关系上，响应主张组织对利益相关者价值选择的顺应和尊重，即在超越事实之维、利益对话的基础上，彼此进入共同的价值语境；倡导是顺应前提下的创造，即在对话中增进、提升组织与利益相关者之间的价值认同，乃至共同引领公共精神；共创则指向公关对话的最高层级——凝结组织与利益相关者的共同信念，构建基于稳定信念之库的话语秩序，对社会、民族、国家和人类向着大同理想靠近有所助益。

本章继续激活此前各章的论说，并引入一些新的学术资源。对此前论说的调用主要集中在两个层面：一是实践策略层面，公关宣传范式、劝服范式和双向均衡范式等章节论及的关联操作模式可以转化到对话范式的价值之维应用；二是观念、概念层面，自由主义、社群主义和儒家思想对公关理论的介入皆在本章有所体现。新的学术资源主要包括价值哲学、社会学、关系理论和品牌理论中的一些新观念和新方法。

第一节　响应路径

所谓价值响应，即组织对利益相关情感、伦理、审美、理想和信仰等价值关切的感知、发现和契合。在价值层面，契合是一个带有情感色彩的“暖词”。古人讲“合契若神”“合契同情”，皆指向了主体之间在心思、意气、情感、美感上的投和共振、相与为一。

具体到公关对话范式，如何促进组织对利益相关者的价值响应和相与为一？本节提供了三个路径选择：倾听、合意和关爱。

一、倾听

之所以将“倾听”放在价值之维进行考察，诚如有学者所说，因为它是世上最美的动作和姿态。倾听意味着让彼此拥有充分的诉说的权力和机会，让每一方都成为直面问题的主人，这本身即是解决问题的过程。因此，倾听意味着赋权——承认对方的主体性，也意味着成就互为主体的主体间性。同时，倾听不只是于对话中了解事实、获取信息，它所成就的是一个充盈着尊重、互信、和谐的场域。在对话中，正是基于真诚倾听的意见交换而非独占话语霸权，使我们获得了相互信任、彼此尊重以及协同解决问题的诚意和勇气。

倾听这一古老、简单的方式，让人类始终能够作为一个沟通、协调的整体而存在。一个无须证明的还原性想象是，在人类最初相遇的时代，一定是因为有人站出来表示：好吧，我听你的，一起去寻找水源、火种、猎物，走出蛮荒和杀戮，文明的薪火才延续至今。也正因为倾听，人类在保持整体性的同时，个体的独立性、文明的多样性才得以持存。

英国哲学家伯姆（David Bohm）在其名著《论对话》中描述了一个北美部落的对话场景：人们定期围坐在一起，互相说啊说，显然没有任何特定目的。他们彼此倾听，特别是听那些智者和长者说的多些，同时每个人都可以自由发言。最后，他们的对话毫无缘由地停止，人们各自散去。但每个人都明白自己应该做什么，每个人都离不开集体，因为他们彼此已经非常了解，并凭着这种了解维持个体和集体生活。①

公关为对话而生，而对话的前提是倾听。作为组织的耳目喉舌，公关的基本职能便是倾听、体察利益相关者的心声，进而发出呼应、合鸣。我们主张从两个层面把握公关的倾听职能：

（一）作为一种伦理选择的倾听

公关要把倾听视为一种伦理选择，将其还原为开放、平等、真诚交流的一种方式、姿态和力量，即最简单的“你说我听”。当“说吧，我听着呢！”的诚意发出后，对话者之间便立即回归到“人之为人”的本真状态。这是倾听最神奇的力量，它会解除附加在人与人互动关系中的某些限制因素，同时把心打开、坦诚相待。人一旦把心打开，便会真切地感受到自己的存在感，也会善意、平等地对待对方。无论我们之间有怎样的差异和冲突，当下我们平等了！这种相互的尊重、善意和平等，让我们安静地坐下来，一道解决问题、寻找意义，而非谁一定要在虚耗的争论中获胜。

我在倾听中搁置己见，同时审视你的观念和想法；随后，你我共同打通意义空间，确立和强化共识；对于分歧，要么达成妥协，要么承诺持续对话，寻找长远的解决方案；即使并无解决方案，也不必非要激烈对抗、一决高下。这种“共同思考”和“思考共同”、持续对话、调和冲突的观念，不只是一种策略安排，而且是一种超越性的伦理选择。在古代汉语中，听

---

① David Bohm. On dialogue. London：Routledge，1996：16－17.

（聽）被理解为一种王道之德。在儒家看来，“听德是最难能可贵的”[①]。

非常不幸，倾听在工具理性主导的现代社会竟成了“一不小心遗失”的道德修养。人们聚集到一起，更多的是为了谋事、赚钱和胜出，每一个人都是表达者、被迫的或虚伪的倾听者。一方面，这是传播科技进步的必然结果——发达的技术工具持续冲破交流的时空局限，通过电话和网络可便利地“知会对方”，面对面的真诚倾听变得稀缺。另一方面，功利主义的交流观压倒了专注倾听的人格修养，我坐在你对面，不过是因为事功上的工作或合作，脸上、心间刻着“漠然”二字。

现代传播科技确实极大提升了人类交流的效率，但是借由媒介的间接沟通，无论如何也不如凝视对方眼睛的交谈更有效。浅交往、假倾听使人与人的沟通失去了灵犀交汇、两情相悦、合契若神的美感和欢喜。如今，政治家、企业家、知识精英和普罗大众皆在呼吁平等、尊重，谋求和谐、稳定、基业千秋，却忽略了那些来自生活世界的日常伦理选择，譬如倾听。政府、企业、宗教、学校、医院、各类 NGO 以及所有宣称要规划人类未来图景的社会主体，在描绘和实践他们的宏大使命时，往往忘记了微观交往语境和生活政治层面的解放、重构与再造。一个不愿倾听的政府，何以响应公共议题、维系公信力和合法性？一个不善倾听的企业，何以成就品牌的美誉度和忠诚度？

因此，公关讲述组织的任何宏大叙事之前，不妨先劝导组织确立倾听的伦理准则。好的，我听着呢！

（二）作为决策支持手段的倾听

在信息爆炸、众声喧哗的新媒体时代，组织应基于大数据、社会化计算等新技术手段，开发、利用舆情监测系统来倾听民意。

所谓舆情监测是指整合互联网信息采集技术及信息智能处理技术，通过对互联网海量信息自动抓取和计算，了解网络舆论动态，为组织决策提供数据化、趋势性的支持。这是一种技术化、制度化的努力，即借助专业技术平台和管理工具实现对利益相关者意见的倾听。

有学者将最早的舆情监测追溯至“厉王止谤”：周厉王暴虐，国人谤之；王得卫巫，使监谤者；召公谏曰：防民之口，甚于防川，为川者决之使导，为民者宣之使言。及至现代，舆情监测方法大体有如下几种：民意和市场调研、媒体报道监测、专家意见采集、特殊部门的情报搜集、公众反馈（如质询、投诉、上访）等。近年来，随着大数据技术和智能算法的兴起，网络舆情监测亦流行起来。

网络舆情监测可以海量采集、精准计算和系统研判利益相关者意见，以期有效呼应各方关切。较之传播的民意和市场调研手段，网络舆情监测有着明显优势：一是高效处理海量信息，二是实施动态存储和计算，有利于数据的历史比较；三是整合性、开放性强，宏观与微观、整体与局部、群体与个体、长远与当下的舆情境况和趋势皆可呈现。

网络舆情监测主要可以处理三类信息：一是采集与组织生存、发展有关的日常舆情信息，

① 蔡德贵．五大家说儒．北京：当代中国出版社，2007：17.

譬如利益相关者对组织形象、政策、产品、服务的一般性意见和整体评价；二是抓取、辨识与组织直接或间接相关的风险和危机信息，以提前预警，做好应对准备；三是研判宏观的舆论生态，譬如新政策、新风尚对组织和利益相关者的影响。

网络舆情监测要有科学的指标和算法，更需要一支专业的分析团队。指标设计要视组织的具体需求而定，但一般至少包括两大类：描述性指标和意见性指标。前者是指采集和计算利益相关者对组织及其行为的客观陈述，即事实层面的舆情；后者是指采集和分析利益相关者表达出来的立场、态度和情绪，即价值层面的舆情。在价值问题的研判上，再高级的电脑也无法替代人脑，再先进的"算法"亦难穷尽"心法"。因此，指涉价值问题的舆情分析和意见采集，必须采用人机结合的方法才能真正倾听、洞察民意。

二、合意

所谓合意，即心意相合，达成价值共识。欧阳修认为，"合意而同心，同心而共济，始终如一"（欧阳修：《朋党论》）乃朋友之交的价值准则。在人与人的对话、交往中，怎样才能达成合意呢？在1980年代，新近引进西方公关理论的中国学界曾有一场争论：公关到底是一门科学还是艺术？这场争论在今天看来仍有意义。从管理的视角看，公关无疑是一门需要高度理性、缜密论证的科学；而在"合意而同心"的价值层面，公关又是一种对人之情绪、心智和审美有强烈感受力的艺术。一个优秀的公关人理应对人的心灵和意义世界保持高度敏感，进而契合同情，如出一心，如冰融水。这就进入了无法在理论上阐释的心心相印境界。

但是，我们仍然需要找到一些相对明确、可行的方法，以创造组织与利益相关者的合意空间。

（一）建立共意空间

按照佛教的说法，人于一刹那间，便有八万四千念，足见意念之无常纷乱。如是，两个人相遇，若在无常纷乱的意念中达成合意同心，简直是世间最艰难的事情之一。传播学者彼得斯也说，何谓沟通？沟通就是渴望接触其实难以接触的他者。"即使最好的交流，也是跨越他者鸿沟的光环，绝不是两个匹配、理性的角色达成完全一致的意见"[①] 在面对同一议题时，千人自有千般念想，而且每个人的念想亦变幻无端。

公关对话范式所倡导的合意，首先是求同存异的结果，而非强压或诱导之下的屈从与趋同。求同，即最大限度寻求共意共识；存异，即直面异议冲突，但在找到更好的解决方案之前将其悬置。这是有关求同存异的标准解释——求大同、存小异。实际上，多元主体面对多元价值的选择，求小同、存大异又何妨？合意的前提是尊重多元立场，而非一元化或者多数对少数的简单胜出。大小、多少并非关键，重要的是要有求同的诚意和智慧，也要有存异的勇气和美德。

---

① J. D. 彼得斯. 交流的无奈——传播思想史. 何道宽，译. 北京：华夏出版社，2004：182.

然而，纵使对话者皆可保持头脑清明、做到知己知彼，却仍然找不到共意、达不成共识怎么办？在有些情境下，“大同”不可得，“小同”亦难觅，矛盾和冲突既复杂又太具体，当如何是好？这就要为达成共意预留一个情感和态度空间。从对话、交往上看，所谓事缓则圆并非消极怠惰、无所作为，而是在共意达成之前，各方皆唤起和投入积极的情感，以开放、坦诚的态度共同面对问题。只要情感纽带不被切断，态度空间不致坍塌，对话、超越和求同的可能性便一直存在。

儒家的中庸之道主张“尽己之性”以“尽人之性”。尽己之性，即“忠”字优先，与人谋而忠；尽人之性，即“恕”字当头，尊重、宽容对方的意见和异见。尽了这两种心性，便可做到克己复礼。“克己”来自儒家的内在超越观，即建立完善的自我世界，包括人生境界、道德觉悟和生存智慧的砥砺、升华；“复礼”来自儒家的人伦与社会交往观，强调“礼”是“仁”所外化的社会规范和价值准则。“买卖不成仁义在”，便是克己复礼的一个重要表现。这句充满儒家智慧的俗语讲明了一个道理：即使买卖不成，尚可预留一个仁义的礼遇空间。

（二）转换角度与尺度

人对事物的认识和相应的价值判断，总是存在特定的视角和尺度。视角越多元，尺度越宽广，认识和判断也就越全面。有效的对话，不仅要围绕各方既有的所知所见展开，而且要持续转换角度与尺度。

巴赫金使用了视域剩余、外在性和超在性等三个概念来说明主体之间的对话关系。所谓视域剩余就是己所不见，譬如若无镜子，一个人便看不到自己的脸和后面。人皆生活在感性、表象、偏见的世界，有所不见是再正常不过的事情了。而对话的他者则可以提供新的视角，弥合自我的视域剩余，拓展自我的外在性。在这一意义上，他者扮演了自我的延伸者、视角补充者的角色，使自我获得了完整的主体性。基于对话中的视域融合、外在补充，一个人可以“全面、整体地把握自己，超越自己”，“最终达到互相补充和交融的完整、超在的理想境界”①。

作为专业化、职业化的沟通管理手段，公关的一个重要使命是调适、转换对话者之间事实与价值判断的角度，借由多元角度弥合各方的视域剩余。一旦对话者获得更充分的正知正见，达成合意、共识的机会和可能性便会增加。怀疑、偏见和谣言，总是与认知不充分高度相关。我们在第七章将公关定义“组织与利益相关者之间有计划、规程化的对话”，之所以着重强调了“有计划”和“规程化”原则，正是为了说明公关对话的专业化设计、引导和实践。专业的对话方案理应包括有意识的视角转换和视域融合，而非加剧各方对认知对象某一局部、面向的琐细纠缠。

尺度的转换同样至关重要。在全球化浪潮、互联网革命和后现代主义的推动下，世界范围内的多元主体相遇于“地球村”。这是人类社会从未出现过的一个景观：多元主体共同栖居于地球村，世界是平的，看得见彼此，听得到对方，关系既紧密又紧张。这是一个必须承认多元

---

① 刘康．一种转型期的文化理论——论巴赫金对话主义在当代文论中的命运．中国社会科学，1994（2）．

化、碎片化和差异性的时代，同时又必须超越它们所导致的众声喧哗和相互冲撞，寻找、确立基于差异性的同一性。这就意味着全球事务的协商和解决，应当获得世界的眼光，以人类命运共同体的尺度评价、衡量我们的选择。

在一国之内，政府与公众之间、企业与用户之间、社会组织与目标群体之间同样面临着在承认多元主义的基础上，重构价值同一性的问题。这至少提出了两项任务：一是直面新问题，共创新价值，本章最后一节将讨论价值共创问题；二是拓展价值协商的尺度，使之更宽广、更具普适性。

中西方皆重视人生格局和文化、文明境界的提升。譬如，中国儒家倡导的“居敬穷理”，既是个人修养的方法，也可视为一种族群精神或一种文化品格的养成之道。居敬者，正心诚意，于人尊重，于天敬畏；穷理者，极尽“理”之“义”与“象”，以求深刻体知、知行合一。问题的关键在于，所欲穷尽之“理”当作何解？“理”之存在可区分为三个层次：

一是事理、物理，即事物之客观规律。西方的科学精神和中国的格物致知思想，皆意在穷尽此“理”。不尊重事物规律的“合意”，无异于集体蛮干。

二是情理、伦理、审美之理，即人内在的情绪情感、道义人伦和审美的机理与尺度。人皆有恻隐之心，皆有喜怒哀乐，皆有人伦上的喜悦和耻感，皆有超越世俗粗鄙和庸常琐碎的美感。这说明即使政治意识形态领域的“普适价值”是可疑的，但情理、伦理和审美却可能相契相通。所谓情同此心、共同之善、齐美与共所表达的皆属此理。

以审美为例，杜威认为人类作为一个沟通的共同体（a communication community），是“共享生活和共享经验的奇迹”，而共同的审美经验是创造这一奇迹的重要力。审美及其带来的愉悦感、意义感乃人类最普遍的感受。不止艺术家如此，每一个职业、阶级和文化族群都隐含着美学特征，并因此将自身构建成为一个共同体。而不同的阶级归属、政治理念和宗教信仰所造成的隔阂、疏离，主要靠共享的美学经验来改变。“一个民主社会不可或缺的东西就是广泛而有效的沟通。这样的沟通只能存在于一个美学体验无所不在的社会之中。”① 因此，所谓健全的人便是那些善于沟通、懂得审美的人；所谓健全的社会便是能够有效沟通、共享审美经验的社会。

三是天理，即宇宙、自然和诸神的终极之理及其在人间投射的公共精神。在宋儒朱熹那里，天理是客观的存在，是人生和万物的统摄。一个人自幼童而少年、青年，而壮盛、中晚之年，在这个浪漫、艰辛的人生过程中，无论士农工商，于安生处世、待人接物中所奉持的规矩、所践行的道理，毕竟从何处来？从家教来，从师教来，从礼教来，而归根结底源于天理。

天理也是王阳明心学中的重要概念，但王氏主张“心即理”，天理不再是客观、外在于人的终极意义，而是人心之本体。朱王二人主张各异，却都相信存在某种天理，足以统摄宇宙人生和天地万物。人与万物各自有别，但在作为终极意义和本体存在的天理处，却获得了同一性。

---

① 赫大维，安乐哲．先贤的民主：杜威、孔子与中国民主之希望．何刚强，译．南京：江苏人民出版社，2004：61.

孟子在更早的时候便即心言性，“尽其心者，知其性也，知其性，则知天矣”（《孟子·尽心上》）。按照孟子的观点，生命有其内在的超越性，存心养性，与天地合德，从而实现自我完善；生命亦有其外在的普遍性，与万物苍生一体相通。

再向前追溯，子曰：“喜怒哀乐之未发，谓之中；发而皆中节，谓之和。中也者，天下之大本也；和也者，天下之达道也。致中和，天地位焉，万物育焉”（中庸）。“中”发乎天性——天命之谓性，率性之谓道；“和”入于人伦——和合济世，和光同尘。

杜威也认为，“即使一千次的辩证阐释也会向我们证明同一个道理：作为一个整体，生活总是受到一种超越（世俗）原则的规约，以达到一种终极目标”①。他所称的“规约”和“终极目标”，于西方是指“那种被认为是宗教之本质的整体感”，于东方便是道和理。尽管人们对上帝意志、宇宙大道、天地至理有不同的定义和解释，但都指向了“以一统多”、万物并齐、和而不同的形而上同一性。在这一点上，东方的宇宙观、自然观与西方的宗教神学和价值哲学颇有相通之处。

伯姆在《论对话》中比较了人类的共享性思维（participation thought）和平实性思维（literal thought）两种思维模式。他引用中世纪哲学家阿奎那的话说，共享性思维认为“主体”参与并分享“客体”，没有客体也就没有主体，反之亦然。因此所谓“主体”和“客体”其实是“一体”，大家一同“在”或“不在”，遵守万物同一的定律。伯姆举例说，在爱斯基摩人看来，无论大海中有多少海豹，它们都不过是同一神灵的显现，而人和海豹也必定统领于特定神灵。普天之下，万物皆处彼此参与和分享之中。

平实性思维主张依据现实的实际面貌来反映现实，它通过精准的专业技术测量现实，以呈现事物的本来面目。这种“科学化”的思维方式试图切割世界，把它们还原为基本单元以便观察和分析。在伯姆看来，平实性思维的确引领人类发现了大量规则和真相，但显然不是全部真相。它带来的是分裂、独立、物化和无可避免的冲突，而更重要的真理、信念和力量则被关在了实验室门外。

伯姆主张重振共享性思维，但不是反过来击败平实性思维，而是二者相互参照、彼此结合。二者若可互镜互通，人与物、人与人、人与天理的完整关系、多元一体观念就会得以确立。

正如东方文明现代化需要参照启蒙价值一样，西方文明的拓展和超越也必须参照东方价值。在由种族、语言、宗教和领土引发的多元文明冲突不可避免的情况下，西方文明中的理性、自由、博爱、权力意识、司法正义等价值准则，东方文明的同情、仁爱、责任意识、分配正义和集体取向等价值观念，理应在互镜互通中成为人类解决冲突、谋求共同发展的参照性尺度。

对公关而言，前述多个层次的道理和尺度的转换同样是必要的。针对具体事物的差异和冲突若无以回避，则探求其背后的事理与物理；事理、物理不通，则转换至情理、伦理和审美之理，基于内在尺度和“共享的生活经验”推进对话；如是内在尺度若失效，则超越至天理，以

① John Dewey. Middle works，1899－1924. Southern Illinois University Press，1983，4（12）.

终极意义的尺度统摄多元差异；即使所谓终极尺度落到世俗实践并不相通，亦可相互参照，弥合视域剩余，增广各方的见识，为发起新一轮对话做好准备。

三、关爱

关爱是组织价值理想和道义精神的重要体现，也是赢得价值认同的重要策略。艾维·李认为讲真话既是公关的原则——公关必须讲真话，又是一项公关策略——“没有比真相更好的杀毒剂”①，与此相类，关爱亦同时作为公关的原则和策略而存在，前者强调“本应如是”，后者强调“可以如是”。

（一）关爱作为原则

人不能离开爱而孤活。这既是一个复杂的哲学问题，也是扎根生活世界的一种日常经验。东西方文明对此皆有汗牛充栋的论述，譬如基督教倡导的博爱，儒家主张的仁爱，佛教宣扬的慈悲，伊斯兰教也有“俘虏也是你兄弟”的教义。在这个问题上，任何添加的论述都是多余的，以下仅引用几个代表性观点明证之：

> 如果我不为我自己的话，那么谁为我呢？如果我不为他人的话，那么我是谁呢？如果不是现就如此，那么会是何时呢？②
>
> 尽恻隐之心，即为仁；尽羞恶之心，即为义；尽谦恭之心，即为礼；尽是非之心，即为智。“亲亲而仁民，仁民而爱物”（《孟子·尽心上》）。

现代意义上的善政善治、商业良知和健全社会，更是将关爱视为不可或缺的价值准则。在公关实践中，组织往往比公众中的个体更具权力和表达优势，也因此更应奉行关爱原则。在前面，我们曾提出一个问题：大国和大企业何以成就“伟大”？答案之一便是关爱人民或曰公众，特别其中的弱者，让无力者有力，让有力者共同前行。一个关爱公众的组织，才能与利益相关者共铸彼此信任、相互尊重、心息相通的价值世界。

用古罗马哲学家塞涅卡（L. A. Seneca）的话说，“我曾给出的东西，现在我也拥有了！”③中国先哲也有类似的说法，所谓“天德予我，我馈天德”。实际上，作为原则的关爱并不必交换功利。每个人都有这样的生活体验：关爱、扶持他人，自己也会获得心灵上的慰藉和欢喜，而未必有什么回报可欲可期。

（二）关爱作为策略

表达关爱从来都是重要的公关策略。如今，大多数公司都把企业社会责任（corporate so-

---

① Ray Eldon Hiebert. Courtier to the crowd：the story of Ivy Lee and the development of public relations. Iowa City：Iowa State University Press，1966：155.

② 肯尼斯·阿罗．组织的极限．周黎安，译．北京：华夏出版社，2006：3.

③ L. A. 塞涅卡．强者的温柔．包利民，等译．北京：中国社会科学出版社，2005：242.

cial responsibility，CSR）纳入公关职能，以向利益相关者示善或表达关爱。这种把关爱理解为责任的策略，在公关实践中主要承担着两项功能：

一是于常态下提升品牌的温度和厚度，品牌在事实层面的知名度再高，也未必自然生发出价值层面的信任度、美誉度和忠诚度，而善尽社会责任、关爱利益相关者则是一条透亮、畅通的捷径。“正是现代公共关系的产生，唤醒了企业的社会责任感，使得卓越企业对社会责任更加敏感，并推动了社会责任理论的形成，而正是在社会责任理论的引导下，公共关系是‘企业良心’的概念开始变得越来越清晰。”①

二是于危机情境下为化解矛盾冲突储备信任和道德资粮。那些拥有雄厚社会资本和道德认同根基的品牌，抗风险和危机的能力往往更强。关爱和责任所换取的信任和道义精神，会护佑品牌转危为安，风雨安然。

全球最大的公关公司之一——博雅公关的创始人夏博新（Harold Burson）认为，“良好的企业社会责任不应该仅仅被视为一种利他主义行为。相反，很多成功的案例已经证明良好的企业社会责任会给企业带来更好的发展机会”②。企业社会责任所换取的发展机会，既包括在竞争中因消费者的信任和尊重而积聚相对优势，也包括凭借强大的社会资本平安度过危机。“可以想象，还有什么比良好的企业社会责任声誉更重要的无形资产吗?”

在操作层面，关爱策略和企业社会责任行动要注意以下几个问题：一是要把原本零散的企业公益行为整合、提升为持续性、品牌化的公共诉求项目，二是要把来自决策者等少数人的慈悲精神和担当意识转化为企业的价值观，三是要同时惠及组织内部、外部利益相关者，乃至整个社会和自然环境。一个不关爱自己员工的组织，不可能真正关心其他人；一个不关爱外部利益相关者、社会和自然的组织，即使内部如钢铁长城般团结，也不过是一己私爱，终遭鄙弃。

内、外“兼爱”的同时，组织尤其应当关爱那些弱者。无论在何种情况下，社会权力较量的赢家对于深处苦难的人表达关爱，都是一种起码的责任。每一个社会组织都有义务让那些陷入困境、沦为边缘、又被迫沉默的人们得到解放，让他们有权力诉说不幸，并获取不懈的支持。

此外，关爱策略也有其正当性问题，稍有不慎便可能制造强制、收买和欺哄的陷阱。强行施加的恩惠往往会让对方丧失尊严，被“关爱”的人只能以拒绝或者愤怒作为回报；居心不良的收买、欺哄、假慈悲一旦被识破，便可能导致组织信任破产。同时，组织也不可陷入另一种“公关幼稚病”——把关爱公众、承担责任变成“作秀”、粉饰或“漂白”之策。

关爱的正当性也指向组织自身，即量力而行、视具体发展需要而定。一些企业在承担社会责任时存在三个误区：一是跟风，有人一马当先，众人争起效尤，把慈善活动搞得越来越像炫富大会；二是投机，企图通过秀一下自己的爱心和责任感，谋求人脉、头衔和荣誉；三是“钱”字当头，以为关爱就是“捐钱”，甚至“打肿脸充胖子”倾囊而动。

真正的关爱要发现和响应真问题，在策略选择上可以和风细雨，也可以久旱降甘霖；可以捐资纳物，也可以深沉抚慰；可以因时因事，缓解燃眉之急，也可以着眼长远，倡导某种公共

① 陈先红．国际著名品牌的中国公关策略：一个社会责任的视角．广告大观（理论版），2009（5）．

② 夏博新．企业、社会责任及公共关系．国际公关，2008（6）．有删改。

精神和价值理想。

第二节　倡导路径

价值响应是组织对公众价值诉求的探寻与反馈，强调前者对后者的投合与顺应。本节则向前一步，考察组织主动的价值倡导，即对公众价值关切的召唤和引领。需要指出的是，积极顺应相对偏向公众本位，主动倡导相对偏向组织本位，这并非退回不对称、不均衡的公关模式，而是强调二者在实践中的混合使用、动态均衡关系。

价值倡导之下亦有三个三级路径：价值观管理、共同体理想和公共精神。

一、价值观管理

价值倡导首先应指向组织的管理者、员工和股东等内部利益相关者，而最重要的是形塑组织的价值观。组织同人一样，要以坚定、明晰的价值观熔铸自身的灵魂、信念和个性，并指导思考、表达和行动。作为人的集合，不管是否有意设计、培育，组织都会在管理、运营中形成特定的价值观，但未必符合组织和利益相关者的期待，未必有利于构筑组织内部、外部互通的意义世界。因此，组织应主动形塑、倡导某种全员或大多数人认同和奉行，并为外部所承认、接纳的价值理想和目标，以使之成为关于组织生存和发展意义的终极判断标准。

在组织价值观的培育和管理中，组织领袖和决策层的表现与作为、组织人力资源管理、内部文化建设和内部公共关系皆发挥着重要作用。其中，内部公关既是一项专门性努力，亦渗透于领袖和决策层的表现、人力资源管理和内部文化建设，因而成为组织价值管理的基本手段。从组织与外部环境的互动关系看，内部公关也是外部公关乃至组织所有对外表达和社会互动行为的基础和起点，在组织价值观的对外推广中亦扮演重要角色。

（一）内部公关的概念与功能

“所谓内部公共关系，是一个社会组织内部横向的公众关系与纵向的公众关系的总称”，这一被广泛采用的定义将组织内部公关区分为横、纵两个向度。① 横向即组织内部平行机构、团队和个体之间的关系，纵向即组织内部上、下级之间的关系。内部公关的功能可以概括为：导向、规范、凝聚、激励、辐射。熊源伟对此的论述最为全面：

导向功能，即引导内部公众追求共同的目标、愿景和价值观；规范功能，即明确、统一内部公众的言行举止；凝聚功能，即让内部公众产生“强烈的集体观念”，“心往一处想，劲往一处使”；激励功能，即通过“人人受到激励、个个得到尊重”，“诱导和刺激人们的潜在热忱与干劲”；辐射功能，即将内部公关成果转化、应用至外部公关，使内部员工“既为本组织目标

① 熊源伟．公共关系学．3版．合肥：安徽人民出版社，2003：159.

而奋斗，又为国家发展、社会进步做贡献，使人们的精神境界升华到更高层次”①。

基于公关对话范式，以上“五大功能”可以“精减”为两个功能取向：事实之维促进利益互惠、价值之维实现意义分享。在事实向度，内部公关当谋求内部利益相关者对组织目标、战略、政策、项目、产品和服务最大限度的共识，并确保其在积极参与、充分对话的基础上获得最大化的正当利益；在价值向度，内部公关当点燃内部利益相关者共同的信念之火，培育、形塑组织统摄性的价值观和整体感。

（二）内部公关实践

在传统的公关论著中，内部公关被认为主要协调和理顺如下几种关系：

人际关系，即组织内部个体与个体之间的互动关系，它以情感和合作为纽带，既可能团结协作、同舟共济，也可能彼此疏离、相互倾轧。

权力关系，即上、下级之间的支配与被支配关系，以及平级主体之间的权力配置和相互制约关系。

信息关系，即组织内部多元主体之间的信息传播关系，包括信息对称与不对称、有效沟通与无效沟通等不同的关系状态。

竞争关系，内部公众之间也存在对权力、资源和机会的竞争，积极引导可转化为组织前行的动力，反之则可能带来严重内耗。

利益关系，人们加入一个组织，总是为特定利益而来，组织应当兼顾效率与公平的原则创造和分配利益。

这五种关系并不在同一分类标准之下，因而多有交叉，又有留白。交叉显而易见——譬如人际关系与竞争关系、权力关系与利益关系实在难以明确切割；留白则主要表现在价值关系缺位或者重视不足。内部公关的最终使命是建立和维护组织内部的价值关系，尤其是内部文化建设和价值观形塑。

文化是一个族群共享的意义和共同的气质，价值观是一个主体对自我、世界以及二者关系的基本信念和取向。对组织而言，内部公关既要有明确的针对性，面向特定的人、群体和机构展开对话，同时更要获得一种历史眼光和整体感，于内部文化和价值观界面发力。唯其如此，内部公关才不致沦为因应一时一事的权宜之计，而是“聚于内、应于外”的根本之道。

卡特里普等人在《有效的公共关系》第八版中，提出内部公关要为良好的员工关系创造七大条件②：雇主与员工之间彼此信任，并相互充满信心；组织内部流通的各种信息皆坦诚无欺；每一员工的重要性和参与感都能得到体现和满足；在没有权力争斗的环境下开展工作；健康的工作和交往环境；企业的成功；对未来的乐观预期。这七大条件充分考虑了事实与价值两个维度，尤其是对信任、信心、坦诚、自我满足、健康、乐观等价值要素给予了足够重视。

在内部公关的手段和方式上，有越来越多的沟通工具可供选择，如内刊、公告、手册、招

---

① 熊源伟．公共关系学．3版．合肥：安徽人民出版社，2003：170.

② S. M. Cutlip，A. H. Center and G. M. Broom. Effective public relations. London：Prentice-Hall International（UK）Limited，2000：228.

贴、文件、电话、电子邮件、内网讨论、视频会议、文娱活动、团队拓展训练等。在《公关圣经》一书中，莱斯礼用了近30页篇幅探讨这些沟通工具的使用原则和方法。[①] 此处无须铺陈这些方法，但有三个问题需要注意：

一是这些工具固然是常见而必要的，但更重要的还是主管与部属之间、员工与员工之间的直接接触和对话。无论技术怎样发达，敞开两扇门沟通——办公室大门和心门，始终是最有效的方式。

二是所有工具和方式生效的前提是信任环境的营造，“对待员工沟通，首先要造成员工信任的气氛，而这种气氛是管理阶层日积月累所形成的”[②]。

三是内部公关要有超越性，一方面要围绕具体的工作事务有效沟通，一方面要着眼于组织核心价值观和基本信念的协商和教育。

管理学者达普利克斯（Roger D'Aprix）提出了一个“员工需求-组织议题”的金字塔模型。他认为，员工会不断产生由低至高的自我确认需求，组织要积极回应这些需求，并发出主动的价值倡导[③]：

我的工作是什么——个人工作责任；我做得如何——个人表现的回馈；我是否有价值——个人需求与关切；我们的目标是什么——组织的计划和成果；我们地位如何——组织的社会角色、权力和地位；我能否在其中有所助力——参与和承诺。达普利克斯认为，当员工的思考焦点由基本工作职责层面，上升至“我能助力什么”层面时，表明他头脑中已经获取了有关组织价值观和战略目标的“大图景”，内部沟通宣告成功。

“大图景”实质上是这样一种体认：我们分散于不同的岗位，扮演不同的角色，但是我们拥有共同的价值观和战略愿景，拥有共同为之奋斗的目标和意义。同时，它不是盲目的绝对忠诚、也不是消灭独立性、差异性的绝对一律，而是基于自我价值的确认，面向“我们”的一种向心力和凝聚力。

二、共同体理想

价值倡导的第二指向，是组织与外部利益相关者——如政府与公众、企业与消费者、NGO与目标诉求群体培育一致、可分享的共同体理想。这个理想应与组织内部的价值观协调共振，也要呼应、契入组织与利益相关者共同体之外的更大范围的社会观念和公共精神。

共同体可以是一个群体、组织、民族和国家，乃至人类整体的统称，也可以解释为人与自然、宇宙的并生系统。基于事实与价值二分法，共同体在总体上可以区隔为利益共同体和价值共同体。前者是基于利益驱动的外生型共同体，即多元主体因利益交换而形成的社群；后者是基于意义分享的内生型共同体，即成员之间因内在接近或同一的价值信念而聚合为社群。当然，每一个共同体皆筑基于成员之间的交流、协商，因此也必然是信息共同体。

---

① 菲利普·莱斯礼．公关圣经．石芳瑜，等译．汕头：汕头大学出版社，2004：259-287.
② 张在山．公共关系学．台北：台湾五南出版公司，2004：324.
③ 菲利普·莱斯礼．公关圣经．台北：石芳瑜，等译．汕头：汕头大学出版社，2004：260.

关于价值共同体，社会学家涂尔干（Emile Durkheim）最早给出了明确的论述。他认为，社会整合的真正基础不是卢梭所说的理性契约，不是斯宾塞所说的利益交换与竞争，也不是孔德所说的国家的强制力，而是社会成员之间共同的价值信念和道德规范。基于涂尔干的观点，很多学者都同意“正是共同的文化价值和共同的道德规范为社会秩序提供了保证，它使理性契约得以缔结和履行，使利益竞争得以进行，法律制裁得以实施，国家权力得以执行”①。

多样的共同体（community）广泛存在于生活世界、公共领域和政经系统当中，为个体到社会、社会到个体的双向互动提供了关系网络。尽管人们对“什么是共同体”缺少明确、统一的界定，但似乎“共同体总是好东西”，它意味着熟悉、温馨、信任、安全感和相互依靠，总是牵连着诗意的过往。② 社会学家滕尼斯（Ferdinand Tonnies）认为，共同体就不是一个中性的概念，而是一个在情感、价值和语义上完全正面的词汇，它代表着一种“亲密的、私人的、排他性的共同生活”，“说坏的共同体是违反语言的含义的”③。

然而，从传统社会过渡到现代社会，共同体的价值、结构和形态皆发生了巨变。至少在现象层面，共同体所提供的信任、信念和确定性，以及共同体自身的稳定性和核心价值皆呈衰落之势，以至于社会学家鲍曼感慨地说，“‘共同体’今天成了失去的天堂”④。若言共同体在整体上衰落了未免不符合实际，因为交流层面的信息共同体、交换层面的利益共同体实际上越来越发达，真正的衰落、凋敝发生于价值之维。

在传统社会，个体、共同体、社会三者呈现较为简单的关系状态。“家”既是个体归属的最重要的共同体，也是社会构成的基本单元。个体的生活、生产大多发生在家中，自我在家中获得确认和承认，物质、情感需求于此得到满足。而国家和社会（如果存在的话）无非是家的扩展，因循家国一体的结构和功能，同时在家园共同体力所不逮处填补了一些正式的规范和宗法。

及至启蒙和现代性转型发生，尤其是随着工业化、科技化、城市化和市场化进程的深入，家国同构机制受到严重冲击：个体的自我意识觉醒，角色、身份及其需求趋于多元；自由主义、个人主义盛行；家的功能收缩，一些功能向外转移，地位逐渐下降；形式多样、利益关系复杂的族群共同体大量涌现；国家分化出政经系统、公共领域和生活世界，由单一中心的共同体转化为分散、多中心的共同体。⑤ 现代性转型使社会关系变得越来越复杂，传统共同体走向衰落，尤其是价值祛魅导致共同体越来越成为趋利的欲望群体。

“我们这个时代，因为它独有的理性化和理智化，最主要的是因为世界已被除魅，它的命运便是，那些终极的、最高贵的价值，已从公共生活中销声匿迹。”⑥ 在理性尤其是工具理性炽盛的情况下，情感、道德、意义皆从神性的所在移至凡间，并在世俗层面被估价、计算与交换。真诚、信任、理解、美好、安宁、信仰等价值仍然被谈论、被渴望，却沦为安抚现代人焦

① 郑杭生．中国特色社会学的理论应用．北京：中国人民大学出版社，2005：512.
② 齐格蒙特·鲍曼．共同体．欧阳景根，译．南京：江苏人民出版社，2003：2-3.
③ 裴迪南·滕尼斯．共同体与社会．林荣远，译．北京：商务印书馆，1999：52-53.
④ 齐格蒙特·鲍曼．共同体．欧阳景根，译．南京：江苏人民出版社，2003：5.
⑤ 张康之，张乾友．共同体的进化．北京：社会科学出版社，2012：2-3.
⑥ 马克斯·韦伯．学术与政治．冯克利，译．北京：三联书店，1998：48.

虑的“心灵鸡汤”，或被当作某种有用的修辞。个体皆以自身利益最大化为主要目标，将他者和集体视为达成目标的手段、工具，利益之外的“意义”不过是一种附加值、一种说法，甚或颠倒为服务于利益实现的一种手段。

这就意味着现代社会应当重振共同体的价值理想，让人过上有爱和温暖、有尊严和信任、有安全感和确定性、有美感和灵韵、有理想和信仰的生活。诚如政治学者瓦尔泽（Michael Walzer）在讨论理想的共同体生活时所言：“共同的情感与信念非常稳固，往往比我们设想的还要稳固。生存于其中的组织自由发展、共同繁荣，令人瞩目。……你会有这样的感觉，这里的人们在一起工作，努力解决问题，而非单凭一己之力、各行其是。”相反，如果“在一个家庭、阶层、阶级中存在的关心、友爱消失于共同体，人们满脑子尽是自己的利益，实践一种狭隘的个人主义，对公共福祉漠不关心，那么灾难就会降临”①。

需要指出的是，共同体不只是人的聚合，也包括人与自然的共生关系。人若想真正成为自然的主人，恰恰不应滥用自身的主体性，而应与自然结成基于主体间性原则的共同体。“人类生活的世界与自然世界是交汇的价值共同体，也是实然与应然合一的共同体。换言之，人类生态危机之真正症结在于漠视共同体具有规则性结构。”②

重振价值共同体是每一个政府部门、企业和其他各类社群的责任。“责任”也许并不是一个准确的说法，每一个倡导利益相关者共建价值共同体的社群，皆有望因此收获超越利益共识之上的价值认同和价值合法性。以企业为例，在品牌和公关实践中，倘若与客户、用户、消费者得以结成情感、尊严、伦理、审美和信仰上的共同体，共享价值理想和终极意义，可持续发展、成就“伟大”也就获得了价值根基。

至于倡导和重振之道，便是对话。这在本书有关自由主义与社群主义之争、重建现代性与价值理性、再造生活世界与公共领域、培育对话主义与对话理性，以及有关公关对话范式核心主张的相关章节已有充分论述，不再赘言。此处重申几个要点：

在对话中缓解自由主义造成的过度原子化、碎片化和虚无主义危机，构建个体与集体、权利与义务、自由与安全感相平衡的共同体；在对话中再造生活世界及其情感纽带、伦理体系和信念之库；在对话中重构公共领域，以缓冲权力和资本系统对生活世界的殖民；在对话中重彰价值理性，以交往理性和对话伦理替代或节制工具理性；在对话中寻求复调和达成同一性，并尊重个体的独立性、自主性和差异性；培育个体、社会团体与社会运动、组织和民族国家层面的对话民主，以共同体的力量应对现代社会的风险和危机；等等。

三、公共精神

以上讲到价值倡导的两个具体路径：指向组织内部利益相关者的价值观管理和指向外部利益相关者的共同体精神培育。从系统论的视角看，在组织系统、“组织-利益相关者”系统之

① 玛丽·安·格伦顿．权利话语——穷途末路的政治言辞．周威，译．北京：北京大学出版社，2006：177．

② Richard G. Botzler，Susan J. Armstrang. Environmental ethics-divergenc and convergence. 2nd. McGraw-Hill，1998：290．

外，尚存在更多的平行系统和更大的社会系统。组织的生存和发展、“组织-利益相关者”共同体的维护和拓展，皆离不开自身与外部环境、社会大系统的互动依存关系。因此，每个组织为了公共利益和自身可持续发展的需要，皆须响应和倡导公共精神。“雨我公田，遂及我私”（《诗经·小雅·大田》）——雨下到公田里，也就惠及我的私田了，说的正是此理。

所谓公共精神，是指公民在公共生活中应该具备的基本价值信念和准则，包括独立的人格精神、社会公德意识、主流价值观念、善待生命世界的慈悲情怀等，它维护社会整体利益，关注社会共同体中每一个体的权利和尊严。一个健康的社会必定精心培育、守护公共精神，并以之教化公民、维系公共利益。若无公共精神的凝摄，一个社会就会变成私利奔竞的角斗场，一边是私欲丛林繁茂，一边则是公共荒地野草杂生。

同时，公共精神也可以被理解为那些评判何为不正义、不公平、不道德社会行为，激发个体耻感的价值标准和尺度。人类学家本尼迪克特（Ruth Benedict）认为公共精神孕育着一种“耻感文化”。譬如，在王尔德（Oscar Wilde）的小说《道林·格雷的画像》中，为恶多端的葛雷在看到自己的画像时，深感丑陋不堪，挥刀刺去，却杀死了自己。画像即是他的良心，他受到了无所不在的内心“耻感”的围杀。

梁启超、鲁迅、林语堂在剖析中国“国民性”时，也以“耻感”不足为据论述中国民众公共精神之贫弱：自私又缺乏独立人格，从众又鲜见公共理想，痛恨潜规则又投机于潜规则，等等。

培育公共精神主要靠两种方式——倡导和参与，即拥有话语权的社会主体发起倡导和教育，号召和激发公民的积极参与。组织通过公关倡导公共精神，底线为知耻、不作恶；上线为利用自身资源和表达优势，主动唤起和普及公共精神，而又不滥用、裹挟之。需要警惕的是，有些利益集团将私利捆绑于公共精神，或不过是拿公共精神装点品牌形象的门面。

科特勒（Philip Kotler）在《企业的社会责任——通过公益事业拓展更多的商业机会》一书中列举了大量数据和个案，证明企业护持公共精神、坚守“社会和公共承诺”的战略价值。“好的企业与伟大的企业之间是有区别的。一家好的企业可以提供优秀的产品和服务；一家伟大的企业也可以提供优秀的产品和服务，但它还要努力让这个世界变得更美好。”① 在科特勒看来，“成功的企业将是那些用行动来证明他们能够获取利润并创造社会价值的企业——既做得好，又做好事”②。他提供了“做好事”的六种选择：

公益事业宣传，即通过投入、发起宣传，以促进公众对公益事业的了解和关心，譬如倡导某项公共事业的公益广告；

公益营销，即承诺基于销售产品而支持某项公益事业，或者按自身收入的特定比例捐助公益事业，譬如“卖一瓶矿泉水捐一分钱”；

社会营销，即主动策划、实施公益活动，以改善自然环境、社会安全、公共卫生和社区福利等，“行为改善”（behavior change）是其主旨，譬如独立或者联合公共事业机构发起“节能

① 菲利普·科特勒，南希·李．企业的社会责任——通过公益事业拓展更多的商业机会．姜文波，等译．北京：机械工业出版社，2006：5.

② 菲利普·科特勒，南希·李．企业的社会责任——通过公益事业拓展更多的商业机会．姜文波，等译．北京：机械工业出版社，2006：6.

风暴”；

慈善活动，即直接找到与企业价值观和战略目标一致的慈善机构、项目和人群进行捐助，譬如建立“贫困母亲基金”；

社区志愿活动，即鼓励自己的员工、合作伙伴志愿支持和参与社区公共事务，譬如参与“社区健康与和谐计划”；

对社会负责的商业实践，即创造性地采纳某些对社会发展、自然生态友好型的商业模式或投资政策，以降低或规避自身带来的损害，譬如放弃回报高但污染环境的商业项目。

组织通过公关倡导公共精神、介入公共事业主要有两种模式：“参与-促进”模式，“创造-促进”模式。以企业为例，“参与-促进”模式即以“企业公民”的身份追踪、响应特定公共议题，同其他社会主体一道参与某项公共事业。科特勒列举的六种选择，大多属于这一模式。对于有实力、有条件的企业来说，“创造-促进”模式或可有更大作为，它超越“追随”和“响应”，强调创造性地提出、倡导、引领某种新的公共信念和价值准则。这就提出了本章下一节要讨论的价值创造和意义生产问题。

第三节　共创路径

对话范式价值之维的前两个二级路径，分别指向了组织对利益相关者价值关切的顺应和倡导，本节讨论的第三个路径则强调二者在对话中的价值共创。顺应路径以利益相关者为主体，倡导路径以组织为主体，共创路径则主张二者互为主体，于动态平衡的对话关系中生产和分享意义。

价值共创包括三个三级路径：舆论的结晶、建立积极信任、创造多元同一的价值体系。

一、舆论的结晶

所谓结晶，是指物质从液态或气态凝结、固化为稳定晶体的过程。在日常对话和人文社会科学领域，结晶一般用来比喻经由努力而获得的珍贵成果。最早将“结晶”概念引入宣传、传播研究领域的人是伯内斯。他认为，公关不是对充斥情绪飞沫和意见碎屑的舆论进行迎合和诱导，而是要把飘忽的民意和稍纵即逝的意义凝结起来，使之成为明确、稳定的态度、意见和信念。这一过程，伯内斯称之为“舆论的结晶”。

兹举数例说明伯内斯所称的舆论的结晶或“晶化舆论”：

1925年前后，腊肉公司毕其纳找到伯内斯，询问何以让美国民众早餐就吃培根。当时，人们并不习惯早餐就摆上油腻的腊肉。伯内斯说，你们别老盯着自己的腊肉，而应制造一场全美健康早餐运动。他给出的建议是，唤起人们对早餐营养的追求，再“自然而然”地把腊肉嵌入到早餐菜单里去。“你们可以雇用医师来告诉大众，丰盛的早餐对身体有益。如此一来，毕其纳就不只是一间贩卖腊肉的工厂，而成为一个公众福祉的赞助人——帮我们吃上丰盛的早餐，增进我们的健康。”[①] 在他的策划下，一场推广腊肉的商业活动，变成了普及健康观念的“公共福祉”运动。

当有人质问伯内斯为何把推销烟草的“无耻行径”遮掩在“为女权而奋斗”的崇高旗帜下时，他以一贯凌厉的风格反问：如果不是如此，女权运动会来得这般迅猛吗？女性解放的观念会如此深入人心吗？我要做的是点燃美国人民的思想，而不是香烟！直到晚年，他还在为自己申辩：如果我当年只为马克货车公司提供宣传服务，而不是花力气让美国政府和人民都深刻领会“自由奔跑，穿越大地”的信念，会有1955年政府的最大预算——道路建设基金吗？如今四通八达的州际高速网络何日方能建成？他还举例说，我当年之所以主动放弃金主卡地亚，就是因为这家公司即使在大萧条时期也拒绝降价，而我的志向根本不是单纯地推销珠宝，而是让民众纵然身处艰难时世亦可享受美好。

伯内斯为了回应批评而未免抬高了自己。但他将“物”的推广同“意义”的创造结合起来、将公关的使命理解为舆论的结晶，特别是价值的创造和晶化，无疑是值得赞叹和借鉴的。

伯内斯性格和思想的复杂性令人难以琢磨，连最熟悉他的传记作者也只能得出一些矛盾的结论。譬如，功利主义者伯内斯并不急功近利。伯内斯当然是功利的，即使在大萧条时代，他每年的收入折合成今日竟高达数百万美元；他拥有同行中最多的客户和项目，不但要赚到钱，而且总是希望获得最高的评价。

但是伯内斯又不急功近利，他为公关行业制定了“高不可攀”的业务标准和道德标准，主张每一个项目都应该为客户、为公众留下点什么。留下什么呢？是一块香皂、一团腊肉，一根香烟？还是民族的创造力、健康生活方式、女性自由的信念、一项利国利民的公共政策？如历史所见，他选择了后者。

伯内斯交上好运、声名鹊起的日子，正处美国交上好运、从“缺少教养的国家”蹿升为“伟大国家”的时代。1920年代，美国在收割一战胜利果实的基础上，经济迅速腾飞，政治看起来更民主，福特公司开始每十秒钟便生产一辆大众买得起的汽车，“伟大的世界在永远响亮的变革槽里疾驰”[②]。欧洲也是如此，维多利亚时代井然的生活秩序不见了。议政厅和教堂的人群涌向报纸和收音机，因为社区的官员和教士从未出过远门。汽笛轰鸣，机械疯转，传统崩塌，大众醒了，新时代大门敞开。

勒庞预言了大众社会的到来，人们释放可怕的情绪和力量，颠覆一切却又不知所终；塔尔德同样心怀忧惧，寄望精英和媒体能够驯服处于“将怒”状态的大众；弗洛伊德则明确指出，推动群体和个体行动的是同一种力量——性冲动的本能，要勒住这些力量，就必须驾驭或者解放人的本能；李普曼更是对大众的成见和顽固信念感到焦虑，在他看来，乡巴佬进闹市、旱鸭子出海、一无长处的门外汉参与行家里手设计的复杂游戏，都会怀有成见，“它是我们传统的堡垒，在这个堡垒的庇护下，我们可以心安理得地坚持自己的立场”[③]。

从伯内斯的著述看，他对勒庞、塔尔德、弗洛伊德和李普曼的判断几乎照单全收，并据此

---

① 赖瑞·泰伊．公关之父伯奈斯．刘体中，译．海口：海南出版社，2003：143.

② 沃尔特·李普曼．公众舆论．阎克文，江红，译．上海：上海世纪出版集团，2006：81.

③ 沃尔特·李普曼．公众舆论．阎克文，江红，译．上海：上海世纪出版集团，2006：73.

提出了一些解决方案。譬如，利用大众媒体“操纵舆论”；契入群体心理和个体本能，导引他们的动机和行为。而这一切，最终要靠像他这样的“少数聪明人”制造认同、创造意义。“这些人在幕后牵线，控制大众思想，既用旧式力量，也规划新方法，以整合并导引整个世界。”①

“少数聪明人”扮演着发现者、策划者、游说者和“舆论工程师”等多种角色，而其中最关键的是舆论的结晶者。伯内斯认为，“结晶者”不是广告或新闻掮客，他可以利用鼓吹、攻击、回绝、发布、颂扬、质询、证言、敦促、规劝、致谢等所有被证明有效的手段影响舆论，但是更重要的任务是培育、凝结某种生活方式、公共政策或价值信念。譬如，即使一次公关事件的过程比广播科幻剧还吸引人，场面比马戏团演出还热闹，但如果未能升华、凝结某种意义，晶化人们头脑中的某种“影像、象征和信念”，那么效果至多一时轰动，对公关客户、大众和社会皆无整体和长远的价值。

伯内斯鄙视当时的媒体经纪人——他们以向媒体兜售客户的“轰动事件”为业，每当有人问伯内斯“公关顾问”是否就是“媒体经纪人”时，他都会粗鲁地赶走提问者。在伯内斯看来，媒体经纪人和他们贩卖的新闻稿都“缺少色彩，缺少力量，收取无中生有的利益”；致力于舆论结晶的公关顾问是帮助大众在纷乱中寻找秩序的人，而所谓秩序正是精挑细选出来的、经得起检验的意见、观点、规则和思想。这既是公关顾问的优胜之处，也是其必须担当的义务。

“这么大一个国家，这样一个变动不安的时代，人民的天赋和训练的情况又如此不平等”，人们“满脑子白日梦，除了欲望是强烈而明确的，其他都想也想不清，说也说不清”，“遇到一点小事就躁动不安、喋喋不休”②。面对这样的社会现实，伯内斯把公关职业视为意义的拯救者和创造者。他的传记作者对此评价说，“他称我们这个世界为一个无神的世界，而且正在沉沦……（少数聪明人）在幕后操纵绳索，不仅对个人利益是必要的，在社会救助方面也不可或缺……他甚至强烈地认为，公关顾问可以把工作做得至少和上帝一样好”③。

李普曼虽未使用“结晶”这一概念，但他的观点与伯内斯如出一辙。他也认为现代社会需要“舆论专家”来发现、整理和改变大众的成见，避免人们“用一小块黄油去涂抹整个世界”。他指出，“在汇集公众舆论时，我们不仅要想象比肉眼能看到的更大空间，比我们能感受到的更长时间，而且还要描绘和判断比我们能计数或者能想象出的更多人、更多行动、更多事物，我们必须进行总结和概括”④。这些总结和概括要“规范和上升为诸如《政治经济学定律》《政治学原理》之类的逻辑体系”，以教育、团结和引导大众在各行其是的同时，亦可促进社会的整体进步。⑤

李普曼的“整理”“概括”“规范”和“上升”与伯内斯的“结晶”是相契相通的。他们都认为要基于并超越一时一事的舆论，站在历史、文化、宗教、习俗和价值信念的高度，洗练和

① Edward Bernays. Propaganda. Ig Publishing，2005：39.
② Edward Bernays. Propaganda. Ig Publishing，2005：65－87.
③ 赖瑞·泰伊．公关之父伯奈斯．刘体中，译．海口：海南出版社，2003：128.
④ 沃尔特·李普曼．公众舆论．阎克文，江红，译．上海：上海世纪出版集团，2006：110.
⑤ 沃尔特·李普曼．公众舆论．阎克文，江红，译．上海：上海世纪出版集团，2006：79－80.

凝结“我们所在世界的基本原理”。舆论总是复杂多变的，既真实又模糊，生动而嘈杂，琐屑又粗糙。作为舆论专家、舆论工程师的“少数聪明人”，要筛捡、过滤舆论，去除渣滓，提炼价值和意义的真金。当庸常、混乱的舆论及其闪现的思想、规则和美德得以“提纯”和凝结，公关便创造了客户、公众和社会共享的价值与意义。

这也是伯内斯继巴纳姆、艾维·李之后，仍被奉为公关之父的原因所在。在巴纳姆时代，公关是服务雇主、促进买卖的润滑剂；在艾维·李时代，公关是组织告知公众以事实真相的管道；在伯内斯时代，公关成为舆论的结晶者、意义的创造者，是“少数聪明人”的伟业。正是在伯内斯的倡导和示范下，公关走向了更为广阔的历史、文化和社会舞台，成为价值叙事和意义生产的重要参与者，而不只是鼓吹者、旁观者或“跑龙套”的掮客。

李普曼和伯内斯都寄望“少数聪明人”在晶化舆论和创造意义中发挥居间的促进者、引导者角色。他们提出，“少数聪明人”应像历史上所有伟大的智者一样，富有洞见和责任心。李普曼从他在哈佛大学的老师——实用主义哲学奠基人詹姆斯（William James）那里借鉴了“信念阶梯”的概念。所谓信念阶梯，“是一个由善意构成的斜坡，那上面排列着人们习以为常的重大生活问题”①。智者应站在阶梯的高处，以其洞见和责任心导引大众欢喜向上。譬如，让大众走出至善与至恶、傲慢与卑微、全能与无能之间的摇摆，告知大众“我们自己的傲慢不见得比敌人更有道理；全能未必带来胜利，正如胜利不一定能终结战争”。

显然，晶化舆论、创造意义的观念和做法在今日的公关实践中同样适用。只是基于公关对话范式，意义应来自组织、公众和作为居间者的“少数聪明人”在对话中的共同创造。在今日多元主义时代，公关对舆论的介入和结晶，应理解为促进多元主体之间结成波顿所称的“诠释共同体”，共创和分享意义。

二、积极信任

信任既是公关的前提，也是其所欲达成的重要目标和效果。同时，信任也是价值世界最重要的意义范畴之一。公关对话范式所称的价值共创，核心主张之一便是组织与利益相关者共创、结晶积极的信任机制和信任关系。

积极信任是吉登斯重建现代性计划的一个重要方案。他认为信任危机乃现代社会的顽症，而且随着现代性的铺展持续加剧。现代社会系统的基本结构和运行机制几乎全部建立在信任基石之上，而这块基石自身如今正处于动摇、瓦解和重构之中。

在传统或结构简单的社会，信任更多地体现为被卢曼称作“建立在熟悉度及人与人之间的情感联系的基础上”的人际信任。② 个体生活于较小流动性的社会结构之中，生命图景铺展于相对封闭的地理人文边界之内。施予者和受托人皆是具体的、特殊的，皆可被安置在特定的时空和角色地位之中，信任生发于彼此的时空经历和社会关系所带来的“可控感”。熟

---

① 沃尔特·李普曼．公众舆论．阎克文，江红，译．上海：上海世纪出版集团，2006：113.

② 杨中芳，彭泗清．中国人人际信任的概念化，一个人际关系的观点．社会学研究，1999（2）.

悉过往就等于把握未来，人们怀着想当然的信心等待未发生之事按既定的规则和惯例出现。同时，信任既来自理性的观察和经验，也暗含着超出理性的情感认同和“继承而来的伦理习惯”①。

随着现代性转型的加剧和深入，人类社会变得越来越复杂。在社会巨变中，传统上以熟悉、简单社会互动和共享文化密码为基础的人际信任逐渐向“系统信任”过渡。在高速流动、时空模糊、传统社群消隐的现代社会，个体成为鲍曼意义上离散了共同体的“观光客”或“流浪者”。② 对于匆匆相遇的陌生人而言，“我们”既无集体记忆，亦无共同可把握的未来。人对他者的信任越来越难，信任赋予便转向了某些规则、符号或专家系统。这就是系统信任，即对建立在抽象原则、象征符号和专家基础上的结构体系的确定性、同一性和合法性的认同与信心。

与人际信任不同，系统信任所面向的不是具体、丰富的他者，而是抽象、专业化的原则、规范、符号、程序或契约。正如出于对行业规范和准入制度的信任，人们能够自然地同通过相应考核的陌生人进行交易。③ 这一方面体现了典型的现代性的进步观念——彪彰工具理性、程序认同和契约精神，一方面也消解了信任在人格、德性、审美和信念层面的价值之光。信任从熟悉的人际关系编织的世界中走出来，不再是“我们”之间的交付，而是你我各自基于对系统的认同和信心做出的理性选择。

吉登斯试图调和人际信任和系统信任的关系，他给出的信任定义是：“对一个人或一个系统之可依赖性所持有的信心，在一系列给定的后果或事件中，这种信心表达了对诚实或他人的爱的信念，或者，对抽象原则（技术知识）之正确性的信念。”④ 吉登斯将人际信任和系统信任对等齐观，并据此提出了积极信任（又译主动信任，active trust）的概念。

所谓积极信任，是指个体之间通过平等、开放的交往、协商和对话，主动给予，并从其他人那里赢得的信任。在吉登斯看来，传统的人际信任和系统信任包含着明显的消极信任成分，即个体对既定的权力、制度和行事方式的接受与遵从。与之相对，积极信任不是源自某些先赋的、既定的、不可更改的特质或联系，不是对他者和系统无可奈何或不加反思的依赖，而是生发于个人生活世界的“纯粹关系”，维系于相关主体积极的思考与理性的辩驳。此中有三个问题需要强调：

首先，传统的人际信任诚可眷顾，但是其中的消极成分理应消减、剔除。譬如，传统的人际信任往往伴随着强制性的权力压迫和人伦束缚，是特定社群内部权力、道德、宗教和文化宰制的结果。“我们信任父母”通常意味着“我们必须接受、遵从父母的意志”；“我们信任政府、警察、专家”往往意味着“除此之外，我们别无选择”。系统信任也是如此，既定的抽象原则、象征符号和专家系统主导了信任的内容、程度和方式。

---

① 福山．信任——社会美德与创造经济繁荣．彭志华，译．海口：海南出版社，2001：33.

② 齐格蒙特·鲍曼．后现代伦理学．张成岗，译．南京：江苏人民出版社，2003：282-288.

③ D. Harrison McKnight & Norman L. Chervany. What trust means in e-commerce customer relationships：an interdisciplinary conceptual typology. International journal of electronic commerce. 2001/2002，6 (2)：35-59.

④ 安东尼·吉登斯．现代性的后果．田禾，译．南京：译林出版社，2000：30.

其次，积极信任是一种现实主义的解决方案。它承认传统信任的情感价值和理性原则，同时也直面社会现实发展一套基于纯粹关系、开放原则和对话观念的新型信任机制。这种现实主义态度不打算将信任机制带回到传统时空边界之内和“凝固”的社会关系之中，而是让它在节奏和方式上契应现代性的动力机制。人们从带有一定先赋性、强迫性、束缚性的互动中解放出来，彼此开放、尊重，坦率交流，“设法了解别人，逐渐信赖别人，敢于用差异作为发展积极感情沟通的手段”①。

最后，积极信任也蕴含着乌托邦式的理想主义和进取精神。吉登斯的雄心是，积极信任首先生发于人际间的纯粹关系，进而经由多元主体的平等对话来实现“积极上升”，它可以连同对话民主扩大至社会组织、民族国家层面，也适用于国际社会治理，从而化解现代社会普泛化的信任危机。

在吉登斯的设计中，积极信任来源于纯粹关系，后者是指个体与他者在日常生活领域建立的开放、平等的对话关系，包括两性、婚姻、家庭、朋友关系等。纯粹关系最显著的特征的是开放、平等和对话：开放即每一方都把自己“交出来”；平等即免除交往的外部条件或标准，如权力和道德压力；对话即诚实地沟通，为彼此提供建立在情感、理性基础上的理解与认同。在纯粹关系中，在全球化、互联网革命和社会转型等宏大语境下，鉴于公共关系已然深度渗透至政治、经济、文化和社会诸领域，因而要担负起培育积极信任和对话民主的使命和责任。譬如互联网既是人际交流、组织沟通的媒介，也是大众传播、公共讨论的平台，它融合了人类截至目前最重要的多种传播形态，为对话民主和积极信任从人与人之间的纯粹关系拓展至社会组织、再上升至民族国家乃至全球共同体提供了技术可能性和现实通路。政府和企业可以善用互联网对话平台和行动空间，增进多元主体的彼此了解和信任，再造共同体的团结。

三、多元同一的价值体系

公关对话范式于价值之维的最后一个二级路径，是创造、构建多元同一的价值体系。价值和意义乃人类的创造之物，“社会不外是一些个体的总和，他们的意志是至高无上的，且最终是决定性的。没有高于社会的东西。即便存在一位上帝或某种超人的实在，这也要经过人类意识和人类体制的过滤”②。只是今日价值体系之创造，应致力于解决好多元与同一的辩证关系。

当今时代的价值体系建设，必须兼顾既多元又同一的原则。一方面，多元主义大势不可逆转；而另一方面，唯有确立价值同一性才能保证国家、社会乃至人类共同体的底线认同和起码完整性。根据巴赫金、哈贝马斯、吉登斯、泰勒和鲍曼等人提供的方案，对话是实现多元与同一兼顾、平衡和超越的必然选择。在对话中，多元主体得以保持各自的独立性和差异性，并可

① 安东尼·吉登斯．超越左与右——激进政治的未来．李惠斌，杨雪冬，译．北京：社会科学文献出版社，2000：131.

② 雷蒙·潘尼卡．看不见的和谐．王志成，思竹，译．北京：宗教文化出版社，2005：174.

在动态平衡中达成认同、共识和相互承认。

人们经常混淆或混用认同、共识和承认三个词汇。认同重视一致性，“我认同你”意味着在情感、利益和价值上与你“保持一致”，它追求一种整体且理所当然的统一性；共识是多元主体经过博弈、协商之后达成的公约数，即你我并不全然一致，但是在较量、商量之后，尚可找到共同之处；承认则直面多元化、差异性的现实，在普遍、一致的认同难以达成，连共识和公约数亦难求得的情况下，主体之间相互承认对方的地位和主张。

承认或“承认的政治”是20世纪末以来哲学、社会学和政治学领域一个日趋主流化的研究领域。随着现代性谱系全面铺展，特别是自由主义、个人主义泛滥，社会关系愈加多样化、碎片化，不但传统认同弱化，就连在具体利益上达成共识也更加困难。面对这一境况，法兰克福学派的新生代旗手霍耐特（Axel Honneth）等人开始转向承认问题寻求解决之道，强调“承认的政治”“为承认而斗争”。他们的核心主张是，多元主体在尊重多元化和差异性的前提下，相互承认法权地位平等，相互承诺信任与道德义务，在对话中表达彼此的关爱，以及不放弃任何合作的可能性。①

承认首先意味着一种妥协，既然个体之间难以重返自发的认同，也难以在辩论中达成共识、得出公约数，那么“我们”至少应当相互承认各自的主体性、利益主张和价值诉求。承认也意味着救赎和超越，它在确保个体的主体性和自我持存的同时，也开放地容纳多元主体各自的情感和审美体验、道德理想和人生信仰。按照霍耐特的说法，承认所形塑的是一种既自由又承载情感、信心和伦理的“后传统共同体”，个体在“体验到社会重视的同时也伴随着一种切实感觉到的信心，即个人的成就和能力将被其他社会成员承认是‘有价值的’”②。

在公关实践中，认同、共识和承认并非相斥关系，多元主体在不同情境下可以各有侧重，亦可兼容并蓄。多元主体自愿参与、充分对话、自由选择，若可激发、凝聚一致性认同或公约数式的共识自然是好的，即使成就不了这般功德，亦可导向相互承认、地位平等、彼此关爱和多样共存，乃至在持续超越中创造新的价值和意义，构建“我们共同的、崭新的意义世界”③。

一言以蔽之，公关在价值体系构建层面的根本使命在于，通过对话成就组织与利益相关者之间的认同、共识和相互承认。

本章全面考察了公关对话范式“事实-价值”模型的价值之维及其三个二级路径——响应、倡导和共创，以及它们所对应的九个三级路径：倾听、合意、关爱；价值观管理、共同体理想、公共精神；舆论的结晶、积极信任、多元同一的价值体系。

同事实之维一样，沿价值之维的二级和三级路径，可进一步演绎出四级、五级乃至直指各种具体公关情境的方法体系。譬如价值响应-积极倾听-面对面倾听-发现、反馈对方的价值关切……价值倡导-培育共同体理想-引领某种审美潮流-确定表征潮流的视听符号……价值共创-建立积极信任-重振人际交往-日常生活场景中的情感沟通……

---

① 孔繁斌．公共性的再生产．南京：江苏人民出版社，2012：127.

② 霍耐特．为承认而斗争．胡继华，译．上海：上海出版集团，2005：134.

③ 詹姆斯·博曼，威廉·雷吉．协商民主：论理性与政治．陈家刚，等译．北京：中央编译出版社，2006：153.

公关对话范式价值之维的实践路径如图 9 - 1 所示：

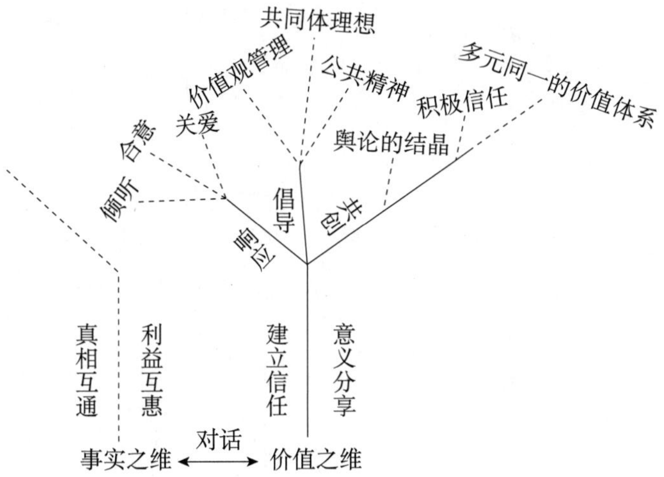

图 9 - 1　对话范式价值之维的基本框架

【复习思考题】

1. 简述公共关系对话范式价值之维的二、三级路径。
2. 公关何以实现价值观管理？
3. 公关何以建立和维护积极信任？

下篇

下篇理论地图

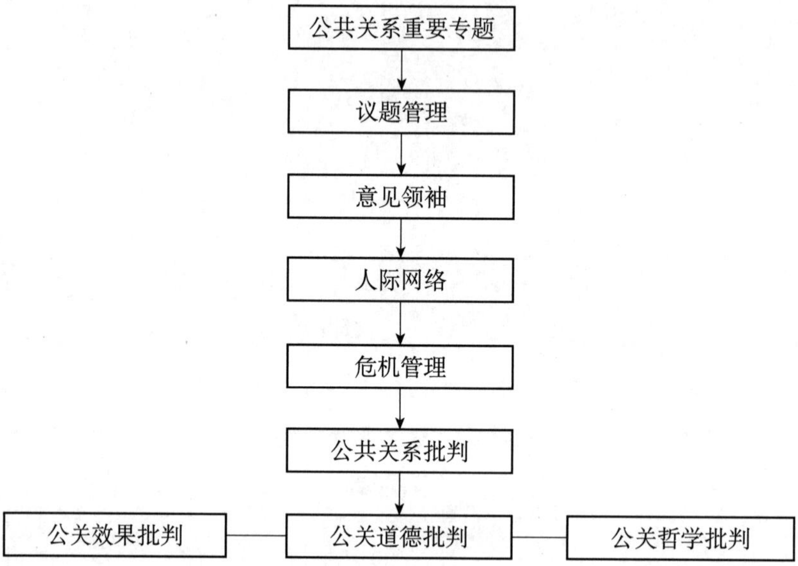

第十章

议题管理、意见领袖与人际网络

自第九章起，本书进入议题管理、意见领袖、人际网络、危机公关、公关伦理、公关批判等专题。它们并非公关领域的全部问题，但在公关理论建设和实践发展中皆属重要且专业性较强的课题。对这些专题的考察，我们仍将以公关对话范式与“事实-价值”模型为指导框架，或者说将对话范式应用于这些理论和实践领域。

本章重点探讨议题管理、意见领袖和人际网络等三个专题。

第一节　议题管理

英国哲学家斯金纳（Quentin Skinner）将社会对话中的语言区分为权利语言和德性语言，二者在现代社会主要有两种呈现方式——法律和舆论；而无论立法还是形成舆论，两种语言皆表现为利益相关者对特定议题的参与和角逐。对于卷入议题之争的组织而言，这就涉及议题管理的问题。何为议题管理？它是否存在普遍可借鉴的实践模式？

一、议题与议题管理

在公关领域，议题（issue）与一般的议程（agenda）或问题（problem）不同，是指那些因关涉共同利益或公共利益而引起广泛争论的问题。希斯认为，议题是公共政策的前身，它围绕事实真相、价值观、政策和组织行为展开，当争论和冲突越来越复杂、剧烈，就可能需要通过立法或者修正公共政策加以解决。[①] 这一定义说明了两个问题：

一是议题产生于特定事实、价值之争，但根源是它关乎共同利益或公共利益。这就决定了议题的两个重要属性：影响的广泛性和利益相关者的高度参与性。譬如，《物权法》《反垄断法》、“房价调控与限购新政”从立项起草到立法通过，始终是政府、企业、媒体和公众高度关

① R. L. Heath. Strategic issues management-organizations and public policy challenges. CA：Sage，1997.

切的一个议题。

二是议题以争论、冲突的形态产生、发展和演变，最终促成公共政策或法案的制定、改善和优化。这意味着议题有其特定的生命周期，起于争论，止于政策或立法改善。譬如2004年的“孙志刚事件”，“在汹涌澎湃的议题交锋”之下促成了《城市流浪乞讨人员收容遣送办法》的废止①；2016年春天关于“逃离北京”的公共议题之争导致了“史上最严房价调控政策”的出台。倘若议题未来带来如此改变，它将持续存在，并可能深化为议题应对者的危机。

这就产生了两个新问题：

（一）议题与危机

既然议题表现为广泛的公共论争和冲突，那么议题与危机有何联系和区别？危机管理学者巴顿（Laurence Barton）认为，“只要事先能预防的危机，都只是一种议题；凡是在预期之外产生压倒性的负面冲击者，才是危机”②。也有学者认为不应将议题与危机看作两个完全不同的概念，譬如班克思（S. P. Banks）就提出，“二者彼此互通、可以替换，因为处理不好的议题可能引发危机”③。

台湾公关学者吴宜蓁提出了一个折中的观点：“偶发性议题，如果处理不当，很可能升高为复杂难解的议题；潜伏的议题，也可能爆发成意想不到的危机。”④ 议题之争总是潜藏着危机的种子，危机也总是表现为议题之争。如是，议题可以定义为利益相关者基于共同利益或公共利益问题产生的讨论和纷争，它可以被视为常态与危机相互转化的中介地带，反映了多元意见汇聚与交锋的趋势。

议题的分类并无确定、统一的标准，较为常见的划分依据是议题的内容：

普遍性议题，即能够引起公众普遍关心的议题，诸如环境保护、教育改革、经济增长、政治选举等议题；倡导性议题，即关涉公共利益、具有特定倡议、鼓吹价值的议题，诸如种族平等、关爱妇婴、节能减排等议题；局部或专业性议题，即社会子系统或者特定专业领域内的议题，诸如外贸纷争、退伍军人安置、转基因等议题。

（二）议题管理与公共管理

既然议题最终指向公共政策和法案的调整，那么议题管理与公共管理有何联系和区别？这就要求导入议题管理的概念：

1977年，美国公关学者查斯（Howard Chase）最早提出了议题管理的说法。他认为，社会议题虽然无法完全进行人为操纵，但是可以经由专业之管理程序加以控制和引导。⑤

1978年，美国公共事务协会（The Public Affairs Council）从企业视角出发将议题管理定

---

① 2004年，湖北黄冈青年孙志刚在广东被收容致死，最终促成相关政府部分废除《城市流浪乞讨人员收容遣送办法》，媒体称之为“以一己之死终结滴血收容”。

② Laurence Barton. Crisis in organization Ⅱ. Cengage Learning，2000.

③ S. P. Banks. Multicultural public relations：a social-interpretive approach. Iowa City：Iowa State University Press，2000.

④ 吴宜蓁．危机传播——公共关系与语艺观点的理论与实证．台北：五南图书出版股份有限公司，2005：30.

⑤ 卜正珉．公共关系——政府公共议题决策管理．台北：扬智文化事业有限公司，2003：62.

义为：它是一种管理计划，公司以此来增加对公共政策形成过程的资讯和知识，并提升此过程中所需的专业历练和效率。[①] 该协会还进一步解释了议题管理的功能：定位议题及其发展趋势；评估议题影响并设定管理的优先顺序；明确公司立场和主张；规划公司行动和对策——如宣传、游说、协商、打官司、打广告等。

1982 年，查斯出任美国议题管理协会主席，他将自己早前提出的定义修订为：议题管理就是了解、动员、协调和导引组织所有的策略与政策规划，以及公共事务（公共关系）手段，以有效地参与、影响个人和组织之公共政策制定。[②]

1993 年，图克（R. B. Tucker）、布鲁姆等人综合各家观点，对议题管理的功能做出了概括性描述[③]：

监测组织内部与外部环境，了解利益相关者的意见和价值观；

预测、定位、分析和评判议题，排列议题优先顺序，洞察议题在经济、政治和文化层面对组织运作有何意涵；

为组织决策提供支持，特别是在调整组织目标和政策方面，重视公共利益，坚守社会伦理规范；

将民意与政策议题整合为组织的策略性计划，拟定主动的回应策略，以降低风险、掌握机会；

与不同利益相关者进行充分沟通，以引领议题走向，形塑于组织有利的主流意见，阻止、触发或推动公共政策和法案的兴废。

图克等人的描述全面而清晰，但令人困惑的是，他们几乎把组织传播管理-公共关系的全部功能都纳入了议题管理的范畴之内。这可能有两个原因：一是学者总是自觉或不自觉地放大、抬升自己的学术研究领地；二是他们认为议题管理是相对独立于公关的一种管理职能。美国管理学者 W. H. 米勒（W. H. Miller）就曾提出："议题管理不是公共关系、政府关系和公共事务……，它包括所有这些原理，甚至更多；议题管理使公共关系超越媒体关系、产品宣传之范畴，发挥解决问题的管理功能。"[④]

图克、布鲁姆、米勒之所以认为议题管理"超越"了公共关系，大抵基于如下两个考虑：

第一，议题管理使组织的沟通管理职能超了"居间者"（go-between）角色，而成为"问题解决者"（problem-solving）。现代公关自诞生之初，其功能角色即被定义为居间的沟通者、协调者，而在米勒等人看来，这一角色定位不能涵盖沟通管理的全部职能。

查菲（S. H. Chaffee）和派屈克（M. J. Petrick）也曾对传统公关"保守的居间者"角色表达不满，他们认为：公关不但要通过沟通使组织适应环境、保护自己，而且要防患危机发生，

① R. L. Heath. Strategic issues management：organizations and public policy challenges. California：Sage Publications，Inc.，1997：14.

② R. L. Heath. Strategic issues management：organizations and public policy challenges. California：Sage Publications，Inc.，1997：8.

③ Tucker，Kerry &Glen Broom. Managing issues acts as bridge to strategic planing. Public relations journal（November 1993）：36－37.

④ W. H. Miller. Issues management：no longer a sideshow. Industry week（November 1987）：125－129.

通过沟通解决尚未恶化的问题，同时要推动组织制定于公众有利的政策，善尽社会责任。①

实际上，刻意把“居间者”和“问题解决者”割裂开来并无必要。居间以促进对话并不排斥解决问题，或者说解决问题是公关对话的诸多目的之一。无论从学术和实践哪一个层面看，一百多年的现代公关发展进路，就是一部充满问题意识、致力于问题解决的沟通管理史。

卡特里普和格鲁尼格等人的观点更符合实际，他们承认议题管理的相对独立功能，同时视之为公共关系的一部分。卡特里普认为，公关的功能主要包括：信息发布（publicity）、广告（advertising）、新闻处理（press-agentry）、公共事务（public affairs）、议题管理（issues management）和游说（lobbying）②。格鲁尼格和亨特则明确提出，议题管理和公共事务一样皆为公关的基本职能。③

第二，在米勒等人看来，议题管理与组织的公共管理、公共政策的制定关联如此紧密，甚至是作为它们的一部分而存在，这已经超出了一般意义上的公关范畴。台湾研究者卜正珉也提出过类似观点：议题管理“本质上是公共关系与公共政策管理两个概念组合而成的”④。为此，一些学者认为议题管理应属于战略管理和战略传播的范畴，而不应屈居于公关之下。

所谓战略管理（strategic management）是指组织因应时势变化，规划、运用适宜的战略、模式和方法进行内部或外部管理，以促进管理效益最大化，“这既是技术也是艺术”⑤。所谓战略传播（strategic communication），即组织为实现特定战略利益，配置各种资源，向目标公众传递信息和意见的过程。“一般而言，战略传播以认知提升、形象塑造、身份建构、态度转变、价值认同、行为转化为战略目标。”⑥ 战略传播服务于战略管理，而议题管理是战略传播的一个重要手段和职能。

当然，也有学者反对这种划分和区分。本书第五章曾介绍，格鲁尼格认为公共关系本质上就是一种战略传播——组织面向战略性公众的沟通管理，以实现特定的战略目标。作为公关的一个重要组成部分，议题管理重要性的提升，恰恰是公关走向组织战略决策中心的一个佐证，而不是与公关分道扬镳。

二、议题管理模式

所谓议题管理模式，是指基于议题的要素、内容、生命周期和应对方案构建的管理机制。此中最重要的是针对议题的生命周期，提出合理的响应或引导方案。关于议题生命周期的划分，代表性的观点如下：

---

① S. H. Chaffee&M. J. Petrick. Using the mass media：communication problems in American society. N. Y：McGraw-Hill，Inc.，1975：102－113.

② S. M. Cutlip，A. H. Center and G. M. Broom. Effective public relations. Englewood Cliffs，N. J.：Prentice-Hall，Inc.，1985：7-17.

③ J. M. Grunig&Todd Hunt. Managing public relation. N. Y.：CBS College Publishing，1984：284.

④ 卜正珉．公共关系——政府公共议题决策管理．台北：扬智文化事业有限公司，2003：5.

⑤ 托马斯·戴伊．理解公共政策．彭勃，等译．北京：华夏出版社，2004：8.

⑥ 毕研韬．战略传播中的媒体运用．新闻战线，2013（10）.

克莱伯（Richard E. Crable）和威伯特（Steven L. Vibbert）按“公众卷入程度”将议题周期区分为特定利益相关者关切（special stakeholder concerned）、一般公众知晓（public awareness）、一般公众关切（public concerned）、一般公众焦虑或恐慌（public worried or panic）、一般公众发起抵制行动（public boycott action）等五个阶段。①

希斯着眼舆论演变与公共政策制定的关系，将议题的发展周期划分为三个阶段：舆论形成期（public opinion formation）、公共政策形成期（public policy formation）和公共政策执行期（public policy implementation）。②

与希斯观点较为接近的是艾文（Raymond P. Ewing），他根据议题的政治属性和立法程序，将议题周期划分为四个阶段：特别期待期（special expectation）、政治发展期（political developments）、立法行动期（legislative）和法规争议期（litigation arguments）。③

海恩思沃斯（Brad E. Hainsworth）主张回到时间轴定义议题周期：起源期（origin stage）、调停或扩大期（mediation and amplification stage）、组织期（organization stage）和解决期（resolution stage）④。吴宜蓁、卜正珉基于海恩思沃斯的观点，提出了更具“本土特色”的五“阶段论”：事件初始期、议题形成期、社会议题期、政策与对策制定期、后续效应与影响期。⑤

议题管理模式的构建必须整合时间轴与响应内容两条主线，前者指向议题的客观发展过程，后者则反映当事主体对议题的主观干预。在时间轴上，我们同意前述“五阶段论”，并将之界定如下：

初始期。议题如蚕中蛹，行将蜕变，唯有敏察大势又见微知著，方可循其行迹、相机而动。

形成期。议题获得了更充分的传播势能和扩散条件，征兆已现，一触即发。

社会对话或曰公共讨论期。议题进入公共舆论空间，多元利益主体展开讨论、辩论，对当事主体形成舆论压力，甚或演化为危机。

政策与法规形成期。议题引发政策变革或立法调整，若未能促成如是改变，将引爆舆论危机，威胁组织的战略目标和战略利益。

持续影响与舆论结晶期。议题余波犹在，甚至反复无常，待舆论势能耗尽，终归尘埃落定。

议题演变处于不同周期，当事主体的管理任务和应对方案亦有所不同。一般而论，议题管理的主要内容包括：

议题识别与界定（issues identification and definition）。即确认议题是否存在、理解其本质，

---

① Richard E. Crable & Steven L. Vibbert. Managing issues and influencing public policy. Public relations review, 1985, 11 (2): 3－16.

② Robert L. Heath. Strategic issues management: how organizations influence and respond to public interests and policies. San Francisco: Jossey－Bass Publishers, 1988: 116.

③ Raymond P. Ewing. Issues management: managing trends through the issues life cycle//Clarke L. Caywood (ed.). The handbook of strategic public relations & integrated communications. N. Y.: McGraw-Hill, 1997.

④ Brad E. Hainsworth. The distribution of advantages and disadvantage. Public relations review, 1990, 16 (1): 33－39.

⑤ 卜正珉. 公共关系——政府公共议题决策管理. 台北：扬智文化事业有限公司，2003：67.

并初步评估其影响。当事主体要定义和解释议题内涵，对议题发生的诱因进行查证和辨别，对议题的真伪、大小、利害做出判断，对利益相关者可能的态度和行为做出预估。

议题监测与分析（monitoring and analysis）。当事主体在此一阶段应回答以下问题：议题的发展趋势如何？媒体、意见领袖和其他利益相关者对议题介入的深度与广度如何？在事实层面，议题反映了何种权力和利益矛盾？在价值层面，议题表征了哪些情感、伦理和信仰冲突？议题干预的可能性有多大以及为此需要付出怎样的代价？

议题管理目标及其优先性设定（mission and priority setting）。基于议题界定和分析，当事主体提出议题管理目标，并对任务和方案的轻重缓急、先后远近进行排序。管理目标及其优先性的确立，决定了议题应对的观念、原则、方法和路径。

议题管理策略的选择与执行（strategy choice and driven）。根据对议题的研判、管理目标及其优先性的设定，采取针对性策略响应和引导议题发展，以期促成改变，规避危机。

政策与法规的形成和修正（litigation or regulation）。基于公共讨论、主动响应和有效引导，与多元利益主体达成共识，调整、优化相关政策和法规。有效的议题管理以及由此带来的观念和体制变革，乃组织创新和社会进步的重要动力。譬如，政治领域的“真理标准问题”大讨论、“姓‘资’姓‘社’问题”大讨论，商业领域的“企业是否应承担社会责任”争论等，皆促成了观念解放和体制革新。

以上五个议题发展阶段、五项议题响应任务，构成了复合型的议题管理模式。复合并不意味着简单的对应关系。譬如议题识别与界定、议题监测与分析，并不局限于议题初始期、形成期，而是贯穿议题管理的全过程。同样，议题管理目标及其优先性设定、议题管理策略的选择与执行，也会因应具体时势而做出调整。具体如图 10－1 所示。[①]

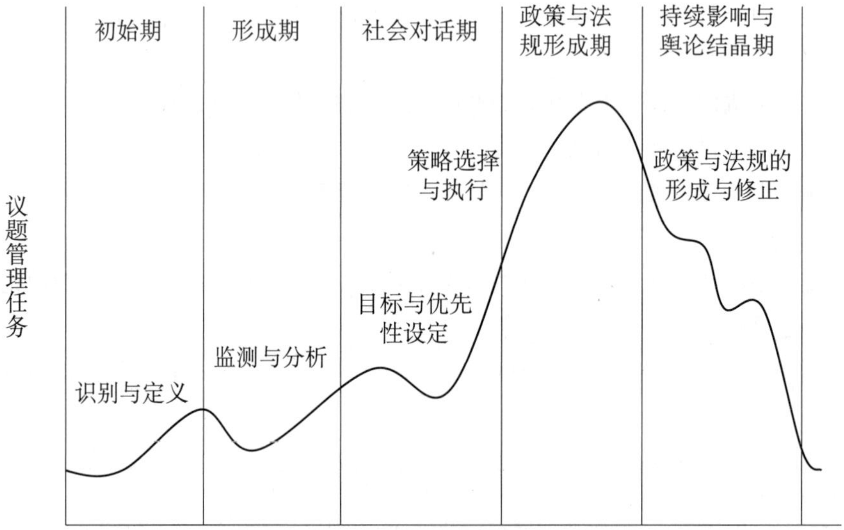

图 10－1 议题生命周期

图 10－1 所示复合模式，大体涵盖了不同时间节点之上的议题管理内容。

① 本图参考了海恩斯沃斯的议题周期图（issues cycle）。

（一）"初始-识别"阶段

议题通常肇始于人际间的传言或谣言，日常交往和社交网络是其主要传播渠道，随后少数媒体可能以简讯、花絮、"据说"方式介入。此时，多数公众尚未注意或者特别关切此事。议题是否会进一步扩大、蔓延，除事件本身的因素外，主要取决于两种力量的变化：是否有更多媒体、特别是主流媒体的积极跟进？是否有意见领袖的关注和介入？

在这一阶段，当事主体有两个策略选择：一是当机立断，掌握话语权，主动澄清那些未经证实的信息，控制、引领议题的发展方向；二是沉着冷静，避免小题大做，以"冷处理"方式淡化议题。二者皆要求当事主体准确识别、定义议题，同时基于有效的倾听和舆情监测做出判断。

（二）"形成-监测"阶段

此时，议题进入公共舆论中心，成为令人瞩目的焦点。由于事件本身错综复杂，或者媒体、意见领袖、利益相关者涉入议题的角度千差万别，舆论场上嘈杂不堪、真伪难辨。同时，议题所指向的"主角"或者关系人也因"持异见者""敌对势力"和"幕后黑手"的蓄意攻击，而不得不"亮相"。

卜正珉认为，议题管理者在这一阶段的理性选择主要包括：一是了解议题发生的诱因、背景，汇集议题相关的人、事、物、时、地等完整资讯。二是了解媒体报道的内容、篇幅、频次、视角和立场，分析媒体行为的动机和趋势。三是了解意见领袖和其他利益相关者的观点、态度和行为，研究他们背后的权力、利益关系。① 同时，当事主体亦应清醒地了解自己，即确认自身的底线和立场。

（三）"对话-目标-策略"阶段

议题走出先前阶段的混沌不明，更多事实、更多意见摆在人们面前。此时，当事主体应尽力避免陷入以下困境：事实讨论和意见竞争沦为立场之争，各方为反对而反对，为对抗而对抗；谣言泛滥，边缘议题——那些与核心议题关联不大或不重要的议题占据注意力资源，并可能引发"次生危机"；触犯众怒或引发舆论的狂欢，透支信任和对话理性；卷入虚耗的、不以达成共识为目的的辩论。

为此，当事主体应确定切实可行的议题管理目标和愿景，积极与各方对话，因应议题事实层面的冲突，也要挺进价值之境，建立信任、培养共识。在对话策略的选择和执行层面，本书第六、七、八、九等章节的相关内容皆可参照应用，不再赘述。

（四）"对策-政策"阶段

议题的逼迫情势达至顶峰，来龙去脉终于显现，各方意见开始汇流和分化，形成若干强势对立的"派别"。此间，议题的发展存在两种可能性：一是各方坚决捍卫自身立场，导致前述

---

① 卜正珉．公共关系——政府公共议题决策管理．台北：扬智文化事业有限公司，2003：92.

的虚耗式对抗或破坏性对决；二是各方回归情、理、法，通过对话谋求问题的解决。

为了引导各方达成后一种可能性，当事主体大抵可以采取如下三种对策：一是与利益相关者有效对话，推动各方基于真相互通、利益互惠、真诚互信和价值共创，寻求认同、共识和承认；二是转移焦点，包括转移议题所涉及的人、事、物，转移责任归属，转换议题的解释框架；三是谋求第三方介入，搭建对话平台，谋求不“破”而“立”或者有“破”有“立”。

（五）“政策-结晶”阶段

经由先前的协商、对话，政策和法规的调整意愿在此一阶段得以落实。舆论会持续关注新政策和法规的出台，倘若各方意见在调整内容中得到适宜反映，那么议题的传播势能耗尽、走向衰退；反之则可能出现舆论反弹，或暂时进入潜伏期，等待特定情境下卷土重来。

当事主体在这一阶段应诚心正意做出“整改”：一是评估、总结此次议题论争的经验和教训，在推出因应外部压力的新政策和法规的同时，于内部改造治理结构，实现观念和制度创新；二是保持冷静头脑，紧密监测议题发展，谨防议题反复，避免再次“在同一地方摔倒”；三是结晶议题论争所激发的价值信念、意义，以实现真正的超越和升华。

落实上述模式，当事主体尚须遵循议题管理的基本原则。1996 年，威尔逊（Laurie Wilson）提出要培育“公关新思维”，这些新思维被他称为“战略性社群合作模式”（strategic cooperative communities model）。该模式的五项主张同样适用于议题管理，并可视为议题管理的基本原则①：

要有长远愿景（long-range vision），把握未来数年、甚至数十年的潜在议题，并预先与目标对象建立关系；

对所处的社群做出承诺（commitment to community），并给社群带来利益；

强调人的重要性（importance of people），重视人的价值与尊严，并信任、敬重部属；

以合作方式解决问题（cooperative approach of problem solving），强调整合团队的智慧和力量；

与所有公众建立关系（building relationships with all their publics），并以平等、互信为准则，让所有人皆能获得满足。

在威尔逊提出上述主张的前一年，班克思提出了检视公关效果（public relations effectiveness）的八项整合性标准，亦对议题管理的目标和原则有启发②：

是否强化了参与者（组织自身、目标对象和其他利益相关者）的自我意识和身份认同（reinforce participants' self-concepts）？

是否确认了参与者的文化认同（affirm participants' cultural identities）？

是否增进了不同利益团体之间的关系（enhance the parties' relationship）？

是否实现了各团体的目标诉求（accomplish the parties' strategic goals）？

---

① Laurie Wilson. Strategic cooperative communities: a synthesis of strategic, issues management and relationship-building approaches in public relations. //Hugh M. Culbertson & Ni Chen (eds.). International public relations: a comparative analysis. Mahwah, N. J.: Lawrence Erlbaum Associates, Publishers, 1996.

② Stephen P. Banks. Multicultural public relations: a social interpretive approach. Thousands Oaks, California: Sage Publications, Inc., 1995.

是否涵盖了沟通的内在特质（embrace the constitutive nature of communication）——譬如达成共识、解决问题，而非仅将沟通视为告知或改变他人态度的工具？

是否适应了特定的沟通语境（recognize the contextual）？

是否接纳利益相关者对议题解释的多样性（accept the diversity of interpretations）？

是否保持开放的观念和开阔的眼界，做好修正、改善自身政策的准备（remain open to re-interpretation）？

威尔逊、班克思皆以更宏大、长远的视角审视公关和议题管理，强调人的价值、社群的利益和文化的多样性。有效的议题管理正应获得这种战略观、系统观，寻找转机、改善自己，并且证明自己的存在以及“我为什么存在”。说到底，议题管理是当事主体响应、介入社会关系网络和价值谱系的过程。

第二节　意见领袖

在议题管理中——实际上是在公关传播、对话的各个方面，意见领袖占据着重要地位。他们扮演着信息中转站、意见放大器、情绪渲染者和关系协调者等多重重要角色。勒庞、李普曼和伯内斯都认为大众存在严重的认知局限，“自己什么决定也做不了”，因而只能投向权威或意见领袖的怀抱。伯内斯说，“如果你可以影响这些领袖，促成他们有意识或无意识的合作，你将会不自觉地影响到他们领导的一群人。而按照大众心理学，实际上人们并不需要通过集会或者街头暴乱而达成事实上的集合。因为人类是天生的群居性动物，一旦他意识到自己属于某个群体，即使拉着窗帘独自在房间内，他的思想依然受其群体影响被打上固有模式的印记”①。

哈贝马斯对公关的批判也反证了这一点，他认为公关的“核心技术”就是通过“与权威结盟”来传递信息、表达意见、操纵符号、策划事件、制造争论和管理议题。②

一、意见领袖与多级传播

大英百科将意见领袖（key opinion leader）定义为：在对某一重要言论或事件的解释上扮演关键角色、能够影响个人选择的人们。③ 维基百科将意见领袖描述为“媒体的频繁使用者，并且将媒体信息与内容解释传达给初级群体。”④ 最早系统研究意见领袖问题的学者是拉扎斯菲尔德——当然，他并非这个名词的发明者。

在拉扎斯菲尔德之前，李普曼曾表达过这样的观点：“在任何组织中，都有一些确立了地位的领导人，他们有着极大的天然优势。他们被认为享有更好的信息资源。他们的办公室里有图书和文件。他们参加重要会议。他们会见重要人物。他们担负着责任。因此，他们更容易受

---

① Edward Bernays. Propaganda. Ig Publishing，2005：73.

② 胡百精，高歌．公共关系的哲学批判与回应．现代传播，2016（6）．

③ 参见 Encyclopedia britannica 2007 ultimate reference suite。

④ 参见 http：//en. wikipedia. org/wiki/Opinion _ leader。

到注意，说话的声调更容易令人信服。”[①] 李普曼对“容易受到注意”和“容易令人信服”的“领导人”的描述，已经刻画了后来意见领袖概念的“原型”。

伯内斯则直接启发了向他“请教公关问题”的拉扎斯菲尔德。[②] 在 1928 年出版的《宣传》一书中，伯内斯以设问的方式提出：“那些人到底是谁？是谁在我们无意识的情况下，给了我们意见，告诉我们谁是最可爱的人，而谁应该被鄙视？是谁告诉我们应当支持哪一项慈善事业，应当欢喜哪一幅图画作品？是谁告诉我们什么样的攻击应当回应，而什么样的笑话我们应当开怀？”[③] 他回答说，每一个群体、每一个社会中都存在特定的意义领袖，正是他们施加了上述影响。

1944 年，拉扎斯菲尔德、贝雷尔森（Bernard Berelson）、高德特（Hazel Gaudet）在《人民的选择》一书中详述了他们有关意见领袖的研究成果。在全面追踪伊利县选民投票行为的过程中（600 个选民样本，7 次跟进式调查），拉扎斯菲尔德等人发现只有不足十分之一的人因媒体报道而改变了自己的决定，大多数人则在事前就拿定了主意。原本打算为媒体“强大效果”搜集证据的拉扎斯菲尔德，却意外地发现了“有限效果论”的两组重要假设：

一是既有倾向与选择性接触。人们在面对事物、议题时，总是抱持特定的先在倾向，因此只会选择性地接触大众传播内容；在接触过程中，人们更愿意根据习惯和需求理解部分或者全部内容；对于理解的内容，人们则有意无意地选择性记忆或者遗忘。那么，除去个人自我因素，是谁在影响人们的既有倾向和选择性过程？

二是二级传播与意见领袖。拉扎斯菲尔德等人根据调查结果提出，“大众传播媒介并没有直接左右选民投票意向，在说服公众改变态度方面，大众传播甚至还不如人际传播”[④]。而在人际网络中，总是有少数人在向多数人施加影响，甚至能够左右多数人的选择，他们就是意见领袖。

“观点经常由媒体流向意见领袖，再经过意见领袖的过滤和加工，水平流向不太活跃的人群”[⑤]。这就形成了“大众传播→意见领袖→一般受众”的二级传播过程。如图 10-2 所示[⑥]：

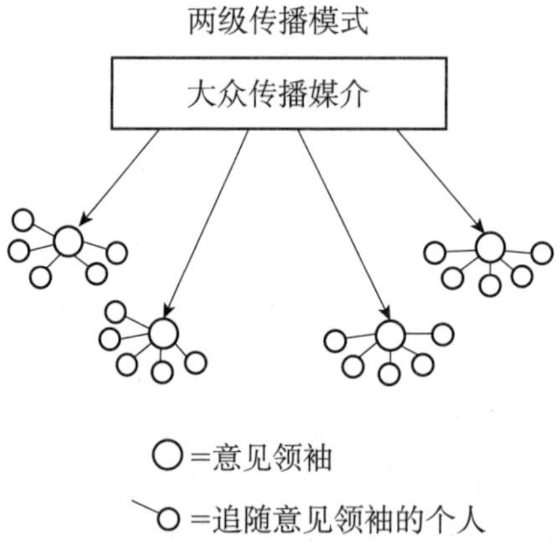

图 10-2　二级传播模式

---

① 沃尔特·李普曼．公众舆论．阎克文，江红，译．上海：上海世纪出版集团，2006.

② 相关细节参见埃弗里特·罗杰斯．传播学史．殷晓蓉，译．上海：上海译文出版社，2005：253。

③ Edward Bernays. Propaganda. Ig Publishing，2005：59.

④ 郭庆光．传播学教程．北京：中国人民大学出版社，1999：197.

⑤ Michael R. Solomon. Consumer behavior. 2nd edition. Boston：Allyn and Bacon，1994：385.

⑥ E. Katz & P. Lazarsfeld. Personal influence. New York：The Free Press，1955.

1955年，拉扎斯菲尔德、E. 卡兹基于“迪凯特研究”出版了《个人影响》一书，以“升级意见领袖假设”。这项研究最早酝酿于1942年，三年后调查正式启动，旨在考察意见领袖对其周围人群日常生活决策的影响。调查以迪凯特地区的800名女性为样本，了解她们在消费、时尚、公共事务和看电影等四个领域如何受到意见领袖的干预及其效果。卡兹后来回忆说，要让意见领袖理论站住脚，必须回答三个问题：他是谁（who one is）、他知道什么（what one knows）、他认识谁（whom one knows）。[①] 该研究得出了如下结论：

一是从人口的生命周期（life circle）看，女孩、大家庭的主妇、老年妇女在市场消费、流行时尚和电影选择中往往扮演意见领袖角色；

二是从社会经济地位上看，置身较高社会阶层的人对公共事务和流行时尚的影响力较大；

三是从社会交往、联系上看，“合群性指数”（index of gregariousness）较高的人总是能够左右女性对市场消费、流行时尚和公共事务的态度和选择。[②]

拉扎斯菲尔德和卡兹总结说，社会诸领域都皆存在意见领袖；当人们关切某些特定问题时，常常无意识地寻求并听从他们的意见；意见领袖所处的生命周期、社会经济地位和社会关系网络各不相同，但对追随者的信息传递、意义赋予和决策影响却是一致的。[③]

在20世纪五六十年代拉扎斯菲尔德重返他的社会学和行为科学领域后，卡兹和更多的学者一道将意见领袖研究推向深入。概括而言，持续大半个世纪的意见领袖研究大抵解决了如下五个问题：

（一）意见领袖比群体其他成员更接近“高质信源”（high quality source of infomation）?

早在“伊利调查”时期，拉扎斯菲尔德等人即已注意到意见领袖和一般群体成员在媒体使用习惯（media habit）上的差异。他们提出，意见领袖较之他人对报刊和广播的接触频度更高、投入精力更大。及至电视渐趋普及，金顿（John Kington）、罗宾逊（John Robinson）等人通过研究发现，意见领袖并不特别倚重电视媒体，至少在电视接触频度方面与一般群体成员相差不大。[④]

1976年，列维（Mark Levy）放弃对电视接触频度差异的考察，转而关心意见领袖对电视信息内容的反应，发现他们更关注电视对政治事件的报道，并且经常表达对电视新闻内容的不满。[⑤] 一些学者的后续研究也证实，意见领袖对信源和信息往往更挑剔，更愿意接触那些高质、可靠的信息源。譬如，罗赫（C. H. Roch）在有关纽约市家长为孩子择校问题的研究中发现，除大众媒体外，意见领袖大量接触校方发放的简章和手册，“因为它们更直接、更准确”[⑥]。

---

① Elihu Kaze. The two-step flow of communication：an up-to-date report on an hypothesis. Public opinion quarterly，1957，21（1）：73.

② E. Kaze&P. Lazarsfeld. Personal influence. New York：Free Press，1955.

③ 希伦·A. 洛厄里，梅尔文·L. 德弗勒等．大众传播效果研究的里程碑．刘海龙，等译．北京：中国人民大学出版社，2009.

④ John Robinson. Interpersonal influence in election campaigns：two-step flow hypothesis. Public opinion quarterly，1976，6（3）：155－167；John Kington. Opinion leaders in the electorate. Public opinion quarterly，1970，42（3）：256－261.

⑤ Mark Levy. Opinion leadership and television news Use. Public opinion quarterly，1978，42（3）：402－416.

⑥ Christine H. Roch. The dual roots of opinion leadership. The journal of politics，2005，67（1）：110－131.

（二）意见领袖在群体内的活跃度（activity）较之其他成员更高？

1982年，魏曼（Gabriel Weimann）提出“强关联”（strong ties）和“弱关联”（weak ties）两个概念来描述意见领袖与群体的互动关系。在魏曼看来，拉扎斯菲尔德等人的研究聚焦于“强关联”——譬如关系紧密的家庭和朋友圈子，因此意见领袖被确认为群体中活跃度较高的少数权威者；而“弱关联”——譬如在宽泛、松散的市民空间，意见领袖与群体的互动关系则被忽略了。

魏曼发现，在市民空间的信息流动中，经常存在大量“留白”，正是这些“留白”为意见领袖输出信息和观点、发挥自身影响力提供了极大可能性。意见领袖不但积极接触媒体信源，而且广泛开辟人际渠道，在“东奔西走”中实现信息扩散、关系建构和自我满足。①

魏曼的“留白”概念填充了拉扎斯菲尔德理论的“留白”，它不但证明了意见领袖的广布性，而且深入意见领袖的人格机制解释其活跃度。自魏曼始，一批学者开始投入到意见领袖的个性研究。陈（Kenny chan）和米斯拉（Shekhar Misra）提出，意见领袖大多高度自信，有强烈的自我实现欲望，希望自己卓尔不群、普济众生，并且愿意承受批评。② 为此，意见领袖总是处于高度活跃状态，积极查证特定议题、事件的来龙去脉，力求做到对此无所不知，以赢得群体的承认、尊重和信服。

（三）意见领袖比群体其他成员拥有更高的政治、公共事务和社会议题参与度（be involved in politics, public affairs and social issues）？

1982年，布莱克（Joan Black）提出要超越个人性格和人际网络研究意见领袖的“公共性”问题，强调在人口和社会整体（the population and society as a whole）中考察意见领袖的特征和属性。③ 同样在实证研究的基础上，布莱克发现意见领袖明显比一般群体成员拥有更高的政治和公共事务参与热情。他们总是持有公共的和私人的两种关心，并试图把它们对应起来。一旦这种对应得以实现，意见领袖所谋求的自身在社会关系网络中的“结点”和“枢纽”地位便也得到巩固。

韩正荣、喻国明在描述意见领袖特征时，也曾论及其“公共关心”与“公共参与”问题：“他一定是公共利益的代言人，如果从其基本特征来看，舆论领袖一般对于社会实践当中所发生的一些问题眼光比较敏锐，而且不但有这种敏锐，同时还有某种独到的分析能力，他能够意识到这个问题，而且把这个问题进行某种解析，然后能进行表达，而这群人在人格力量方面又能够维系他说话的权威性和地位。”④

---

① Gabriel Weimann. On the importance of marginality: one more step into the two-step flow of communication. American social review, 1982, 47 (6): 764 - 773.

② Kenny Chan & Shekhar Misra. Characteristics of the opinion leader: a new dimension, Journal of advertising, 1990, 19 (Summer): 53.

③ Joan Black. Opinion leaders: is anyone following? . Public opinion quarterly, 1982, 46 (2): 169 - 176.

④ 韩正荣，喻国明．关于舆论领袖的素描．新闻知识，2005 (6)．

（四）意见领袖是一种社会资本（social capital）或者压力团体（pressure group）?

1999年，布尔特（Ronald Burt）进一步拓展布莱克有关意见领袖“公共参与”的观点，提出意见领袖实质上是一种社会资本，弥合社会系统的结构性漏洞（structural holes）。

布尔特认为，任何社会都因地域、文化、传统和利益问题被切割为无数子系统、亚群体，而意见领袖不但对维系本群体的共识和稳定发挥作用，还能够跨越不同群体之间的结构性断裂、漏洞，进而将之整合为更大的、稳定的整体。布尔特的论据是，“数百项有关意见领袖的研究都表明，正是意见领袖推动着本群体与其之外的社会成员发生联系，因此他们是一种了不起的社会资本”①。

当布尔特将意见领袖的角色“抬升”至社会资本时，人们也意识到这一角色的另一属性——压力团体。在复杂、多变的社会现实中，赢得意见领袖进而赢得他的追随者固然是社会控制的良策，然而意见领袖的个人特质和社会角色决定了他往往是群体中最难以说服的对象。不仅如此，意见领袖还会代表、动员群体发起抗争，从而对特定组织形成压力。

班克思、希斯等认为，意见领袖一旦走向组织的反面，就会加剧布尔克所说的“结构性断裂”：他们会莫名地不满（vague discontent），会全力投入群体动员（enthusiastic mobilization），并且可能将特定议题政治化（politicization）。②

（五）基于以上四点，意见领袖是群体中的超级代表（super representative）或者特殊阶级（particular class）?

拉扎斯菲尔德等人早就指出，意见领袖是“群体中人”，并无明显的外在于群体的特征，也正因为如此才具备“天然的”接近性和可信性。“任何人都有可能成为意见领袖，意见领袖角色随具体时势和议题而改变。”③ 意见领袖一旦脱离群体，也就失去了影响、引领群体的资格和能力。后续研究也证实了这一点——意见领袖虽有其特殊气质和能力，但归根到底是“群体中人”，而非所谓“超级代表”或者“特殊阶级”。

譬如，官方习惯从民间遴选“先进”和“典型”以为道德示范，却总是不谨慎地将之“拔高”至无以攀附的“非人”之境，纵使“意见”朗朗，“领袖”之光却黯淡无存。

那些置身特定群体之外、拥有独立话语资格的少数权威者——诸如专家学者、宗教领袖、NGO负责人是否也可以被指称为意见领袖？在他们身上，似乎存在一个悖论：能够影响群体的态度和选择，而又不在群体之中。

布莱克、雅克比、希斯等人认为，从社会角色的归属上看，专家学者等介于支配阶级和社会大众之间，他们的独立身份并非静止不变，可以充当前者的旗手，也可以被后者纳入“我们”的阵营。从利益和价值关系上看，在一个健全社会，专家学者等是公共利益的“在场者”，

---

① Ronald Burt. The social capital of opinion leaders. Annals，AAapss 566（November 1999）：37－54.

② R. L. Heath. Strategic issues management：organizations and public policy challenges. California：Sage Publications，Inc.，1997：64.

③ Elihu Katz & Paul F. Lazarsfeld. Personal influence. New York：Free Press，1955：30.

是社会良心和大众共同体的“智识力量”，而非置身社会群体之外。因此，作为“超级代表”和“特殊阶级”的专家学者等实质上扮演着公共意见领袖的角色。

二、意见领袖的作用机制

以上考察了半个多世纪以来意见领袖理论的流变，它们全部围绕两个问题展开：意见领袖是否存在？谁是意见领袖？接下来，我们需要解决另外一个问题：意见领袖如何在社会关系网络中发挥作用？

拉扎斯菲尔德相信媒体信息经过意见领袖的二次或多次扩散抵达受众，形成了大众媒体影响意见领袖、意见领袖影响一般受众的多级、单向模式。至于意见领袖的作用原理，拉扎斯菲尔德通过论述人际传播的特性加以解释：

无目的性/偶然性（non-purposiveness/casualness）。人们总是出于特定目的收看电视上的政治演说，而面对面发生的政治对话则具有偶然性，人们并非有备而来，因而能够轻松、自愿地加入对话。

消除抵抗的弹性（flexibility to counter resistance）。在人际对话中，人们总是有机会来消除误解，克服听者的心理抵制，而大众媒体则缺少这种弹性。

信任（trust）。在人际交往中，人们可以根据既往经验、现实预期，甚至肢体语言来判断对方是否真诚，而大众媒体如报纸或广播不能提供这些暗示。

忠诚度（persuasion without conviction）。大众媒体经常要靠观点来说服或改变受众的看法，但在人际传播中，即使受众对某事并不了解，信任或忠诚也会直接导致行动。

1962年，罗杰斯和休梅克（F. F. Shoemaker）出版了《创新的扩散》一书，将“创新-扩散”过程划分为五个显在环节：知晓（awareness）、兴趣（interest）、评价（evaluation）、试用（trial）和采纳（adoption）。罗杰斯和休梅克提出，大众媒体主要在“知晓”与“兴趣”环节上起作用，而其余环节则由人际影响主导。

他们进一步将创新扩散的受众分为五类：创新者（innovator）、早期采用者（early adopters）、早期大众（early majority）、晚期大众（late majority）和落后者（laggards），并认为正是少数创新者像滚雪球一样推动“创新-扩散”的发生。显然，罗杰斯和休梅克印证、细化了拉扎斯菲尔德的意见领袖假设。

“创新-扩散”理论描绘了这样一幅人际交往图景：人与人的关系复杂如同密集的蛛网，意见领袖立于“网”的中心；从大众媒体（或者其他信源）接受初始信息后，他们转身面向自己辐射的“圆”，将其理解后的信息传递给半径所及的追随者；周边的人也许刚好是另一些“网”的中心，他们再一次转身，信息由此实现多级扩散。具体如图10-3所示：

罗杰斯和休梅克并不满足于“创新-扩散”过程的观察，而是试图深入解析信息流动的内在结构。他们提出了信息流（information flow）和影响流（influence flow）两个假设，前者是指事实信息的传递过程，它的作用在于告知人们发生了什么；后者是指效果、影响形成和发散的过程，它的作用在于告知人们应该怎么办。信息流可以是“一级”的，即由传者直接流向受者；而“影响流”则是多级的，意见要在横向与纵向的多元、反复建构中形成。

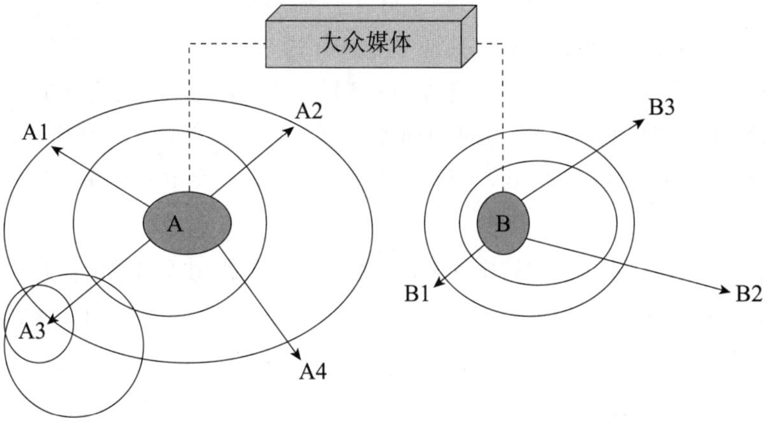

图 10－3　“创新-扩散”理论描绘的人际交往图景

1960 年代中期以后，在罗杰斯和休梅克的启发下，意见领袖研究沿着结构性路径持续推进。1965 年前后，特罗达尔（V. C. Troldahl）和范・达姆（R. V. Dam）在有关暗杀肯尼迪、公民权、总统候选人、古巴限水事件等四个公共议题的专门研究中，提出了关键意见领袖（key opinion leader）、意见寻求者（the opinion seeker）、意见躲避者（the opinion avoider）等一系列概念。①

这些概念进一步证实了早期拉扎斯菲尔德的结论，但特罗达尔和范・达姆认为，“所不同的是，我们发现两级传播的说法在多数情况下并不准确，拉扎斯菲尔德只注意到了单向度的信息流”。在特罗达尔和范・达姆看来，意见领袖在群体中的信息扩散实际上是“在相同议题背景下进行的对话，目的是为了事实确认与意见分享”②。因此，意见领袖与群体一般成员之间存在多级、互动关系，信息扩散的路径应当是双向的。如图 10－4 所示：

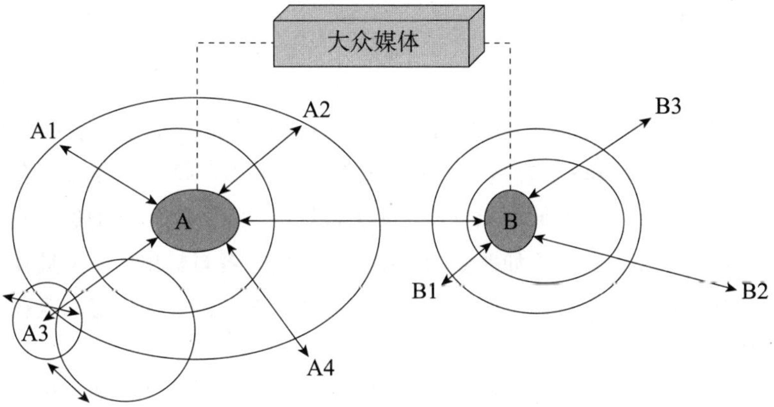

图 10－4　意见领袖与群体一般成员之间信息扩散的路径

① Charles R. Wright，Muriel Cantor. The opinion seeker and avoider：steps beyond the opinion leader concept. The pacific sociological review，1967，10（1）：33－43.

② Verling C. Troldahl，Robert Van Dam. Face-to-face communication about major topics in the news. The public opinion quarterly，1965－1966，29（4）：626－634.

从拉扎斯菲尔德和E. 卡兹到罗杰斯和休梅克，再到特罗达尔和范·达姆，从“两级、单向”范式到“多级、双向”范式，有关意见领袖作用原理的理论建构已近乎“圆满”。但是，这些先行者和他们的范式存在一个共同指向——解析意见领袖与其所在群体的互动机制，而相对忽视了大众媒体（或其他信源）、意见领袖和一般受众三者之间文本结构的转换。换言之，这些经典研究更关心交往过程和方式，而媒体文本、意见领袖文本和一般受众文本之间的交互建构则未受到足够重视。

有鉴于此，我们有必要从文本转换的角度对意见领袖的作用机制做出补充探讨。从文本建构上看，意见领袖的作用主要表现为在文本符号、文本意义、文本属性和文本流向等四个层面实现的转换：

（一）符号系统的转换

每一种传播形态都有与其属性相匹配的符号系统。在大众传播中，报刊利用文字、图片等符号传递信息；广播属于声音的媒介；电视则声像、图文并举；而互联网综合了大众传播、人际传播的各种符号，但又不可取代面对面的直接交流。

意见领袖与一般群体成员有着大体相同的生活经验和文化背景，有着共享的交流符号系统。在获取媒体和其他传者的信息后，意见领袖会通过群体中最便捷、最熟悉、最易达成理解的符号扩散信息。这些符号可能是会议现场的交头接耳，也可能是街头偶遇时的品头论足，还可能是人际间的眼神、手势、身体动作等姿态语言以及说话的具体腔调。

譬如，无论一个政客在演讲台上如何义正词严、雄辩滔滔，意见领袖只需于人群中回头“撇撇嘴”以示否定，政客纵使口吐莲花，亦不过枉然。这些人际间的直接互动符号，在强化或者消解沟通的有效性方面远非大众传播和组织传播所能企及。

（二）意义系统的转换

“李普曼强烈地感受到，人民的思想是不可穿透的：民众的非理性既有可塑性，又有顽固不变的性质。”[①] 拉扎斯菲尔德等人的先在倾向假说从人际维度呼应了李普曼当年的“强烈感受”：一方面，每一个传者都试图表达自身的意义；另一方面，每一个受者都存在预设的立场和偏好。那些与对话任一方先在倾向相反或者相去甚远的意义，都可能遭遇隔离、“免疫”、误读和反抗。就此而论，相遇的人恰如并立的堡垒或者闸门，各自输出的意义即使能够汇流，也会激起骇人的旋涡。麦奎尔也提出“媒介信息总是开放、多义的，而信息的诠释则根据语境和受者的文化而定”[②]。

意见领袖居于传者与受者意义旋涡的中心。他们总是能够获取比一般群体成员更多的传者信息——进行更深入的理解和更全面的评价；同时，他们也能够掌握比传者更多的群体信息——传者如果能对意见领袖善加利用，那么与群体有效对话便会实现。正是意见领袖的这一“中转”机制，使传者意义与受者意义汇流的广度和深度得以拓展。当“你”“我”之间的意义

---

① 约翰·杜海姆·彼得斯．交流的无奈——传播思想史．何道宽，译．北京：华夏出版社，2003：10.

② 丹尼斯·麦奎尔．麦奎尔大众传播理论．4版．崔保国，李琨，译．北京：清华大学出版社，2006：48.

不可避免地出现“断裂”和“留白”时，是“他”的意义在发挥黏合作用。

（三）信息属性的转换

如前所述，罗杰斯将事实信息和意见信息的流动过程，抽象为信息流和影响流两个假设；传者经由大众媒体发出的事实信息可以直接呈现给受者，而评价性的意见信息则要经历多级、复杂的建构。对传者而言，意见信息的传输实质上面临着被遗忘、排拒、颠覆的风险。

在 1980 年代后的相关研究中，曾有学者提出“作为媒体的意见领袖”（opinion leader as media）概念，认为意见领袖是传播系统中“创造性的‘补强’媒体”。他们会重复和强调群体成员已知的信息，补充未知信息；他们当然不会满足于此，而总是用自己的意见影响群体成员，群体成员也乐于从他们那里寻求意见。因此，意见领袖的“补强”不是对媒体信息的简单延续，而是达成“事实”与“意见”的转换；不是对传者信息的全盘接受或否定，而是形成自己的意见再通过人际方式扩散给他人。

（四）传播流向的转换

报刊、广播、电视等大众媒体一直因其单向性而遭人诟病，新兴的网络媒体也只是提供了双向互动的技术可能性。像伯内斯这样的宣传家早就预言，无论技术怎样改天换地，真正能与传者对话、交流的永远只是少数人。

意见领袖正是实现上下、内外传通的双向、少数“把关人”。他们一方面对传者和媒体信息进行选择、判断和演绎，而后传达给所在群体；一方面对群体意见进行汇总、归纳和补充，而后反映给传者和媒体。这意味着意见领袖存在一种特殊潜质：实现单向传播向双向互动的转换。即使在网络新媒体上，传者也不可能面对所有人进行“点对点”沟通，找到意见领袖仍然是一条现实出路。

事实上，意见领袖未必通过表达某种明确的观点来影响群体成员，而是借由提供解释框架引导人们的认知、态度和行为。1974 年，戈夫曼提出了社会信息产制和传播过程中的“框架”（frame）概念。经由吉特林（Todd Gitlin）、明斯基（Marvin Minsky）、加姆桑（W. A. Gamson）、麦库姆斯等人的发展，“框架”概念在 1980 年代以后被广泛应用到传播和公关研究之中。

按照戈夫曼的定义，框架是符号交往论中的一个变量，是诠释的基模（schema），即理解社会行为、处理交往事务的一套原则。人们借由特定框架赋予情境以意义，因此框架实际上是人们对事件、资讯、议题的设定、感知、辨识和标示。而所谓基模，是指人类认知的心理结构，它决定人们“看到”什么、“忽视”什么，进而影响理解、记忆、解读和评价。①

从框架理论出发，“社会真实”自在人间，但“媒体议程”无以出之。吉特林在研究哥伦比亚广播公司（CBS）对学生运动的报道时指出，媒体总是选择特定框架呈现学生运动，诸如琐碎化、极端化、边缘化，强调学生内部歧见，贬抑游行规模及其影响力等。乔姆斯基等人在

---

① Erving Goffman. Frame analysis：an essay on the orgnization of experience. Cambridge，MA：Harvard University Press，1974.

研究美国媒体对尼加拉瓜的报道时发现，媒体并非反映真实之镜，而是依照特定原则、规范和“框架”，将原始素材建构成可用的新闻。

随后，研究者们发现了“更大的真相”，除了媒体拥有自己的“框架”外，消息来源、意见领袖也拥有强大的、层层叠叠的“筛子”。台湾学者林元辉举例说[①]，一位出自台南眷村、家境小康、个人支持亲民党的25岁外省女同性恋者，若是当了记者或意见领袖，她所传所播的信息，至少存在南部人士、眷村子弟、小康人家、亲民党员、外省后代、年轻女性、同性恋者等多级框架。“这么多框框，直如筛子”。

如此看来，框架是意义建构的依据、模版、原型和范式。消息来源或意见领袖将欲输出的意义框架化，“框现”了一些事实，同时也“框限”了另一些事实。“一系列的主流价值、信仰、仪式和制度过程，在精心的议题管理中系统、协调地运作，以为某些人的利益服务”[②]。

第三节　人际网络

对公关而言，大众传播和人际传播本是同等重要的沟通管理与关系管理手段。但是，至少有两个原因导致公关学界一直对人际传播和人际关系网络研究重视不足：一是现代公关是伴随大众传播的进步而发展起来的，大众传播在20世纪显示了惊人的力量，并因此成为公关最为倚重的传播手段；二是20世纪中后期大众传播理论的成熟亦吸引了公关学界的目光，对大众传播研究成果的借鉴和引渡压倒了对人际传播问题的自主自觉研究。

人际传播是人类所有传播形态及其发生过程的起点和落点。大众传播的信息采集、加工和处理皆源自人际对话，而信息的最终去处也在人际和群体之间。前述议题管理和意见领袖的作用机制也只有落地于人际网络才可能产生实效。

从传播技术变革的趋向看，每一种“革命性”技术的登场都颠覆人类对话的时空观，并于此中实现“人的延伸”。报刊延伸了人的眼睛，广播“拉长”了人的耳朵，电视整体上拓展了人的视听系统，互联网则创造了“无远弗届”的实时交流空间。这一技术演变进程也存在另一个趋势：广播较之报刊、电视较之广播更接近社会生活的原初图景，互联网则进一步重返人际沟通和日常生活。在媒介融合大势下，大众传播已经难以漂浮于人际网络之外而单独发挥影响。

一、重返芝加哥学派

在传播学的研究传统中，特别是在中国大陆传播学的话语体系内，拉斯维尔、拉扎斯菲尔德、卢因、霍夫兰被尊奉为传播学“四大奠基人”。这一“定论”来自施拉姆，却遭到罗杰斯等人的质疑：“所谓传播学四位奠基人的说法将传播学的侧重点压缩成一种个人主义的、短期

① 翁秀琪．台湾传播学的想像（上）．台北：巨流图书有限公司，2005：73.

② 托马斯·戴伊．理解公共政策．北京：华夏出版社，2004：32-33.

效果的样式。因此，他们关闭了许多刚刚被学者们打开的领域。”①

罗杰斯所称的“学者们刚刚打开的领域”，是指芝加哥社会学派开创的传播研究领域。正是芝加哥大学社会学系的一群先锋分子，最早系统地阐释了传播尤其是人际传播在历史、社会中的基础性作用。“对于芝加哥社会学家来说，传播是一个基本的人类过程”，“传播是人类关系的本质”②。

1892年，芝加哥大学建立，来自耶鲁的古典语言学博士哈珀（W. R. Happer）被任命为校长。这位35岁的年轻校长主要做了两件事：一是走进洛克菲勒的办公室说：我们来祈祷吧！然后拿走洛克菲勒的大笔捐助。二是招募了一批富有远见和潜质的顶尖学术精英。在哈珀最初看中的13名候选人中，有一人叫斯莫尔（A. W. Small），他组建了芝大社会学系。

斯莫尔的理想是把兴起于德国的社会学引渡至美国，他在1905年创办了美国第一本社会学刊物——《美国社会学学报》，系统介绍了德国社会学的研究成果。其中，德国社会学开创者之一西梅尔（Georg Simmel）成为芝加哥社会学系最重要的思想来源。与涂尔干不同，西梅尔更重视微观、局部甚至琐细的社会结构和社会生活，更关心在难以把握的、令人目眩的整体“声色社会”中，个人的处境及其互动关系。西梅尔的理论主张多与传播问题有关：

一是社会作为社会学的核心概念，是由个体之间的沟通、传播所构成的；二是人际传播及其对社会距离、社会关系的设定，是社会运行的基本过程；三是传播乃人之为人的基本需要，诸如建立友情和关系，实现占有和侵略，适应快速拼接、变动不居的社会景象（the rapid telescoping of changing images），解释瞬间即至、不期而遇的外部刺激（pronounced differences within what is grasped in a glance，and the unexpectedness of violent stimuli）；四是传播随时间变化而沉淀为持久、稳定的文化、规范和社会结构。③此外，西梅尔的很多观点在今天的人际传播与人际关系研究中，仍然被视为至理名言，譬如“感激是人际关系和社会行为的基础，是人类的道德记忆”④。

西梅尔唤起了芝加哥社会学派对传播问题的重视。杜威、米德（G. H. Meader）、库利（C. H. Cooley）和帕克（R. E. Park）皆将传播问题置于社会学理论研究的中心。芝加哥学派璀璨的大师团，洋溢着至今令人艳羡的共同气质：良好教育、敏锐头脑和精英意识，使他们抱持强烈的社会改良冲动；年龄相仿（以下介绍诸位，皆出生在1859—1864年间）、出身小城市的生活经历，使他们无限怀念安稳、和谐的乡村时光，认为“城市化”社会应当承袭而非弃绝乡村精神；新教主义背景、信仰和情绪，使他们怀有普遍、温和的道德立场，关注个体、陌生人、边缘人和共同体的命运。当然，他们更大的共同之处在于，皆将传播问题特别是人际传播问题置于社会学思想的中心。

（一）沟通、社会与共同体

在芝加哥学派的代表人物中，杜威最为年长。在芝加哥大学期间，他提出了对传播问题的

---

① E. M. 罗杰斯．传播学史——一种传记式的方法．殷晓蓉，译．上海：上海译文出版社，2005：170.

② E. M. 罗杰斯．传播学史——一种传记式的方法．殷晓蓉，译．上海：上海译文出版社，2005：171.

③ Georg Simmel. On individuality and social forms. Chicago：University of Chicago，1971：325.

④ Georg Simmel. Faithfulness and gratitude//Aafke Komter，ed.. The gift：an interdisciplinary perspective. Amsterdam：Amsterdam University Press，1996：45.

核心主张：社会因传播而存在。杜威拒绝宽泛地谈论传播，他认为传播指向了人与人的关系，它的根本机制不能也不应该为技术所替代。具体而言，杜威对“蒸汽和电创造的宏大社会”非常不满，因为它带来了人与人的疏离和分裂，“不是一个共同体”。他开出的药方是，把人从技术生成的社会遮蔽中解放出来，而传播是重建共同体的基本途径。“传播才能造就一个社会共同体。”① 杜威的这一思想于当今时代依旧闪耀着智慧的光芒：政府、企业或者其他社会组织单纯依靠或者过度倚重技术化、制度化的大众传播，难以与利益相关者建立和维系价值共同体。

杜威不是只关心“大问题”的哲学家，他曾专门投入到当时盛行的“S（刺激）-R（反应）”模式研究中来。这一来自动物实验的行为主义心理学模式，受到了早期传播研究者的高度重视。人们相信，传者发出的刺激信息，必定促成受众的某种反应。杜威怀疑这种乐观的传播效果论，在《心理学中的反射弧概念》一文中，他宣告“S-R”模式是靠不住的：人具有社会性，在接受刺激的同时也解释刺激，而后才做出反应；解释意味着创造意义，这些意义来自个体，也来自个体与他者的互动。

（二）自我、心灵与社会

1894 年，在杜威的邀请下，米德从密歇根大学迁往芝加哥大学。同 20 几岁即博得学名的杜威相比，米德的辉煌时代来得太迟——他最重要的著述和成果主要是在逝世后由学生整理、发表的，连“符号互动论”这个理论命名也是学生加上去的。

米德的理论也始自对本能心理学的批判。他认为除生物有机体的一般性反应外，人还会创造和使用有意义的符号。符号互动使人和动物发生分化：动物只能以无意义的姿态——信号进行互动，而人则通过超越信号的符号彼此交往，特别是发展出了复杂、精致的符号系统——语言。

米德的学生布鲁默在解释老师的观点时说，符号互动是人类交往的独特属性，即人们不仅对彼此的行动做出反应，还理解或“确定”彼此的行动，这等于“在人类行动的刺激与反应之间插进了一个解释过程”②。实际上，米德和布鲁默揭示了人类传播的一个基本机制：无论传者怎样规划和实施“刺激”，都无法逾越或者避开受者的解释，尤其是人际间的符号互动乃是一个极其复杂的过程。这对后来的大众传播研究具有重要的警醒作用：传播效果的形成远非大众媒体广泛、同质化的信息覆盖那么简单。

米德强调，如果符号和意义不能被分享和理解，那么互动就只能维持在较低水平，而在较高层次则遭遇断裂；如果每人都视自己为特殊的个体，那么百分百的沟通是不可能的。

米德的另一个贡献是发现“自我”，但是在“符号互动”思想的指引下，他并不打算在个体之内寻找“自我”的轨迹。在《自我、心灵与社会》一书中，米德将“自我”区分为“主我”和“客我”，前者被定义为个体要对他者做出反应的冲动性趋势；后者则是他者在个体之内形成的投射。

---

① John Dewey. The public and its problems. Chicago：Swallow Press，1927：27.

② 伊恩·罗伯逊．社会学（上）．北京：商务印书馆，1990：178.

在米德看来，不存在天生完美的“自我”，也无法对之进行本能的塑造，“自我”是在与他者的互动中构建出来的。个体在靠近他者、被他者投射的过程中分享符号、解释意义，并将之内在化。如此，“自我”的本质是反省，是将自己作为思考和评价的对象，而标准则来自许多他者对自己的平均期望。米德将“自我”的形成划分为三个阶段：

一是模仿阶段，即个体尝试扮演他者角色（role taking），通过“换位”考察别人对自己的期待。

二是游戏阶段，游戏的参与者可以“扮演”多个他者角色，并且把不同角色组织成为一个更大的整体。同时，参与者必须遵守游戏规则，将自己与周围人联系起来，从而步入最初的社会单位，逐步建立“自我”的个性和价值。

三是普遍化的他者（the generalized other）阶段，即超越与特定人、群体的联系，按照一般的、普遍的尺度和期待来调控自己的意识和行为。这些非人格化的一般尺度和期待，实际上就是一个群体、一个社会共通的规范和标准。至此，“自我”融入社会，社会体现“自我”，“主我”“客我”各得其所。

（三）“镜中我”与初级群体

根据罗杰斯的说法，库利和米德一样腼腆，但不至于像后者那样“腼腆到生前不表达自己的思想”。库利深受杜威影响，相信传播能够恢复现代社会的“共同体感”，他同时看好大众传播和人际互动两种力量，并因此将二者联系起来进行考察。非常遗憾，20世纪四五十年代的传播学“四位奠基人”或多或少地忽略了库利两头兼顾的研究取向，而独厚大众传播。

在人际传播研究方面，库利贡献了两个著名概念：“镜中我”（the looking-glass self）和“初级群体”。库利认为，人在与他者的交往中获得“自我”概念，同时也不断把“自我”延伸到各种群体中去。他人对我是面镜子，我对他人也是面镜子。那些维系人类整体的“共同的东西”，正是在彼此映照中得以产生、凝聚和积淀。据此，库利将传播定义为：“人类关系赖以存在和发展的手段，即头脑中的所有符号穿越空间进行传递和在时间中进行保存的手段。”①

所谓初级群体，库利认为主要包括家庭、儿童游戏伙伴、邻里和社区。在这些初级群体中，人们通过直接、真诚、人性化的方式进行交往，了解群体规范和共同利益，培育友谊、同情心和整体信念。即使遭遇竞争、冲突和对立，人们也会因为“镜中之我”和彼此相连的人性而优先考虑群体理想、目标和利益。由此，个人主义的烈马，无论怎样狂野，都奔跑在群体共识的边界之内。

库利把“初级群体”称为“人性的托儿所”。与米德相呼应，库利认为“人性并非生而有之，人在交往中获得人性，又因孤立而失去人性”②。20世纪六七十年代，传播批判学派惊呼，大众传播将人切割为分散、脆弱、孤独的原子，人性遭遇文化工业的支配和践踏，但是未能提出改革的良方。现在看来，库利早已指明方向：重建稳定的初级群体，恢复靠着美德维系的人

---

① 丹尼尔·杰·切特罗姆．传播媒介与美国人的思想．北京：广播电视出版社，1991：110.

② Charles Horton Cooley. Social organization: a study of the larger mind. New York: Charles Scribner's Sons, 1909: 17.

际交往。

库利主张把人际传播的“镜中我”和初级群体机制放大，即让更大的社会单位乃至整个社会结构都拥有共同的人性和理想基础。而评判这一基础稳固性的最简单的标准是，人们是否愿意称自己所在的群体、社会为“我们”（We）。“我们”意味着“自我”与他者亲密交往、和谐互动的整体性，同时也表征着群体、社会的共同意志和情感。

（四）帕克与心灵的相遇

帕克与库利同龄，做过记者、商人、公关经理和旅行家，继承了一笔足以“不为经济问题烦恼的财产”。1913 年，他来到芝加哥大学社会学系时，这家学术机构已经成为以传播研究而声名显赫的社会学重镇。帕克为这个重镇做出的贡献主要表现在三个方面：

一是延展了西梅尔等人对竞争、冲突、适应与同化等人际交往概念的研究，认为传播是“当心灵相遇时所发生的东西”。帕克提出，“传播是一个社会心理过程，凭借这个过程，在某种意义和某种程度上，个人能够假定他人的态度和观点；凭借这个过程，人与人之间理性的和道德的秩序能够替代单纯心理的和本能的秩序”①。

这一定义较之后来传播学界的描述性表达——“传播是信息流动和传递的过程”更立体、更深邃，也因而更具指导意义。帕克把“人”而不是“信息”放在了传播问题的中心；他强调了传播与“秩序”的关系，区分了“理性”和“道德”的秩序同“心理”和“本能”的秩序之间的差异。

二是规划了传播研究的方向，提出了传播学至今仍处在探究之中的基本问题。1922 年，帕克在《侨民报刊及其管理》一文中讨论了如下四个问题：大众媒体的内容如何影响公众舆论？大众媒体如何受到公众舆论的影响？大众媒体如何能够导致社会变革？人际网络如何与大众媒体相连接？这四个问题基本上勾勒了整个 20 世纪传播学的理论框架，成为学界共同的发问方式。议程设置假说、沉默螺旋假说、使用与满足假说、培养分析、二级与多级传播研究，以及批判学派的政治经济学分析、文化研究等，皆可归入对帕克所提出四个问题的回答。而本节更关心的是其中的第四个问题，即大众传播与人际传播的整合建构。

三是帕克贯彻并且集成了芝加哥学派的研究方法，即强调经验主义取向，特别是对社会现实问题的解释和解决。帕克是一位渐进论者，希望通过调查研究对社会问题实现逐步改良。帕克曾到中国讲学一年，他对当时中国的普遍贫穷和饥饿感到不安，恳请芝加哥大学的学生“应该做些什么”。

尽管帕克和他的社会学同事所采用的研究方法主要是经验的、观察的和参与式的，未能像后来的学者一样大规模地进行统计和测量，但是他们的实用主义、功能主义思想奠定了美国社会学、传播学研究的基调。“1921 年以后，美国社会学的方向和内容主要是由帕克和伯吉斯（帕克的合作者，他们合著了《社会学导论》——引者注）确立的。”②

---

① R. E. Parker. The immigrant press and its control. New York：Happer，1922.

② E. M. 罗杰斯．传播学史——一种传记式的方法．殷晓蓉，译．上海：上海译文出版社，2005：163.

二、重振人际交往

20 世纪 50 年代以后，也就是传播学作为独立学科的地位得以确认的时期，传播研究本身却产生一个偏向：传播学界因应大众媒体在现代社会系统中的显赫地位，大众传播理论研究呈现一派繁荣气象；而芝加哥学派开启的人际传播研究传统则遭到忽视或贬抑。自那以后，人际传播研究的标志性成果更多地来自心理学、社会学和管理学领域。

心理学针对所谓“现代交往焦虑”问题，推出了汗牛充栋的诸如《社交指南》《沟通技巧大全》之类的著述；社会学产生了以《孤独的人群》《公众的面孔》为代表的人际传播研究经典成果；而管理学于人际传播领域打开了两个面向：对内的组织传播研究和对外的营销传播研究。与此对照，传播学“阵营”的人际传播研究则显落寞。

以下从技能、技巧与学理基础两个层面简要介绍大半个世纪以来心理学、社会学和管理学等领域的人际传播研究成果：

（一）人际传播的技能与技巧

在技能、技巧层面，人际传播研究捆绑于人际关系分析之上，因其“有用性”而产生了难以计数、良莠不齐的“实践宝典”和学术论著。人的内心和人际关系是世上最难探测的两个对象，也因此具有最为广阔的探测空间。美国学者弗恩（Debra Fine）在《谈话的艺术》一书中总结了既往数十年间人际传播技能、技巧层面“数不清”的研究成果。她认为这门“最重要的学问”主要解决了六个问题[①]：

怎样与人展开有内涵的对话？怎样使即将终结的对话起死回生？怎样转换到新的话题？怎样在各种社交活动、聚会、招待会上更加自如？怎样通过人际沟通建立商务伙伴关系？怎样优雅地结束对话？

弗恩的观点主要来自卡内基（Dale Carnegie）。如果评选二战后世界范围内最具知名度的人物和最为畅销的图书，卡内基和他的著作一定名列其中。世界各地都有以“卡内基”命名的演讲与口才学校、人际关系与交往礼仪学校，大小书店、书摊和集市都在叫卖卡内基的交往之术和成功之道。卡内基造就了一个产业，也赢得了无数追随者。这些追随者沿着卡内基的方向，行至人际网络纷繁的节点和末梢，探究一个虚词、眼神、语气在对话中的意涵，以及它们可能带来的命运改变。

卡内基有一句广为流传的名言：“你不是一座孤岛！”他的主要观点包括：

一是人际关系的基石何在？卡内基提出，人与人交往的基石在于诚信，因而要“储蓄六种情感存款”：了解别人、注意细节、信守承诺、开明期望、诚恳正直、勇于道歉。

二是人际交往有哪些技巧？卡内基认为，人之为人最深层的动机是“渴望具有重要性”，这就决定了人际交往的三个基本技巧：不批评、不责备、不抱怨；给予真诚的赞赏和感谢；激发他人心中的渴望。

---

① 戴伯拉·弗恩．谈话的艺术．曹毅然，译．桂林：广西师范大学出版社，2006：9.

三是如何让别人喜欢你？在卡内基看来，引人瞩目不一定能交到朋友，关爱他人才能赢得友谊，因此要让他人喜欢你，必须做到：深切关心、经常微笑、记住对方的名字、认真聆听、寻找对方感兴趣的话题、让他觉得自己很重要。

四是如何达成共识？卡内基说，你不能教人什么，你只能帮助他们去发现。通往共识之路并不复杂：以友善的态度开始，多让对方说话，不要轻易否定对方，如果自己错了就立即承认，换位思考，让对方觉得好主意是他首先提出来的，同情对方的难处，诉求更高动机，把你的想法戏剧化地表达出来，在必要的情况下提出挑战。

五是如何向领导提建议？卡内基认为要将谦卑原则贯彻到底——在领导面前，面子和真理一样重要，因此要给足领导面子，嘉勉要诚挚，赞美要大方，用提问代替直接的要求，给他可以全力追求的愿景，先说自己错在哪里再批评别人，要给领导认识和改正错误的时间。

（二）人际传播的学理基础

在人际传播的学理基础建设上，学界呼应、拓展了芝加哥学派的“主我”“客我”“镜中我”和“初级群体”等概念。在对芝加哥学派的呼应上，犹太学者布伯的观点与米德几乎同出一辙：“人生存的基本事实是彼此关联着的人。人无法逃避与他人发生关系。我与你相遇，我和你彼此关联，即使我们的交往是一场相互斗争。即使在彼此的关联中，我已不完全是我，你也不完全是你。但只有在生动的关联中，才能直接认识人所特有的本性。”①

在对芝加哥学派的拓展上，理斯曼（David Riesman）等人在《孤独的人群》一书中提出了“自主的人”这一概念，替代早前的“符号互动的人”和“镜中的人”。与“主我”“客我”二分法不同，理斯曼等从三个向度理解自主的人②：

一是内在导向，即自我的形成由个体内在的动力所驱策。理斯曼等人承认，内在导向包含弗洛伊德的性心理游戏，但是并不把它看作打开人格、文化和历史解释之门的唯一钥匙，而相对重视初级群体中“长者”的引导作用。正是在长者的引导下，孩子走向了一条普遍的、无从逃避的既定人生之路。

二是他人导向，即个体导向的来源是其同侪群体，无论同侪群体中的他人是自己直接认识的，或通过朋友和大众传媒间接认识的。同侪群体发生变化，他人导向亦随之而变，但是关注他人的行为和期待，并将之内化的倾向一生不变。

三是传承导向，即人必定从属于特定的社会和文化，社会要求个体只能在有限的空间内选择自己的人生目标和生活方式，从而决定自己的命运；文化则为社会的统治和支配提供了道德、礼仪、惯例和宗教，个体于其中无所可逃。当然，传承导向也会因技术、经济和社会变革而受到挑战和冲击。

上述三个导向交汇于个体人格，于相互竞争中安排人格秩序：极端内在导向者，可能是自大、孤独的人；极端他人导向者，可能是卑贱、孤独的人；极端传承导向者，可能是保守、孤独的人。在理斯曼等看来，孤独注定是人性的因子，但个体和社会不应臣服于此，而要造就自

① 马丁·布伯．对人的问题的展望//存在主义哲学资料选辑：上卷．北京：商务印书馆，1997：185.

② 大卫·理斯曼等．孤独的人群．王琨，朱虹，译．南京：南京大学出版社，2002：11-22.

主的人。

自主的人要求个体妥善打理内在、他人和传承三个导向的关系，要求社会努力寻找历史与现实、个体与群体的去处。“人的自主性不在于掩饰和否定情感的能力，而在于认识和尊重自己的情感，了解自己的潜力和局限”，“获得自我意识并将之融入自主性的生活结构，尊重历史和文化而又不因为它们曲解自我”，“社会应该能够提供许多机会，让人们去探索性格的潜力”①。

问题恰恰出在这里，剧烈动荡的现代社会切断了历史与现实“天然”“渐进”的传承，指引内在和外在导向的“长者”“同侪群体”与个体日益疏离。历史、文化和宗教成为淡出的背景或者怀旧的情绪，而不是与当下相连的大路或者舞台；血缘和家庭在洪流般社会迁徙的涤荡之下，越来越依靠电话线、网络的脆弱连接，以及重大节日的短暂相聚；个体成为群体技术性的参与者，群体则成为个体冷漠的旁观者。

这意味着重建人际交往和人际网络，应当被纳入社会改造的核心议程。吉登斯有关纯粹关系、积极信任与对话民主的论述，哈贝马斯有关重建生活世界、培育交往理性和对话伦理的观念，查尔斯·泰勒有关对话、“本真理想”“与有意义的他者相遇”的倡导，以及本书此前章节有关社群主义、自由主义和新儒家思想的讨论，皆指向了“回归人与人的关系”、重振人际交往问题。

自2010年前后社会化媒体兴起以来，全球信息传播技术革命又进入了一个新阶段：互联网的核心价值由海量信息生产、沟通社会成员，转向重构社会关系、组织社会成员。在此背景下，公共关系的功能定位不仅要在传播层面从单向的信息发布走向双向对话，而且要实现“传播管理”与“关系管理”并重。传播管理以信息的生产、加工和传播为核心任务，关系管理则围绕关系的建立、维护和改善展开工作。更重要的是，互联网所构建的社会关系正是筑基于人际关系网络。

在古代社会，信息传播的速度与传者行走的速度是同步的，传者的社会关系半径决定了信息传播的范围——关系承载或决定信息；近代报刊出现之后，信息传播加速至与汽轮、火车同步，及至电报、广播和电视普及，交通和通信开始分离，信息传播再次加速，但传者与受者的关系开始走向疏离和断裂；新媒体特别是微博等社会化媒体的发展则在促进信息提速的同时，推动传者与受者之间旧关系的复合与新关系的建立。以微博为例，在信息层面，微博对人际传播、群体传播和大众传播进行了前所未有的整合，它所主导的是一种融合性的信息流；而在关系层面，微博用户和“粉丝”之间则生成了一种典型的关系共同体。

在这两个层面的互动中，如果把信息传递譬喻为流水，那么微博、微信等社会化媒体所构建的社会关系即为流水的管道网络。这昭显了一个新趋势：没关系，没传播。换言之，如果不建立、维护有效互动的人际关系网络，信息流动便失去了通畅的管道，很难到达终端并形成回流。更形象的说法是，如果传者未能将信息纳入特定的关系网络，也就成了泼在自己脚下的废水。

这并不是说信息流完全被动地依附于“关系网”——它自然也在介入和构建关系网，而是

---

① 大卫·理斯曼等．孤独的人群．王琨，朱虹，译．南京：南京大学出版社，2002：262-263.

强调在二者关系中，关系网具有基础性、优先性地位。事实上，这种基础性和优先性地位在新媒体时代的公共讨论和社会对话中已经全面显现。如前所述，互联网带来的变革不只是信息量的激增，更有旧关系的复活和新关系的创造。关系不仅承载信息，而且往往决定着信息的内容和样态。也正因为如此，公关在处理好信息流、影响流的同时，更应着力构建基于关系共同体考量的信息共同体、利益共同体和价值共同体。

【复习思考题】

1. 简述并评价议题管理模式。
2. 简述意见领袖的作用机制。

第十一章
危机管理[①]

危机管理是公共关系的“看家本事”。现代公关职业的诞生，在很大程度上就是为了适应20世纪初大企业和公共机构危机管理的需要。时至今日，一些政府部门和企业之所以重视公关，直接动因仍是应对危机。从更广阔的社会历史背景看，自20世纪初以来，随着现代性的发展和现代化进程的加剧，人类社会逐步进入风险社会。风险和危机无时无处不在，“在危机中成为一种认知框架和价值安排”，应对危机变得同创造财富一样重要。[②]

本章主要有两个任务：介绍危机管理的经典研究成果和核心经验；将公关对话范式应用于危机管理之中。

第一节　危机管理的基本问题

理论是一种“看”的方式，也是一种“不看”的方式，它将焦点集中在现实的某些方面以使之澄明，而另一些方面则可能晦暗不清。“看”与“不看”之间，本身即是一场潜在的危机。危机与危机管理研究也是如此。当我们试图在理论上把握它们时，往往只能看到一些局部问题。

譬如，危机的本质是什么？危机诱因及其转化机制何在？危机中人、事、物及其与所处环境的关系是什么？危机的发生、演变与人、组织、社会乃至文明形态的关系是什么？危机管理的范畴、目标和愿景是什么？危机管理的观念、原则、过程、方法是什么？对于这些问题，我们一般只能给出局部的观察和解释。

一、危机的本质

“今天人们已经不大能够记得，铸造‘危机’（crisis）这个词，原是为了表示决断之时刻。”[③] 从词源上看，“危机”与“评判之准则”（criterion）较为接近，它们皆来自被奉为“医

---

① 本章部分内容曾发表于拙著《危机传播管理（第三版）》（中国人民大学出版社，2013）.

② 胡百精．危机传播管理．3版．北京：中国人民大学出版社，2013：1.

③ 齐格蒙特·鲍曼．寻找政治．洪涛，周顺，郭台辉，译．上海：上海世纪出版集团，2006：131.

学之父”的古希腊医生希波克拉底（Hippocrates，约前460—前377）。希波克拉底基于希腊动词“决定”创造了作为名词的“危机”，意指人体体液的上升趋势。在他看来，体液涌动未衰之际，是医生做出决定、改变病患状况的最佳时刻。如今，“危机”一词保留了希波克拉底有关“决定以求转机”的含义，同时更多地与风险、灾难、祸端等概念相牵连。

及至20世纪后期，“危机”作为一个学术话语登场，人们开始从不同角度探求其“现代的、正式的”定义：

希波克拉底

罗森塔尔和皮恩伯格（Bert Pijnenburg）将危机界定为：对一个社会系统的基本价值和行为架构产生严重威胁，并且在时间性和不确定性很强的情况下必须做出关键性决策的事件。[①]

巴顿提出危机是一个会引起潜在负面影响的具有不确定性的大事件，这种事件及其后果可能对组织及其员工、产品、服务、资产和声誉造成巨大的损害。[②]

班克思对危机的定义与巴顿有近似之处，认为危机是对一个组织、公司及其产品或名声等产生潜在的负面影响的事故。[③]

勒宾格的危机定义是：对企业未来的获利性、可成长性乃至生存发生潜在威胁的事件。[④] 一个事件发展为危机，必须具备如下三个特征：该事件对企业造成威胁，管理者确信这种威胁会阻碍企业目标的实现；如果企业没有采取行动，局面会恶化且无法挽回；该事件具有突发性。

斯格（M. W. Seeger）等人认为危机是指具有高度不确定性和威胁性，不可预测的一个或一系列非常事件。[⑤]

以上关于危机的诸多经典定义，主要存在两个指向：一是对诸如“威胁性”“破坏性”和“紧迫性”等危机特征进行描述；二是将危机归结为具备上述特征的一类“事件”。危机管理研究与实践本身的最大“危机”，恰在于此：危机是一类特殊事件，还是一种特殊状态？如前所述，这是一个关乎“看”与“不看”的大问题。我们不能把危机片面地定义为某种“事件”，而应将之理解为某种“状态”。理由在兹：

第一，从危机管理实践上看，一个基本的逻辑推断是：如果危机被界定为“事件”，那么危机管理便成为“事件应对”。然而，一系列重大的问题出现了：为何“事件”平息后，危机却并未终结？为何冲突已然化解，民心却不复存在？为何“赢了官司”，却总是“垮了公司”？为何伤疤好后，却会忘记疼痛，走上重复付出代价的老路？

一言蔽之，“事件”未能揭示危机的本质，未能对其发生和影响机制做到有效覆盖。“体”的问题不能被“削平”为“线”与“面”进行考察。它的根本错误在于，缺少对危机的结构化

① Uriel Rosenthal，Bert Pijnenburg. Crisis management and decision making. Kluwer Academic Publishers，1991.

② L. Barton. Crisis in organizations Ⅱ. Cengage Learning，2000.

③ K. F. Banks. Crisis communication：a casebook approach. New Jersey：Lawrence Erlbaum Associates，1997.

④ Otto Lerbinger. The crisis manager：facing risk and responsibility. New Jersey：Lawrence Erlbaum Associates，1997.

⑤ M. W. Seeger，T. L. Sellnow，& R. R. Ulmer. Communication，organization，and crisis//Michael Roloff（Ed.）. Communication yearbook 21. Thousand Oaks，CA：Sage Publications，1998：56.

分析，窄化了学术想象的视域，也限制了实践路径的选择。

危机的确是由特定事件引发的，其表现形式也主要是威胁性事件，人们总是能在危机中清理出一条或几条事件线索。而危机之引爆，是组织内部与外部的构成要素、运作规则和发展环境由常态异化，进而裂变为威胁性系统的过程。组织面临的挑战也不单纯是一个或多个威胁性事件，而是涉及内部与外部多重利害关系的复杂情境。与此相应，危机管理也不单纯是事件处理，而是对环境、秩序、规则与契约的系统修复和再造。因此，危机本质上是一种威胁性的形势、情境或状态。

第二，从人类文明的历史进路看，遭遇危机、应对危机可谓人类的基本在世状态。哈贝马斯认为，所谓危机来临，是指寻常、普通、合理的状态瓦解了，随意、混乱和漂浮压倒了规则和秩序。在这一“境况”之下，事物一反常态，顺理成章的行动不再带来习以为常的结果。

事情变糟了，始料未及，茫然无措，这几乎是所有个体在生命旅途中经常遭遇和感受到的状态，也是每一时代、族群及其文明于发展中必然的伴随之物。正如我们认定自己生活在激变的旋涡并且深感无限虚弱一样，我们的祖先也认定他们所处的时代存在来源不明的惶恐，即使最坚固的神庙也会被侵蚀、溶解和击碎。

鲍曼认同哈贝马斯的观点，并强调应将“危机”概念置于“常态”概念之前进行考察，“我们正是通过特殊认识普通的”[①]。在鲍曼看来，如果说危机是指常态方式和工具的失效，或者发展的确定性消散无形，那么危机实际上是“人类社会的常态”。社会是以持续打破平衡，而非固守平衡的方式存在的。

“在危机中”，实际上是人类生存的基本调性，正如我们总是发现自己“在路上”或者“在边缘”。历史之所以在前进，不过是因为和谐、发展的力量在同危机、破坏的力量博弈的过程中，取得了相对优势地位。正是这两种相反相成的力量，共同建构了历史、文明和我们自己。

说到底，怎样认识危机，关乎人类怎样认识自己。上述经典定义皆站在组织的一边，而非利益相关者的立场上理解危机。这必然导致一个结果：它们更看重危机中“事件”带来的威胁和“财物”遭遇的损耗，而“人”及其信念要么被视为克服危机的工具，要么被当作需要化解的对象。一些学者意识到这种“组织本位主义”的危险，譬如皮尔逊（C. M. Pearson）和克莱尔（J. A. Clair）即提出，应当获得一种来自组织外部的视野，因为“危机往往造成利益相关者、群体共享的经验、信念和价值的破灭”[②]。

恢复“人”的主体地位，填补“事件说”的留白，意味着回到休谟与康德的事实与价值“二分法”，回到公关对话范式。以此为观照，“事件说”片面地指向了危机的事实之维，而忽略了危机的价值之维；在危机管理实践中，政府、企业和其他社会组织也更偏重于事件应对，而往往忽略价值重建。

综上，我们将危机界定为：危机是组织遭遇的一种威胁性、破坏性的紧急事实状态和异化价值状态。与“事件说”不同，“状态说”采纳了一种整体观，即同等重视事实与价值两个

---

① 齐格蒙特·鲍曼．寻找政治．洪涛，周顺，郭台辉，译．上海：上海世纪出版集团，2006：134．

② C. M. Pearson，J. A. Clair. Reframing crisis management. Academy of management review，1998，23（1）：59－76．

取向。

从“状态说”出发，事实与价值“二分法”应被纳入危机诱因与危机形态的划分标准。学界一直在寻找界定危机情境的适宜标准，代表性的看法包括：

黄彼得（Peter Hwang）和里肯塔尔（David Lichtenthal）依照危机发生方式，提出“突发性危机”（abrupt crisis）和“累积性危机”（cumulative crisis）两种危机类型。前者是指危机超乎意料、突如其来，后者是指危机渐进显现，突破临界而爆发。①

赫莱罗（A. G. Herrero）和普拉提（C. B. Pratt）依照危机生命周期，提出了如旋风般袭来又稍纵即逝的“潮汐型危机”（fad crisis），如滚雪球般扩大且愈来愈复杂的“攀高型危机”（scalable crisis），如节气般应时而至、周而复始或者一波未平、一波又起的“循环型危机”（cyclical crisis）。②

更多学者主张综合考察危机诱因与危机形态，即依照所谓“病理学”标准界定危机类型，如里宾杰将危机划分为物理、人为与管理三大类。在拙著《危机传播管理》中，笔者也以此为视角，将危机诱因与危机形态的划分标准区隔为两个向度：内部与外部、人为与非人为。如此，危机诱因和危机形态大抵可以分为四类：内部人为（如管理危机）、内部非人为（如技术系统故障）、外部人为（如媒体“挑衅”）、外部非人为（如自然灾害）。③

在此，笔者将事实与价值向度导入危机诱因与危机形态划分，并使之与前两个向度——内部与外部、人为与非人为相互整合，形成三维、立体的标准体系。这一体系要求人们在理解危机时，超越内部与外部、人为与非人为在事实之维的纠缠，转而关注整合性的价值涉入。

譬如，组织及其外部公众看起来“事实上都没有错”的那些危机，很可能是由于价值信念、语境变化而造成的“外部-人为-价值危机”；再如，天灾可能引发人们对生命问题的重新审视，甚至改变社会思潮，由此冲击组织既往熟悉的规则和秩序，是为“外部-非人为-价值危机”。其他以此类推，不一而足。

事实与价值标准同样适用于人们对危机影响、后果的评判。危机所破坏的，除了组织与利益相关者在事实层面的权力关系、利益关系及其真相之外，还有与之并生的价值关系、道德契约和信任机制。

导入事实与价值标准，特别是其中的价值尺度，实际上是把“人”置于全部危机问题的核心。某种“状态”之所以被定义为危机，归根结底是因为它威胁、改变、伤害了人的命运感。事实层面的救急、交涉、补偿，以及所有与此关联的“大事化小、小事化了”策略固然是重要的，而价值层面对他人的尊重和对自身立场的忠实同样不可忽视。这就使危机管理研究和实践获得了同一个标准：

人是万物的尺度。

---

① Peter Hwang & David Lichtenthal. Anatomy of organizational crisis. Journal of contingencies and crisis management，2000，8（3）：129－140.

② A. G. Herrero & C. B. Pratt. How to manage a crisis before-or-whatever-it hits. Public relations quarterly，1995，40（1）：25－29.

③ 胡百精．危机传播管理．北京：中国传媒大学出版社，2005：11－13.

二、危机管理的范畴

系统的危机管理研究，始于 1980 年代。1982 年，强生公司遭遇了著名的“泰勒诺”（Tylenol）胶囊投毒事件。大量学者加入到对这一事件的探讨和解读中来，并视之为现代危机管理研究的起点。

在 1982 年之前，全球公关学界公认的权威刊物《公关杂志》（*Public Relations Journal*）只发表过 40 篇简单探讨危机管理技巧的文章，《公关评论》（*Public Relations Review*）共刊载了 3 篇相关论文，《公关季刊》（*Public Relations Quarterly* ）则一篇未见。1982 年之后，危机管理研究日渐兴盛，并发展出所谓“管理的观点”和“传播的观点”两大流派。

“管理的观点”即一般意义上的“危机管理”（crisis management），包括应对策略的制定、专门组织的建立、技术方案的施行，以及法规政策的适用，主旨在于恢复常态、降低损害；“传播的观点”即“危机传播管理”（crisis communication management），包括当事主体针对内部、外部利益相关者的宣传、说服与对话，目的在于修复形象、重建共识。

“从两者的差异可以看出，危机管理较偏向于‘对事’，危机传播偏向于‘对人’，两者的观照面并不相同。”[①] 在后者看来，前者所关心的“事态控制”属于技术性问题（譬如扑灭大火、疏导交通、注射疫苗），与一般意义上的“应急”“救灾”并无本质差别，因而没有必要消耗太多研究精力；破坏力和不确定性的真正来源是危机之下的传播，表达困境才是危机中的最大困境。

进入 21 世纪以来，两个研究脉络大有合流之势，特别是“管理的观点”逐渐向“传播的观点”靠拢。美国学者鲍成特（T. C. Panchant）在总结危机管理研究成果时说：“管理的观点还处于婴儿期”，“因为它忽略了最重要的成长空间——传播”[②]。

在合流中，“传播的观点”获得了进一步发展，并呈现出两个重要的研究路向：危机公关与危机修辞。前者将 20 世纪的公关学术资源，诸如传播管理、关系管理、双向均衡范式等应用于危机管理研究；后者则重振修辞理论，在“危机情境-言说策略-可能效果”的框架内寻找危机管理的最佳方案。

危机修辞研究兴起于 1990 年代中后期，代表人物有班尼特、希斯、W. T. 库姆斯、赫立特（K. M. Hearit）、舒尔兹和斯格等，其中班尼特的“形象修复策略”（image restoration strategies）和库姆斯的“危机沟通策略”（crisis communication strategies）最为引人瞩目。班尼特发展了修辞理论中的“辩解”（apologia）和“挽回面子”（save face）策略，提出五种形象修复策略[③]：

否认事实（denial），包括简单否认和转移批评——没做，不是我做的；别人做的，与我无关。

规避责任（evasion of responsibility），包括申明被挑衅、无力为之或无法改变、纯属意外或无心之过、本意是良善的。

---

① 吴宜蓁．危机传播——公共关系与语艺观点的理论与实证．台北：台北五南图书出版公司，2005：9.

② T. C. Pachant. Crisis management and narcissism：a kohutian perspective（Unpublished doctoral dissertation，graduate school of business administration）. Los Angeles，CA：University of Southern California.

③ W. L. Benoit. Accounts，excuses and apologies：a theory of image restoration strategies. Albany：State University of New York Press，1995.

淡化处理（reducing offensiveness of event），包括提供证据以显示其好处、长处，轻描淡写事态，进行比较、寻找差异——比其他类似事件好多了，超脱以表明“有更重要的价值需要考虑”，反击对手以降低指控者的信用；补偿利益牺牲者。

修正行为（corrective action），制定和实施解决方案，改善自身行动，避免此类事件再次发生。

悔其愆尤（mortification），承认过愆，请求原谅，表示遗憾和歉意。

库姆斯则针对具体危机情境，提出了三类七项危机沟通策略：

对于天灾和谣言引发的危机，组织可以攻击指控者（attack the accuser）或坚决否认（denial）；

对于他人恶意破坏造成的危机，组织可以通过正当化（justification）——承认危机存在、寻找正当理由，或托辞辩解（excuse）加以回应；

对于自身行为失当（如犯罪、事故）和偶发意外带来的危机，组织则应采纳取悦逢迎（ingratiation）、完全道歉（full apology）和修正行为（corrective action）策略。①

具体如图 11－1 所示：

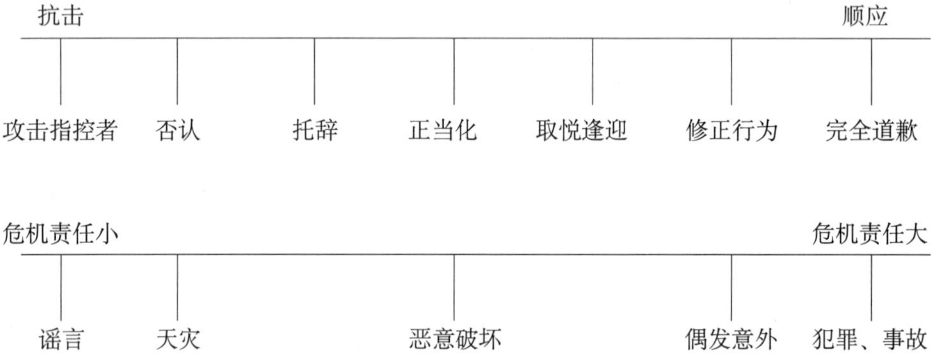

图 11－1　危机沟通策略

总体观之，持修辞观点的危机传播管理研究，其焦点在于危机状态下组织的“语言反应策略”。希斯明确指出，危机管理策略就是一种叙事（narrative），涵盖了危机情境（context）、关键要素（key aspects）和故事的连续性（a continuation of a story）。② 这与传统公关观点的危机传播研究形成了明显差异，台湾学者吴宜蓁认为危机修辞研究“独具一格”③。

在基本假设层面，危机公关认为对外沟通良好的组织比沟通不良的组织更能够承受危机，并因此相对减少危机损害；危机修辞认为如果组织将符号资源发展为言说策略，在运用得当的情况下，可以使自己全身而退，维护良好形象。与此相应，前者将危机管理定义为沟通管理、关系管理和冲突管理；后者则视之为一个精心修辞、建立共识、修复形象，通过有效表达进行自我防卫的过程。

① W. T. Coombs，V. Hazleton，S. J. Holladay & R. C. Chandler. The crisis grid：theory and application in crisis management//L. Barton（ed）. New avenues in risk and crisis management（Vol. 4）. Las Vegas，NV：UNLY Small Business Development Center，30－39.

② R. L. Heath. Strategic issues management：organizations and public policy challenges. CA：Sage，1997：316.

③ R. L. Heath. Strategic issues management：organizations and public policy challenges. CA：Sage，1997：260.

如前所述，较之“管理的观点”，“传播的观点”下的危机公关和危机修辞都更重视“人”的主体地位。危机管理中“人”的问题，可以从组织和利益相关者两个立场进行理解：

从组织立场看，当事主体要视自己为一个有生命的对话者，而非“制度主义”至上的机构或机器，三缄其口、机械表达只能导致自己丧失“人格化”相遇的机会，没有人愿意乘坐驾驶员缺席的失控列车；从利益相关者立场看，人们要求引发危机的组织在心中、眼中、口中皆以人为本，而非让财物、事件、政策遮蔽了它们。

这又回到了公关对话范式的基本主张。从“事实-价值”模型出发，危机管理始终存在两条主线：事实契约修复和价值契约再造，而二者统一于危机中人与人的对话。据此，危机管理的范畴可以做出如下界定：

一是危机预警。即指组织采取定量与定性相结合的方法，对危机诱因及征兆进行事实监测和价值评判，并据此做出危机警示的管理行为。单纯的事实监测或者单纯的价值评判，以及畸轻畸重的倾向，都不足以做到“有备无患”。

二是危机处置。又称危机事中管理，是指在危机发生后，组织围绕事实损害和价值异化而开展的应对行为，以期还原真相、补偿利益、重建信任、重构意义。

三是恢复管理。即在危机紧急事态得到遏制后，组织通过持续的恢复策略，重建事实契约、再造价值体系，并实现可能的超越。此中既包括对事实损害的弥合与补偿，也包括对价值异化的修复与救赎。

我们可以对前文做出如下归纳：从本体论上看，危机是事实损害与价值异化的聚合体；从认识论上看，事实判断与价值判断是人类正确认识危机的基本前提；从方法论上看，危机传播管理的实践路径存在两种基本导向：事实导向与价值导向。如此，公关对话范式与“事实-价值”模型便可应用于危机管理实践，“公关对话之树”亦可演绎为“危机传播之树”。参见图 11－2：

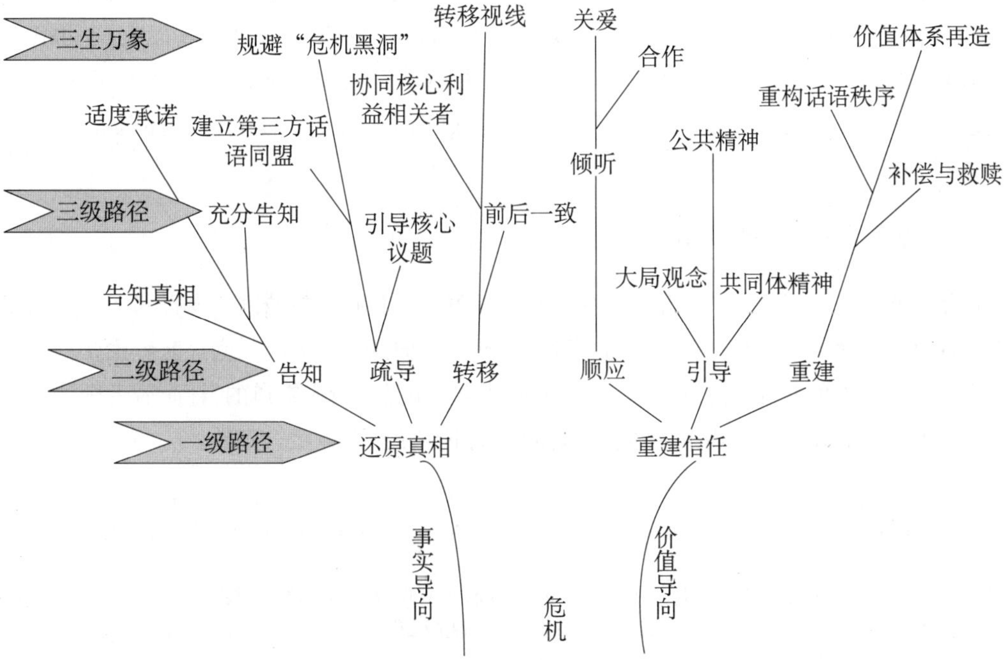

图 11－2　危机传播树

第二节 危机传播管理的事实路径

作为公关对话范式的适用和延伸，危机传播管理在事实路径的核心概念上与前者保持一致——真相和利益，即基于有效对话还原真相、补偿利益。在此之下，危机传播管理事实路径存在三个二级路径：告知、疏导和转移，它们分别对应常态公关对话情境中的传播、叙事和关系管理，而又有所差异。

一、告知

告知是指危机当事主体面向利益相关者发布危机信息的行为，是主体的“单方”话语在危机舆论环境中进行传播并接受选择的过程。在危机“告知”研究领域，最具代表性的成果是英国危机管理专家罗杰斯特（Michael Regester）提出的“3T 原则”[①]：

（一）主动告知（Tell your own tale）

所谓主动告知，即组织积极、主动地发布危机事态信息，以抢占事件话语权和解释框架。主动告知是危机情境下语言游戏的一项重要规则，所谓“越是主动者越主动”。这颇似危机管理研究中的另一个规则——莫菲定律：“越是觉得会出错的事，越是一定出错”[②]。

“主动”和“觉得会出错”都会形成一种“循环势能”，关键在于当事者的自信与经验。鲍曼在论述现代社会危机时指出，我们如今总是被危机打垮自信，而我们的祖父辈“相信碰巧陷入的混乱仅仅是暂时的”，“他们失望，但无论如何之深，都不至于绝望”，“即使登上顶峰依然遥不可及，甚至是否更接近顶峰都不清楚，他们仍旧怀着高涨的激情奋力前行”[③]。

（二）全部告知（Tell it all）

即组织将有关危机事态的信息毫无保留地进行发布，包括危机诱因、损害和下一步的发展趋向。在这一问题上，危机公关与危机修辞两个研究路向的态度大相径庭：前者主张基于利益相关者“知情权”的开放、对等告知，“你所知道的，也是他所应知道的”；而后者则认为全部告知是不明智的言说策略，当事主体在必要的情况下应该有所掩藏、隐瞒。

---

① Regester Michael. Crisis management：how to turn a crisis into an opportunity. New York：Hutchinson Business，1998.

② 莫菲定律（Murphy's a law）：If anything can go wrong，it will. 语出自一位美国海军上校 Edward Murphy，后泛指“越是觉得会错的事，越是会犯错”，譬如“如果你担心某种情况发生，那么它就更有可能发生”，“别试图教猪唱歌，这样不但不会有结果，还会惹猪不高兴”。

③ 齐格蒙特·鲍曼．寻找政治．洪涛，周顺，郭台辉，译．上海：上海世纪出版集团，2006：136.

（三）迅速告知（Tell it fast）

即组织最大限度争取时间，以最高效率发布危机信息。在危机之下，时间不仅意味着金钱和效率，而且一念之间关乎生死。当然，迅速告知并不放弃对时机的考量，不是盲目的信息发布，它追求的是“适宜时机”之下的信息传播效率。

在对罗杰斯特“3T原则”进行批判性借鉴的基础上，我们提出告知策略之下的三个三级路径：告知真相、充分告知和适度承诺。

1. 告知真相

诚实是危机应对的基本原则，同时也是首选策略。谓之“基本原则”，是因为“接近真相”从来都是利益相关者和公众的基本权利，同时也是当事主体的基本义务，这在艾维·李时代即已被确认为公共关系的底线操守。

谓之“首选策略”，是因为在当前的信息传播环境之下，再精致的谎言也不过是透明之物，说谎意味着更深重的沉沦和更持久的灾难。相反，当事主体发布的真相越充分、越有说服力，媒体和公众猜测、质疑和散布谣言的空间也就越小。

2. 充分告知

这是对罗杰斯特“全部告知”原则的传承和修正——要选择性地告知尽可能多的危机信息。“信息是最好的武器，它越是详尽全面，被剥夺了秘密的敌人也就越能被彻底地解除武装”，鲍曼的这一观点强调了信息“全面”的重要性，与罗杰斯特所见略同。①

我们对全部告知的主张持“保守”赞同态度。几乎所有危机实践都表明，全部告知在大多数情况下只是一个充满风险的理想——信息泛滥以致让人无所适从，同信息匮乏、真相不彰一样，全部告知于人于己、于内于外都是不负责责任的。人们与其说是渴望获取全部信息，还不如说是期待一个负责任的行动者。

因此，“充分告知”摒弃“消极沉默”，也拒绝草率地冒险。它不在两个极端一意孤行，而是坚持如下三个原则：

一是寻找“共同关心”进行理性、周全的告知。所谓共同关心是指各方共同关切的核心利益，而不只是当事主体自己的利益和立场，也不只是少数人的需要和主张。“单边诉求”或者“片面”诉求即使再充分，也无助于良性的危机对话。

二是寻找最适宜的人、时机和渠道进行有效告知。所谓适宜的人，是指具有良善价值观和杰出专业技能的危机新闻发言人；适宜时机和适宜渠道是指辨识和选择最佳的信息告知情境和途径。人、情境和途径的组合，重点在其有效性，比告知更重要的是告知效果。

三是系统规划告知的内容要素、过程节奏和信息通路。充分告知强调站在更高的、全局的视角规划告知内容，调控告知节奏，理顺信息通路。这是一个系统工程，含纳了话语结构的所有关键面向：场域（field，发生了什么事?）、调性（tenor，参与者及其关系?）和方式（mode，表达的媒介）。

---

① 齐格蒙特·鲍曼．被围困的社会．郇建立，译．南京：江苏人民出版社，2005：引言2.

3. 适度承诺

承诺是危机“告知”中的一个特殊环节，它同时作为一种话语、姿态和行动而存在。面对无所不在的压力，当事主体企图回避承诺几乎是不可能的。对受害者而言，承诺意味着走出困境、获得补偿，意味着安全和护佑的希望。

在危机管理实践中，组织经常陷入一种两难困境：一方面利益相关者对当事主体的承诺高度关切、强烈期待，甚至将之“放大”为有关信念和利益的“仪式”；一方面当事主体在危机中的“承诺力”严重下降、削弱，甚至瓦解，“承诺”可能成为压垮生命的“承重”。对此，组织在危机中的承诺应当坚持两项原则：

一是切忌过度承诺，那些充满不确定性的宏大承诺，只能换取短暂的支持和喝彩，最终导致卷入危机的人在“水中月”破灭后，面临更大的虚幻和灾难。

二是坚持适度承诺，即所做承诺必须是有效、可兑现的，哪怕是表面的、局部的承诺也是必要的。这是基于危机现实、实事求是的一种态度，它承认危机带来的局限，承认理想与实现的距离，但它坚持于危机之下“勿以善小而不为”。

二、疏导

如果说“告知”是当事主体主动、快速、充分地发布危机信息，解决信息“覆盖面”的问题，那么“疏导”则强调针对关键议题寻求重点突破。危机改造了常态的秩序和规则，每一个卷入危机的人都在不同的角落分割所谓“真相的世界”。这意味着圆满回应所有人的发问、质疑和挑战几乎是不可能的，出路在于抓住主要矛盾、引导核心议题。核心议题之所在，也正是危机之中权力关系、利益关系交锋、勾连的旋涡之所在。

（一）引导核心议题

无论怎样复杂、多变的舆论，总是由若干特定的议题引发、影响和支配的。在狂野如海啸的危机舆论下，即使平素再强大的组织也会显得脆弱、渺小。当事主体所能做的，正是于充满威胁和不确定性的舆论海啸中，像寻找灯塔一样发现、辨别相对确定的议题。唯有针对这些议题展开充分对话，危机各方才能走出冲突、走向和谐。

然而，议题本身也是流动、多元的，究竟哪些议题应进入危机管理的优先序列？换言之，从辩证法、矛盾论的视角看，哪些议题构成了“疏导”策略的主要矛盾？

笔者主持的“中国危机管理现状调查”发现，在危机状态下，媒体最关注的三个核心议题分别是：局面是否得到了控制？危机为何发生？危机受害者是否得到了妥善安置？① 这说明，媒体在设置公众议程的过程中，将现实状态、危机诱因和受害者的命运视为优先议题，归入第一传播梯次。

研究同时表明，诸如“怎样处理事件责任人”“当事主体发布的数据、资料究竟意味着什

---

① 胡百精．中国危机管理报告 2006. 北京：中国人民大学出版社，2007：147－149.

么”等议题则被媒体视为边缘议题，归入最末端的传播梯次。

言说议题的统一，是所有对话的基本前提。而在实践中，当事主体经常背离媒体和公众所关切的核心议题，过度纠缠边缘议题。譬如“我们已经对责任人进行停职审查”“他已经离职，与我们无关”“我们的数字显示……”，等等。这种本末倒置、议题错位的现象，加剧了众声喧哗的混乱：参与对话的各方穿梭于不同的“言说世界”，除了摧毁最后一点理性，没有别的事情可做。

（二）建立第三方话语同盟

第三方作为在场的“他者”，在危机传播中发挥着至关重要的作用。这里指称的第三方，主要包括两类社会角色：一是危机涉及领域的权威人士，如专家学者、政府官员和行业协会负责人等，即公共意见领袖；二是危机公众中的意见领袖，即分散在不同的利益相关人群中，对群体其他成员的认知、态度和行为有重要影响的少数权威者，即群体意见领袖。

以专家学者为代表的公共意见领袖具有明显的身份优势和知识优势，尽管韦伯近乎刻薄地指出：他们之中总是混迹着假冒伪劣的精神偶像。[①] 他们拥有，或者被认定拥有敏锐的洞察力、超然的立场和可靠的证据，因而能够进行相对专业的解读和公正的评判。历史经验表明，越是变革、纷乱的时代，人们对专家学者或知识分子古老的“祭司”身份越是抱有强烈期待。有学者则干脆称这些权威的第三方“消息来源”为“信息沙皇”（information czar），认为他们垄断着危机中的话语权。[②]

群体意见领袖也直接影响着危机舆论和多元对话的走向。他们之中，有人对危机根源、诱因的看法，影响着其他人对危机事态的认知；有人对危机发展、变化的分析，影响着其他人对危机后果的评价；有人对组织所发布信息的态度，影响着其他人对这一信息的态度（是抵御还是接纳）。因此，团结了意见领袖，往往也就意味着团结了群体中的大多数人。

（三）规避“危机黑洞”

提出“危机黑洞”这一概念，与前述两个路径紧密相关：议题管理强调将对话聚焦于若干主导性议题，第三方介入主张团结有影响力的人。这暗含着两个理想化的假设——当事主体总是能够发现、驾驭核心议题，总是能够找到、善用有影响力的人。但这也潜藏着风险：核心议题识别出错；意见领袖不可靠或不给力。

在危机中，组织稍有不慎便可能落入“危机黑洞”——将时间、精力和资源投入到错误的人、议题和事务中去。直至一败涂地，才发现竟是一场致命赌博。规避“危机黑洞”的办法是多样的，譬如建立科学的危机预警机制，开展有效的危机管理训练，以及接受“局外”专业团队的指引，等等。前路变幻莫测，问题的关键在于自己是否做好了上路的准备。

三、转移

与公关对话范式事实之维的“转化”路径类似，倘若把危机传播看作一场语言行动，那么

---

① 马克斯·韦伯．学术与政治．冯克利，译．北京：三联书店，2005：7.

② 吴宜蓁．危机传播——公共关系与语艺观点的理论与实证．台北：台北五南图书出版公司，2005：66.

前述“告知”和“疏导”指向了信息的文本及其结构，而“转移”强调的是“互文性”及文本之外的情境。“说者不是亚当，因此他说话的主题注定要成为意见相会的场域，均以某种形式回应着话语之前的话语。”①

转移策略的着眼点有三个：与过去的话语相呼应，即所谓前后一致；与核心利益相关者的意见相会，即争取“革命胜利的基本依靠力量”；借由“事件”转移视线、再造情境，使事态朝着有利于大多数人的方向发展。

（一）前后一致

这一路径强调由“当下”向“之前”转换，即回到危机发生之前组织的主张、话语及其调性，回到对利益相关者的一贯承诺。在危机中，人们恐惧、狂躁、愤怒的一个重要原因，是“熟悉的规则不见了”。回路被切断是让人最惶恐不安的事情之一。正如海德和费斯廷格所说：当不和谐发生时，人们本能地去躲避、消除，直到和谐再次发生。事实上，当眼前的困境如此具体时，人们总是无比怀念既往的安宁岁月。

前后一致、话语同一实质上是一种“补差性”努力，即弥合危机发生前后人们对当事主体认知和评价的落差。它通过回归常态秩序、唤醒集体记忆，来消解当下的不确定性。这就要求当事主体认真回溯、深刻检讨此前的主张和承诺，特别是那些事关“关键利害”的既往言行，并在危机中庄重加持、小心呵护。

（二）协同核心利益相关者

争取核心利益相关者态度和行为的转变，使之与组织协同渡过危机，是危机对话的主要任务之一。从事实层面看，实现当事主体与核心利益相关者的协同主要有三种方式：

一是不躲避，不漠然，更不应动辄引发对抗，而要承认对方的重要性，关心对方关心的事项，即前文所谓“共同关心”；

二是鼓励对方与自己一道寻找真相，使之由旁观者、对抗者转化为共担风险的主人；

三是承诺将其损害降至最低，并补偿对方应得的利益。

要促进核心利益相关者角色的转换和协同，组织应首先实现自我角色的转换和改造。诚如危机管理学者劳伦斯和派屈克所言：“只有跳出自身利益之纠葛，并且站在对方的角度审度事情时，才能找到最基本的利益所在。”②

（三）转移视线

这是危机传播管理中最为常见的策略之一。所谓转移视线，是指在危机中把公众关注的焦点转移到那些可以摆脱组织责任或于组织有利的问题上去。班尼特认为，转移视线通常有两种做法：一是把组织描绘成不公正环境的牺牲品，以引起人们对替罪羊、真正责任者和其他问题根源的追问；二是“制造”新闻事件以引起公众对新问题的关注，从而转移他们对危机的注意

---

① 翁秀琪．台湾传播学的想像（上）．台北：巨流图书公司，2004：213.

② 劳伦斯·沙士堪，派屈克·费尔德．群众公关．古映芸，译．台北：台湾稻田出版公司，1997：66－67.

力，使之放弃对事件无休止的纠缠。

究其实质，转移视线一靠议题转换，即摆脱“厄运型”议题，传达组织的积极信息，释放“正能量”；二靠事件策划——事件本身即是对话的文本、场域和情境。同时，转移视线可分为主动转移和借力转移两种模式。前者是指当事主体自主设置新议题、策划新事件；后者是指当事主体借力外部舆论议题或事件，为我所用。

需要强调的是，转移视线不宜滥用，而应坚持如下原则：创造性，即转移视线为一个创造的过程，要形成既与之相关又区隔于原有议题的亮点、热点和焦点；公共性，即强调新议题的传播效能，不要设置那些公众不感兴趣的“自言自语”式的议题；互惠性，即确保转移的正当性，使新议题实现自身利益与公众利益的契合，而非对后者的麻痹和欺骗。因此，前述的“于组织有利”应该理解为“于公众也有利”——唯其如此，组织才能转危为安。

以上考察了告知、疏导和转移三个二级路径，以及各自衍生的三级路径，它们共同构成了危机传播管理事实之维的策略框架。按照公关对话范式的思路，沿二、三级路径而下，可以推演出更繁复也更适用于具体危机情境的多级策略体系。譬如，告知-告知真相-召开新闻发布会告知真相-发言人应具备良好的专业素养-不说无可奉告、少用专业术语、眼神充满坦诚关爱，等等。

第三节　危机传播管理的价值路径

现代社会遭遇的最大困境之一即是价值危机的蔓延。前所未有的政治、经济、文化和技术变革，使祖辈们“年轻的单纯”一去不复返。往昔持久、稳定的价值信念不见了，落在边缘或者被遗忘；而新的价值则尚待生成，它显然不像日新月异的技术或流行品那样易得。

吉登斯、鲍曼说得恰到好处，我们的世界是一个人为制造的不确定的世界；不确定性不是我们能补救的，而是我们创造的，我们甚至以更大的规模在创造新的不确定性。这个过程并非始于今日，而是自启蒙运动和现代性转型起，世界本身便成为游戏者之一，“像所有其他游戏者一样，把牌紧紧握在胸前，袖子里装完机关，虚张声势，一有机会就舞弊”[①]。舞弊的结果是，工具理性的牌打得越来越好，价值理性的底牌几近打光。外在的事实世界变动不居，内在的价值世界混沌不明，风险日增，危机频发。

本节即在上述背景之下，结合第九章“公关对话范式价值之维”的论述，探讨危机传播管理的价值路径：重建信任和重构意义。这一路径之下，存在三个二级路径：顺应、引导和重建。

一、顺应

“顺应”演绎于常态公关对话的“响应”，它主张尊重、关切利益相关者的价值诉求，并做

① 齐格蒙特·鲍曼．寻找政治．洪涛，周顺，郭台辉，译．上海：上海世纪出版集团，2006：136.

出建设性的妥协。“顺”是中国传统世界观和人生观中的一个重要概念，所谓“言顺”“耳顺”“顺天”“顺生”，强调于极端、纷乱之间取其中道；“应”是回响反馈，依势而变，《孙子兵法》主张“变而应之”“火发于内，应之于外”。顺应强调组织应获得长远的眼光、整体的理解力、对自我和环境的良好判断力，以谋求危机情境下的价值认同。

同时，顺应也意味着必要的妥协，即当事主体基于救赎精神，对遭受损害的利益相关者做出退让。它既表现为具体利益的割舍，也反映为一种价值思维：守弱，以待时机。

（一）倾听

人类沟通所传达的意义，大致可以区分为“内容意义”和“关系意义”两类。前者由语言直接承载，指明沟通的内容、任务和目的，同时提供背景信息；后者则隐现于“字里行间”，或者通过非语言符号传达对话者之间的关系和身份信息。

譬如“要认真学习和领会这次大会的精神”“请您告诉我坐哪辆车到人民大学”“明天务必把作业交上来”，这三个例子的内容意义分别是“学习和领会大会精神”“坐车到人民大学”和“交作业”，所反映的对话者关系则分别可能是上下级关系、陌生人关系和师生关系。

倾听是了解、洞悉内容意义，把握、重构关系意义的基本方式。在危机对话中，各方的内容意义，特别是各自诉求的目的是或明或昧同时又差异悬殊的。譬如当事主体总是希望“洗清”自己、降低损害和转移责任，而利益受损者则更期待找到“真凶”、追究责任和寻求补偿。各方可能强烈而直接地表达诉求，也可能迂回隐曲，围绕“需求-满足”的差距讨价还价。冲突、对抗也正是在这一过程中产生，各方皆企图让自己表达的力量压倒他者。

对当事主体而言，倾听应优先于表达而成为首选之策。除开“了解对方需求”的考量，倾听最大的价值在于重构对话者之间的关系。当一方坐在另一方对面，头脑清明、内心真诚地倾听的时候，所收获的果实不只是内容意义，而且是彼此关系意义的调整：由陌生人转换为对话者，由冲突的对话者转化为共同寻求解决之道的对话者。一旦认真倾听对方，对方便可能由不顾一切的反对者或不屑一顾的反对者，转换身份为一起解决问题的共同体成员。如此就形成了先重构对话关系再定义对话内容、先倾听再表达的危机传播策略序列。

（二）合作

一般而论，合作的成本总是低于对抗的成本，合作在大多数情况下都是比对抗更优的组织管理和社会治理策略。危机始于对抗，而危机管理则应止于合作。任何危机中的决策，皆应考量“如此，是促进了合作关系，还是在破坏合作关系”，即使对恶意挑衅者发起攻击，也需以建立广泛的合作联盟为前提。为了寻求危机情境下的积极对话与合作，组织要坚持平等原则，并采取必要的妥协姿态。

平等是合作的基础。危机管理者应怀有从善、平等之心，谋求与不同利益相关者的合作，而非将对抗进行到底，特别是要避免将所有挑战者逼成一个联盟。危机管理学者劳伦斯和派屈克认为，"当人们在受到伤害，并且在有权力的人面前感觉抬不起头时，愤怒之火最为炽烈"①。希斯进一步指出，"所谓平等，是不同的思想、观点在公众面前强度的均衡"②，亦即在思想和心灵层面，平等对待各种愿望和主张。傲慢、恃强凌弱激发的愤怒，远甚于利益伤害本身。

讲原则、建设性的妥协也是必要的。妥协一方面来自救赎之心，即承认自身为利益相关者带来的损害，并愿意为此做出补偿；一方面也彰显了一种战略观念：退一步，是为了更长久、更安全的重新起跑。尼采说："有时候，在我们与另一个人的关系中，如果在我们自己的天平秤盘里放上几克不公平，友谊便恢复了公平的平衡。"③

（三）关爱

危机管理始终存在一个价值排序问题。所谓价值排序是指在危机管理决策及其实践中对何者为重、何者优先的选择。一般而言，在利益和"物"的层面，大局利益高于个体和局部利益；在"物"与"人"的关系层面，"人"永远高于"物"；而在"人与人"的关系层面，多数人高于少数人的利益；而在"作为多数的大众中"，弱者的利益应优先得到照顾，危机当事主体应给予弱者更多的关爱，让那些陷入困境、沦为边缘又被迫沉默的人们得到解放，使他们有权力诉说不幸，并获取不懈的支持。

在危机中，当事主体要通过充分对话，鼓励各种积极的力量，化解人们在物质、道德和精神上的焦虑，分享安宁、重树信心。这对危机中的弱者而言显得更加重要。当然，正如本书之前相关章节所言，"关爱"本身也存在正当性的问题，当事主体切忌把关爱弱者变成"漂白"自己的一场表演。

二、引导策略

在亚里士多德的修辞理论中，"省略三段论"是核心概念之一。譬如，人终究会死，苏格拉底是人，因此苏格拉底终究会死去。"人终究会死"是人所公认的真理性前提，因而在逻辑推断中经常省略，这就是所谓省略三段论。修辞、说服亦经常缺省真理性前提。譬如，诚实是美德，他是一个诚实的人，因此他是一个有美德的人。此中，"诚实是美德"乃常人的共识，故而可以推论中省去不谈。

当然，逻辑三段论和修辞三段论也有明显的差异，前者的前提与结论之间存在"必然"确定性——人必死因此苏格拉底必死；后者的前提与结论之间只存在"或然"确定性——他诚实，但他可能同时非常贪婪或者残暴，因而未必就是一个好人。

以上导入修辞三段论的目的，在于重拾公认的真理性前提。危机之下，对话者之间的"自在前提"不是被"省略"了，而是被打垮、遗忘或消逝了。"省略"是一种内化、默识状态，

---

① 劳伦斯·沙士堪，派屈克·费尔德．群众公关．古映芸，译．台北：台湾稻田出版公司，1997：34.

② R. L. Heath. Public relations as a weapon of modern warfare. Public relations review，2001，17：107－116.

③ 弗里德里希·尼采．人性的，太人性的．杨恒达，译．北京：中国人民大学出版社，2005：242.

无须提及却始终存在；而消逝则意味着潜隐不彰或者不复存在。公认的真理性前提的缺失，导致危机中经常出现"一对话就对抗"的僵局。那么，危机对话需要重拾哪些基本前提？

（一）大局观念

这一前提指向了危机中组织对内部利益相关者的价值引导。在危机爆发后，组织首先要把"自己人"引导至大局利益上来。实践证明，几乎所有危机当事主体都存在"自毁长城"的现象，内耗往往是代价最高的危机损耗。所谓"堡垒总是在内部被攻克"，外界的猜测、质疑和谣言，往往首先来自组织内部的纷乱和冲突。

"攘外"之下的"安内"策略，存在"治标""治本"之分。所谓治标，即在危机显现后，通过有效沟通让内部成员尽快统一到大局利益上来。员工们分散于不同岗位，扮演不同角色，彼此间有着千差万别的既往和不确定的将来，但是当下只有以大局为念、众志成城，方能协力走出困厄。

常见的"战前动员"方法有三个：一是组织领导者要勇于担当、身先士卒并富有团队精神；"领袖都肩负着使命，因为没有他们，那么群体，实际上整个人类都将一事无成"[①]。二是指定危机发言人，以统一信息口径；三是建立分层逐级信息沟通系统，以最大限度凝聚内部共识。

"口径"不见得只是一句话、一段话。"径"字本身即含有尺度、空间之意。换言之，"口径"不是"口令"，要给员工主动理解、创造和解释的空间。一旦员工对正在经历的危机一无所知，或者只能被动接受"口令"，甚至要通过"外部人"和媒体才能揣测自己所在机构的危机，那么他们就极可能由应对事件的"主人"变成冷漠的旁观者。

所谓"治本"，强调的是工夫在平时。危机所考验的，绝不只是组织临场发挥的能力，更多的是"平时成绩"。很难想象一个长期处于价值观涣散状态的组织，于危机之下能够迅速生长出集体"勇敢的心"。组织修炼自己的价值观，正如一个要求完善的人修炼自己的灵魂，长久修持、点滴沉淀方可为之。

（二）共同体精神

这一前提指向的是组织对外部利益相关者，特别是核心利益相关者的价值引导。前文于事实层面强调组织应鼓励利益相关者与自己一道寻找真相，此处则主张将各方引导至共同体精神上来，以合作的力量谋划更优的危机解决方案。

从本质上看，"人与人为什么会冲突"同"人与人为什么会合作"一样，皆源于共同利益。若无共同的利益触点，两个陌生人一般不会发生冲突。这意味着经由对话、协商，回归共同利益，正是化干戈为玉帛的机枢所在。价值冲突也是如此，利益各方应基于对话重拾共同体精神，而非陷入虚耗的价值偏见之争。

趋利和避害皆属人的本能，但是二者之间亦有排序问题。譬如在危机情境下，人们往往会首先选择避害止损。实际上，在大多数危机爆发的初期，人们之间的共同利益链条和共同体精

---

① 塞奇·莫斯科维奇．群氓的时代．许列民，等译．南京：江苏人民出版社，2006：173.

神仍旧存在，断裂的只是对话机制。危机突然降临，由于震惊、惶恐和义愤，人们本能地切割利害以求保护自己——俗语“树倒猢狲散”说的正是此理。面对散场的困局，若对话缺位或协商无效，组织与利益相关者之间的共同利益链条和共同体精神将进一步瓦解。

因此在危机爆发后，组织的行动方向不是急于在公共舆论中遮掩是非、争论得失，而应以强烈的对话意志、卓越的公关能力，将人们召回至共同利益和价值上来。坦率地讲，就是让人们从各自“避害”转向协同“趋利”，由单纯“自保”转向彼此“互救”，从分崩离析转向重返共同体。在此过程中，有两个问题值得注意：

一是在面向核心利益相关者时，直接的、面对面的沟通往往更有效。这一主张所遵循的沟通原则是：让对话者尽可能靠近。大众媒体对危机的强大干预造成了一个假象，人们认定媒体才是危机管理的主战场，甚至视媒体事务为危机传播管理的全部任务。在这样的幻觉之下，组织与利益相关者皆将主要精力投放到媒体，争夺话语权或者透过媒体报道寻找于己有利的证据。危机管理必须击碎这一幻觉，没有比鼓起勇气、直接面对核心利益相关者更具效率的沟通方式。大家一起坐下来，才意味着真正回归共同的利益和价值平台。

二是如果与核心利益相关者直接对话存在种种具体困难，那么第三方的介入便显得必要。权威、公正的第三方不但扮演着仲裁者的角色，他们在很多情况下也发挥着“缓冲平台”的作用。公正的行业组织负责人、有良心的专家学者，往往是第三方“中介”的首选。

（三）公共精神

这一前提指向了新闻媒体及其影响的广大公众，即当事主体在危机中要将媒体和公众引导至公共精神上来。新闻媒体被称为社会“公器”“守望者”或者“灯塔”，这些辟喻说明，公共利益和公共精神是媒体评判危机事件的根本尺度。组织只有适应、尊重这一尺度，才能与“天然和危机亲近的新闻媒体”展开建设性的对话。几乎所有危机实践都证实，背离公共利益和公共精神，组织很难通过媒体和民意的“审判”。

而另一方面，引导媒体坚守公共利益和公共精神，也意味着对媒体的失误和偏差进行纠正。“（记者们）不得不试图扮演着上帝的角色……他们必须在混乱的瞬间判断中，以闪电的速度构造这个世界。”[①] 同所有利益主体一样，媒体亦有其主观的和客观的局限性。主观局限性如记者的道德水准、利益追求、价值取向和业务能力，客观局限性如时间压力、经费压力、碎片化的报道逻辑等。

这些“局限性”意味着媒体的“合理质疑权”本身也是可疑的。譬如，媒体经常不谨慎地挟“公平”“正义”之名，恶意炒作、发起舆论暴力；为捍卫一时、局部之“利益”，而让历史付出长久代价；更有甚者，头顶新闻理想，却下手敲诈、勒索陷入危机的组织。对组织而言，唯有坚持公共利益至上、守护公共精神，才能对媒体干预泰然处之。在必要的情况下，当事者还有必要通过直接敦促、公共讨论和寻求法律保护等手段，对媒体行为的偏差进行纠正。

在一些危机情境下，危机管理者可能有机会革新和增益公共精神。如是，当事主体不仅可以让自己在事实层面转危为安、化危为机，甚或赢得普遍的信任、尊敬和赞誉。譬如在汶川地

---

① 约翰·埃尔德里奇．获取信息——新闻、真相和权力．张威，邓天颖，主译．北京：新华出版社，2004：4.

震、甲型流感等公共危机中，政府除了应对灾情、疫情和舆情，尚可涵化和升华普罗大众的生命意识、健康观念和公共理性；企业在卷入产品、财务、管理、竞争、环境污染等危机时，除了如履薄冰、恪尽职守地处理危机事务外，尚可坦诚地公开自己的经验和教训，使之成为所有利益相关者乃至全社会的共同财富。

三、重建策略

重建路径一般称之为恢复管理，是指在危机事态平息后恢复常态秩序、结构和价值的过程。除了回归正常的生产、生活秩序外，重建路径旨在开创一个经历危机、涅槃重生的价值共同体。组织借此向利益相关者许诺一个共处、共持，充盈着信任和意义的崭新世界。一般而言，恢复管理的主要策略包括：

（一）补偿与救赎

危机过后，当事主体必须重视对利益相关者的补偿，这是重建共同利益链条的必由之路，也是在法律和道德框架内必须担负的责任。恢复管理中的补偿和救赎，一般可分为有形和无形两类：

有形补偿是指对利益相关者的生命、健康和财产损害进行物质和资金方面的赔偿或救助。需要考虑的主要因素包括：组织自身的意愿和可承受力；利益相关者的态度和需求；司法机关、政府部门和第三方仲裁机构的评估和裁决。

无形救赎是指对利益相关者进行精神抚慰，让他们从海德格尔所说的“漂浮的、恐惧的、无意义的世界”中走出来。抚慰同样也不是麻痹、乞怜和表演，它要让受伤害的人获得精神安宁，还要增强他们于未来应对危机的能力和勇气。

（二）重构话语秩序

话语是作为权力关系的建构规则存在的，这种规则是双重的：话语被权力关系建构，同时也建构权力关系。因此，正如权力总是谋求显在或隐蔽的秩序一样，任何话语自身也是一种秩序，并处于更宏大的秩序之中。“所谓话语秩序，是指一个机构或一个社会范围内的话语实践整体，以及它们之间的关系。”①

从这一意义上看，一个社会组织从引发危机、到应对危机和恢复管理，其实就是一个话语秩序被解构、因此努力重构的过程。话语秩序的重构，包括对自我、“我”与“你”、“我”与“大家”三类关系的调整和优化。

首先是自我的超越及其表达。一个成熟、智慧的领导者会发现，危机以最剧烈、最深刻的方式提供了全新的自我评价视角，也因此带来了组织结构创新和价值再造的机会。倘能因势利导，组织便可“化危为机”，塑造焕然一新的形象。

其次是“我”与“你”——组织与利益相关者之间关系的优化及其表达。这意味着要了解

---

① 诺曼·费尔克拉夫．话语与社会变迁．殷晓蓉，译．北京：华夏出版社，2004：41.

利益相关者的期待——你需要我做出哪些改变？我如何获取更优的评价？更重要的是让利益相关者见证、参与到组织的“重建”中来，于开放中建立新的话语秩序。

最后是“我”与“大家”——组织与社会关系的调整及其表达。这是一个“对标”的过程，即发现、分析自我价值与社会主流价值的差距，并力图弥合之。一个忽略、偏离社会主流价值的组织是不可能基业长青的。“话语理解从根本上说一方面和个体模式及目标相关，另一方面又和社会共享的目标、框架、草案和意识形态相关。”①

具体而言，重构话语秩序主要依赖如下几种公关手段：

媒体公关，即通过召开新闻发布会、记者见面会，安排媒体专访，投放新闻稿件等形式，传播组织新的发展理念和行动方针；

事件公关，即参与、主持典型性社会公共事件，向公众展示自身的原则、立场和能力；

领导人公关，即设计领导人活动，通过其在公共场合恰如其分的言行举止，树立良好的公众形象；

全员公关，即让每一位成员都认识到话语重构的意义，积极加入到与社会公众的沟通、协调工作中来，于细微处见精神，争取民意的改变。

（三）价值体系再造

台湾学者吴宜蓁提出，危机传播管理的效能（effectiveness）大体可以归结为三类：媒体效能，包括“危机管理机构被引为主要消息来源的程度”“媒体报道对危机管理机构的正面或负面评价”“媒体记者个人对危机管理机构的整体评价”；社会效能，包括“是否促成大众对某种议题想法的改变”“是否促成政治辩论”“是否促成制度改变”；学习效能，即组织记取前车之鉴，从伤害中学会保护自己和他人，改善自己和他人的生存处境。

很明显，吴宜蓁的概括缺少价值层面的考量。在危机传播管理的效能上，组织除了要促成现状、事实之改变，还应致力于价值的改造和革新。“在平常时期，组织的学习和改变是缓慢的，甚至排斥改变，而危机当头，这些阻力可能会降低或者消失不见，组织可以在短时间内迅速促成改变。”② 危机会“教化”组织于生死两重天的境遇中，重新思考“我是谁”“我为何存在”等问题，并在与利益相关者的对话中实现价值体系的再造和超越。

同时，再造也是一个组织与利益相关者的价值共创过程。在危机结束后，各方应基于有效对话，结晶于危机之下生发、闪现出来的新价值、新意义。这些凝结起的价值和意义应渗透于媒体效能、社会效能和学习效能之中，以使之成为组织、利益相关者和全社会的共同财富。

以上考察了危机传播管理价值之维的三个“二级路径”：迎合、引导和重建。同事实之维一样，沿价值之维的二级和三级路径，可进一步演绎出四级、五级乃至直指各种具体危机情境的方法体系。譬如重建-补偿与救赎-精神抚慰-心理康复-心理医生辅导，等等。

---

① 托伊恩·迪克．作为话语的新闻．曾庆香，译．北京：华夏出版社，2004：109.

② Eric Stern. Crisis and learning: a conceptual balance sheet. Journal of contingencies and Crisis Management, 1997, 5 (2): 69-86.

【复习思考题】

1. 简述危机管理的基本范畴。
2. 结合实例论述危机传播管理的事实路径。
3. 结合实例论述危机传播管理的价值路径。

第十二章

公共关系批判

在理论话语的建构中，任何概念、假设和方法都必然植基于特定的认识框架。而认识框架总是连接历史、对应社会文化情境，并且与研究者的期望和理想拉拉扯扯。本书前十二章大抵存在三条主线：

诠释主义路径，核心问题是寻找公关存在的“元理由”，特别是将公关置于哲学、社会学、政治学、管理学、心理学和传播学的框架内进行建构和解构。这一路径试图解决公关本体论和认识论层面的问题：公关为对话而生，旨在促进利益互惠和价值分享。

功能主义路径，核心问题是在20世纪的社会、历史语境下梳理现代公关的知识谱系和实践模式，即对公关的宣传范式、说服范式、双向开放与均衡范式进行清理和解读，并以此为基础构建了公共关系对话范式。这一路径意在解决公关方法论层面的问题，即如何通过宣传、劝服、双向开放与均衡以及对话实现公关效果。

批判主义路径，核心问题是从价值观、概念与假设、理论与方法等范畴入手，在逻辑与历史的缠结中权衡、批判公关的是非、善恶。与前两个路径相比，对公关的批判在本书前十二章体现得并不充分。本书对公关的辩护明显多于批判。

这自然是本书定位和论述策略的需要，同时也缘于——笔者不得不承认——本书对有效对话抱有乌托邦式的想象。“虽然再现或想象乌托邦充满困境，但是乌托邦理想隐然浮现于社会周遭，人们必须训练自己去发现与追求。”①

然而，批判终究无法回避。一个有生命力的学科，是由它的辩护者和批判者共同建构的。

第一节　公关效果批判

总体而观，公共关系遭遇了四种无法回避的批判：一是理论批判，即对公关理论建设的批判，譬如公关“元理由”缺失，概念与观念模糊，理论资源庞杂，不堪“自足一科”；二是业务批判，即对公关业务流程和实践效果的批判，譬如业务专业化程度不高，效果评价机制缺位或混乱；三是职业道德批判，即对公关职业的道德风险、后果进行评价和反思，譬如说谎、欺

① 卢岚兰．现代媒介文化——批判的基础．台北：台湾三民书局，2006：280.

诈、幕后交易、对新闻媒体的权力寻租等；四是哲学批判，即在哲学、文化层面对作为一种话语宰制（霸权）手段的公关展开批判，譬如在欧洲批判学派的视野中，公关乃现代社会的梦魇、魔咒、骗局、柔性的控制或“透明的监狱”，是虚假的整体性与和谐秩序的建立者、维护者和歌颂者。

本书前十一章回应了公关的理论批判，将公关“元理由”确立为“对话”，并发展了公关对话范式与“事实-价值”模型。在前十一章的铺陈下，本章第一、二节简要回应公关业务批判和职业道德批判，第三节重点介绍公关哲学批判。

一、公关效果评估的困境

业务批判指向了公关的实践过程及其效果，即公关是否奉行专业主义开展业务流程，是否取得了可测量和评价的效果。本书此前相关章节介绍了卡特里普等人确立的公关业务流程，即由“调研-策划-执行-评估”构成的“四步工作法”。一个成熟的公关部或专业公关公司大抵上是依循这四个步骤开展业务工作的，至于偏差，主要是由于团队素质或公司个性造成的。因此，针对公关业务流程的批判更多地指向了业务水平和公司管理风格问题，无须在理论上做出太多回应。

真正令公关学界和业界头疼的业务批判，其实是对公关效果及其评价机制的怀疑和指责。

“及至1990年代晚期，管理史观渐显强弩之末，公关研究声势浩大地进入‘关系’的年代，这既指明了一个新的方向，也使公关之功能与目的更形彰显；同时公关效果也更易测量，而公关之贡献也更易为企业主所认知。”[①] 这一论断预言了一个“新趋向”，同时也揭露了一个“旧秘密”。

所谓旧秘密，即公关从未建立一套令人信服的效果评价体系，效果的疑云一直遮蔽着公关从观念到实践的专业性和正当性。而所谓新趋向，即本书第二章述及的关系流派的崛起，它被认为带来了公关效果测量的新可能性，并因此超越了早前的说服流派和管理流派。

事实上，公关界从未放弃建立效果评价机制的努力。早在1930年代，伯内斯就提倡通过个案访谈和问卷调查等方法对公关行为进行预判和效果评价。1940年代以后，社会学、政治学、心理学、管理学和传播学等诸多学科在研究方法上持续创新和进步，公关学科亦从中受益，各种定性、定量的研究方法被广泛应用于公关调查和效果评价之中。及至1980年代，多泽尔总结了三种互为补充的公关效果测量方法：科学的量化统计，个人的主观直觉，通过计算文宣剪报等分析媒体曝光度。[②]

多泽尔归纳的三种方法也遭到诟病。在实践中，“科学的量化”往往导致人们拿营销或广告的标准计算、测量公关效果，譬如公关投入与产品销量、大选票数的因果关系，公关信息传播的千人成本率等。没有一个专业人士会同意用销售指标衡量公关绩效。在很多情况下，公关

① J. A. Ledingham, S. D. Bruning, T. D. Thomlison & C. Lesko. The applicability of interpersonal relationship dimensions to an organizational content: toward a theory of relationship loyalty: a qualitative approach. The academy of managerial communications journal, 1997, 1 (1): 23-24.

② D. M. Dozer. Program evaluation and roles of practitioners. Public relations review, 1984, 10 (2): 13-21.

只是为了说服一个人或影响一项政策或赢得某种善意，而与销售无涉。不仅如此，那些长期的、隐性的、偶然性的、内在的公关效果往往很难被量化，遑论科学。

而作为量化手段的补充，“个人的主观直觉”虽然必不可少，却未免“任性”随意，个人直觉并不可靠，不同主体之间的主观感知和想象亦相去甚远。譬如格鲁尼格最大的苦恼，恐怕就是如何为“双向均衡模式有利于提升组织绩效”找到直觉之外的证据。

通过文本分析等方法计算“媒体曝光度”亦非万全之策。譬如，那些未见诸报端的公关活动又当如何测量？在今日互联网时代，人际交往、社群互动日益频繁，公关活动的“去媒体化”趋势明显，“媒体曝光度”已然不是唯一或最重要的公关效果预设。对组织而言，如何与用户直接、有效沟通，增强用户体验和参与，构建稳固而又充满活力的关系网络和共同体才是最值得追求的公关效果。

方法论困境逼迫人们重新检视公关的目标预设和效果评价问题，进而又推动了公关范式创新。在1990年代之前，公关宣传、说服、双向开放与双向均衡范式相继占据主导地位，它们在效果测量方面的共性是极其重视公关的“传播产出”或曰传播效果。台湾学者张依依对此反思说：“长久以来所追求的‘传播产出’（communication production）其实是一个错误的方向。”① 公关追求“传播产出”竟犯了方向性错误？

在张依依看来，既往一个世纪的公共关系研究聚焦于“公共”二字，“传播”特别是大众传播成为公关论域的核心问题。就组织立场而言，“传播产出”便顺理成章为公关效果评价的焦点。相反，学界对“关系”的研究却付诸阙如，“从来没有人把‘关系’当作主要分析单位进行研究”②。换言之，无论是传播学视角下的宣传、说服范式，还是管理学视角下的双向开放、双向均衡范式，重心皆在“公共”二字，而“关系”则相对受到冷落。显然，“公共”——公共空间、公共舆论、公众性、公共性皆为与“传播”而非“关系”联系更紧密的概念。

二、关系、修辞与公关效果

张依依的反思代表了一大批学者的心声。布鲁姆、莱丁伯格和格鲁尼格等人在1990年代末“齐刷刷”地出现了“关系范式的转向”，他们的共识是，关系比传播“更彰公关精义，更符时代精神”。关系范式迅猛崛起，十余年间蔚然成风，以至于有学者建议将公关的称谓由“public relations”改为“public relationship”，理由是后者强调更深层、更持久的“关系”。

1997年，布鲁姆、卡塞和里奇等人提出了公关的“关系理论模式”，如图12－1所示③：

布鲁姆等人的理论地图主要包括三个版块：前提，即公关活动的外部环境、社会规范和所需的资源；概念，即公关活动的形态、手段和方式，包括交换、交易或其他交往活动，而关系

① 张依依．公共关系理论的发展与变迁．台北：五南图书出版股份有限公司，2007：195.

② J. R. Pavlik & C. T. Salmon. Theoretic approach in public relations research. Public relations research and education，1984，1（2）：39－49.

③ G. M. Broom，Shawna Casey & James Ritchey. Toward a concept and theory of organization-public relationships. Journal of public relations research，1997，9（2）：83－98.

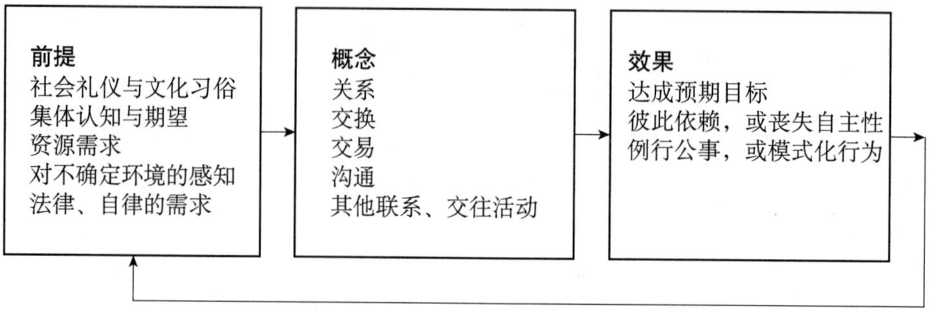

图 12－1 公关的“关系理论模式”

的建立和维护居于首要位置；效果，即欲求目标的实现、彼此依赖关系的形成，交往的常规化、模式化等。

布鲁姆等人据此认为，“所谓公关即组织和公众之间的互动、交易、交换及其关系状态……虽然这些关系本质上是动态的，但可依某一时间点进行描述，并长期追踪观察”①。莱丁海姆和白朗宁也是关系范式的支持者，他们呼应了布鲁姆的公关定义，认为公关本质上是“组织和其主要公众之间的一种关系状态，彼此的任何动作，都可能影响对方在经济、社会、文化和政治诸领域的福祉”②。

2000 年，作为公关理论“宗师”的格鲁尼格也发生转向，盛赞布鲁姆等人的“关系模式”为“极佳框架”，并认为它可以同自己的双向均衡模式“相互激发”。激发的结果是，格鲁尼格着手修正布鲁姆等人的“关系理论模式”：

在“前提”方面，格鲁尼格认为应加入对具体情境的考量，而不只是一般性的环境、规范和需求，因为所有关系都发生于具体情境之中；在“概念”方面，格鲁尼格提出了“接近”“开放”“进取”“保证与承诺”“建立关系网络”“任务共享”等六项建立和维护关系的策略；在“效果”层面，格鲁尼格认为应以相互信任、相互控制、相互托负、关系满意度、目标或承诺兑现程度作公关效果或关系质量的评价标准。

同在 2000 年，迪米特、贝尔和伯吉斯等人通过医患关系研究，并综合他人研究成果，系统描述了公关效果评估指标：

认知度（彼此知晓、了解吗?）、互惠性（利益分配合理吗?）、信任度（彼此信任吗?）、开放性（彼此愿意走近对方吗?）、正当性（关系各方的地位、权力正当吗?）、满意度（对彼此关系状态满意吗?）。不难看出，这些指标试图整合“传播产出”与“关系质量”两个维度的公关效果。

在整合“传播产出”与“关系质量”评价指标方面做出实质性贡献的，是几乎与关系范式同时登场的修辞范式。本书此前相关章节已指出 20 世纪末修辞学复兴和公关修辞范式兴起，

① G. M. Broom，Shawna Casey & James Ritchey. Concept and theory of organization-public relationships// J. A. Ledingham & S. D. Bruning. eds. Public relations as relationship management：a Relational approach to the study and practice of public relations. Mahwah，NJ：Lawrence Erlbaum Associates，Inc.，2000：3－22.

② J. A. Ledingham，S. D. Bruning. Relationship management in public relations：dimensions of an organization-public relationship. Public relations review，1998，24（1）：55－65.

“另立山头，来势汹汹”。修辞范式之兴亦非偶然，主要缘由有三：

第一，修辞以意义的生产和分享为根本任务，这更接近公关的本质。诚如希斯所言，意义乃公关之基。与传统上视修辞为说服之术、以辩制胜不同，新修辞学派认为言说者正是透过修辞进行对话，于意义传递中寻求共识、建立关系。希斯强调，新修辞服务于对话。无论个人还是组织，每一个“发声者”皆是修辞的使用者和意义的创造者，在对话中生产和分享意义。力挺修辞范式的皮尔逊提出，“对话是最起码的要求……也是公关职业伦理的核心要义”①。张依依认为，“这样的解释，四两拨千斤地破除了许多人对修辞的顾虑，特别是对‘说服’这个概念的畏惧”②。

第二，修辞的分析方法有利于深入文本评价公关效果。较之“关系质量”和传统的“传播产出”指标，修辞更关心符号背后的意义生产机制，譬如消息来源是谁？他在社会权力结构中扮演何种角色？他的意图、逻辑和责任是什么？不同权力主体间的意义输出与输入状态如何？一个“发声者”的文本主题、内容、结构和风格是怎样的？在对话文本中，“必须”“严禁”“我们”“他们”这样的词汇出现了多少次？在“互文性”表达中，哪些符号和意义被表达者承继、哪些则遭到刻意的淡化或颠覆？

在效果评估的具体方法上，关系范式的公关效果评估和传统的“传播产出”评估，主要通过民意调查、市场调查和社会调查中的各种手段测量知晓度、信任度、满意度、开放性、互惠性和正当性；而修辞范式则更倾向于“咬文嚼字”，通过内容分析、情境观察等方式考察对话的主题、符号、意义、调性、情感和场域，以分析话语背后的权力关系和意义生产机制。

第三，修辞范式有利于公关的自我检视和批判。自古希腊始，修辞就被认为是一个与建构自我与世界关系、发现真相和真理、培养德性和美感相关联的人之为人的“大问题”。这种观念一直延续至今日，“我们必须对公共对话尽责，我们必须参与自我解放”③。如今，修辞批评已成为文艺批评、媒介批评和公关批评的一个重要取向和方法。

在修辞学者看来，既然公关所谋求的“关系”，是依靠沟通建立和维护的，那么这个公开的沟通过程就应该经得起检验。谁在说？说什么？目的何在？谁的权力和机会被剥夺？谁的声音被轻视和压制？对话的前提——共享信念、价值观等是否存在？与此相应，公关是谁的宰制工具？它响应和创造哪些意义、价值与文化？

张依依在借鉴皮尔逊等人研究成果的基础上提出，公关自艾维·李时代始便纠缠于如下“象征密码”（symbolic codes）和表达框架，它们也正是基于修辞分析开展公关批判的参考框架④：

谎言（fiction，lies）vs 真实（truth）

---

① R. Pearson，C. H. Botan，V. Hazelton. Business ethics as communication ethics：public relations practice and the idea of dialogue. Public relations theory. New York：Lawrence Erlbaum，1989.

② 张依依. 公共关系理论的发展与变迁. 台北：五南图书出版股份有限公司，2007：214.

③ K, M. German. Critical theory in public relations inquiry：future directions for analysis in a public relations context//W. N. Elwood（ed.）. Public relations inquiry as a rhetorical criticism：case studies of corporate discourse and social influence. Westport，CT：Praeger，1995：279 - 294.

④ 张依依. 公共关系理论的发展与变迁. 台北：五南图书出版股份有限公司，2007：231. 笔者核对皮尔逊原文“Perspectives on public relations history”，对部分概念进行了重译。

秘密（secrecy）vs 公开（openness）

派系（partisan）vs 中立（neutral）

说服（persuasion）vs 理解（understanding）

形象（image）vs 现实（reality）

宣传（propaganda）vs 教育（education）

扒粪者（muckraker）vs 新闻绅士（gentleman of the press）

综上，关系范式和修辞范式的崛起及其与传播范式、管理范式的汇流，使公关效果评估获得了聊以自慰的明确指标和方法。从百年现代公关史看，这是一个了不起的突破。但是，这些指标和方法皆指向了具体公关行为和活动的效果（effect）测量，而未能覆盖公关道德和文化“后果”（consequence）的考察。

第二节　公关道德批判

当公共关系显著而充满争议地卷入政治、经济和文化诸领域，成为联结、贯通现代社会系统的经络，道德伦理建设和批判便成为整个行业在价值方向和行动纲领层面的重大课题。

纵观一个多世纪的现代公关发展图景，公关促进了真相的发布、真理的发现还是反其道行之？增益了善治和繁荣还是加剧了危机和罪恶？是形塑共识、认同还是施加头脑和心灵控制？是美好、和谐之共同体的引领者，还是喧嚣、争斗、狂欢、狂怒之欲望同盟的操纵者？世界范围内的政治、商业利益集团和文化族群日益自觉地通过公关来论述自身的合法性，以之为利益和价值表达的手段，而公关行业自身的道德伦理根基何在？

本节在回溯 20 世纪以来社会思潮演进和时代主题迁转的基础上考察现代公关史，进而在公关史中清理公关伦理史。清理的重点包括：20 世纪初进步主义语境下现代公关童年期“居间协商”的道德理想，20 世纪中期实用主义哲学主导的公关“社会责任”体系，20 世纪末至今社群主义思想驱动的公关伦理的“对话转向”。

一、实用主义的道德观

现代公关诞生于美国进步主义运动之中。这场运动囊括了大众抗争运动、媒体“扒粪”运动、基督教社会福音运动、女权运动、环保运动、教育和医疗革新，以及重建市场竞争秩序、扩大民主权利、再造国家哲学等纷繁复杂的利益斗争和社会改良方案。

如本书第一章所述，进步主义改革肇端于危机。疯狂的工业化和城市化造成了垄断、腐败、相对贫困、阶层分化、环境破坏和道德理想凋零等一系列灾难性的社会后果。这导致劳资对抗风起云涌，更多危机一触即发。新闻媒体搅动舆论，“扒粪”记者将权钱黑幕和罪恶暴露在阳光下，不满者与不满者相遇并形成了抗争共同体。流血冲突时有发生，统治集团的炮火和民众的怒火，似乎旦夕之间就会达及燃点。在世纪之交，人们面临着国家命运的选择题：以暴力革命颠覆既有秩序、"推倒重来"，或者在既斗争又妥协的情况下实施温和改良。

美国最终踏上了改良之路，在促成这一抉择的复杂社会历史动因中，以下共识不可或缺：沟通优于对抗，尤其是在剧烈的社会危机和族群冲突中，沟通本身即是一种伦理性选择。危机昭显了这种伦理价值：沟通意味着理性、平等、开放地解释和解决问题，而扼制"镀金时代"对物质财富的疯狂欲望、促进社会公平正义、打破利益板结、建立开放社会，正是大众抗争的核心诉求；沟通即赋权，人们参与到由劳资沟通、官民沟通、新闻报道和其他社会互动所构成的公共讨论中，并因此获得了自我、改革者与国家命运主人等多重身份的认同。

"公共关系正萌芽于此时此处"，当其他人试图通过革命"彻底推翻当下文明，来解决财富分配不公问题时，艾维·李在致力于推动现有制度下的进一步改良，因而弥足珍贵"[①]。艾维·李决意以居间协商者的身份促进组织与大众的沟通，他在1903年开办了世界上首家专业公关公司（public agency）。

在受雇宾夕法尼亚铁路、洛克菲勒家族期间，艾维·李确立了现代公关职业道德的一些基本信条：

一是信息公开和讲真话。艾维·李相信公众和企业之间存在沟通、互信的可能。在1925年出版的《公关的是与非》（*Publicity—Some of the Things It Is and Is Not*）中，他明确提出"公众乃真正的力量"，公关的根本作用是引导公众相信这家公司是真诚（sincerely）和诚实（honest）的。企业要通过信息公开唤起公众的同理心（sympathy），使之感受到企业的诚信品格。"管理铁路公司的也是人，有血有肉，和公众一样拥有感情。当事故发生时，为什么不让公众知道你们对受害人的苦难感同身受？"[②]

二是利益互惠。艾维·李在自己的一本书里特意用大写字母留下了这样的句子："向公众讲出你的故事是我的信仰。"[③]讲什么样的故事呢？当然是真实、有趣的故事，而更重要的是故事的内容必须体现大企业和公共机构的开明互惠原则——这一切不只为了企业，也为了公众。譬如，他是这样讲铁路公司的故事的：宾夕法尼亚铁路公司在大冷天向所有道班负责人发出通知，让他们务必保证铁路沿线的所有工作人员和乘客都能听见自己的哨声，因为天气太冷，人们可能会带着耳罩。

三是言行合一。成功的公关活动都离不开一个前提：企业尽可能为公众提供最佳服务。如果公关是为了替企业赢得人气和善意，那么公开的信息就要包含公众认为"好"的东西。在艾维·李看来，"说到底，公关意味着公司和大众之间实实在在的关系，这关系不是张口说说那么简单，而是要去做"[④]。他进一步指出，"不要把公关当成是企业不当行为的保护伞。如果真的想要解决问题，你应当把公关当成理清问题根源的防腐剂和消毒剂，随后把它带到医生——

---

① Ray Eldon Hiebert. Courtier to the crowd：the story of Ivy Lee and the development of public relations. Iowa City：Iowa State University Press，1966：36.

② Ivy Lee. Publicity—some of the things it is and is not. New York：Industries publishing company，1925：53-54.

③ Ivy Lee. Publicity—some of the things it is and is not. New York：Industries publishing company，1925：58.

④ Ray Eldon Hiebert. Courtier to the crowd：the story of Ivy Lee and the development of public relations. Iowa City：Iowa State University Press，1966：48.

也就是公众那里”①。

艾维·李的信条也遭到了持续的质疑：你真的做到了一直讲真话吗？你能改变受雇于利益集团并为之服务的身份和立场吗？

1915 年春天，艾维·李四次站在法庭上接受质询，原因是他被怀疑以“神秘的”不法手段操纵宾夕法尼亚铁路公司、洛克菲勒家族和无烟煤业主。庭证结果显示，李做到了让他的客户讲真话，他成功劝阻洛克菲勒家族收买媒体，认为除了提供真相，“不应该花任何一分钱，企图以任何方式直接或间接地影响媒体的立场”，他还引导煤矿老板“亲自表达，坦诚表达，完整表达”。但是，质询者坚持认为，艾维·李所谓的讲真话，不过是拿一些事实碎片拼接于企业或公共机构有利的真相图景。

此外，他也改变不了自己的受雇者身份。在一次采访中，艾维·李被问及“如果信息符合雇主利益而非公共利益，是否应当发表”。他回答说：“公关专家和其他人没什么两样，不能做不诚实的事，却也无法从中脱身。”②

第一次世界大战结束中断了美国的进步主义运动，却使美国成为更大的赢家。战后，美国经济进入黄金十年，公关实践和理论亦获得长足发展。这就进入了伯内斯时代，他闯入新兴的公关行业，赚取了巨额财富和显赫的声名。伯内斯的成功，让一批仰慕不已的年轻人涌入新兴的公关行业，他们觉得这个行业极富潜质，充满挑战、乐趣和激情，成功之花随处可采。

可惜好景不长，公关作为市场繁荣的加速器和社会认同的黏合剂没多久，1929 年爆发的大萧条骤然降临美国，资本主义制度一时竟走到了悬崖边上。两年之内，14 万家企业倒闭，1700 多万人没有工作，就连在纽约百货公司开电梯也得拥有学士学位。逾 30 万儿童失学，密西西比州、爱达荷州的教员只能到学生家“蹭饭”。物质萧条伴随着精神消沉。失业使许多人信心委顿、悲苦度日，自尊沦丧，斯文扫地。“永远没有人能计算出，美国文明付出了多少代价。”③

危机之下，罗斯福总统发起了著名的“新政”改革。他在政治上推行国家干预主义，在经济上采纳凯恩斯主义，在社会层面实施福利主义。他通过金融改革、以工代赈、保护劳工等措施，在物质上扶危救困；同时他缓和劳资矛盾、起用“黑人智囊团”、促进种族平等、安抚知识分子，在精神上重整旗鼓。

罗斯福新政受益于政治游说和政府公关。他自 1933 年 3 月发起的 30 次“炉边谈话”，至今仍被认为是政治传播和危机公关的典范。就职第八天，罗斯福在总统府外宾室壁炉边面向 6000 万美国广播听众发表讲话，他放弃官场演说那一套，如在家中交谈。他声音浑厚悦耳，语调轻柔舒缓，称呼听众“我的朋友”。他游说人们把钱存进银行以重振国家金融：我可以向大家保证，把钱放在经过整顿、重新开业的银行里，要比放在褥子下面更安全。第二天，人们

---

① Ray Eldon Hiebert. Courtier to the crowd：the story of Ivy Lee and the development of public relations. Iowa City：Iowa State University Press，1966：44.

② Ray Eldon Hiebert. Courtier to the crowd：the story of Ivy Lee and the development of public relations. Iowa City：Iowa State University Press，1966：36. 1924 年 12 月 30 日，李在芝加哥面对美国新闻学教师协会（American Association of Teachers of Journalism）发表了一次演讲，并在随后接受的采访中谈到了一系列和公关相关的问题。

③ David A. Shannon. The great depression. Prentice Hall，1960：93.

带着不久前挤兑出来的钱和黄金，在银行排起长龙；一周后，全国四分之三的银行复业，交易所铜锣又响。

技巧总是次要的。罗斯福的“炉边谈话”及其12年任期内的998次记者招待会涉及金融整顿、工业复兴、社会福利、种族平等、劳资纠纷处理和保障民众权利等各个方面，而其政治公关的统摄性主题是社会责任。他主张建立积极行动的政府，担负市场和社会难以解决、无力承受的责任，比如拯救经济危机、促进公平正义、重建精神家园；他强势要求企业配合政府，消除你死我活的商业竞争和对劳工的残暴，建立最高工时和最低工资制度。

企业最初抱以抵抗态度，而后却实用主义地发现，文明竞争、关爱底层、善尽社会责任有助于救赎自身的财富原罪，有助于赢得理解、信任和尊敬从而摆脱危局。

到了20世纪40年代，以伯内斯为代表的公关人开始关注实用主义伦理（ethical principle of utility）的力量。伯内斯认为，每个社会成员都需要在公共责任方面接受持续的启迪和教育。训练有素的公关人可以运用他们的智慧和经验为公共利益服务。“谁将为一个更好的社会而奋斗？如果不是那些知晓如何谋求公意、如何利用压力团体纠正社会不公正和不平等的公关顾问的话，还有谁呢？”[①] 伯内斯在为美国护理协会（American Nurses Association，ANA）提交的报告中指出，“伦理标准”应成为行业公关的一个重要的主题，它能“帮助护理行业在全美找到安身之处”。

以社会责任为道德诉求的政治和商业公关越过二战，一直延展到20世纪中后期。1950年代，“慈善企业主题被认为纠正了企业的‘强盗大亨’形象，弥补了大萧条时期的不良记录”，公关地位亦得提升，企业以之为“策略性的慈善”和积善之资。[②] H·R. 博文（Howard R. Bowen）在1953年出版了《商人的社会责任》，将社会责任问题理论化，提出“原本不受约束自由发展的企业现在需要承担对工人、顾客以及大多数公众的义务，以此作为企业生存的条件”[③]。而政治公关亦秉持社会责任理念，效力于新时代的革新和进步。

1960年代的美国又遇到了新的问题。美苏两大阵营严峻对立；种族偏见和“越战”令人头疼，传统价值观不再可靠，“虚无”“垮掉”的一代长大成人，摇滚、荒诞、毒品和乱性席卷年轻一代，有人怀念充满热望的罗斯福新政时代，有人面向不确定的未来奔走在路上。约翰逊总统因应时势提出了“伟大社会”的构想。他认为在新旧秩序交替的年代，当着眼社会责任和公共福祉创造一个人人都生活得更好的社会。

进步主义、新政和开创伟大社会在价值主线上其实是贯通的：消化自由主义不可避免的负面社会后果，平衡自由竞争与公平正义、强者与弱者的关系；消化城市化、工业化和物质主义的异化后果，平衡财富增长与人性拓展、利益追逐与意义构筑的关系；消化社会转型的风险和代价，平衡新旧秩序、个体与共同体的关系。这始终是一个召唤各方自我救赎和善尽社会责任，沟通以成就共同体，在危机中避免革命而走向改良的实用主义进程。

---

① Edward L. Bernays. The later years：public relations insights 1956－1986. Rhinebeck，New York：H&M Publishers，1986：40－41.

② John C. Nerone. Last right-revisiting four theories of the press. Chicago：University of Illinois Press，1995：15.

③ May，Steve. Reconsidering strategic corporate social responsibility：public relations and ethical engagement of employees in a global economy. National communication association conference paper，2008：11.

公关助推了这一进程。在1920—1960年代，伯内斯反复论述了公关对社会发展的介入方案：促进组织与公众彼此理解、相互适应，形塑公众舆论，制造社会认同。“在当代社会组织中，公众的认同对于任何重大事业而言都是至关重要的。所以，若未得到公众的接受，值得赞美的运动亦将惨遭失败”①。然而，“商业机构并不情愿接受公众的命令。当然，它也不应图谋强令公众。公众要感谢大规模生产和科学营销的商业模式带给他们的利益，商业机构也应感谢公众日渐增强的判断力，并尝试理解和满足他们的要求。只有商业机构和公众彼此合作、让步，双方呈现的关系才是健康的”②。

政治领域亦然，一方面要赢得普罗大众的拥护，一方面也要主动调整大众的心智，“无论政府职位的竞选、对新议题的解释和推广，还是将日常公共事务管理变成社区生活的重要问题，宣传的使用——对公众心智的精心调整，已然成为政治生活必不可少的部分”③。1966年，伯内斯重申“塑造舆论”即“塑造公共良心”，这是一个有高尚理想的工作，意义在于纠正社会的不公正与不平等，并为建设一个更好的社会而奋斗。④

从艾维·李到伯内斯，现代公关的道德观念发生了微妙变化：前者重视统治集团的改良、妥协和取悦公众——艾维·李的传记即被命名为《取悦公众》（*Courtier to the Crowd*）；后者则强调协商、互惠和共同的善意，并且提出“如果政治家学会了如何将自己在公共福利和公共服务方面的观点与选民的思想融为一体，那么他就没有必要成为公众偏见的奴隶。对于我们这个时代的政治家来说，重要的事情不是如何取悦公众，而是要知道如何影响公众。”⑤

然而，我们必须指出的是，艾维·李和伯内斯的公关道德取向皆是实用主义的——“如是，你好我也好”。他们二人加上罗斯福、约翰逊都是杜威的信徒，都深受实用主义哲学的影响。在杜威那里，真理即实用，道德亦复如是。

博雅公关创始人夏博新在回忆20世纪中后期公关界的社会责任理念时提到，“没有企业能始终处事如君子，常以最高的道德标准要求自己，也没有企业是罪孽深重，一直要背负社会的指责”，“有时企业一边履行社会责任而同时又一边伤害社会利益”，公关的价值在于帮助企业响应社会变革，培育并维持社会责任感。⑥ 就此而言，公关自身的改革及其对社会改革的介入，应坚持这样一个实用主义原则：“改革不是无私向自私的挑战，而是把每一方的利益都捆绑到公共利益上来，在对话、竞争和妥协中各得其所。”⑦

当然，实用主义伦理并不如伯内斯等人想象的那样可靠。这种伦理取向仅仅关注事件和案例，关注特定情境下的公关道德效用。实用性、情境化预设了公关道德个人化、偶然性和尺度混乱的风险，即过度依赖从业者及其雇主的道德选择和价值排序，而他们并不能总是做出道德正确的决策。“在具体案例中，公关伦理问题屡被提及；然而，实用主义公关从业者在回答问

① Edward L. Bernays. Propaganda. New York：Vintage Books，a division of Random House，26.
② Edward L. Bernays. Propaganda. New York：Vintage Books，a division of Random House，66.
③ Edward L. Bernays. Propaganda. New York：Vintage Books，a division of Random House，94.
④ Edward L. Bernays. The outlook for public relations. Public relations quarterly，1966（10）：34－38.
⑤ Edward L. Bernays. Propaganda. New York：Vintage Books，a division of Random House，104.
⑥ 夏博新在第十八届世界公共关系大会欢迎晚宴上的致辞，2008年11月13日，中国北京，友谊宾馆.
⑦ 胡百精．对话与改革：美国进步主义运动时期的公共传播与社会认同．中国人民大学学报，2012（6）．

题时总是引用专业条例中的原则和规章。一旦碰上道德选择，他们便束手无策。”①

一个经典的反面案例是，1985 年，公关人弗朗科（Anthony M. Franco）因事先知晓雇主股票信息而进行内幕操作，谋利甚巨，随后锒铛入狱。而这位弗朗科先生正是彼时的美国公关协会主席，他在就任主席职务时曾声称：“我的目标就是让全体公关协会同仁将社会伦理守则熟记于心。”②

二、社群主义与对话伦理

20 世纪后期，社群主义（communitarianism）以批判和超越自由主义的姿态崛起。公关领域马上对社群主义思想做出了响应。如本书之前章节所述，格鲁尼格提出了带有强烈社群主义色彩的公关价值观和伦理体系，“我相信合作、集体主义和社会统合主义，以及共同体关系，应该成为我们认定的公关职业的核心价值；它们也正是公关所能贡献给客户和社会的核心价值”③。他在为自己的双向均衡模式及其倡导的“双赢”“协同”“合作”等观念辩护时进一步指出：“双向均衡模式在哲学层面也更符合道德和社会责任……因为它管理冲突，而非挑起纷争。”④

公关学界对社群主义思想的重视并非偶然。尽管公关行业一直宣称自己是民主、自由的产物也是其保障——就其促进统治集团与大众沟通、促进信息传播和观点扩散而言也的确如此，但是批评者认为公关说到底是权威对大众的控制，它所制造的认同并非心灵相契，而是源于诱惑、服从、幻象、催眠、招魂、遮掩，甚至赤裸裸的欺骗。社群主义思想为精英引领大众、调整公共议程的优先性、形塑分散的个体为整体、基于意见的多样性而构建同一性等公关框架提供了理论资源和道德基础。正因为如此，很多公关学者欢喜地接纳了社群主义，并对之寄予厚望：“它的精神，潜伏着公关的未来”⑤。

公关学者香农·博文受康德道德哲学的义务论观念启发，在 2004 年对格鲁尼格的卓越公关理论及其体现的社群主义思想进行具体化，提出了公关行业的伦理标准：公关实践应当基于人们的普遍理性（rationality）和道德律令（the categorical imperative）；公关决策必须充分自治（the law of autonomy），免于不恰当规则和雇主私利的牵绊，在道德决策的灰色地带（grey areas）更应自律；人非手段而是目的，公关业者要护念人的尊严和对人的尊重（dignity and respect）；公关业者要承担对利益相关者的义务（duty），并始终抱持道德上的善意（the moral

---

① Robert van Es，Tiemo L. Meijlink . The dialogical turn of public relation ethics，Journal of business ethics，2000，27（1-2）：70.

② Margaret A. Blanchard，Carol J. Burwash. History of the mass media in the United States：an encyclopedia. Chicago：Fitzroy Dearborn，c1998：146.

③ J. E. Grunig. Collectivism，collaboration，and societal corporatism as core professional values in public relations. Journal of public relations research，2000，12（1）：45.

④ Linda Childres. J. Grunig's asymmetrical and symmetrical models of public relations：contrasting features and ethical dimensions. IEEE transactions on professional communication，1989，32（2）：92.

⑤ Dean Kruckeberg & Kenneth Starck. Public relations and community：a reconstructed theory revisited. // R. Heath & G. Vasquez. Handbook of public relations. California：Sage，2001：59.

good will）。①

香农·博文将公关伦理研究“康德化”具有象征意义：康德的道德哲学正是罗尔斯新自由主义政治学的重要思想来源，博文实际上以格鲁尼格的双向均衡公关模式为基础，试图实现社群主义和自由主义观念在公关伦理层面的汇流。而格鲁尼格、香农·博文等人的努力，归根结底是为了把公关的道德伦理追求嵌入自由、平等、正义和共同体等更基础也更重要的文明价值中去，以为公关的合法性和正当性辩护。简言之，他们操持目的论，通过规划公关的价值理想来牵引公关伦理实践。

在一定意义上，价值理想取向的公关伦理是对实用主义取向的公关伦理的纠偏。令人沮丧的事实表明，实用主义公关伦理是不可靠的，公关业者唯有遵守先验、绝对的道德律令，捍卫价值理想，才能守住行业合法性。但是，格鲁尼格和香农·博文路向的公关伦理也存在明显的局限，他们的理想主义被诟病为空谈，作为权力和利益的表达与实现手段，公关不可能成为只在乎美的诗歌或者只看重彼岸的神谕。面对批评和一些实践个案，格鲁尼格后来也承认，如果没有利益上的互蒙其惠，那么沟通和合作是难以为继的。

2000年，艾斯（Robert van Es）与梅杰林（Tiemo L. Meijlink）提出了公关伦理的对话转向，他们试图整合格鲁尼格的“双向均衡”的价值理想和实用主义公关伦理，并以元伦理框架（meta ethial framework）构建个人伦理、职业伦理和公共伦理三位一体的“对话主义公关道德”②。

他们在总结皮尔森（Ron Pearson）、马祖尔（Mazur）等人成果的基础上，宣称对话取向的公关伦理不只关注公关业者的实践，而且重点考量组织与其交流者（包括群体和个人）关系的总和，这些关系涵盖了他们之间的互动、对话，也承载着社会和政治义务（公平和关爱）、环境义务（公共利益和生态利益）。对话伦理是多种道德反思平衡的结果——道德相关事实（relevant facts）、道德直觉（intuitions）、职业伦理准则（principals）和价值理念（ideals），公关的真正作用正是建立和维护组织与利益相关者之间有道德的对话关系。同时，对话要遵从一定的规则和程序，各方必须就程序公平、议程设置和表达渠道达成共识。

在对话的程序伦理方面，哈贝马斯做出了重要的理论贡献。他认为基于主体间性的有效对话，应当奉行如下几项程序伦理：

一是可理解性。作为“所有普遍性要求中能够被内在得以满足的唯一的要求”，可理解性是对话行为得以开展的基本前提。③ 它要求对话者在语用上遵循共同或相通的语法和语言结构规范，选择彼此可领会的表达以便相互理解。可理解性至少有三项所指：对话者能够对彼此交换的信息进行正确的编码和译码，以同样的方式理解一个语言学表达；任何一方的表达都力图准确、明了，并以对方能够完整、深入地把握语义为主要目标；任何一方都不应滥用知识、权力和修辞优势，而应以必要的沟通技巧确保对方理解自己的表达，即表达务必以理解和共识

---

① Shannon A. Bowen. Expansion of ethics as the tenth generic principle of public relations excellence: a kantian theory and model for managing ethical issues. Journal of public relations research, 2004, 16 (1): 71-75.

② Robert van Es, Tiemo L. Meijlink. The dialogical turn of public relation ethics. Journal of business ethics, 2000, 27 (1-2): 70.

③ 哈贝马斯．交往与社会进化．张博树，译．重庆：重庆出版社，1989：28.

为导向。

二是真实性。哈贝马斯从语用层面提出，主体的陈述必须提供与客观世界相符的事实，“陈述性内容的有效性依赖于被陈述命题是否提供了一个事实（或被提及的陈述性内容是否拥有存在的先决条件）”。为了保证交往的理性和有效性，对话者必须坚持真实性规范。这一方面意味着言者所陈述的语句、命题应与事实相符，一方面也意味着与听者分享信息和知识，从而提升了解真相、正确认知的可能性。

三是正当性。这一原则指向了对话者的关系协调和他们所处的社会世界。在对话中，每一方都应明白什么样的言说行为对于相互关系和彼此认可的规范性背景来说是正当合宜的。哈贝马斯强调，“一项言说行动的有效性有赖于其与被认可的规范背景协调一致”①。若以前述有关生活世界的理想言说情境为例，正当的言说行动理应不悖地位平等、机会平等和话语权平等诸规范，更应坚持以达成理解、共识为目标和本怀。

四是真诚性。这是针对言说者主观世界——表达动机、意向的规范，即真诚表达、心口一致、口惠实至。“表达意向的有效性依赖于它是否与言说者实际意向的东西相对应。”② 当言说者将自己的动机、意向不加扭曲地转化为对话中的陈述、以言行事和以言施效，真诚性宣称即得以实现。这一宣称亦可具体化为两个要求：一是言说者真诚地自我表达、坦率地彼此沟通，为相互信任、谋求共识的对话关系建立基础；二是对话者自主自觉地聚焦于真正的核心问题，而避免过度纠缠假问题、表面问题或边缘问题。

关于公关对话范式的构建和公关伦理的对话转向，笔者自 2008 年起从公关的“元理由”、话语形态、价值前提和道德遗产等多个维度进行了中西比较论述，核心主张如下：

公关是组织与利益相关者之间规程化的对话，在事实层面，对话促进信息传播和利益互惠；在价值层面，对话推动信任生产和意义分享。此中，事实对话指向了实用主义取向公关的工具论和效用观——公关不应也不能回避其功利主义追求；价值对话指向了价值理想取向公关的目的论、道义观——在社会关系的生成和维护中，对话自足为目的，而不只是工具。

如是，有道德的公关或者说公关的伦理标准，应当至少满足这些条件：有利于信息传播，即对话而非对抗（相信沟通的力量）、讲真话；有利于互蒙其惠，即相互适应、平等互惠；有利于建立信任，即坚守专业准则，担当社会责任；有利于分享意义，即遵从公共道德，奉行“绝对律令”。基于信息和利益两个范畴可制定公关伦理实践的行动纲领，由信任和意义两个范畴出发则可确立公关道德追求的价值方向。这就为对话取向的公关道德伦理提供了“事实-价值”整体建构的伦理框架。

第三节　公关哲学批判

所谓公共关系的哲学批判，即在意义生产、社会控制、文化和思想层面对公关的反思和批

① 哈贝马斯．交往与社会进化．张博树，译．重庆：重庆出版社，1989：28.

② 哈贝马斯．交往与社会进化．张博树，译．重庆：重庆出版社，1989：28.

评。如前所述，在批判学派的视野中，公关乃现代社会的梦魇、魔咒、柔性社会控制和人的异化的罪魁祸首。它维护现行的社会秩序和价值安排，并可能导致历史倒退和“公共领域的再封建化”。

一、舆论操纵、再封建化与殖民

在所有对公关做出过哲学批判的理论家中，哈贝马斯的论述最为全面和直切。在他之前，霍克海默（Max Horkheimer）、阿多诺曾在他们提出的文化工业理论中激烈批判“支配性宣传力量”造成的人的异化和社会控制，但他们并未严格区分宣传、公关和广告等概念，而是混用这些名词，泛指各类以操纵为目的的传播手段。哈贝马斯则将批判的矛头指向公共关系，在他那里，宣传和广告皆为公关的手段，公关本质上是广告与舆论操纵的整合，而且是一种支配优势更加显著的社会控制力量。①

作为20世纪后期至今最重要的思想者之一，哈贝马斯选择公关作为批判对象，是为了考察现代社会中公共领域的结构转型和交往的进化问题，进而寻找克服现代性病症的药方。他在诊断公共领域转型的过程中，将公关作为“一个关键现象”加以考察。他直言公关比大众传媒和广告带来更为严重的后果，是启蒙运动以来最值得警惕的社会现象之一。② 哈贝马斯审慎考察了现代公关的起源和发展，发起了近乎原罪审判式的哲学批判。这大抵可以概括为如下几个方面：

（一）设计人类心灵的骗局，制造虚假的意见竞争

在哈贝马斯看来，公关本质上为操纵而生，通过施展迷惑性的魅力对公众进行思想灌输式的言说和虚构。它不但善用广告、宣传等手段圈定主流议题、展示权威意见，也能够在极为隐蔽的操控下渲染一种自由讨论和意见竞争的拟像。在具体操作方式上，公关根据不同情境和目标过滤信息，在公共空间策划“特殊事件”，将与宣传无关的议题逐出聚光灯外，让公众的目光和心灵为一种普遍利益的幻象所占据，而后整合人们的情感、幻想和冲动，达到引导舆论的目的。③

同时，公关深谙媒体需求和人性所系，精心打理话题和仪式——从最崇高的信念和理想到最幽微的亲密和安全——使公众自愿被吸引、被卷入，并产生共鸣和共识。而所谓“共识”乃人为制造出来的一种虚假的共同意见氛围，是公关灌输教义和招魂的道场。

（二）公共领域的再封建化

根据哈贝马斯的划分，公共领域的演进大致经历了从古希腊城邦时期的政治公共生活，到

---

① 在哈贝马斯看来，现在“依然坚持新闻报道与广告分离的说法”完全落伍了，公关把这二者融合在一起，而且“绝对不会让人看出这是私人利益的展示”。参见哈贝马斯．公共领域的结构转型．曹卫东，等译．上海：学林出版社，1999：229。

② 哈贝马斯．公共领域的结构转型．曹卫东，等译．上海：学林出版社，1999：228，229，230，230－234.

③ 哈贝马斯．公共领域的结构转型．曹卫东，等译．上海：学林出版社，1999：228，229，230，230－234.

中世纪欧洲封建社会的代表型公共领域，及至资产阶级公共领域三个重要的发展阶段。资产阶级公共领域许诺了普遍的开放、平等和必要的理性，公民在公共领域实现启蒙，借由公共舆论维护公共利益和公共性。而公关却动摇了公共领域的根基，使“伪公共性”挤占了公共空间[①]，导致了公共领域重新封建化的严重后果。

哈贝马斯指出，公关善于导入权威、表达权威和塑造权威，并为其雇主举行封建式声望的加冕礼。对照某些公关实践，哈贝马斯的论断并不夸张。公关不仅为权威加冕，而且总是试图将其品质升华为“人性”或“天理”的灵光。它们向公众暗示的尊贵、崇高和荣耀，使政客和商人获得了只有封建君主和贵族才享有的臣服与膜拜。仅以偶像代言这一寻常的公关策略为例，雇主只需找到合适的代言者，人们就会对权威“证言”的方向及其象征趋之若鹜，舆论的生成和转化随之退返封建公共领域那种自上而下的虚构。因此哈贝马斯断言，只要公关存在，公共领域就会出现重新封建化。

（三）舆论一致基础的瓦解

公共领域筑基于对理性力量的信任，而最大的理性是在有效的意见竞争中维护“普遍利益”。与此相应，舆论达成一致的基础正是“普遍利益”的实现。而公关篡改了这一切，它把组织的特殊利益“证明为普遍利益”。[②] 这种暧昧和混淆在公共领域随处可见，譬如将一款车、牛仔裤表述为某种普遍的生活方式，将企业的特定产品标准游说为“国家标准”。哈贝马斯严厉批判了私人利益进入公共领域的现象，指出这种虚构“并不能为舆论一致提供一个新的基础”，而“由精心制造舆论的机构假冒公共利益的名义制造出来的共识根本没有合理的标准”[③]。

此中，公关不仅帮助雇主完成了从私利到普遍利益的魔法，而且一旦这种普遍利益的假象得以确立，那么它还一并奉上了一种持久的豁免权——“代表普遍利益”的雇主自此免受舆论的监督。在“公益”的光环下，政商利益集团得以随意兑现私利，而真正的“普遍利益”则消失了，舆论一致的基础亦告瓦解。

（四）生活世界的殖民

公关在操纵公共舆论的同时，亦将触角延伸至生活世界和个体心灵。当人们自以为在为公共利益和个体权利振臂高呼时，其实早已托身为权力和资本幕前的提线木偶。公关在这一方面的“诡计”可细分为两个步骤：

一是利用华丽的修辞和感人的“诈术”将政商的真实意图矫饰为对公共福祉的关心，将私人利益伪装成公共利益，再将它们抛进公共领域，直接灌输给公众或引发虚假的意见竞争；二是利用大众传媒和广告对公众的生活世界与个体心灵进行绵密的渗透，从而将批判的公众改造为消费的公众，使之沉迷于物质、享乐、消费的奇观。

---

① 李佃来．公共领域与生活世界——哈贝马斯市民社会理论研究．北京：人民出版社，2006：185.

② 哈贝马斯．公共领域的结构转型．曹卫东，等译．上海：学林出版社，1999：228，229，230，230－234.

③ 哈贝马斯．公共领域的结构转型．曹卫东，等译．上海：学林出版社，1999：228，229，230，230－234.

这就必然带来两个后果：一是在公关的精心安排下，批判的公共性几乎成为“史前记忆”，操纵和展示的公共性蓬勃生长，权贵阶层得偿所愿，占领公共领域、殖民生活世界；二是通过有效公关，政治利益集团追逐的权力和商业利益集团追逐的资本亦成为生活世界的主导媒介，造成工具理性——效率、计算和实用压倒了价值理性——真正的审美、自由和信仰。

关于生活世界的殖民，哈贝马斯在其《交往行动理论》一书中有精细的论述。他将现代社会结构区分为系统和生活世界。前者以权力和金钱为媒介，以建构生产关系、促进生产力发展为目的；后者以语言为媒介，人们在交往中凝结价值理性和“信念之库”。哈贝马斯认为，现代性危机的一个重要表现就是系统肆意扩张，造成了对生活世界的殖民。哈贝马斯的观点得到了广泛响应。有学者指出，这一趋势最明显的特征是“公共政治领域被去政治化的消费文化所取代”[①]。

传播学研究也发现，公关和广告的渗透并未止步于消费层面，它们推出的娱乐内容也是“隐含的意识形态信息的有效载体”[②]。当公众越来越为权力和金钱的效率着迷时，权力和金钱便从系统的阈限溢出，取代了语言作为生活世界的媒介角色，淹没了人类交往中关乎美好的信念和意义，系统悄然实现对生活世界的殖民。

二、驯化公众、规治越轨与修辞的幻象

另一位对公共关系发起系统的哲学批判的理论家是乔姆斯基。与哈贝马斯把分析的焦点置于公共领域和生活世界不同，乔姆斯基的批判多以大众传媒为对象，而公关则是其关注的媒介现象产生的深层原因之一。他对公关、宣传背后的权力和所有制结构进行了分析，指出大众传媒与势力强大的消息来源之间存在共生关系。[③] 权力通过公关的运作与媒体结盟，成为后者重要而稳定的新闻来源，并因此获得一种舆论优先权。[④]

乔姆斯基交替使用了宣传、说服、操纵和游说等概念指涉公关问题，并将公关定义为“致力于塑造人们思想和态度的行业”[⑤]。在他看来，西方现行民主体制的精髓就是精英主义细心安排之下的“制造共识”的工程。[⑥] 那些整日游走于权贵密室的公关代理人，就是专门驯化公众，为精英制造共识，对社会进行隐蔽治理的“舆论工程师”。

乔姆斯基对精英民主论的鼓吹者李普曼和现代公关的重要奠基人伯内斯发起了持续的公开批判。李普曼奉行美式民主，但坚持认为要以舆论塑造为重要手段确保精英对大众的统领。伯内斯则更进一步，他认为现代社会必须依靠专业化的“舆论工程师”帮助精英制造认同。在批判策略上，乔姆斯基大量借用李普曼和伯内斯的语言来抨击他们。譬如，他讽刺公关人员是

① Kevin Robins and Frank Webster. Times of the technoculture. London：Routledge，1999：127.

② Erik Barnouw. The sponsor. New York：Oxford University Press，1978：part 2，chapter 1.

③ 爱德华·S．赫尔曼，诺姆·乔姆斯基．制造共识：大众传媒的政治经济学．邵红松，译．北京：北京大学出版社，2011：15-16.

④ 梅琼林，褚金勇．自由与权力：解读美国媒介政治的“转换生成语法”——乔姆斯基媒介研究探析．现代传播，2011（7）：31-34.

⑤ 诺姆·乔姆斯基，戴维·巴萨米安．宣传与公共意识．信强，译．上海：上海译文出版社，2006：39，69.

⑥ Noam Chomsky. Deterring democracy. Hill and Wang，1992：367，368-370.

“为当权者制造认同的神秘操纵者”，痛斥李普曼所谓的“民主艺术的革命”不过是玩弄修辞、遮蔽真相、建构虚假现实的手段。[1] 乔姆斯基告诫说，现代公关自诞生之日起便效忠于权力，这种道德上的不确定性决定了公关不可能中立，并会造成如下严重后果。

（一）心灵宰制与无思的大众

乔姆斯基回顾了公关发展历史，发现早在一战期间公关就被政府用来为战时动员服务；而更危险的事情发生在战后，政客和资本家继承了这笔“无形的遗产”，并将之发展为民主操控的专门工具。乔姆斯基指出，现行的民主是通过两项程序实现的：

一是给出精英优于大众的种种证明，为专家阶层的决策打上“权威”“理性”“可信赖”的烙印，使其作为社会规划设计者和公共权力执行者的形象合法化[2]；二是为了体现所谓的“民主”，先由公关界推出一些象征性人物，经过精准包装将其形象圣化，一些人甚至被公关所操纵的媒体描述为“普罗米修斯式的人物”，再赋予大众虚假的选举权。实际上，整个过程都将公众排除在民主决策和行动之外，只剩下旁观的权力。[3]

乔姆斯基挖苦说，所谓民主艺术的革命实质就是民主社会的宣传艺术，不但造就旁观者，而且使之陷于无思状态。在权威阶层设置的公关框架下，媒体制造出眼花缭乱的奇观，公众沉沦于应接不暇的无关紧要之事，被免除了思考的权利和义务。为了确保“公众被恰如其分地迷惑”[4]，并得到适当的隔离和安置，公关惯于产制大量极具迷惑性却毫无意义的“狂热宣称”，如正义、平等、爱国、做你自己，目的是向人们灌输所谓的美国精神，推广花样翻新的大众文化消费品，并使人们深陷中产阶级身份的幻觉，认定现实或现实许诺的成功已经足够美好，生命唯一的意义就是消费和享乐。最终，大众一方面卷入认同的幻象，一方面重新被原子化，沦为孤立、无思的存在。

（二）规训越轨行为

在传统社会中权力通常是可见、可展示之物，但进入现代社会以后，统治者倾向于采用一种成本更低、更温和、更细腻的手段对大众进行规训。[5] 乔姆斯基发现，公关恰是政府和财团布设在现代社会中治理民主越轨行为的成熟机制。“它的一切目标，就是要控制大众心智”，瓦解大众对现行权力体制和秩序的越轨与抗争。[6] 根据乔姆斯基的考察，在1937年美国宾州西部约翰镇钢铁业工人罢工期间[7]，公关扮演了一个非常暧昧的角色，它帮助企业主以较小的代价化解了危机、瓦解了劳工的抗争行动。

后来人们将这种公关化治理模式称为“莫霍克山谷公式”（Mohawk Valley Formula，

---

① 诺姆·乔姆斯基．媒体操控．江丽美，译．台北：麦田出版公司，2003：34，36，41，43.
② 诺姆·乔姆斯基．媒体操控．江丽美，译．台北：麦田出版公司，2003：34，36，41，43.
③ Noam Chomsky. Deterring democracy. Hill and Wang，1992：367. 368－370.
④ Noam Chomsky. Deterring democracy. Hill and Wang，1992：367. 368－370.
⑤ 米歇尔．福柯．规训与惩罚．刘北成，杨远婴，译．北京：三联书店，2014：193.
⑥ 诺姆·乔姆斯基．媒体操控．江丽美，译．台北：麦田出版公司，2003：34，36，41，43.
⑦ 诺姆·乔姆斯基．媒体操控．江丽美，译．台北：麦田出版公司，2003：34，36，41，43.

MVF），并将之广泛应用于破坏罢工和瓦解公民有组织地“进入政治竞技场”的尝试。① 乔姆斯基解析了 MVF 的操作原理：公关凭借雇主权威优势最大限度调动媒介资源；巧妙篡改信息和事实，置换核心概念以转移矛盾；发起无懈可击实则无比空洞的动员，麻痹大众心智。

在强大的公关攻势下，公众“不断幼稚化”或“在反抗中迷失”，从而放弃越轨和抗争行为。乔姆斯基指出，公关所擅长的就是借助一整套充满玄机的符号和话语体系来制造“必要的幻觉”②，以此整合社会、同化甚至吞噬异见者。实际上，公关界也坦陈，若想防范大众做出过激的举动，唯有依靠象征符号和修辞的力量实现“教化”和砥砺。③

（三）玷污语言，固化不平等的权力结构

作为语言学家，乔姆斯基比其他批判学者更关切语言深层的立场和价值观念对大众思想和社会关系的改造。“乔姆斯基的政治分析重视对语言的解剖，这得益于他半个多世纪以来养成的对语言的敏感性。”④ 他发现，公关操弄的修辞术是对真相的玷污。譬如，在处理 1937 年工人罢工事件中，公关专家频繁使用“我们”“共同”等修辞，目的就是用“我们的利益”模糊资本家利益和公众利益的边界，渲染和突出罢工者破坏“繁荣社会”的“共同利益”与“和谐秩序”，最终不仅孤立了罢工者，也重新定义了冲突关系，将扭曲的权力结构进一步合法化。

乔姆斯基痛斥公关对修辞的滥用，它使摇摆不定的工人不自觉地卷入虚假的利益一致与和谐生活的想象之中。李普曼在 1920 年代就发现了这一点，他认为越是空洞的词语越是能指称广泛的事物，“谁抓住了这些能够将当下的公众感情尽收其中的象征，谁就控制了制定公共政策的最大胜算”⑤。在更早之前，勒庞亦曾指出，“词语的威力与它们所唤醒的形象有关，同时又独立于它们的真实含义”，一些指代不明的词语潜隐着的惊人的力量，“能够在群体心中掀起最可怕的风暴，反过来说，它们也能平息风暴”⑥。

乔姆斯基竭力抵抗的正是这种隐藏在词语和象征意义之下的控制。公关在雇主和公众之间设置了一种语言交往游戏，并将修辞、命名的权力牢牢握在手中，而对事物的修辞和命名从根本上意味着对事物的创造和立法。就此而论，公关的修辞术旨在炮制有利的真相版本，并从观念上重构词语背后人与物、人与人的关系。这是一个极不易为人察觉的严重异化过程，乔姆斯基悲愤地指出，这是违背道德和人性的。⑦

---

① Noam Chomsky. Chomsky on democracy & education (Social theory, education, and cultural change). Routledge Falmer, 2002.

② 罗伯特·麦克切斯尼．诺姆·乔姆斯基和反对新自由主义的斗争．国外理论动态，1999（12）：5-8.

③ 雷·埃尔顿·赫伯特．取悦公众．胡百精，顾鹏程，周卷施，译．北京：中国传媒大学出版社，2014：14-15.

④ 尼尔·史密斯．乔姆斯基：思想与理想．田启林，马军军，蔡激浪，译．北京：中国人民大学出版社，2015：231.

⑤ 沃尔特·李普曼．公众舆论．阎克文，江红，译．上海：上海人民出版社，2006：154-155. 引用时有所调整。

⑥ 古斯塔夫·勒庞．乌合之众．冯克利，译．北京：中央编译出版社，2005：83-86.

⑦ 尤泽顺．乔姆斯基的唯理主义思想传统．四川外语学院学报，2004（9）：78-83.

三、回应与救赎方案

总体而观，哈贝马斯和乔姆斯基对公关的批判皆属现代性和大众文化批判的一部分。这类批判着眼于现代性危机和现代社会的异化，指控大众传媒、文化工业、工具理性、文化霸权和意识形态宰制为罪魁祸首，而公关与它们莫不牵连甚密。倘若进一步打开视域，除了哈贝马斯、乔姆斯基和前述的霍克海默、阿多诺之外，尚有葛兰西（Antonio Gramsci）、阿尔都塞（Louis Pierre Althusser）和福柯等人的批判研究皆与公关有直接关联，虽然他们未必明确使用这个术语。

葛兰西认为新闻是一种霸权，而公关正是影响新闻进而输出“优势意义”的主要“消息来源”；若缺少有效的宣传、说服和认同，连经济基础也“不过是硬扣在人民身上的东西”[①]。按照阿尔都塞的定义，意识形态即“一个诸种观念与表象的系统，它支配着一个人或一个社会群体的精神”，公关显然是意识形态得以确立和传播的重要工具，而意识形态本身也承载着公关功能。[②] 在福柯那里，包括公关在内的话语建构乃是权力施加控制的精细手段，“话语为引导人类的行为而清理道路，如自来水管般确定而毫不费力”[③]。

公关界对哲学批判的回应一直较为孱弱。这一方面是因为哈贝马斯等人的批判在道德上具有天然的正当性，在学理论证上亦严整绵密；另一方面从公关界内部看，公关确有其命定的局限性，加之公关学者根本无力在哲学层面反攻哈贝马斯等20世纪后期这一大批思想家，因而总体上处于被动接受批判的窘境。有学者虽然并不全然认同哈贝马斯等人对公关的指控，但还是承认公关确有其局限性，强调“公共关系必须遵循‘共同的善’，反对虚假和不公正”[④]。至于学理上的不足，有学者则坦陈“公关罕言哲学”[⑤]。

当然，这并不意味着公关界面对批判时像个犯错的坏孩子一样始终保持缄默。而最主要的回应，便是本书主张的对话主义和对话范式。

对话范式欲对公关实施三重改造：一是在主体层面，主张组织与公众乃互为主体关系（主体间性），公众亦因此获得主体地位；二是在方式和过程上，将双向平等沟通落实为对话——多元化、差异化主体在意见交换中谋求认同、共识或彼此承认；三是在目标层面，强调意义共创而非一方对另一方的宰制。

这就又回到了乔姆斯基的焦虑，公关真的有资格承担对话的使命吗？以发展的眼光看，公关在当下和未来能否获得充分的对话动机、条件、能力和规范？公关的出路正是建立持续、有效的对话机制，以期重建信任、共识和合法性，再造共同体生活和社会团结。也正因为如此，

---

① Robert Bocock. 文化霸权．田心喻，译．台北：远流出版事业股份有限公司，1991：94.

② Louis Althusser. Ideology and ideological state apparatuses//Slavoj Zizek（ed.）. Mapping ideology. London：Verso，1994：120.

③ John Caputo & Mark Yount. Foucault and the critique of institutions. University Park：Pennsylvania State University Press，1993：3－23.

④ 张微．哈贝马斯：公共关系、商业广告与公共领域的变迁．武汉大学学报（人文科学版），2007（5）：722－726.

⑤ 赖祥蔚．公共关系学想像：社群主义观点．新闻学研究（台湾），2003（80）：127－158.

公关学界近年反复强调“今后公关研究的中心问题乃是对话”，公关实践应着眼于建立“相互依存的群己关系”，公关的主导范式“应由宣传、说服走向对话”。

公关真正走近、落实对话的观念和精神，未必一路通畅。但愿对话理想的实现如本雅明所说：“在神圣文本的树上，它们一直是沙沙作响的树叶；而在世俗文本的树上，它们则是适时落下的果实。”①

【复习思考题】

1. 论述公共关系效果的评价体系。
2. 简述公共关系的道德标准及其对话转向。
3. 简述并尝试回应公共关系的哲学批判。

① 瓦尔特·本雅明．单行道．王才勇，译．南京：江苏人民出版社，2006：18.

参考文献

中文

［英］茅格蒙特·鲍曼．被围困的社会．南京：江苏人民出版社，2005.

［加］文森特·莫斯可．传播政治经济学．北京：华夏出版社，2000.

［美］埃弗里特·M. 罗杰斯．传播学史．上海：上海译文出版社，2005.

郭庆光．传播学教程．北京：中国人民大学出版社，1999.

［美］丹尼尔·杰·切特罗姆．传播媒介与美国人的思想．北京：中国广播电视出版社，1991.

［美］埃佛里特·M. 罗杰斯，［美］詹姆斯·W. 迪林．大众传播学：影响研究范式．北京：中国社会科学出版社，2000.

［美］杜维明．对话与创新．桂林：广西师范大学出版社，2005.

［美］希伦·A. 洛厄里，［美］梅尔文·L. 德弗勒等．大众传播效果研究的里程碑．北京：中国人民大学出版社，2004.

卜正珉．公共关系——政府公共议题决策管理．台北：扬智文化事业有限公司，2003.

［美］赖瑞·泰伊．公关之父伯奈斯．海口：海南出版社，2003.

张成福，党秀云．公共管理学．北京：中国人民大学出版社，2001.

［美］沃尔特·李普曼．公众舆论．上海：上海世纪出版集团，2006.

孙秀蕙．公共关系——理论、策略与研究实例．台北：正中书局股份有限公司，2005.

［美］苏特·杰哈利．广告符码．北京：中国人民大学出版社，2004.

张依依．公共关系理论的发展与变迁．台北：五南图书出版股份有限公司，2007.

姚惠忠．公共关系理论与实务．北京：北京大学出版社，2004.

熊源伟主编．公共关系学．3 版．合肥：安徽人民出版社，2003.

［美］菲利普·莱斯礼主编．公关圣经．汕头：汕头大学出版社，2004.

［美］大卫·理斯曼．孤独的人群．南京：南京大学出版社，2002.

［英］凯文·奥顿奈．黄昏后的契机——后现代主义．北京：北京大学出版社，2004.

［英］诺曼·费尔克拉夫．话语与社会变迁．北京：华夏出版社，2004.

［美］约翰·杜海姆·彼得斯．交流的无奈——传播思想史．北京：华夏出版社，2003.

［美］托马斯·库恩．科学革命的结构．北京：北京大学出版社，2003.

［美］托马斯·戴伊．理解公共政策．北京：华夏出版社，2004.

［英］戴维·伯姆．论对话．北京：教育科学出版社，2004.

［美］崔时英．理性的仪式：文化、协调与共同认知．台北：桂冠图书股份有限公司，2004.

［英］丹尼斯·麦奎尔．麦奎尔大众传播理论．北京：清华大学出版社，2006.

［德］伊丽莎白·内尔-纽曼．民意——沉默螺旋的发现之旅．台北：远流图书出版有限责任公司，1994.

［美］诺姆·乔姆斯基．媒体操纵．台北：麦田出版公司，2003.

［英］戴维·麦克莱伦．马克思传．北京：中国人民大学出版社，2006.

［美］马克·E. 沃伦．民主与信任．北京：华夏出版社，2004.

张巨岩．权力的声音．北京：三联书店，2004.

［法］塞奇·莫斯科维奇．群氓的时代．南京：江苏人民出版社，2006.

曹卫东．权力的他者．上海：上海教育出版社，2004.

［美］劳伦斯·沙斯坎德，［美］派屈克·菲尔德．群众公关．台北：稻田出版公司，1997.

［美］玛丽·安·格伦顿．权利话语——穷途末路的政治言辞．北京：北京大学出版社，2006.

［英］戴维·莫利，［英］凯文·罗宾斯．认同的空间．南京：南京大学出版社，2001.

［美］哈罗德·D. 拉斯维尔．世界大战中的宣传技巧．北京：中国人民大学出版社，2003.

陈凌．说服传播：过程和实践．台北：五南图书出版股份有限公司，2005.

［美］丹尼尔·贝尔．社群主义及其批评者．北京：三联书店，2002.

［美］希拉里·普特南．事实与价值二分法的崩溃．北京：东方出版社，2006.

翁秀琪主编．台湾传播学的想像（上）．台北：巨流图书有限公司，2005.

［苏］巴赫金．陀思妥耶夫斯基诗学问题．北京：三联书店，1992.

吴宜蓁．危机传播——公共关系与语艺观点的理论与实证．台北：五南图书出版股份有限公司，2005.

胡百精．危机传播管理．3 版．北京：中国人民大学出版社，2014.

胡百精．中国危机管理报告 2006. 北京：中国人民大学出版社，2007.

［美］盖斯·乔维特，［美］维克多·丹尼尔．宣传与说服．台北：韦伯文化国际出版有限公司，2003.

［德］马克斯·韦伯．学术与政治．北京：三联书店，2005.

［美］兰斯·班尼特．新闻：政治的幻象．北京：当代中国出版社，2005.

［美］约翰·W. 金登．议程、备选方案与公共政策．2 版．北京：中国人民大学出版社，2004.

［法］米歇尔·福柯．知识考古学．北京：三联书店，2003.

［美］理查德·罗蒂．筑就我们的国家．北京：三联书店，2006.

［美］保罗·尼特．宗教对话模式．北京：中国人民大学出版社，2004.

［荷］托伊恩·迪克．作为话语的新闻．北京：华夏出版社，2004.

胡百精．说服与认同．北京：中国传媒大学出版社，2014.

胡百精．中国公共关系史．北京：中国传媒大学出版社，2014.

［美］爱德华·L. 伯内斯．宣传．北京：中国传媒大学出版社，2014.

［美］爱德华·L. 伯内斯．舆论的结晶．北京：中国传媒大学出版社，2014.

［美］赫伯特．取悦公众．北京：中国传媒大学出版社，2014.

［美］乔·瓦伊塔尔．每一分钟诞生一位顾客．北京：中国传媒大学出版社，2014.

［美］詹姆斯·格鲁尼格．卓越公共关系与传播管理．北京：北京大学出版社，2008.

［美］格伦·布鲁姆，［美］艾伦·森特．有效的公共关系．北京：华夏出版社，2002.

陈先红．公共关系生态论．武汉：华中科技大学出版社，2006.

［英］安东尼·吉登斯．现代性的后果．南京：译林出版社，2000.

［英］安东尼·吉登斯．现代性与自我认同．北京：三联书店，1998.

［德］乌尔里希·贝克，［英］安东尼·吉登斯，［英］斯科特·拉什．自反性现代化：现代社会秩序中的政治、传统与美学．北京：商务印书馆，2001.

［英］齐格蒙特·鲍曼．共同体：在一个不确定的世界中寻找安全．南京：江苏人民出版社，2003.

［英］齐格蒙特·鲍曼．现代性与大屠杀．南京：译林出版社，2002.

［英］齐格蒙特·鲍曼．后现代伦理学．南京：江苏人民出版社，2003.

英文

A. M. Lee. The fine art of propaganda. San Francisco：International Society for General Semantics，1979.

Anthony Pratkanis，Elliot Aronson. Age of propaganda：the everyday use and abuse of persuasion. New York：W. H. Freeman and Company，1992.

Charles Horton Cooley. Social organization：a study of the larger mind. New York：Charles Scribner's Sons，1909.

Daniel Dayan & Elihu Katz. Media events：the live broadcasting of history. Harvard University Press，1992.

David Bohm. On dialogue. London：Routledge，1996.

D. Kruckeberg & K. Starck. Public relations and community：a reconstructed theory. New York：Praeger，1988.

D. L. Altheide & J. M. Johnson. Bureaucratic propaganda. Boston：Allyn & Bacon，1980.

Edward Bernays. The engineering of consent. Norman：University of Oklahoma Press，1955.

Elihu Katz & P. F. Lazarsfeld. Personal influence. Glencoe：IL Free Press，1955.

G. E. Lang & Kurt Lang. The battle for public opinion：the president，the press，and the polls during watergate. New York：Columbia University Press，1983.

G. R. Miller. Persuasion and public relations：two p's in C. H. Botan and V. Hazleton. Public relations theory. Hillsdale，NJ：Lawrence Erlbaum Associates，1989.

H. J. Weiss. Public issue and argumentation structures：an approach to the study of the contents of media agenda-setting. Communication year-book，1992.

J. E. Combs & Dan Nimmo. The new propaganda：the dictatorship of palaver in contemporary politics. New York：Longman，1993.

J. E. Grunig and J. White. Excellence in public relations and communication management. Hillsdale，NJ：Lawrence Erlbaum Associates，1992.

J. E. Grunig. Constructing public relations theory and practice//B. Dervin，S. H. Chaffee. Communication，a different kind of horserace：essays honoring Richard. F. Carter. Cresskill，NJ：Hampton Press，2003.

J. E. Grunig. Two-way symmetrical public relations：past，present and future//R. L. Heath (eds) . Handbook of public relations . Thousand Oaks，CA：Sage，2001.

Jeffery Luke. Catalytic leadership：strategies for an interconnected world. San Francisco：Jossey-Bass Publishers，1998.

J. M. Grunig & Todd Hunt. Managing public relation. N. Y. ：CBS College Publishing，1984.

Laurence Barton. Crisis in organization Ⅱ. Cengage Learning，2000.

Laurie Wilson. Strategic cooperative communities：a synthesis of strategic. Issue，1996.

L. H. Mayhew. The new public：professional communication and the means of social influence. U. K. ：Cambridge University Press，1997.

Malcolm Mitchell. Propaganda，polls and public opinion：are the people manipulated? . Upper Saddle River，NJ：Prentice Hall，1970.

Management and relationship-building approaches in public relations//Hugh M. Culbertson & Ni Chen (eds.) . International public relations：a comparative analysis. Mahwah，NJ：Lawrence Erlbaum Associates，Publishers.

Mark Fishman. Manufacturing the news. Austin，TX：University of Texas Press，1980.

R. Pearson，C. H. Botan，V. Hazelton. Business ethics as communication ethics：public relations practice and the idea of dialogue. Public relations theory. New York：Lawrence Erlbaum，1989.

P. G. Zimbardo and M. R. Leippe. The psychology of attitude change and social influence. New York：McGraw-Hill，1991.

P. M. Taylor. Munitions of the mind：war propaganda from the ancient world to the nuclear age. Welling borough，UK：Patrick Stephens，1990.

P. J. Shoemaker & S. D. Reeve. Mediating the message：theories of influences on mass media content (2nd ed) . White Plains，N. Y. ：Longman Publishers USA，1996.

Quentin Skinner. Meaning and understanding in the history of ideas//Visions of politics. volume 1：Regarding Method. Cambridge University Press，2002.

R. A. Meyers. Public issues，agenda-setting，and argument：a theoretical perspective. Communication yearbook 15，CA：Sage，1992.

Raymond P. Ewing. Issues management：managing trends through the issues life cycle//

Clarke L. Caywood（eds.）. The handbook of strategic public relations & integrated communications. N. Y.：McGraw-Hill，1997.

R. E. Petty. Attitude change//A Tesser（eds）. Advanced social psychology. New York：McGraw-Hill.

Rex Harlow. A public relations historian recalls the first days. Public relations review，1981.

R. L. Heath. Strategic issues management：organizations and public policy challenge. California. Sage Publications，Inc.，1997.

Sally Washington. Consultation and communications：integrating multiple interests into policy & managing media relations，Paper of Organization for Economic Cooperation and Development (OECD)，1997.

S. M. Cutlip，A. H. Center and G. M. Broom. Effective public relations. 8th ed.，London：Prentice-Hall International（UK）Limited，2000.

S. P. Banks. Multicultural public relations：a social-interpretive approach. 2nd ed. Iowa City：Iowa State University Press，2000.

J. Michael Sproule. Propaganda and democracy：the american experience of media and mass persuasion. Cambridge University Press，1997.

关联课程教材推荐

书号	书名	第一作者	定价	出书时间
978-7-300-18658-0	危机传播管理（第三版）	胡百精	29.80 元	2014-02
978-7-300-24289-7	公共关系学教程（第二版）	殷娟娟	42.00 元	2017-05
978-7-300-16372-7	中国危机管理报告（2010-2011）	胡百精	68.00 元	2013-04
978-7-300-23317-8	敞开的品牌	胡百精	50.00 元	2016-10

配套教学资源支持

尊敬的老师：

衷心感谢您选择使用人大版教材！

相关的配套教学资源，请到人大社网站（www. crup. com. cn）下载，或是随时与我们联系，我们将向您免费提供。

欢迎您随时反馈教材使用过程中的疑问、修订建议并提供您个人制作的课件。您的课件一经采用，我们将署名并付费。让我们与教材共成长！

联系人信息：

地址：北京海淀区中关村大街 31 号 206 室　龚洪训　收　邮编：100080

电子邮件：gonghx@crup. com. cn　电话：010-62515637　QQ：6130616

如有相关教材的选题计划，也欢迎您与我们联系，我们将竭诚为您服务！

选题联系人：	电子邮件：	电话：
翟江虹	zhaijh@crup. com. cn	010-62515636

俯仰天地　心系人文

人大社网站 www. crup. com. cn

专业教师 QQ 群：259226416（全国新闻教师群）

欢迎您登录分社网站浏览，了解图书信息，共享教学资源

期待您加入专业教师 QQ 群，开展学术讨论，交流教学心得

图书在版编目（CIP）数据

公共关系学/胡百精著．—2版．—北京：中国人民大学出版社，2018.1
新编21世纪新闻传播学系列教材
ISBN 978-7-300-25074-8

Ⅰ.①公… Ⅱ.①胡… Ⅲ.①公共关系学-高等学校-教材 Ⅳ.①C912.31

中国版本图书馆CIP数据核字（2017）第252172号

新编21世纪新闻传播学系列教材
公共关系学（第二版）
胡百精 著
Gonggong Guanxixue

出版发行	中国人民大学出版社		
社　　址	北京中关村大街31号	**邮政编码**	100080
电　　话	010－62511242（总编室）		010－62511770（质管部）
	010－82501766（邮购部）		010－62514148（门市部）
	010－62515195（发行公司）		010－62515275（盗版举报）
网　　址	http://www.crup.com.cn		
经　　销	新华书店		
印　　刷	运河（唐山）印务有限公司	**版　　次**	2008年6月第1版
规　　格	185 mm×260 mm　16开本		2018年1月第2版
印　　张	18.25	**印　　次**	2025年7月第15次印刷
字　　数	422 000	**定　　价**	45.00元